JN418382

# 부동산 마케팅론 개/정/판

Real Estate Marketing

심 형 석 지음

■ 들어가며

# 이론과 현장의 결합, 새로운 부동산마케팅

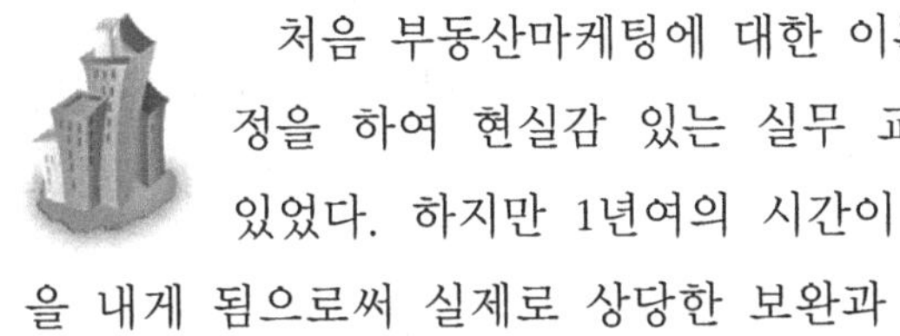

처음 부동산마케팅에 대한 이론서를 내기로 했을 때 자주 수정을 하여 현실감 있는 실무 교재를 만들어야 한다는 부담이 있었다. 하지만 1년여의 시간이 지나면서 본의 아니게 개정판을 내게 됨으로써 실제로 상당한 보완과 수정을 하게 되었다. 개정판은 초판과는 다르게 최신의 현장이론과 사례를 더 풍부히 싣고자 노력하였다.

최근 부동산 시장이 수요자 위주의 시장으로 급속하게 변화하면서 부동산 상품의 마케팅에 대한 관심이 고조되고 있다. 부동산 시장에서 상품이란 말도 익숙하지 않은데 마케팅 기법을 도입한다는 생각은 그렇게 일반화되지는 않았다. 하지만 부동산 상품의 생산이 장기화되고 프로젝트의 규모도 커지고 있어 마케팅의 도입은 그 힘을 얻어가고 있다.

부동산마케팅에 대한 관심이 늘어나면서 관련 정보를 얻기 위한 노력도 이어지고 있다. 하지만 시중에 나와 있는 부동산 관련 서적들은 부동산 개발과 투자에 대한 내용이 대부분이어서 마케팅에 대한 실제적인 정보를 얻기는 쉽지 않다. 또한 부동산 프로젝트별로 마케팅에 대한 단편적인 내용은 문서나 구두 상으로 전해지고 있지만 어떤 이론적인 체계나 틀로서 이를 묶는 작업은 소홀히 되어 왔다.

대학에서 부동산마케팅에 대한 강의를 해오면서 모아두었던 강의노트를 체계화하여 책으로 엮어보자는 생각은 항상 있어 왔다. 이는 필자가 강의를 진행하는데 필요한 측면도 있지만 일단 책이 세상에 나오면 여러 전문가 분들의 충고나 고언이 있을 것이라는 필자가 가진 학문적 한계를 보완하자는 의도도 다분히 내포하고 있었다.

이 책은 교과서적인 목차와 형식을 따랐지만 내용은 이론적인 것보다는 실무에 직접 활용할 수 있는 부분에 중점을 두어 기술되었다. 강의노트를 정리하다 보니 잘못하면 기존의 경영학 마케팅 교과서와 큰 차이가 없는 또 하나의 짐을 세상에 던져놓는 것이 아닌가 하는 걱정이 앞섰다. 따라서 이 책을 기존의 마케팅 교과서와 비교해서 살펴보는 것은 적절하지 않을 수 있다. 이론과 현장을 결합하고자 노력했고 이를 토대로 새로운 형식의 부동산마케팅 교재를 만들고자 노력하였다. 마케팅 이론이나 실무를 처음으로 접하는 독자들은 경영학의 마케팅 이론서를 일독하고 이 책을 읽기를 권한다.

총 10장으로 이루어진 각 장의 말미에는 부동산마케팅의 사례를 포함시켰다. 사례연구는 경영학의 꽃이라고 이야기하는 학자들이 있듯이 그 의의가 크다. 특히 아직 배움의 과정에 있는 분들이 많이 보실 걸로 생각하는 이 책에 있어 사례연구를 포함한 것은 조금 더 현장으로 다가가보라는 필자의 의도이다.

사례는 주상복합, 쇼핑몰, 오피스텔, 리모델링 등 다양한 부동산 상품을 포함시켜 상품별 마케팅 전략을 비교 분석해 볼 수 있도록 하였고 나아가 최근 이슈화되고 있는 주제를 중심으로 한 시의성 있는 내용도 포함하였다. 이 사례들 중 일부는 그 동안 부동산마케팅 강의를 하면서 학생들과 함께 분석해 보았던 내용도 포함되어 있다. 따라서 사례연구를 위해 고생한 학생들 역시 이 책의 저자나 다름없다는 고마움을 느낀다. 그리고 사례는 세부적인 내용보다는 마케팅의 관점에서 특정 주제를 중심으로 전체적으로 살펴보았으니 토론의 주제로 활용하여도 무방할 것이다.

마케팅이란 학문은 많이 일반화되었고 그 변화의 흐름 또한 크기 때문에 자주 개정판을 내어야 할 것이라는 부담감이 다시 한번 앞선다. 현장에서 몸으로 부동산마케팅을 실천하고 있지만 사회적 대우를 제대로 받지 못하고 있는 전문가들과 대학, 연구소에서 관련 분야의 연구에 전념하고 계신 선후배 학자 분들 모두에게 조그마한 도움이 되었으면 한다.

부족한 학문적 배경을 항상 따뜻한 배려로 채워주고 계시는 부산대학교 이종호 교수님, 다혈질의 필자를 바른 방향으로 인도해 주시는 영산대학교 정동준 교수님, 커다란 버팀목이 되어주시는 이영수 교수님, 인자하신 추준석 교수님, 재기발랄하신 신종학 교수님, 지혜로우신 박도영 교수님, 학과의 안살림을 도맡아 하시면서도 불평이 없으신 박경선 교수님, 박상현 교수님과 서정렬 교수님께도 이 기회를 빌려 감사하다는 말씀을 전하고 싶다.

필자의 잠재력만을 보고 선뜻 학교로 불러주신 영산대학교 부구욱 총장님께는 항상 빚을 지고 있다는 느낌이며 언제 이를 갚을 지 생각하면 난감할 따름이다. 어려운 현실에서도 부동산 분야의 책을 처음으로 출간해 주셨고 개정판까지 내게 만들어주신 도서출판 두남 관계자 분들께도 감사드린다.

철없는 것 같으면서도 지혜로운 아내, 아버님의 빈자리를 메워주고 계시는 어머님, 필자의 진정한 우군 형, 학문의 동반자인 동생 등 가족들에게도 고마움을 전하고 싶다. 국내 부동산 산업의 선진화를 기대해 본다.

2009. 7

심 형 석 씀

■ 차 례

## 들어가며

# 제1장

# 부동산서비스업과 부동산마케팅

REAL ESTATE MARKETING

# 제1장 부동산서비스업과 부동산마케팅

## 1. 부동산서비스업의 개념

현재 “부동산서비스업”이란 용어는 명확하게 개념이 세워져 있지 않고 막연히 포괄적으로 사용되고 있으며 국가와 시대에 따라 다르게 정의된다.

광의의 부동산서비스업 개념에는 부동산의 매매, 임대, 중개, 평가, 관리, 컨설팅, 법률, 세무, 회계, 광고 등의 부동산 관련 모든 서비스업을 포함한다. 협의의 부동산서비스업 개념에는 “한국표준산업분류표”에서와 같이 공급자가 직접 소유 또는 임차한 부동산을 소비자에게 제공하는 부동산 임대 및 공급업과 부동산 개발·이용·거래와 관련된 서비스를 제공하는 부동산 중개업, 부동산 감정평가업, 부동산관리업, 부동산컨설팅, 부동산신탁업 등이 포함된다.

## 2. 부동산서비스업의 분류

### (1) 한국표준산업에 의한 분류

한국표준산업분류에 의하면 부동산업은 자기소유 또는 임차한 부동산의 임대, 구입, 판매와 관련되는 산업 활동으로서, 직접 건설한 주거용 및 비주거용 건물의 임대활동과 토지, 묘지 및 기타 부동산의 개발, 분양, 임대활동 및 서비스드 레지던스(Serviced Residence)[1]의 운영 활동이 포함된다.

건물의 임대는 임대업으로 분류하여 부동산업에 포함하고 건설 활동은 부동산업에서 제외하였다. 부동산서비스업은 토지 또는 토지에 부속된 건축물인 부동산에 개인적 전문지식과 관련 능력을 바탕으로 서비스를 제공하여 최종 수요자에게 공급하는 부동산 관련 서비스를 제공하는 것이며, 부동산업의 분류는 부동산업이 없으므로 전문업법 내의 분류는 없고, 표준산업분류와 한국은행의 산업연관표 상에 의한 2가지 분류 표준이 있다.

[한국표준산업분류 상의 부동산업의 분류]

| | | | |
|---|---|---|---|
| 70 부동산업 | 701 부동산 임대 및 공급업 | 7011 부동산임대업 | 70111 주거용건물 임대업 |
| | | | 70112 비주거용건물 임대업 |
| | | | 70119 기타 부동산 임대업 |
| | | 7012 부동산 공급업 | 70121 주거용건물 공급업 |
| | | | 70122 비주거용건물 공급업 |
| | | | 70129 기타 부동산 공급업 |
| | 702 부동산 관련 서비스업 | 7021 부동산 관리업 | 70211 주거용 부동산 관리업 |
| | | | 70212 비주거용 부동산 관리업 |
| | | 7022 부동산 중개 및 감정업 | 70221 부동산 중개업 |
| | | | 70222 부동산 감정업 |

* 통계청, 한국표준산업분류, 대한통계협회, 2006

[산업연관표상의 부동산업의 분류]

| | | |
|---|---|---|
| 부동산업 | 부동산 임대 | 주택소유 |
| | | 부동산임대 |
| | 부동산 관련 서비스업 | 부동산중개 |
| | | 부동산감정 |
| | | 부동산관리 |

* 한국은행

1) 호텔의 서비스와 주거공간이 결합된 주거형태, 즉 아파트형 호텔을 말한다. 싱가포르, 런던 등과 같이 외국인의 왕래가 잦은 도시에서 발달한 것으로 장기 투숙객을 위한 공간이다.

### (2) 기타

부동산 관련 산업의 분류방법은 부동산업의 전문화 진행과정과 실물경제부분에서 바라보는 시각에 따라 다양하다. 학자에 따라서는 부동산업을 부동산거래업(부동산서비스업, 부동산임대업)과 부동산공급업(주택부동산공급업, 개발업, 비주거용 부동산공급업 기타)으로 분류하기도 하고, 또 부동산업을 부동산개발업(택지조성 분양, 주거용 건물 분양, 비주거용 건물 분양, 전원개발분양, 준설매립분양, 레저개발분야 기타)과 부동산서비스업(부동산임대업, 부동산관리업, 부동산중개, 부동산상담, 부동산이행보증 기타)으로 분류하기도 한다.[2)]

지금까지 부동산서비스업을 분류하는 방식을 살펴보면 크게 부동산업은 개발(공급)업과 컨설팅업으로 나누어짐을 알 수 있다. 개발이란 부동산업의 핵심 개념으로서 상품을 만드는 기능이라 보여 지며 컨설팅이란 개발을 지원하는 역할을 한다고 정의할 수 있다. 이 두 가지 기능을 합쳐서 부동산서비스업이라고 통칭하고 있다. 따라서 부동산서비스업을 다양한 방법으로 분류할 수는 있지만 궁극적으로는 상품을 만드는 비즈니스와 상품을 만들기 전, 후에 이를 지원하는 비즈니스로 대별될 수 있다.

## 3. 부동산서비스업의 변화방향

최근 부동산을 둘러싼 환경은 급격하게 변화하고 있다. 이 변화방향의 큰 줄기는 지식산업화이다. 부동산 부문만이 아니라 모든 산업부문을 크게 바꿔놓고 있는 '지식'이라는 변화 방향의 큰 흐름은 부동산서비스업에도 같은 영향을 미치고 있다.

그 동안 부동산 산업은 투명하지 못한 거래관행, 혁신능력의 부재, 전

---

2) 이태교 · 안정근, 부동산마케팅, 법문사, 1997

근대적인 부동산금융, 유통구조의 미발달과 같은 다양한 문제점을 가지고 있었다. 그러나 이러한 부동산 산업에도 변화의 바람이 불고 있으며 지식산업화라는 커다란 방향으로 나아가고 있다.

이러한 지식산업화는 세 가지 방향으로 요약될 수 있다 '세계화', '정보화' 그리고 '전문화'가 바로 그것이다.

### (1) 부동산 서비스업의 세계화

부동산서비스업의 세계화는 1990년대 이후 활성화된 부동산증권화에 따라 금융자본의 세계화가 급속히 진전되면서 자연스럽게 부동산 산업에도 적용되게 되었다. 이로 인해 부동산투자시장, 부동산경기, 부동산종사자들의 세계화가 순차적으로 진행되어 왔다.

부동산투자시장의 세계화가 가능한 이유는 세계부동산시장을 분류했을 때 핵심시장으로 분류될 수 있는 국가가 거의 영미권인 관계로 국가 간 교류가 가능하기 때문일 것이다. 이러한 세계부동산시장을 분류할 때 핵심시장으로 분류되는 국가의 비중은 80%를 넘어서는 것으로 파악된다.

부동산투자시장의 세계화는 부동산경기의 전지구화 현상을 동시에 발생시켰다. 즉, 투자주체가 동일하다보니 투자대상도 유사하게 되어 궁극적으로 세계부동산투자 경기의 동조화 현상이 발생하게 된다. 즉 부동산금융시장의 발전으로 인해 부동산투자시장이 단일화되어 가고 있다는 말이다.

선진국들의 부동산경기는 1980년대 후반 부동산 붐, 1990년대 부동산버블의 붕괴, 2000년대 초 부동산 붐 이라는 사이클로 움직여왔다. 이러한 사이클은 핵심주변시장이나 신흥시장으로까지 파급되었으며 국내 부동산경기도 IMF라는 특수한 상황을 제외하면 선진국들과 비슷한 방향으로 움직였다는 것을 알 수 있다.

[국가간 자본이동 현황]

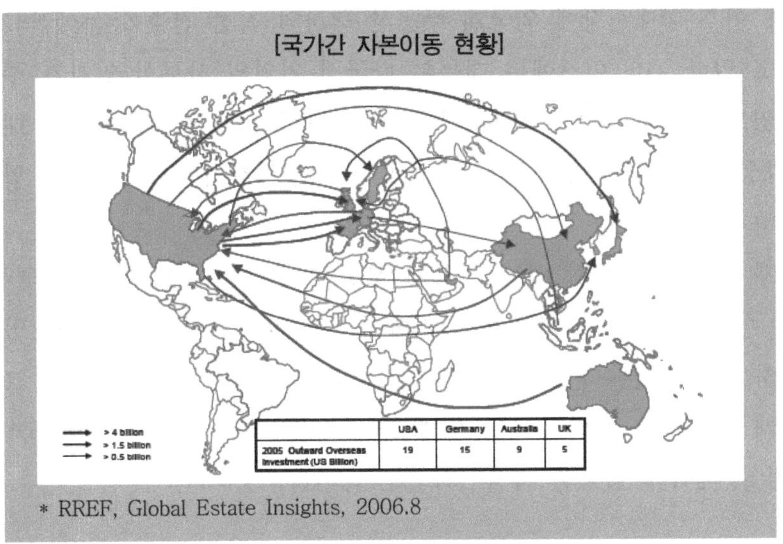


* RREF, Global Estate Insights, 2006.8

부동산서비스업의 변화방향 중 마지막 방향은 부동산서비스업 종사자들의 세계화가 촉진되고 있다는 것이다. 이는 부동산투자시장이 세계화되면서 투자를 위해 전 세계적인 사업네트워크의 구축이 절실히 요구된다. 따라서 현지화 전략과 함께 현지 직원들의 채용이 늘어나면서 궁극적으로 부동산서비스업 종사자들의 세계화가 촉진되었다. 국내에도 외국계 부동산회사들의 국내진입으로 인해 부동산 현지 인력들의 외국계 부동산회사로의 취업이 활발한 것을 보면 부동산서비스업 종사자들의 세계화도 진행되고 있는 것으로 판단된다.

[세계부동산시장의 분류]

| 구 분 | 핵심시장 | 핵심주변시장 | 신흥시장 |
|---|---|---|---|
| 국 가 | 미국, 영국, 일본, 독일, 프랑스, 캐나다, 네덜란드, 벨기에, 덴마크 | 홍콩, 싱가포르, 한국, 대만, 그리스, 아일랜드, 포르투갈, 스페인 | 중국, 태국, 인도네시아, 말레이시아, 필리핀, 체코, 헝가리, 폴란드, 아르헨티나, 브라질, 칠레, 멕시코 |
| 상업용부동산시장 (10억 달러) | 3,692 | 524 | 359 |
| 비중(%) | 80.7 | 11.4 | 7.9 |

* Prudential Real Estate Investors, 2000

IMF 이후 국내시장에 외국계 부동산 회사의 직접 진출이 눈에 띄게 증가하고 있다. IMF 이전에는 대부분 다국적 기업의 사무실 임차가 주요한 업무였으나 외환 위기로 인해 국내 부실 자산의 매입 비즈니스가 대규모로 발생하면서 투자한 부동산을 관리, 리모델링하기 위한 주요한 업무를 수행하게 된다.

현재 국내에 진출해 있는 외국계 부동산 회사는 10년 가까운 국내 사업을 수행함으로서 노하우가 증가하여 다양한 업무를 수행하고 있지만 주력하고 있는 분야는 프라임 오피스 빌딩을 중심으로 한 중개, 그리고 외국계 펀드들이 매입한 부동산에 대한 관리, 외국계 펀드들의 국내 자산 매입, 매각에 필요한 자산실사업무 등이다.

[국내 진출 외국계 부동산회사 현황][3)]

| 회사명 | 국적 | 설립 연도 | 홈페이지 | 주요업무 |
|---|---|---|---|---|
| BHP Korea | 미국 | 1994년 | www.bhpk.com | 자산평가, 개발컨설팅, 중개 |
| CB Richard Ellis Korea | 미국 | 1999년 | www.cbrekorea.com | 자산평가, 개발컨설팅, 투자 및 자산관리 |
| Cushman & Wakefield | 미국 | 1997년 | www.cushwakesasia.com | 평가/중개, 투자/투자유치 |
| Goldman Sachs | 미국 | 1998년 | | 투자 |
| GIC | 싱가포르 | 2000년 | | 투자 |
| Jones Lang Lasalle Korea | 영국 | 2000년 | www.asiapacific.joneslanglasalle.com/korea | 컨설팅, 중개 |
| Keamy Buck Company Korea | 미국 | 1999년 | | 감정평가, 개발컨설팅 |
| Morgan Stanley & International Ltd | 미국 | 1992년 | | 투자 |
| Rodamco 아시아 | 네덜란드 | | | 투자 |
| Total Companies | 미국 | 1999년 | | 컨설팅, 중개 |

3) 강동헌 외, 초보자도 알기 쉬운 부동산업 창업이야기, 형설출판사, 2006. 9

### (2) 부동산 서비스업의 정보화

정보통신기술의 비약적 발전은 부동산서비스업의 정보화를 촉진시키는 계기가 되었다. 부동산서비스업의 정보화는 부동산정보를 디지털로 작성, 처리, 가공, 활용하는 정보처리기술과 이를 전송하는 통신기술의 결합을 통해 부동산 산업의 전반적인 효율성과 확장성을 증대시키고 있다. 부동산서비스업의 정보화는 정보를 생성하는 측면과 이를 전달하는 측면 두 가지로 나눌 수 있는데 최근에는 생성하는 측면보다 전달하는 측면이 중요시되고 있다.

과거에는 부동산정보를 얻기 위해서는 발품을 파는 수밖에 다른 방법이 없었다. 간혹 인쇄매체를 통해 정보를 얻기도 했지만 이는 많지도 않았을 뿐더러 시의성이 부족하여 정보로서의 가치가 높지 않았다. 이로 인해 부동산중개업소는 2층에 위치하는 경우도 많았다. 즉 수요자가 정보를 찾기 위해 중개업소를 방문할 수밖에 없었다는 말이다. 그러나 정보통신기술의 급격한 발전은 책상 앞에서도 원하는 지역의 원하는 규모의 부동산상품의 시세와 매물 존재여부를 언제든지 확인할 수 있는 단계에 까지 이르게 되었다.

나아가 5년 동안의 부동산 시세를 토대로 투자대상물건에 대한 평가를 단지 몇 초 만에 확인할 수 있게 된 것도 이러한 부동산서비스업의 정보화 때문일 것이다. 이러한 정보화는 호가 중심의 부동산정보제공업체의 정보와 정부의 실거래가 정보의 이중성으로 인한 문제도 지적되지만 전반적으로 부동산 산업의 과학화를 앞당기는 역할을 톡톡히 수행하고 있다.

이제 부동산서비스업의 정보화는 통신기술과의 결합을 통해 언제 어디서나 부동산 정보를 얻고 활용할 수 있는 단계에 까지 이르고 있다. 물론 현재 인터넷과 통신기술을 거리낌 없이 사용하는 대상층이 10, 20대로서 부동산 상품의 주 수요층인 30대 이상의 연령층과는 괴리가 있지만 인터넷을 자유롭게 활용하는 대상층이 성장하면 다음 단계의 부동산 정보화가 어떠한 모습으로 다가올지 더욱 기대된다.

현재 부동산정보화는 사용자가 네트워크나 컴퓨터를 의식하지 않고 장소에 상관없이 자유롭게 네트워크에 접속할 수 있는 정보통신 환경이 갖추어진 유비쿼터스(Ubiquitous) 시대로 진입하면서 모바일과 같은 정보통신기기를 통해 실시간으로 부동산정보를 획득할 수 있는 단계로까지 진입하고 있다.[4)]

### (3) 부동산 서비스업의 전문화

향후 부동산 개발 사업은 스마트 도시, 스마트 오피스, 스마트 주택 등의 형태로 더욱 스마트 해질 것이다. 이미 첨단 정보로 무장한 소비자들의 다양하며 전문화된 욕구를 부동산 서비스업의 전문가들이 충족시켜 주기를 바란다. 부동산 투자와 개발의사결정은 점차로 과학화될 것이며, 부동산 사업의 시장경쟁력은 합리적이며 과학적인 역량의 구비정도에 달려 있으며, 스마트 정도가 부동산의 경제가치와 시장가치에서 가장 중요한 요소가 될 것이다. 그만큼 토지소유자, 임차인, 자산실사컨설턴트(due diligence consultants), 부동산관리자, 임대중개인 및 대출업자 등은 자신들의 일상적 업무에서 전문화에 대한 의존도가 높아지고 있고, 앞으로는 더욱 그러할 것이다.

이러한 부동산 서비스업의 전문화 배경에는 시장여건이 더욱 경쟁적이 되는 상황적 변수가 깔려 있다. 수요자들의 정보력 확충과 함께 새로운 공급자들의 급속한 진입은 시장 경쟁 상황을 더욱 치열하게 만들었다. 이로 인해 임대업, 중개업, 공급업 등 어떠한 영역에 종사하던 치열한 경쟁시장 하에서 본인들만의 핵심 경쟁력을 보유해야 하는 필요성이 생겼다. 이로 인해 지역, 상품, 서비스라는 다양한 판단기준에 의해 전문화된 틈새시장 또한 발생하고 있다. 따라서 부동산 서비스업의 전문화라는 것은 끊임없이 블루오션[5)]을 찾아야 하는 현대기업의 경쟁상황을 반영하고

4) 이러한 부동산정보화를 마케팅에서 활용하는 방법은 추후 부동산 인터넷 마케팅에서 언급하도록 하겠다.

5) 프랑스 유럽경영대학원 인시아드(INSEAD)의 한국인 김위찬 교수와 르네 모보르뉴(Renee Mauborgne) 교

있다고 볼 수 있다.

## 4. 국내 부동산서비스업의 과제

국내 부동산서비스업은 영세성을 면치 못하고 있으나 시장 참가자수는 지속적으로 증가하고 있다. 2004년을 기준으로 국내 부동산업의 사업체당 종사자수는 3.9명에 불과하였다. 이는 2000년 4.3명에서 0.4명이 줄어든 수치이다. 매출액도 1사당 2억 7천만 원을 조금 넘는 수준이었다. 이 수치도 2000년 2억 8천만 원에서 1천만 원 이상이 줄어든 수준이다. 종사자당 매출액도 6천9백만 원에 불과한 실정이다.

앞에서 살펴본 바와 같이 부동산업은 부동산 임대 및 공급업과 부동산 관련 서비스업으로 분류되는데 부동산 임대 및 공급업이 상대적으로 규모가 크며 사업체당 종사자수도 높은 것으로 조사되었다. 2004년을 기준으로 부동산 임대 및 공급업은 사업체당 종사자수가 6.6명이며 종사자당 매출액과 사업체당 매출액은 각각 35억 원과 231억 5천만 원에 이른다. 종사자당 매출액과 사업체당 매출액은 2000년에 비해 다소 증가한 수치이며 사업자수와 종사자수가 증가하고는 있으나 매출액의 증가속도가 더 빠른 것으로 분석된다.

부동산 관련 서비스업은 2004년을 기준으로 사업체당 종사자수는 3.7명이며 종사자당 매출액과 사업체당 매출액은 각각 2억 9천만 원과 10억 7천만 원으로 나타났다. 이 수치들은 2000년에 비해 더욱 줄어든 수치이며 부동산 임대 및 공급업의 규모가 증가하는데 반해 부동산 관련 서비스업은 지속적으로 규모가 줄어들고 있음을 알 수 있다. 이는 부동산 관련 서비스업의 사업체수와 종사자수의 증가율이 매출액의 증가율보다 상

---

수가 1990년대 중반 가치혁신(value innovation) 이론과 함께 제창한 기업 경영전략론이다. 블루오션(푸른바다)이란 수많은 경쟁자들로 우글거리는 레드오션(red ocean)과 상반되는 개념으로, 경쟁자들이 없는 무경쟁시장을 의미한다.

**[연도별 국내 부동산서비스업 현황]**

(단위 : 명, 백만 원)

| 구분 | 연도별 | 사업자수 | 종사자수 | 사업체당 종사자수 | 매출액 | 종사자당 매출액 | 사업체당 매출액 |
|---|---|---|---|---|---|---|---|
| 부동산업 | 2000년 | 61,170 | 263,741 | 4.3 | 17,259,934 | 65.4 | 282.2 |
| | 2002년 | 76,188 | 310,683 | 4.1 | 21,470,290 | 69.1 | 281.8 |
| | 2003년 | 87,664 | 344,652 | 3.9 | 21,896,769 | 63.5 | 249.8 |
| | 2004년 | 92,774 | 365,242 | 3.9 | 25,094,315 | 68.7 | 270.5 |
| 부동산 임대 및 공급업 | 2000년 | 4,850 | 32,898 | 6.8 | 9,853,819 | 299.5 | 2,031.7 |
| | 2002년 | 5,531 | 39,347 | 7.1 | 13,351,339 | 339.3 | 2,413.9 |
| | 2003년 | 6,387 | 43,494 | 6.8 | 12,985,879 | 298.6 | 2,033.2 |
| | 2004년 | 6,873 | 45,387 | 6.6 | 15,916,514 | 350.7 | 2,315.8 |
| 부동산 관련 서비스업 | 2000년 | 56,320 | 230,843 | 4.1 | 7,406,115 | 32.1 | 131.5 |
| | 2002년 | 70,657 | 271,336 | 3.8 | 8,118,950 | 29.9 | 114.9 |
| | 2003년 | 81,277 | 301,158 | 3.7 | 8,910,890 | 29.6 | 109.6 |
| | 2004년 | 85,901 | 319,855 | 3.7 | 9,177,801 | 28.7 | 106.8 |

* 통계청, 서비스업통계조사, 2004.12

대적으로 높기 때문이다. 여기에는 중개업체수와 공인중개사들의 급속한 증가가 가장 큰 기여를 한 것으로 보이며 이러한 공인중개사 수의 폭발적인 증가는 IMF 이후 창업 경기를 활성화하기 위해 공인중개사 자격시험을 상대평가에서 절대평가로 변경하고 연간 1회로 시험주기를 앞당겼던 정책적 요인이 많이 작용한 것으로 보인다.

외국의 사례를 살펴보면 일본의 경우도 사업체당 종사자수는 3.2명에 불과할 정도로 영세하면 전근대적으로 운영되고 있다. 사업체도 1999년 기준으로 '부동산대리 중개업'이 4만 7천개소로 18만 명이 종사하고 있다. 이 업체수와 종사자수는 지속적으로 감소하고 있다.

미국의 경우 종사자수는 평균 6.7명으로 다소 회사의 형태를 갖추고 있으며 특히 조직형태에서 주식회사인 경우가 1997년 기준으로 58.8%에 달하며 개인소유형태는 17.5%에 불과하다. 규모별로 분포체계가 안정되어 있으며 조직형태도 현대화되어 있다.

국내 부동산서비스업은 업무범위가 좁고 배타적으로 운영되고 있어 종합서비스 체계로 나가고 있는 부동산서비스업의 선진화를 가로막고 있다. 이러한 서비스 제공 체계를 정비하기 위해서는 종합서비스를 위한 대기업형 조직, 특정분야에서 고도의 전문성을 보유하면서 네트워크 경제를 구축하는 조직 또는 지역밀착형 생활산업형 조직 등 3가지로의 육성전략이 필요할 것이다.[6)]

## 5. 부동산서비스업과 부동산마케팅

부동산서비스업의 궁극적인 목표는 부동산 상품에 대한 마케팅의 원활한 수행을 통해 고객만족을 극대화하는 것이다. 따라서 부동산서비스업의 궁극적인 목표에 도달하기 위한 도구로서 부동산마케팅은 필수적이다.

과거 부동산서비스업은 찾아오는 고객을 응대하는 것이 대부분이었지만 최근의 부동산서비스업은 가망고객을 발굴하여 이들에게 적절한 마케팅 채널을 통해 부동산 상품을 홍보하고 계약으로 이끌기 위한 다양한 활동을 적극적으로 수행하고 있다.

이런 이유로 부동산서비스업과 부동산마케팅은 떼어서는 생각할 수 없다. 부동산 마케팅은 부동산 서비스업의 목표를 달성하는데 필수적인 도구로서만 기능하는 것은 아니며 궁극적으로 부동산마케팅은 부동산서비스업의 인식 전환에도 크게 기여한다.

이제 부동산 마케팅은 부동산 상품의 판매만이 아닌 부동산 상품에 대한 다양한 컨설팅 업무를 수행함에 있어서도 마케팅적인 사고를 통해 더욱 고객 친화적으로 접근할 수 있는 핵심 경쟁력의 원천으로 인식되고 있다. 좁은 의미의 부동산마케팅은 부동산서비스업의 목표 달성을 위한 수단을 의미하지만 넓은 의미의 부동산마케팅은 부동산서비스업을 수행해 나감에 있어 모든 영역에서 마케팅적 사고가 기본이 되어야 함을 의

6) 김용창, 부동산서비스 및 중개제도의 문제점과 정책방향, 국토 210호, 1999

미한다. 즉 마케팅학문에 적용되고 있는 전사적마케팅(Total Marketing)과 통합적마케팅(Integrated Marketing)이 부동산서비스업에도 적용되고 있다는 말이다. 부동산서비스업이 마케팅적인 사고를 기반으로 더욱 소비자 지향적이 되어가고 있다.

사례연구

## 목동 하이페리온과 쉐르빌 마케팅전략 비교분석

목동 하이페리온과 쉐르빌은 부동산이란 지역적 특성에 기반 한 마케팅을 수행하지 않고서는 성공적인 사업을 진행할 수 없음을 입증한 전형적인 사례라고 볼 수 있다.

목동지역에서 대로를 사이에 두고 근거리에서 사업을 수행하였던 하이페리온과 쉐르빌은 현대와 삼성이라는 국내 굴지의 대기업의 자존심이 부딪히는 현장이었다. 하지만 2001년 당시는 삼성은 최고의 브랜드를 유지하고 있는 상황이었지만 현대(건설)는 청산이냐 법정관리냐를 검토하고 있을 정도로 어려운 상황이었다. 특히 당시 삼성의 쉐르빌은 인지도 1, 2위를 다투는 유망 브랜드였고 하이페리온은 인지도가 상대적으로 높지 않았다.

하지만 결과는 하이페리온은 성공적인 분양과 입주 후 적정 수준의 프리미엄까지 붙어 투자가치가 높은 목동 지역 내 랜드마크적 부동산 상품으로 자리매김하였다. 이에 반해 쉐르빌은 장기간 미분양으로 어려움을 겪다 입주 후에도 낮은 프리미엄으로 인해 상품가치가 떨어지는 부동산 상품으로 남아있었다.

양천구 목동은 강남을 제외하고는 아파트 가격이 가장 높은 곳 중의 하나인 부촌에 해당한다. 하지만 이들의 특성과 소비행태는 강남과는 완전히 달라 소박하며 신중한 소비행태를 보인다.

현대건설은 그동안 목동현대월드타워, 현대41타워, 드림타워 등의 사업을 수행하면서 목동지역의 고객 데이터베이스를 많이 확보하고 있었다. 그리고 분양에 있어서도 기존의 분양 방식인 분양대행사와 지역 중개업소를 충분히 활용하는 협업 전략을 선택하였다. 지역적 특성이 강한 목동지역에서 이러한 지역 밀착형 분양 전략은 성공적인 결과를 낳게 만들었다.

이에 반해 삼성중공업은 강남 타워팰리스의 분양 방식인 자체 분양과 예약 손님 위주의 폐쇄형 전문 상담에 주력하였다. 하지만 이러한 분양 방식은 지역적 특성에 맞지 않아 고객의 외면을 가져왔으며 장기간 미분양으로 어려움을 겪었다. 분양 전략과 함께 상품 구성에서도 평형과 유니트의 개방감에서 하이페리온이 높은 점수를 얻었다.

사례연구의 가장 큰 재미는 비교 분석에 있다. 근거리에서 국내 최고 그룹의 사명(社名)을 건 부동산 사업은 단순한 사례 연구를 넘는 흥미로운 분석 대상이라고 할 수 있다.

## 1. 현황분석

### (1) 목동지역의 특성

- 인천 신공항과 여의도등을 연결하는 서울 서남권의 중심지역
- 지하철 5호선과 올림픽대로, 남부순환로, 경인고속도로가 인접한 교통의 요충지로서 지하철 9호선 개통예정지
- 16개의 공원이 조성되어 풍부한 녹지공급의 쾌적한 환경여건 보유
- 양질의 교육 인프라로 우수한 학군 형성
- 목동 신시가지 아파트와 외곽지역 간의 가격 격차가 큰 지역성, 배타성이 강함
- 목동은 총 5만 3천 세대수이며 인구는 15만 9천 명에 이름

[목동 동별 인구 및 주거현황]

| 동명 | 통 | 반 | 세대수 | 인구수 | 면적(㎢) |
|---|---|---|---|---|---|
| 목1동 | 28 | 242 | 9,330 | 28,439 | 1.29 |
| 목2동 | 32 | 246 | 10,704 | 30,232 | 1.45 |
| 목3동 | 26 | 201 | 8,621 | 22,943 | 0.54 |
| 목4동 | 27 | 226 | 9,899 | 28,859 | 0.56 |
| 목5동 | 24 | 184 | 7,378 | 23,714 | 0.69 |
| 목6동 | 24 | 195 | 7,383 | 24,594 | 0.81 |
| 합계 | 161 | 1,294 | 53,315 | 158,781 | 5.34 |

[목동 연도별 아파트 평균 평단가 동향]

| 연월 | 2003.1 | 2004.1 | 2005.1 | 2006.1 | 2007.1 |
|---|---|---|---|---|---|
| 평단가 | 1,185.68 | 1,440.89 | 1,460.69 | 1,799.66 | 2,538.3 |

* 부동산114, 2007.1

[목동 평형별 아파트 평균 평단가 현황]

| 평형 | 19이하 | 20~24 | 25~29 | 30~34 | 35~39 | 40~44 | 45~49 | 50~54 | 55이상 |
|---|---|---|---|---|---|---|---|---|---|
| 평단가 | 1157.89 | 2425.06 | 2460.21 | 1853.65 | 3195.54 | 1906.68 | 3022.24 | 1481.7 | 2750.29 |

* 부동산114, 2007.1

[하이페리온과 쉐르빌 위치도]

* ☆ 하이페리온 ★ 쉐르빌

## (2) 입지분석

### ① 편리한 교통여건

지하철 2호선 양천구청역, 5호선 오목교역, 9호선(예정) 교차, 경인고속도로 인접에서 여의도, 서울 중심으로의 연결이 용이

### ② 쾌적한 환경

목동공원, 목마공원, 파리공원, 양천공원, 오목공원, 신투리공원 및 단지내 아름다운 조경시설

### ③ 생활편의시설

행복한 세상백화점, 현대백화점, 양천구청, 보건소, 구민체육관, 이대목

동병원, 서울국제우체국, 양천세무서, 목동종합운동장

④ **우수한 교육여건**

시립도서관, 청소년회관, 양정중고, 신목중고, 진명여고, 목일중교, 월촌중교

[사업대상지 주변 편의시설 현황]

## 2. 사업대상지 개요

### (1) 하이페리온 I

| 주소 | 서울 양천구 목동 916번지 |
|---|---|
| 시공회사 | ㈜현대건설 |
| 대지면적 | 24,367.70㎡(7,371.23평) |
| 연면적 | 385,974.57㎡(116,757.31평) |
| 동수 | 3개동 |
| 용도 | 아파트/오피스텔/판매시설/<br>운동시설/문화 및 집회시설 |
| 규모 | 지하6층/지상69층 |
| 총세대수 | 아파트: 466, 오피스텔: 396 |
| 용적률 | 817.56% |
| 난방방식 | 개별냉방/지역난방 |
| 난방연료 | 열병합 |
| 주변여건 | 5호선 오목교역 단지와 바로 연결,<br>지하철 11호선 오목공원 역 건설 예정 |
| 분양시기 | 2000년 5월 |
| 입주일 | 2003년 6월 |
| 현관구조 | 계단형 |
| 개발컨셉 | □ 국내 최고층아파트로 서울의 랜드마크 역할<br>□ 초특급 호텔식 서비스<br>□ 최상의 부대시설로 One-Stop 주거문화<br>(영화관, 스포츠센터, 현대백화점 입점) |

### (2) 쉐르빌 I

| 주소 | 서울 양천구 신정동 85번지 일대 |
|---|---|
| 시공회사 | 삼성중공업 |
| 대지면적 | 8,496.89㎡(2,570.3평) |
| 연면적 | 112,380.67㎡(33,995평) |
| 동수 | 3개동 |
| 용도 | 아파트/공동주택 |
| 규모 | 지하5층/지상39층 |
| 총세대수 | 312세대 |
| 용적률 | 800% |
| 난방방식 | 지역난방 |
| 난방연료 | 열병합 |
| 주변여건 | 5호선 오목교역 도보5분 |
| 분양시기 | 1999년 12월 |
| 입주일 | 2003년 3월 |
| 현관구조 | 계단형 |
| 개발컨셉 | □ 미래생활을 누릴 수 있는 첨단주택<br>□ 자연친화적인 건강 생활주택<br>□ 나만의 맞춤형주택 설계 |

### (3) 쉐르빌Ⅱ

| 주소 | 서울 양천구 신정동 85번지 일대  |
|---|---|
| 시공회사 | 삼성중공업 |
| 대지면적 | 4,073.1㎡(1,232평) |
| 연면적 | 4,585.5㎡(15,158.9평) |
| 동수 | 1개동 |
| 용도 | 아파트/공동주택 |
| 규모 | 지하5층/지상24층 |
| 총세대수 | 170세대 |
| 용적률 | 800% |
| 난방방식 | 지역난방 |
| 난방연료 | 열병합 |
| 주변여건 | 5호선 오목교역 도보5분 |
| 분양시기 | 2001년 6월 |
| 입주일 | 2004년 5월 |
| 현관구조 | 계단형 |
| 개발컨셉 | □ 자연친화적인 건강 생활주택<br>□ 100년 건축공법의 미래형 주거 공간<br>□ 나만의 맞춤형주택 설계 |

## 3. 4Ps 분석

### (1) 상품(Product)

#### ① 평형구성

- 하이페리온과 쉐르빌의 평형 구성에서의 차이점은 모두 중대형 평형 위주로 구성하였다는 공통점은 가지고 있으나 쉐르빌은 30평형과 40평형대도 포함시켰다는 것임.
- 이는 대부분 20, 30평형대에 거주하는 기존 세대의 대체수요를 고려하였기 때문으로 파악되나 새로운 주거형태를 원하는 소비자의 니즈에는 부응하지 못한 면도 있었음.

[하이페리온과 쉐르빌 평형 구성 현황]

| 구분 | 하이페리온 I | | | 쉐르빌 I | | | 쉐르빌 II | | |
|---|---|---|---|---|---|---|---|---|---|
| | 평형 | 세대수 | 분포율(%) | 평형 | 세대수 | 분포율(%) | 평형 | 세대수 | 분포율(%) |
| 평형구성 | 56 | 58 | 12.4 | 33 | 5 | 1.6 | 37 | 22 | 12.9 |
| | 62 | 44 | 9.4 | 44 | 10 | 3.2 | 40 | 16 | 9.4 |
| | 63 | 116 | 24.9 | 56 | 39 | 12.7 | 47 | 15 | 8.8 |
| | 64 | 44 | 9.4 | 61 | 98 | 31.8 | 53 | 26 | 15.3 |
| | 68 | 116 | 24.9 | 77 | 59 | 19.2 | 62 | 57 | 33.5 |
| | 73 | 88 | 18.9 | 81 | 74 | 24 | 66 | 32 | 18.8 |
| | - | - | - | 90 | 23 | 7.5 | 78 | 2 | 1.2 |
| | | 466 | 100.0 | | 308 | 100.0 | | 100 | 100.0 |

- 목동의 평형별 세대수 비중은 2006년 말 현재에도 55평형이상의 초대형 평형만 서울시 평균보다 높으며 수요자들이 가장 선호하는 40평형대 비중의 경우는 전국 평균보다 0.2%포인트 낮은 수치를 기록하고 있음.

[목동 및 전국 평형별 세대수 비중 현황]

(단위 : 호, %)

| 평형별 | 목동 세대수 | 목동내 비중 | 평형별 | 전국 세대수 | 전국내 비중 |
|---|---|---|---|---|---|
| 19이하 | 36 | 0.1% | 19이하 | 197,853 | 15.7% |
| 20~24 | 2,828 | 11.5% | 20~24 | 182,767 | 14.5% |
| 25~29 | 4,825 | 19.6% | 25~29 | 185,541 | 14.8% |
| 30~34 | 6,545 | 26.5% | 30~34 | 393,572 | 31.3% |
| 35~39 | 5,042 | 20.4% | 35~39 | 87,878 | 7.0% |
| 40~44 | 796 | 3.2% | 40~44 | 90,644 | 7.2% |
| 45~49 | 1,961 | 8.0% | 45~49 | 52,260 | 4.2% |
| 50~54 | 348 | 1.4% | 50~54 | 24,897 | 2.0% |
| 55이상 | 2,280 | 9.2% | 55이상 | 42,292 | 3.4% |
| 합계 | 24,661 | 100.0% | 합계 | 1,257,704 | 100.0% |

* 부동산114, 2007. 1

② 특장점

가. 하이페리온 I

| 구 분 | | 특 장 점 |
|---|---|---|
| 첨단시스템 | | 디지털방송 수신시스템, 초고속 정보통신망, 중앙집진식 청소시스템, 주방환기시스템 및 보조배기시스템, 오토메이션 시스템 |
| 마감재 | 거실 | 천연대리석 현관바닥, 대형 고급 신발장, 현관 이중천정 및 간접조명, 거실 온돌원목마루, 고품격 거실장, 거실 아트월 |
| | 침실 | 안방 차음도어, 드레스룸, 원목마루 |
| | 주방 | 보조주방, 주방기능성장, 아일랜드형 주방, 인조대리석 상판, 개수구 하부정리대, 가스오븐렌지, 침니후드, 식기세척기, 주방칼라액정TV폰 |
| | 욕실 | 대형타일, 고품격 욕실장, 샤워부스, 천연대리석 상판, 비데, 부부욕실에 스피커폰 |
| 설계 | 단지배치 | 최고 69층의 타워형, "ㄱ"자형 단지 배치 : APT: 2개동, 오피스텔: 1개동, 저층부 지상 주차장 설치, 백화점과 아파트 동선 분리 |
| | 부대시설 | 주민공동시설(9층), 현대백화점 입점 |
| | 평면설계 | 세대 다면 개방감 확보, 주민공동시설 설치(9층)<br>붙박이장, 드레스 룸 등 수납공간 최대 확보 |

* 초기에는 상품의 고급화를 지향하였으나 재분양시부터 마감재를 중급으로 낮춤으로서 분양가 할인 가능.

## 나. 쉐르빌 I

| 구 분 | | 특 장 점 |
|---|---|---|
| 첨단시스템 | | 디지털방송 수신시스템, 초고속 정보통신망, 중앙집진식 청소시스템, 주방환기시스템 및 보조배기시스템, 오토메이션 시스템 |
| 마감재 | 거실 | 천연대리석 현관바닥, 대형고급신발장, 현관이중천청 및 간접조명, 거실 원목마루, 고품격 거실장, 거실 아트월 |
| | 침실 | 안방 차음도어, 드레스룸 |
| | 주방 | 가스오븐렌지, 식기세척기, 김치냉장고 등 붙박이 가전제품, 대리석 상판, 렌지후드, 음식물 탈수기 |
| | 욕실 | 고품격 세면대, 고품격 욕실장, 샤워부스, 미끄럼을 방지하는 욕실바닥, 비데, 부부욕실에 스피커폰 |
| 설계 | 단지배치 | 최고 39층 판상형, 'ㅁ'자형 단지, 상층부 조망권 확보 |
| | 부대시설 | 사우나, 수영장, 헬스장, 판매시설(1,2F) |
| | 평면설계 | 맞춤형 주택 옵션 도입, 대형평형 복층개발 |

* 초기에는 맞춤형 주택의 컨셉으로 분양 시도하였으나 미분양 속출로 고가의 맞춤형 주택보다 기본형 주택을 지향하며 분양 유도

## 다. 장단점

| 구분 | 장점 | 단점 |
|---|---|---|
| 하이페리온 I | • 현대백화점 단지내 입점 : 생활편의시설 프리미엄<br>• 세대 다면 개방감 확보<br>• 철골조 시공으로 내구성, 안정성<br>• 인근 공영주차장(주차 인프라 우수)<br>• 조망권 열위층 주차장 설계 : 1층~8층 지상주차장/9층 주민공동시설배치→10층 이상 APT배치로 조망, 개방감 확보 | • 용적률 818%로 인동거리 협소<br>• 규모 대비 조경면적 부족<br>• 방위형 설계로 향 불리세대 발생<br>• 사업지 주변 4면 25m도로(소음노출)<br>• 백화점 입점으로 인한 소음과 교통 체증 발생 |
| 쉐르빌 I | • 상층부 조망권 확보<br>• 맞춤형 주택 옵션 도입<br>• 37~67평의 다양한 평형구성→목동의 중형 평형대 수요 흡수 | •쉐르빌II의 개발로 인한 희소가치 하락<br>•남향부 폐쇄감으로 상품성 하락<br>•저층부 향, 개방의 불리세대 가치하락 |

* 하이페리온 입주 후 현대백화점 주변은 목동의 새로운 상권의 핵으로 부상

### (2) 가격(Price)

① 하이페리온Ⅰ 분양가 및 할인분양가

| 평형 | 전용면적(평) | 전용률(%) | 분양가('00.5) | | 평당평균가 | | 할인분양가('01.6) | | 평당가(할인가기준) | | 할인율 |
|---|---|---|---|---|---|---|---|---|---|---|---|
| | | | 상한가 | 하한가 | 분양면적대비가 | 전용면적대비가 | 상한가 | 하한가 | 분양면적대비가 | 전용면적대비가 | |
| 56.6 | 41.81 | 74 | 61,056 | 49,137 | 973 | 1,318 | 48,758 | 43,321 | 813 | 1,101 | 16% |
| 62.1 | 45.85 | 74 | 69,011 | 57,045 | 1,015 | 1,375 | 59,740 | 49,617 | 880 | 1,193 | 13% |
| 63.1 | 46.6 | 74 | 77,094 | 58,417 | 1,073 | 1,454 | 60,532 | 49,359 | 870 | 1,179 | 19% |
| 64.7 | 47.79 | 74 | 81,755 | 65,762 | 1,139 | 1,543 | 63,435 | 50,101 | 877 | 1,188 | 23% |
| 68.6 | 50.65 | 74 | 86,791 | 77,625 | 1,198 | 1,623 | 69,296 | 52,966 | 891 | 1,207 | 26% |
| 73.9 | 54.58 | 74 | 94,282 | 73,412 | 1,134 | 1,536 | 73,412 | 59,144 | 896 | 1,214 | 21% |

- 평당 분양가는 대형평형으로 갈수록 높게 책정됨
- 2000년 5월 당시 최초 분양가는 평당 평균 973~1,134만 원대(분양면적 기준)에서 결정. 이는 일반 아파트 대비 35~50% 이상 높게 책정된 것임. 당시 분양률은 35%였음.
- 2001년 6월 최초 분양가보다 16~26% 하락한 가격대에서 할인 분양가 813~898만원(분양면적기준)으로 결정하여 재 분양하여 100% 분양에 성공하였음.
- 마감재를 중급으로 낮추고 분양가를 조정한 것이 100% 분양에 크게 기여함.

※ 평당 분양가가 대형평형으로 갈수록 높게 책정하는 현상은 2000년 이후 본격적으로 도입된 전략으로 보인다. 2006년 8월말 현재 전국 아파트의 평당 분양가를 살펴보면 20평형 초반대 이외를 제외하고는 대형평형으로 갈수록 평당 분양가가 상승하고 있음을 알 수 있다. 30평형대 이하의 경우 6백만 원에서 7백만 원대의 평당 분양가를 보이고 있지만 40평형대 이상의 경우 8백만 원에서 9백만 원대의 평당 분양가를 보이고 있다.

**[평형별 평당 분양가 현황]**

(단위 : 만원/평)

| 평형별 | 20~24 | 25~29 | 30~34 | 35-39 | 40~44 | 45~49 | 50~54 | 55이상 |
|---|---|---|---|---|---|---|---|---|
| 분양가 | 866.04 | 713.75 | 718.72 | 692.38 | 890.21 | 830.36 | 888.82 | 1,004.1 |

* 자료 : 부동산114, 2006.12

### ② 하이페리온Ⅰ 분양가와 아파트 매매가 비교

(2001년 5월 기준)

| | 평형 | 평당분양가 | | | 00.5 아파트매매가 | | | 가격비교 | 비고 |
|---|---|---|---|---|---|---|---|---|---|
| | | 하한가 | 상한가 | 평균가(A) | 하한가 | 상한가 | 평균가(B) | A/B | |
| 최초 분양 2000년 5월 분양 | 56.63 | 973 | 1,079 | 1,026 | 964 | 1,091 | 1,028 | 99.8% | 일반APT |
| | 62.1 | 1,015 | 1,111 | 1,063 | 803 | 773 | 788 | 134.9% | 주상복합 |
| | 63.12 | 1,073 | 1,221 | 1,147 | 817 | 783 | 800 | 143.5% | |
| | 64.73 | 1,139 | 1,263 | 1,201 | 803 | 773 | 788 | 152.5% | |
| | 73.93 | 1,134 | 1,275 | 1,205 | 840 | 814 | 827 | 145.7% | |
| 재분양 2001년 5월 분양 | 56.63 | 813 | 861 | 837 | 980 | 1,182 | 1,081 | 77.4% | 일반APT |
| | 62.1 | 880 | 962 | 921 | 883 | 850 | 867 | 106.3% | 주상복합 |
| | 63.12 | 870 | 959 | 915 | 910 | 875 | 892 | 102.5% | |
| | 64.73 | 877 | 980 | 928 | 883 | 850 | 867 | 107.2% | |
| | 73.93 | 896 | 993 | 945 | 840 | 814 | 827 | 114.3% | |

※ 최근 아파트 분양가와 매매가 사이의 차이가 크게 벌어지고 있다. 이러한 분양가와 매매가 사이의 비율로 고분양가 정도를 측정하는 기준으로 사용하기도 한다. 분양가는 매매가의 110~120% 사이에서 움직이는 것이 적절하다. 왜냐하면 분양가는 2~3년 후의 매매가를 나타내기 때문이다.

지역적으로는 분양가 대비 매매가 비율은 수도권이 100% 내외에서 움직이는 수준으로 높지 않으나 지방의 경우는 200%를 넘는 곳도 생겨나고 있어 고분양가 논란이 심하다.

지방이 분양가 대비 매매가가 높은 이유는 대형 건설업체의 지방

진출이 최근 본격적으로 이루어졌으며 대형평형 위주의 분양전략을 실시하였고 나아가 주상복합 등 새로운 상품의 지방 부동산시장 진입이 증가하였기 때문으로 분석된다.

**[연도별 분양가 대비 매매가 비율]**

(단위 : 만원/평, %)

| 지역별 | 구분 | 2002년 말 | 2003년 말 | 2004년 말 | 2005년 말 |
|---|---|---|---|---|---|
| 전국 | 분양가 | 579.69 | 602.49 | 655.74 | 694.98 |
| | 매매가 | 525.07 | 608.3 | 614.42 | 680.89 |
| | 분/매 | 110.40% | 99.04% | 106.73% | 102.07% |
| 서울 | 분양가 | 835.74 | 11,35.77 | 1,285.72 | 1,435.19 |
| | 매매가 | 977.89 | 1,132.04 | 1,137.2 | 1,287.85 |
| | 분/매 | 85.46% | 100.33% | 113.06% | 111.44% |
| 부산 | 분양가 | 638.96 | 660.99 | 806.03 | 732.6 |
| | 매매가 | 378.47 | 411.57 | 419.99 | 435.21 |
| | 분/매 | 168.83% | 160.60% | 191.92% | 168.33% |
| 울산 | 분양가 | 328.05 | 459.85 | 612.75 | 704.39 |
| | 매매가 | 261.05 | 288.53 | 320.61 | 358.08 |
| | 분/매 | 125.67% | 159.38% | 191.12% | 196.71% |
| 경남 | 분양가 | 349.91 | 424.16 | 472.99 | 557.9 |
| | 매매가 | 305.92 | 341.67 | 361.8 | 394.53 |
| | 분/매 | 114.38% | 124.14% | 130.73% | 141.41% |

* 부동산114, 2006. 1

※ 쉐르빌 I

- 초기 쉐르빌 I 의 평당 분양가는 약 1,200만원으로 책정하였으나 미분양 속출과 환불사태까지 이어져 할인하여 분양함.
- 초기 분양 후 2001년까지 부동산 시장에서 마이너스 프리미엄이 형성됨.
- 2001년 6월 쉐르빌 II 분양 시까지 쉐르빌 I 의 미분양분이 남아 있었음.
- 삼성의 자체 분양으로 정확한 할인 분양가의 자료 구축이 어려워 쉐르빌 II 의 가격과 비교하여 분석함.

### ③ 쉐르빌II 분양가

(단위 : 만원)

| 평형 | 전용면적(평) | 전용률(%) | 세대수 | 분양가 | | 평당분양가 | |
|---|---|---|---|---|---|---|---|
| | | | | 상한가 | 하한가 | 분양면적 대비가 | 전용면적 대비가 |
| 37 | 30.18 | 82 | 15 | 35.400 | 33.580 | 932 | 1,143 |
| 40 | 32.61 | 82 | 16 | 38.540 | 36.290 | 935 | 1,147 |
| 47 | 38.08 | 81 | 15 | 46.080 | 43.560 | 954 | 1,177 |
| 53 | 43.19 | 81 | 17 | 52.610 | 49.410 | 962 | 1,181 |
| 61 | 48.81 | 80 | 19 | 60.370 | 55.870 | 953 | 1,191 |
| 62 | 49.91 | 81 | 38 | 61.620 | 57.120 | 958 | 1,190 |
| 66 | 53.47 | 81 | 15 | 65.930 | 62.150 | 970 | 1,198 |
| 67 | 54.13 | 81 | 15 | 66.700 | 62.920 | 967 | 1,197 |

- 60평형대가 주력 평형으로 평당 분양가는 930~970만 원에서 결정됨
- 하이페리온 I 보다 최초 분양가는 낮으나 할인가 보다는 높게 책정
- 일반 아파트 대비 평균 동일수준으로 분양가 책정
  ('01년 6월의 현물 시세를 반영)
- 40~50평형대는 시세 이하의 분양가 책정이 특징임.

### ④ 쉐르빌II 분양가 및 아파트 매매가 비교

(단위 : 만원)

| | 평형 | 평당분양가 | | | 일반아파트 평당 매매가 | | | 가격 비교 |
|---|---|---|---|---|---|---|---|---|
| | | 상한가 | 하한가 | 평균가(A) | 상한가 | 하한가 | 평균가(B) | A/B |
| 01년 6월 분양 | 30py | 957 | 908 | 932 | 958 | 809 | 884 | 105.5% |
| | 40py | 972 | 917 | 944 | 1,111 | 889 | 1,000 | 94.4% |
| | 50py | 993 | 932 | 962 | 1,182 | 909 | 1,045 | 92.1% |
| | 60py | 995 | 929 | 962 | 768 | 726 | 747 | 128.8% |

**⑤ 조망, 개방감 분석**

- 최근 주거시설에서 조망, 개방감이 차지하는 중요성은 갈수록 늘어나고 있다. 하이페리온이 쉐르빌에 비해 높은 인지도를 보였던 이유 중에 하나도 개방감이었다.

| 하이페리온 I | | 쉐르빌 I | | 쉐르빌 II | |
|---|---|---|---|---|---|
| 동향 | 한강 양화대교 방면 | 동향 | 사업지 차단 | 동향 | 사업지/현대조합차단 |
| 서향 | 안양천 광명방면 | 서향 | 8단지 방면 | 서향 | 8단지/쉐르빌 I 차단 |
| 남향 | 안양천 영등포방면 | 남향 | 안양천 영등포방면 | 남향 | 신정7차 차단 |
| 북향 | 한강 행주대교 방면 | 북향 | 사업지 차단 | 북향 | 사업지/쉐르빌 I 차단 |

**⑥ 입지선정**

| 구분 | 장점 | 단점 |
|---|---|---|
| 하이페리온 I | •지하철 지하연결 접근성 우수<br>•현대 백화점 단지 내 입점<br>•인근 공영주차장(주차 인프라 우수)<br>•오목공원 인접<br>•경인고속도로, 올림픽대로, 강변북로 등 주요간선도로 이용용이<br>•청소년회관, 양천구청 등 문화시설 및 공공시설 인접 | •백화점 입점 인한 교통 혼잡<br>•교육환경 상대적 열위 |
| 쉐르빌 I | •지하철역 인접<br>•경인고속도로, 올림픽대로, 강변북로 등 주요간선 도로 이용 용이<br>•양천공원 인접<br>•청소년회관, 양천구청 등 문화시설 및 공공시설 인접 | •일방통행으로 자동차 접근 불리<br>•교육환경 상대적 열위 |

### (3) Place(유통채널)/Promotion(커뮤니케이션)

| 구분 | 하이페리온 I | 쉐르빌 I |
|---|---|---|
| Place | •분양대행업체 활용<br>•목동현대월드타워, 현대41타워<br>•드림타워 등 기존 사업으로<br>•구축된 목동의 DB를 적극 활용<br>•목동지역의 부동산 중개업소 적극 활용<br>- 사업설명회 개최, DM발송 등 | •삼성 자체 분양<br>•고급화 컨셉으로 브랜드<br>•이미지의 홍보 주력<br>•모델하우스 영업: 예약 손님위주로 전문상담 요원만 상담가능 |
| Promotion | •지역적 광고 주력: 부동산 중개업소, 파라솔, 분양사무소 적극 활용<br>•기업의 이미지 홍보나 언론매체<br>•광고 줄임 | •고급화 컨셉으로 브랜드<br>•이미지의 홍보 주력: 대중매체 홍보<br>•모델하우스 영업: 예약 손님위주로 전문상담 요원만 상담가능 |

### ※ 계약자 지역별 현황

**[하이페리온 II]**

| 지 역 | 계 약 자(명) | |
|---|---|---|
| 양 천 구 | 250 | 65% |
| 강 서 구 | 22 | 6% |
| 영등포구 | 18 | 5% |
| 구 로 구 | 15 | 4% |
| 서울지역 | 382 | 100% |

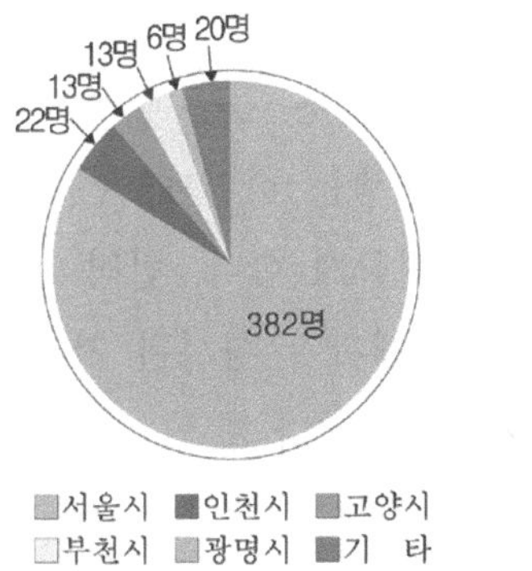

- 서울시 계약자 분포에서는 서남권이 80%(285명) 차지
- 서남권 중 하이페리온이 위치한 양천구가 65%의 계약자 분포를 보임.
- 강남구, 서초구 등 서울 기타 지역에서의 계약률은 극히 저조함.
- 지역밀착형 분양전략을 견지한 하이페리온은 성공적으로 분양에 이를 수 있었으나 VIP마케팅을 수행한 쉐르빌이 분양에 어려움을 겪게 되었음은 이러한 계약자 분포에서도 나타남.

[하이페리온 II]

| 지역 | 아파트 | 오피스텔 |
|---|---|---|
| 서남권 | 61.4% | 76.73% |
| 강남권 | 16.8% | 7.27% |
| 동북권 | 17.3% | 6.91% |
| 서북권 | 4.5% | 9.09% |
| 소 계 | 100.0% | 100.0% |

## 4. 결론

하이페리온 I 의 계약자 분석을 통해 목동지역의 주상복합시장은 강남이나 분당과는 달리 서울 서남권에 한정된 수요를 지닌 것을 알 수 있다. 초기의 미분양 사태의 어려움을 겪으면서 시장의 재분석을 통해 분양가를 할인하였고 목동의 지역성을 적극 활용하여 하이페리온 I 의 분양에 성공할 수 있었다.

분양 완료 후 입주 시까지의 프리미엄 형성과 입주가 완료된 현재까지 가격의 강세는 하이페리온 I 이 목동지역의 랜드마크적 주상복합이 되었음을 확신하게 한다. 반면 쉐르빌 I 은 입주시까지의 미분양 잔여분과 입주 후 현재까지 형성된 가격은 목동시장에서 하이페리온 I 에 못 미치는 결과를 거두었다.

쉐르빌 I 의 가장 큰 실패 원인은 삼성의 브랜드 이미지 및 상품의 우위에만 주력하고 목동의 지역성을 간과한 데서 비롯되었다고 분석된다. 쉐르빌 I 과 하이페리온 I 은 입주 후 상당기간이 지났지만 기반시설의 확충없이 주상복합 및 오피스텔 사업을 진행하여 목동 지역의 도로와 학교 시설의 부족 등은 현재에도 해결해야 할 과제로 남아 있다.

[하이페리온 I 시세]

(2006.12 기준)

| 평형 | 매매(만원) | | 전세(만원) | |
|---|---|---|---|---|
| | 하한가 | 상한가 | 하한가 | 상한가 |
| 56 | 135,000 | 150,000 | 55,000 | 60,000 |
| 62 | 140,000 | 170,000 | 60,000 | 65,000 |
| 63 | 150,000 | 190,000 | 65,000 | 70,000 |
| 64 | 150,000 | 180,000 | 65,000 | 75,000 |
| 68 | 160,000 | 210,000 | 65,000 | 80,000 |
| 73 | 170,000 | 215,000 | 65,000 | 80,000 |

[쉐르빌 I 시세]

(2006.12 기준)

| 평형 | 매매(만원) | | 전세(만원) | |
|---|---|---|---|---|
| | 하한가 | 상한가 | 하한가 | 상한가 |
| 55 | 97,000 | 100,000 | 40,000 | 50,000 |
| 70 | 147,000 | 165,000 | 45,000 | 55,000 |
| 71 | 147,000 | 165,000 | 45,000 | 55,000 |
| 72 | 147,000 | 165,000 | 45,000 | 55,000 |
| 74 | 150,000 | 175,000 | 45,000 | 55,000 |

※ 참고 : 목동지역 소비현황

조선일보가 BC카드 회원의 신용카드 지출 명세를 통해 살펴본 '서울의 소비지도'를 분석하였다. 분석대상은 서울 거주 BC카드 회원 253만 명이며 20세 이상 전체 서울인구의 약 35%에 달하는 숫자이다. 이들의 2006년 상반기 지출내용을 162개 동(동)별로 분석해 보니 지역에 따라 뚜렷한 소비패턴의 특징이 나타났다고 한다.

서울에서 1인당 소비가 가장 왕성한 곳은 도곡동으로 나타났다. 1인당 월 평균 카드 사용액은 69만 5천원이었으며 2위는 청담동(64만 7천원)이고, 여의도동(60만 4천원), 이촌동(59만 7천원), 서초동(59만 6천원)이 뒤를 이었다.

목동은 16위를 보여 지출은 높았지만 강남에 비하면 상대적인 지출 수준은 낮았다. 특히 지출 내역을 살펴보면 보험료에서는 10위(69,689원), 학원비는 4위(23,672원)로 나타나 상대적으로 소비성 지출보다는 투자성 지출이 많았음을 알 수 있다.

[서울시 구별 BC카드 월 1인당 총사용액 현황]

| 순위 | 구별 | 동별 | 카드사용액(원) |
|---|---|---|---|
| 1 | 강남구 | 도곡동 | 695,422 |
| 2 | 강남구 | 청담동 | 647,807 |
| 3 | 영등포구 | 여의도동 | 604,771 |
| 4 | 용산구 | 이촌동 | 597,680 |
| 5 | 서초구 | 서초동 | 596,497 |
| 6 | 강남구 | 대치동 | 572,885 |
| 7 | 강남구 | 삼성동 | 569,608 |
| 8 | 서초구 | 잠원동 | 563,897 |
| 9 | 성북구 | 성북동 | 532,803 |
| 10 | 광진구 | 광장동 | 524,207 |

# 제2장

# 부동산마케팅 개론

REAL ESTATE MARKETING

# 제2장 부동산마케팅 개론

## 1. 부동산마케팅의 학문적 의의

### (1) 마케팅이란 무엇인가?

한국마케팅학회의 정의에 따르면 마케팅이란 '조직이나 개인이 자신의 목적을 달성시키는 교환을 창출하고 유지할 수 있도록 시장을 정의하고 관리하는 과정'이라고 한다.[1)]

이러한 마케팅의 정의는 기업체가 수익을 많이 내기 위해 여러 가지 서비스를 제공하여 고객을 확보하려 노력하는 행위에 초점을 맞추고 있다. 하지만 최근 마케팅은 일반적인 용어가 되어가고 있으며 다양한 조직에서도 활용하고 있다. 따라서 조금 폭넓은 개념으로 정의할 필요가 있다.

'어떤 이가 상대가 가진 어떤 것을 얻기 위해 노력하는 과정'[2)]이라는 정의는 조금 넓은 의미를 함축하고 있지만 확장되어가는 마케팅의 영역을 고려한다면 시의 적절한 정의라고도 볼 수 있다. 특히 부동산마케팅에 있어서도 새롭게 부각되고 있는 '도시마케팅'과 같이 일반재화의 범위를 넘어서는 대상에 대한 마케팅을 고려한다면 더욱 그러하다.

부동산 상품이 일반 재화와 동일하다면 굳이 기존의 마케팅 정의와 영

1) 마케팅 정의 제정위원회, 한국마케팅학회의 마케팅 정의, 2001

2) 강승규, 주식회사 서울을 팔아라, 랜덤하우스중앙, 2006. 6

역을 확장할 필요가 없지만 주택과 같은 주거용 부동산 상품에는 특히 공적인 요소가 많이 포함된다. 따라서 이를 일반 재화와 동일하게 시장의 수요와 공급의 논리에만 맡겨둘 수는 없으며 정부차원의 일정부분 시장 개입이 필요할 수 있다.

이런 이유로 부동산마케팅은 일반 재화에 비해 조금 확장된 개념의 마케팅을 고려하는 것이 바람직할 것이다. 이는 마지막장에 기술된 마케팅의 대상이 단순히 단기 고객을 확보하는 범위를 넘어선 장기적인 사회마케팅을 고려한다는 측면도 포함하고 있다.

### (2) 국내 부동산마케팅학

부동산마케팅은 경영학의 마케팅 이론을 부동산 상품에 적용한 것이라고 이해할 수 있다.[3] 즉 마케팅의 대상이 부동산 상품에 한정되는 분야라고 볼 수 있다. 따라서 부동산마케팅은 부동산 상품을 팔기 위해 마케팅적 도구를 어떻게 활용하고 전략적으로 접근할 것인가에 대한 학문이라고 정의할 수 있다.

부동산마케팅은 아직 국내외로 학문적 영역으로 정착, 연구되고 있지는 않은 분야이다. 국내부동산학 연구동향을 살펴본 자료에 의하면 연구주제별로 '부동산경영 및 마케팅' 분야가 전체에서 차지하는 비중이 3.1%에 그치고 있어 부동산 부문에서의 마케팅의 연구 비중을 짐작케 한다.

그러나 최근 마케팅 관련 논문이 경영학, 부동산학, 건축학 분야에서 많이 발표되고 있다. 이는 아직 태동기이기는 하지만 부동산마케팅에 대한 학문적 관심이 서서히 증가하고 있다는 고무적인 현상을 반영하고 있다.

---

3) 부동산마케팅처럼 특수한 상품의 마케팅은 마케팅의 대상이 일반 재화와는 다른 특성을 보유하고 있다. 수주마케팅, 문화마케팅 등도 마케팅의 대상이 되는 수주와 문화상품이 일반 재화와는 다른 특성을 보유하고 있기 때문에 특별한 마케팅으로 인식되고 연구되어진다.

**[연구주제별 부동산학 연구동향]4)**

| 구 분 | 빈 도(N) | 비 율(%) |
|---|---|---|
| 총론 | 3 | 1.9 |
| 부동산입지 | 10 | 6.2 |
| 부동산개발 | 4 | 2.5 |
| 부동산시장 및 시장분석 | 30 | 18.5 |
| 부동산 평가 | 23 | 14.2 |
| 부동산투자 및 금융 | 27 | 16.7 |
| 부동산정책 및 법제도 | 26 | 16.0 |
| 부동산관리 | 5 | 3.1 |
| 부동산정보 | 10 | 6.2 |
| 부동산중개 | 6 | 3.7 |
| 부동산경영 및 마케팅 | 5 | 3.1 |
| 기타 | 13 | 8.0 |
| 계 | 162 | 100 |

이러한 학문적 관심은 부동산마케팅을 연구대상으로 한 학술 논문의 숫자가 최근 들어 급격히 증가하고 있음에도 드러난다. 국립중앙도서관의 학위논문 검색에서 '부동산 마케팅', '아파트 마케팅'이라는 단어로 검색을 하면 연도별로 다음과 같은 결과가 도출된다.

**[연도별 부동산마케팅 관련 학위논문 수]**

(단위 : 건, %)

| 연 도 | 1980년대 | 1990년대 | 2000년대 |
|---|---|---|---|
| 건 수 | 1 | 6 | 42 |
| 전년대 대비 증가율 | - | 600% | 700% |

* 국립중앙도서관, 2006.12

1990년대 이전에는 1983년 발표된 한 건이 부동산마케팅 관련 논문의 전부였다. 이를 포함하더라도 1990년대까지 발표된 논문은 7편에 지나지 않는다. 하지만 2000년 이후에는 발표된 42건의 논문에 발표되어 그 전 비교년도에 비해 무려 700%의 상승률을 보인다.

4) 오동훈 · 이재순, 부동산학의 연구경향에 관한 분석, 부동산학연구 제11집 제2호, 2006.

현재 부동산관련 학과가 설치되어 있는 학교는 일반부동산학과(건국대 외 24개), 도시부동산학과(한남대 외 3개), 부동산컨설팅학과(경남대 외 5개), 세무부동산학과(동명대 외 1개), 부동산지적학과(경일대 외 2개), 부동산개발학과(홍익대 외 2개), 부동산정보과(창신대), 주택부동산학과(양산대 외 1개), 부동산재테크학과(부산여대 외 1개), 사이버대학 부동산학과(디지털대 외 5개) 등 총 55개 대학 정도인 것으로 파악된다. 2003년 이전에는 이중에서 전주대학교, 강원대학교에서만 부동산 마케팅이라는 과목이 개설되어 있었으나 2007년 현재에는 대다수의 부동산관련 학과를 보유한 대학에서 부동산마케팅이라는 과목을 개설하여 운영하고 있는 것으로 보인다.

부동산 마케팅이 개설되어 있지 않은 대학의 경우 부동산 컨설팅, 부동산 중개론 등이 부동산마케팅의 학문적 역할을 대신 수행하고 있는 것으로 파악 되며 이는 국내 부동산학이 처음에는 행정학과 법학에서 분화되어 나온 관계로 법·제도의 역할이 컸기 때문인데 최근에는 부동산이라는 학문도 급속히 소프트화 되고 있기 때문에 마케팅 관련 과목들의 개설도 증가하고 있는 것으로 파악된다.

향후 부동산 시장의 급속한 변화가 도래하면 선진적 마케팅 기법의 도입 필요성이 높아지고 부동산 마케팅 분야도 현재보다는 더욱 학문적 기틀을 마련할 수 있을 것으로 보인다. 부동산학은 실용성이 뛰어난 학문이므로 사회적 요구와 트렌드를 타 학문보다는 더욱 빨리 흡수할 수 있을 것으로 예상되기 때문이다.

### (3) 해외 부동산 마케팅학

#### ① 미 국

미국의 경우 부동산학은 실용적 학문의 특성과 재무(금융) 쪽의 기반으로 인해 경영대학원의 한 전공으로 분류된다. 최근에는 늘어나는 수요에 부응하기 위해 부동산의 경영학석사(MBA)와 함께 도시 및 건축계열에서 개설되는 MRED(Master of Real Estate Development) 학위가 있으며 우리나라 유학생들도 꽤 입학하고 있다고 한다.

따라서 특별히 부동산마케팅이라는 전공과목을 강의하지는 않으며 일반 마케팅을 공부하여 이를 부동산 상품에 적용시킨다고 볼 수 있다. 이는 부동산을 일반 상품과 유사하다고 보면서 이론적 기반을 발전시켜온 선진국의 관행에 따른 것으로 보여 진다. 굳이 부동산에 특화된 마케팅 과목이라고 하면 Cornell 대학의 Master of Professional Studies in Real Estate의 Real Estate Marketing & Management 등을 들 수 있겠다.

또 다른 유사 학문으로는 건축학에 경영학의 이론을 도입한 CM (Construction Management)이라는 분야에 건설마케팅이라는 과목이 있다. 부동산과 건설의 영역을 명확히 구분하기는 쉽지 않지만 부동산도 넓은 의미의 건설 수명주기(Construction Life Cycle)라는 큰 영역으로 살펴보면 건설의 한 영역이라고도 보여 진다. 따라서 이를 부동산마케팅에 적용하면 부동산마케팅도 넓은 의미의 건설마케팅의 한 영역이라고 할 수도 있을 것이다.

**[미국 부동산학 석사 프로그램의 비교]**

| 대학 | 남가주대학 (USC) | 콜럼비아대학 | 메사추세츠공대 (MIT) | 코넬대학 |
|---|---|---|---|---|
| 학위명 | Master of Real Estate Development | Master of Science in Real Estate Development | Master of Science in Real Estate Development | Master of Professinal Studies in Real Estate |
| 소속대학 | School of Policy, Planning, and Development | School of Architecture, Planning and Preservation | School of Architecture and Planning | Interdisciplinary (City and Reginal Planning etc) |
| 선수과목 | 회계학, 경제학, 재무론 | 없음 | 회계학, 미시경제학 | 회계학 |
| 주요 과목 | 부동산금융, 부동산경제, 시장분석, 설계, 건축, 법 등 | | | |
| 부동산마케팅 관련 과목 | Project Management | Construction Management | Strategic Management | Real Estate Marketing and Management |

* USC, 2005. 6

물론 부동산 마케팅은 건설의 Life Cycle 중 기획(분양) 부문에 초점이 맞추어져 있으며 건설 상품 중 분양이 가능한 상품에 대한 논의만으로 한정된다는 한계는 있지만 건설마케팅이라는 넓은 의미에서 살펴보는 것이 부동산마케팅을 이해하는데도 더욱 도움이 될 수 있을 것이다.[5)]

② 아시아

부동산 시장의 국제화가 급속히 진행되면서 해외 부동산 투자도 늘어나고 있다. 국내 해외 부동산 투자의 관심 국가는 거의 아시아권 신흥개발도상국들이다. 지역적으로 아시아권 신흥개발도상국들이 주목받는 이유는 70~80년대의 국내 부동산 시장과 유사한 이들 국가에서 우리의 부동산 투자 경험을 적용해 볼 수 있기 때문이다.

우리의 해외 부동산 투자 대상 국가는 아시아권임에도 불구하고 이들 지역의 대학과 교과과정에 대한 정보는 부족하다. 싱가포르의 국립싱가포르대학(National University of Singapore)의 교과과정을 중심으로 부동산 마케팅 교과목에 대해 살펴보자.

국립싱가포르대학은 부동산 석사로 Master of Science(Real Estate)와 MBA in Real Estate의 두개의 과정을 운영하고 있다. 전자에 비해 후자가 조금 더 실무 중심의 교육에 가까운 것으로 보여 진다. 부동산 마케팅 관련 과목으로는 아시아 부동산 시장과 마케팅 관리(Asian Market & Marketing Management)를 운영하고 있다.

[국립싱가포르대학 소개 기사]

현재 부동산학은 학문으로서의 세분화를 이제 이루어가고 있기 때문에 연접학문들과의 교류를 통해 발전하고 있는 상태

5) 건설마케팅과 부동산마케팅 중 어느 것이 넓은 영역이냐를 명확히 정의하기는 쉽지 않으나 여기서는 건설분야의 시각으로 살펴보았다.

라고 여겨진다. 특히 부동산 마케팅은 상품으로서의 부동산이라는 측면을 부각시키고 있는데 이는 사실 그동안 만들면 팔리는 공급자 중심의 시장에서는 발전하기 힘든 학문의 영역이었다. 수요자 위주의 시장으로 급속히 이전해 가고 있는 현재의 시장 상황에서는 관련 학문의 발전이 급속히 이루어질 것으로 생각된다. 나아가 부동산 마케팅이 마케팅 활동을 부동산이라는 시장 영역에서 수행할 때 발생하는 소극적인 개념이 아닌 부동산 상품에 경영학의 마케팅적 요소를 어떻게 도입하여 차별화된 이론적 틀을 만들어 낼 수 있을 것인가에 대한 적극적인 개념으로의 발전이 필요할 것이다.

## 2. 부동산 상품론

### (1) 부동산 상품의 개요

부동산이라 함은 토지와 그 정착물(定着物)이라고 정의된다. 정착물의 의미는 학자들 간에 다소간의 차이는 있으나 보통은 부속물(attachment), 부착물(appurtenance), 개량물(improvement)로 표현될 수 있다. 즉 토지를 포함하여 토지와 연결되어 있거나 토지와 접촉하고 있는 모든 것을 의미한다.

국내 부동산학도 아직 학문적 체계가 완성되지 않아 해외에서 그 이론적 배경을 받아들이고 있는 단계이므로 어떤 용어는 영어로 표현하는 것이 더욱 명쾌하게 그 의미를 전달할 수 있다. 부동산이라는 용어를 영어로 그 정의를 알아보면 'realty', 'real property', 또는 'real estate' 등 3가지로 나타낼 수 있다. 각 표현을 자세히 알아보면 'realty'는 물리적 실체로서의 부동산을 말하며 자연물로서의 토지와 그 정착물을 일컫는 용어이다. 'real property'는 소유권으로부터 연유되는 모든 법적 권리에 중점을 두는 것으로서 부동산으로 인해 파생되는 권리를 의미한다. 이에 반해 'real estate'는 앞에서 언급한 두 용어의 복합된 표현이다. 즉, 물리적 실체와 함께 소유권이라는 의미를 모두 포함하고 있다. 따라서 최근에는 전 세계적으로 부동산을 'real estate'로 명명하고 있으며 이러한 부동산 용어는 물리적 실체와 함께 소유권이라는 개념이 포함되어 있다는 점에 유의해야 한다.[6)]

부동산 마케팅이라 함은 앞에서 살펴본 바와 같이 단순히 물리적 실체로 인식되어지는 부동산을 대상으로 하는 것만은 아니다. 부동산 마케팅은 부동산의 물리적 실체에 대한 마케팅과 부동산서비스에 대한 마케팅 나아가 부동산증권과 같은 새로운 형태의 소유권에 대한 마케팅까지를 포함한다고 볼 수 있다. 부동산이 복합적인 의미를 가지는 단어이다 보니 마케팅의 대상도 자연히 복합적이 되고 있다.

이렇게 부동산과 부동산마케팅을 정의하면 자연스럽게 마케팅의 대상인 부동산 상품의 의미가 더욱 명확하게 된다.

부동산 상품이란 부동산 소유권이나 임대차 공간, 부동산 증권 그리고 부동산 서비스를 모두 일컫는 말이다. 부동산 상품을 유통(매매 또는 임대차)한다는 말은 복합적인 의미의 부동산 상품, 부동산에 포함되어 있는 각종 권리나 서비스도 함께 거래의 대상으로 고려한다는 말이다.

특히 부동산 상품이란 위치가 고정되어 있어 일반 상품과 같이 부동산 자체의 공간적인 이동은 불가능하다. 따라서 실질적으로 부동산 상품의 유통이란 부동산 자체의 이동은 아니며 부동산에 대한 권리, 서비스의 이전을 의미한다고 볼 수 있다.

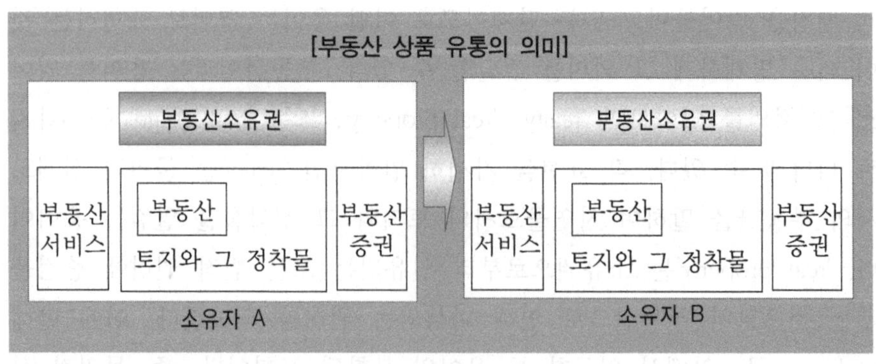


6) 이태교, 안정근, 부동산마케팅, 법무사, 1997

### (2) 부동산상품의 특성

#### ① 단일성과 복합성

휴대폰과 같은 일반 상품은 그 특성이 단순하며 구입 목적이 거의 동일하다. 그리고 그 상품 하나로 구매 행위가 완전하게 이루어지므로 구매기준이 단순하다. 이러한 단일성으로 인해 마케팅 활동도 단순하게 이루어진다.

이에 반해 부동산 상품은 복합적이다. 단순히 부동산의 물리적 특성을 판매하는 것이 아니라 부동산에 내재된 다양한 유무형의 조건들까지 판매를 하기 때문이다. 즉, 주택을 판매할 때는 주택이라는 부동산 상품의 물리적 특성과 함께 교통, 학군, 환경 등 유무형의 조건들까지를 판매에 포함시키고 이러한 조건은 판매에 중요한 영향을 미친다. 따라서 부동산은 복합성을 가진 상품이라고 할 수 있다.

이러한 복합성을 가진 부동산 상품으로 인해 마케팅은 달라져야 한다. 복합성을 가진 상품은 의사결정의 기준이 많은 것이 현실이다. 하나의 기준만으로 상품 매입을 결정하는 것이 아니며 다양한 기준을 바탕으로 의사결정을 한다. 따라서 오히려 의사결정의 기준을 단순화시켜주는 전략이 필요할 수도 있다. 모든 측면에서 뛰어난 상품이라는 말보다는 가장 중요한 변수 몇 가지가 뛰어나다고 인식시키는 것이 오히려 부동산 상품 구입을 앞당길 수 있다.

#### ② 저가성과 고가성

부동산 상품은 고가이다. 그리고 상품구매주기가 길고 의사결정의 변수가 많아 구매를 결정하는데 시간이 많이 걸린다. 하지만 이러한 가격 측면의 차이점은 다른 특성과 함께 살펴보아야 한다. 일반 소매품 중 부동산 상품과 가격대가 유사한 외제차의 경우도 고가 상품이다. 하지만 자동차는 부동산 상품에 비해서는 상품구매주기와 구매의사결정이 상대적으로 빠르다. 이는 부동산 상품의 가격이 높음을 이야기할 때 단순히 가격적인 측면만이 아니라 구매 행위에 영향을 미치는 구매의사결정의 제반요소까지 고려해야 한다는 말이다.

특히 부동산 상품은 생산의 과정이 외부에서 일어나며, 상품의 기획에서 생산까지의 과정에 다양한 변수가 개입될 수 있기 때문에 공장에서 생산되는 고가의 자동차와는 다른 특성을 보일 수밖에 없다.

국내 유수의 건설회사의 경우 자동차 회사의 경영층의 영입에 따라 자동차와 유사한 경영방식을 도입하였으나 곧 회사가 어려워지는 상황이 발생하여 사옥을 팔고서야 위기를 극복하였다는 사례는 부동산 상품의 특징 중 고가성은 단순히 가격 측면만을 이야기하는 것은 아님을 증명하는 것으로 보인다.

**[자동차와 부동산 상품의 관련성 비교]**

| 구분 | 차이점 | 유사점 |
|---|---|---|
| 아파트 | •기획과 결과물의 가변성<br>•가격 등이 주변 환경에 영향<br>•고형영업 | •보아야 산다(전시장 소유)<br>•고가<br>•구전효과 높음<br>•고관여[7] 상품<br>•공식적인 할인의 어려움(금융 조건 제공) |
| 자동차<br>(고가) | •동일품질의 동일제품<br>•방문영업 | |

### ③ 다발성과 단발성

부동산 상품은 구매 사이클이 긴 상품이다. 껌과 같이 하루 정도 내에 재구매가 이루어지는 상품이 있는가 하면 도장과 같은 것은 평생을 쓰기도 한다. 부동산 상품은 상품에 따라 차이가 있지만 기본적으로 생산되는 기간이 최소 2~3년은 소요되며 구매에 따라 공간 이전에 소요되는 제

7) 관여도란 "특정 상황에서 자극에 의하여 유발되어 지각된 개인적인 중요성 혹은 관심도의 수준을 뜻한다. 일반적으로 고관여는 소비자가 높은 관심도를 가지고 있으며 구매의사결정을 잘못 내렸을 경우의 지각된 위험이 높고 여러 대안들 사이에 많은 차이가 있고, 일반적으로 가격이 높으며, 복잡한 특성을 가지고 있는 경우가 많다. 이러한 관여도에 대한 개념은 클루그만(Krugman, 1965)이 마케팅에 도입하면서 그 연구가 활발히 진행되어 왔다.

반활동(이사 등)의 번거로움으로 인해 사이클[8]이 긴 것이 일반적이다. 부동산 상품 중에도 구매 사이클 간에 다소 차이를 보이는데 토지는 가장 구매 사이클이 긴 상품이라고 언급되고 있다.

이러한 단발성의 특징은 고객관리의 필요성을 증가시키며 고객 분류도 다른 제품과는 다르게 적용해야 한다. 부동산 상품은 구매 사이클이 길기 때문에 구매에 얼마나 가까이 다가가 있느냐로 고객을 분류하고 이렇게 분류된 고객을 장기간에 걸쳐 관리를 해야 하는 특성을 가진다. 하지만 이러한 상품적 특성을 보유하고 있음에도 불구하고 부동산 업계에서는 고객관리에 많은 노력을 기울이지 않는 병폐를 가지고 있다.

#### ④ 유동성과 부동성

부동산 상품은 물리적 실체를 들고 다니면서 판매할 수는 없다. 방문영업이 아닌 고형영업 상품이라는 말이다. 부동산 상품은 지역에 한정되어 공급되기 때문에 사업대상지를 방문한 가망고객을 현지에서 안내하는 특수한 마케팅 방법이 활용된다. 공중이 모일 수 있는 장소에서 투자설명회를 개최하는 경우도 있으나 판매의 보조수단으로서만 활용된다. IMF 시기에 해외교포들을 대상으로 국내의 부동산 상품을 팔기위해 현지에서 투자설명회를 개최한 적이 있지만 실제로 판매실적은 썩 좋지 않았던 것으로 평가된다. 이는 부동산 상품이 가진 부동성이라는 특성 때문이라 보여 진다.

2000년대 중반이후 해외부동산 투자 붐이 일면서 해외부동산을 국내에서 분양하는 사례도 늘고 있다. 해외부동산에 투자하려면 현지 교민을 통해 알아볼 수도 있지만 전문 컨설팅업체나 국내 주요건설사, 분양대행업체들이 전문적으로 활동하고 있어 이들을 통해 더 풍부하고 정확한 정

---

8) 구매 사이클을 분석하는 데는 recency와 frequency라는 2가지 기준을 사용한다. Recency는 고객의 최근 구매시점에서부터 경과한 기간. 한 달 전에 구매한 고객을 말하며 Frequency는 일정기간 동안 고객의 구매활동 수. 즉 3년 동안 6번 구매활동을 한 고객을 말한다. 하지만 이 두 가지 기준은 밀접하게 관련이 되어 있다. 즉 recency가 길다는 말은 frequency가 짧다는 말이 된다.

[국내 주요 해외부동산 분양현황]

| 분양대행 | 명칭 | 국가 | 평형 | 가구수 | 기타 |
|---|---|---|---|---|---|
| SR개발 | 선양SR아파트 | 중국 선양 | 18~100 | 1,472 | 등기없이 분양권전매 가능 |
| 뉴스타 | 엠헤스트 | 미국LA | 6~65 | 104 | 2006년 10월부터 분양 |
| 성권건설 | 성원상떼빌 | 아랍에미리트 | 20~74 | 195 | 분양권 전매가능, 양도소득세 등 세금 없음. |
| 팬아시아 네트웍스 | 세런드라 | 필리핀 마닐라, 마카티 | 52~70 | 1,970 | 2006년 3월 입주. 국내에서는 8월부터 분양 |
| GSI&D | 마인스리조트 "더헤리티지" | 말레이시아 쿠알라룸푸르 | 13~80 | 264 | 2006년 9월 분양. 2006년 12월 입주 |
| 코우사 | 라스베이거스 콘도미니엄 | 미국 라스베이거스 | 15~42 | 1,727 | 2006년 11월부터 분양 |
| 동일 | 하이빌 | 카자흐스탄 | 미정 | 383 | 2차 분양시 펀드로 국내분양 검토 중 |

* 루티즈코리아, 2006.12

보를 얻을 수 있게 되었다. 이러한 해외상품의 국내 마케팅은 기존의 부동산 상품의 특성인 부동성에만 초점을 맞추고 해석한다면 실효성 없는 마케팅 전략으로 치부된다. 하지만 부동산마케팅도 국제마케팅을 도입해 가는 즉, 마케팅의 글로벌화한 현상으로 인식하는 것이 오히려 바람직할 것이다.

부동성이라고 대표되는 이러한 부동산 상품의 특성으로 인해 마케팅믹스전략 중 가장 구축하기 어렵다는 유통경로(place)에 많은 한계를 가질 수밖에 없다. 부동산 상품의 유통경로는 모델하우스나 중개업자를 제외하고는 거의 없다. 이렇게 제한된 유통경로로 인해 부동산 상품의 거래가 원활하지 못하고 경기침체가 지속된다면 거래 부진에 따른 부동산시장의 어려움이 가중되는 폐단이 있다. 따라서 부동산 상품의 유통경로는 일반 재화의 유통경로와는 다르게 유통경로를 확장하는 전략이 필요하다. 일반 재화의 유통경로 혁신은 유통경로를 줄이는 것이며 소비자와 생산자를 직접 만나게 하는 것이라 여겨진다. 최근 전자상거래와 같은 새로운 구매시스템은 유통경로를 줄이면서 소비자와 생산자를 직접 만나게 하는 혁신적인 경로설정이라고 할 수 있다. 하지만 부동산 상품은 새로운 유통경로를 구축하는 것이 도리어 유통경로 혁신이라고 할 수 있다.

## 3. 부동산마케팅 유형

### (1) 거래조건에 따른 유형

부동산마케팅은 △거래조건 △상품개발시기 △판매주체에 따라 다른 유형을 보인다. 이러한 다양한 유형들은 그들만의 차별화된 마케팅 전략의 수립을 요구한다.

거래조건에 따른 부동산마케팅 유형으로는 매매, 임대 그리고 이 둘의 조건이 혼합된 형태인 혼합 등을 들 수 있다. 매매는 돈을 주고 사는 형태이며 임대는 빌리는 형태이다. 매매는 신규 부동산 상품일 경우 분양, 기존(재고) 부동산 상품일 경우에는 매매라고 일컫는다. 임대는 전세와 월세 그리고 이 둘을 결합한 보증부 월세가 있다. 대부분이 전세인 국내 주거용부동산의 경우는 완전한 월세는 찾아보기 어려우며 월세인 경우에도 보증부 월세가 일반적이다. 이외에도 깔세라는 방식이 있는데 이는 임대할 때 임대기간만큼의 금액을 한꺼번에 지불하는 월세를 낮추어 이르는 말로서 주로 외국인을 대상으로 한 임대주택에서 널리 활용된다. 상업용 부동산시장에서도 매출감소로 월세를 낼 여력이 없는 임차인이 일정기간 동안 매장을 다른 사람에게 빌려주면서 임대료를 받는 경우에도 깔세가 이용된다. 이러한 깔세 매장의 경우 장기 계약보다는 보통 일주일에서 열흘 단위의 이벤트 판매가 많고 임대료를 선불로 계산한다.

매매와 임대가 결합된 형태인 혼합이라는 부동산 마케팅의 유형은 부동산상품을 생산한 주체가 판매 후 남은 상품이나 처음부터 투자목적으로 매매(분양) 후 일정 부분을 보유하고 있는 경우를 말한다. 거래조건에 따른 부동산마케팅 유형으로 교환이 있는데 이는 금전거래가 수반되지 않으면서 상품 간에 소유권이 이전되는 것을 말한다.[9] IMF와 같은 경기 불황기에는 이러한 교환형태의 판매가 이루어지는 경우가 종종 있어 왔다. 즉 환금성이 떨어지는 부동산 상품 또는 그 시기에 교환을 통한 거래가 발생한다.

[거래조건에 따른 유형]

| 구분 | 내 용 | 유 형 |
|---|---|---|
| 매매 | 돈을 주고 사는 형태 | 분양, 급매, 일반매매 |
| 임대 | 돈을 주고 빌리는 형태 | 임대(전세, 월세, 깔세 등) |
| 직영 | 돈을 직접 판매해서 조달하는 형태 | 구매자 |
| 모집 | 돈을 주고 참여하는 형태 | 회원, 조합 |
| 교환 | 돈 없이 바꾸는 형태 | 상품간 |
| 혼합 | 매매, 임대, 교환, 직영, 혼합형 | 위의 혼합형태 |

이외에도 거래의 강제성 측면에서 거래조건으로 포함시키기에는 논란이 있지만 '수용' 방식도 있다. 이는 특정한 공익사업을 위하여 법률이 정한 절차에 따라서 국가나 지방자치단체 또는 공공단체가 강제적으로 토지의 소유권을 취득하는 일을 말한다. 하지만 이러한 수용의 경우에도 중앙토지수용위원회[10]의 자료에 의하면 수용과 협의매수의 비율이 7:93으로 나타나기 때문에 수용도 부동산마케팅의 거래방식 중의 하나로 포함시켜도 무방할 것이다. 즉 수용이라는 조건이 전제되기 때문에 유리한 입장에서 협상할 수 있는 전략적 협상기법이라고도 볼 수 있다.

---

9) 미국의 경우 법인들이 부동산을 교환할 때는 양도소득세를 매기지 않고 유예하고 있다. 물론 세금을 안내는 것은 아니고 최종적으로 팔 때 세금을 낸다. 따라서 소유했던 부동산보다 비싼 것과 교환하는 것이 유리하다. 부동산 교환은 과거 서부에서 농부나 축산업자들 사이에 서로 부동산을 맞바꾸는 것에서 출발했다고 한다.

10) 공공사업용 토지수용과 관련된 사항을 판정하기 위해 설치한 준사법적 행정기관

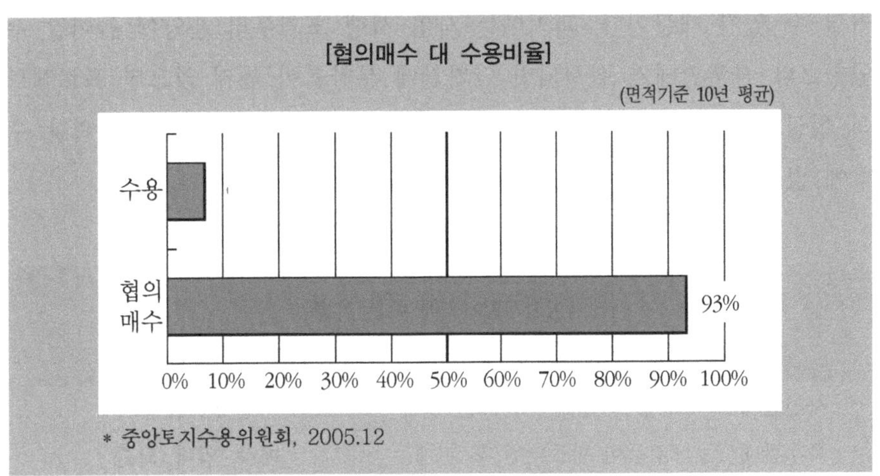


### (2) 상품개발시기에 따른 유형

상품개발시기에 따라 부동산마케팅은 사전판매와 사후판매로 분류된다. 사전판매는 상품이 만들어지기 전에 판매가 이루어지는 것으로 국내 분양상품의 경우 일반적이다. 과거 주거용부동산의 경우는 사전분양이 일반적이었으며 수익형부동산은 일정부분의 건축이 이루어진 후 사후 분양하는 것이 일반적이었다. 하지만 현재는 거의 모든 부동산상품이 사전판매로 이루어진다. 이는 국내 부동산시장의 경우 부동산금융이 발달하지 못하여 부동산 프로젝트를 수행할 수 있는 금융조달에 어려움이 많기 때문이다.

사후판매는 부동산 상품이 만들어진 후 판매하는 것으로 굿모닝시티사건 이후 수익형부동산에는 투자자를 위한 안전장치로서 사후분양을 법적으로 도입하였다. 이와 함께 주거용부동산도 2007년 이후에는 공공부문을 필두로 사후분양 방식이 도입될 것이다.[11] 따라서 사후판매가 일반화되는 시점에 대비해서 새로운 마케팅 방법을 고민하는 노력이 필요할 것이다. 왜냐하면 사후판매가 일반화되면 공급자 입장에서는 분양리스크가

11) 2007년 분양가상한제, 원가공개 등의 도입으로 공급물량의 감소가 예상되어 후분양제는 연기되었다.

커질 수 있기 때문이다. 과거에는 사업 시행 초기부터 분양에 들어갈 수 있었으나 사후판매가 실시되면 단기간에 분양률이 높지 않으면 프로젝트의 현금흐름에 심각한 문제가 발생할 수 있어 마케팅에 더욱 주력할 수밖에 없게 된다.[12)]

**[상품개발시기에 따른 유형]**

| 구분 | 내 용 | 유 형 |
|---|---|---|
| 사전판매 | 상품이 만들어지기 전 판매 | 분양, 임대 |
| 사후판매 | 상품이 만들어진 후 판매 | 매각, 임대, 교환 |

**[후분양제 도입일정]**

| 구 분 | | '04 | '05 | '06 | '07 | '08 | '09 | '10 | '11 | '12 | 비 고 |
|---|---|---|---|---|---|---|---|---|---|---|---|
| 공공부문 | 시범단지 (의무화) | ↔ | ↔ | ↔ | | | | | | | 80% 공정후 분양 |
| | 전체 사업장 (의무화) | | | | ↔ | ↔ | | | | | 40% 공정후 분양 |
| | | | | | | | ↔ | ↔ | | | 60% 공정후 분양 |
| | | | | | | | | | ↔ | ↔ | 80% 공정후 분양 |
| 기금지원 민간부문 | 60~85㎡ 중형분양 (의무화) | ↔ | | | | | | | | | 40% 공정후 분양 |
| | | | ↔ | | | | | | | | 60% 공정후 분양 |
| | | | | ↔ | ↔ | ↔ | ↔ | ↔ | ↔ | ↔ | 80% 공정후 분양 |
| | 60㎡ 이하 소형분양 (업체자율) | ↔ | | | | | | | | | 40% 공정후 분양 (기금 우대지원) |
| | | | ↔ | | | | | | | | 40% 공정후 분양 (기금 우대지원) |
| | | | | ↔ | ↔ | ↔ | ↔ | ↔ | ↔ | ↔ | 40% 공정후 분양 (기금 우대지원) |

12) 후분양제가 도입되면 마케팅 리스크가 커지면서 마케팅의 중요성이 높아질 것으로 보인다. 사전 마케팅(pre-marketing)의 중요성이 상대적으로 커질 것이며 이로 인해 티저광고(teaser advertising), 경품마케팅과 같은 새로운 마케팅 방식이 널리 확산될 것으로 보인다.

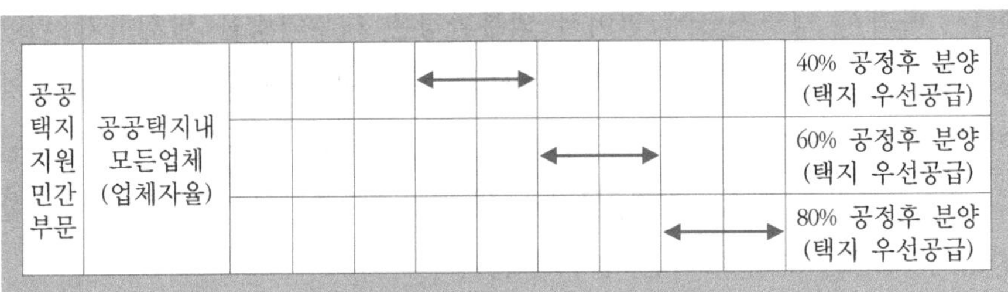

| | | | | | | | | | | | |
|---|---|---|---|---|---|---|---|---|---|---|---|
| 공공택지지원민간부문 | 공공택지내 모든업체 (업체자율) | | | | ↔ | | | | | | 40% 공정후 분양 (택지 우선공급) |
| | | | | | | | ↔ | | | | 60% 공정후 분양 (택지 우선공급) |
| | | | | | | | | | ↔ | | 80% 공정후 분양 (택지 우선공급) |

### (3) 판매주체에 따른 유형

판매주체에 따라서는 직접 판매와 간접판매로 분류할 수 있다. 직접 판매는 매도자와 매수자간에 직접적인 거래가 이루어지는 것을 말한다. 오피스빌딩의 임대차나 상가 및 소형 주거시설의 경우에 주로 활용된다. 상가 및 소형 주거시설의 경우 직접 판매를 위한 마케팅 채널로 정보지나 부동산정보업체의 직거래 사이트를 활용하고 있다.

간접판매는 매도자와 매수자를 대리한 중개권자가 판매를 위임받아 거래를 성사시키는 것을 말한다. 대다수의 부동산상품의 판매는 이러한 방식으로 이루어진다.

[판매주체에 따른 유형]

| 구분 | 내용 | 유형 |
|---|---|---|
| 직접판매 | 직접 매도자가 판매 | 분양, 임대, 교환 |
| 간접판매 | 판매권, 중개권자가 판매 | 분양대행, 중개, 소개 |

## 4. 부동산마케팅 환경론

경영학에서 일컫는 '전략'이라는 용어는 경쟁자와의 관계에서 파악된 내부역량(자원)을 외부환경에 대응하여 효율적으로 배분하는 일이라고 한다. 따라서 경영전략에 있어서 외부환경은 내부역량을 발휘하기 위한 중요한 조건이 될 수 있다. 내부역량이 부족하면 경쟁회사와 경쟁하기가 어렵다. 하지만 외부환경이 유리하면 다소 부족한 내부역량도 보완이 될 수 있는 여지가 많다. 시장점유율 1위 기업이 추락하는 경우도 급격한 환경적 요인의 변화에 따른 경우가 많다.

외부환경은 두 가지 의미에서 중요하다. 첫 번째는 외부환경은 지속적으로 변화하기 때문에 이를 제대로 점검하여 마케팅 활동에 미치는 영향력을 다시금 파악해야 한다. 끊임없이 변화하는 환경적 요소를 지속적으로 판단, 점검해야 한다는 말이다. 두 번째는 외부환경은 마케팅 활동을 수행하는 주체들이 통제할 수 없는 변수인 경우가 많다. 내부역량은 시간이 필요하지만 언제든지 바꿀 수 있거나 보완가능하다. 하지만 외부환경은 원천적으로 바꿀 수 없는 경우도 많으며 설령 바꿀 수 있다고 하더라도 상당한 시간과 노력이 소요된다.

부동산시장에서의 외부환경은 주거라는 인간의 근원적인 욕구충족을 위해 일정부분 정부의 간섭이 전제되므로 대단히 중요한 변수라고 할 수 있다. 정부의 정책에 따라 부동산시장이 활성화되기도 하고 장기간의 침체로 접어들기도 한다. 특히 부동산 상품은 기획에서 생산까지 3~5년 내외의 기간이 소요되므로 기간 내에 도입될 가능성이 높은 정부정책의 중요성은 더욱 커진다고 하겠다.

부동산마케팅 환경(real estate marketing environment)이란 부동산 시장과 대내외적으로 관련 있는 제반 환경 변수들의 총체라고 정의할 수 있다. 이러한 환경은 부동산시장과 상호교류를 통해 영향을 미치며 서로의 목적 달성에 기여한다. 부동산마케팅 환경으로는 △자연환경 △경제환경 △정치환경 그리고 △사회환경으로 분류할 수 있다.

### (1) 자연환경

부동산마케팅을 둘러싼 환경적 요인 중 자연환경은 최근 '지속가능한 개발'[13]이 건설 산업의 화두로 대두되면서 부각되는 환경적 요인이다. 대규모 시설물을 지을 때 주변에 미치는 환경적 영향을 평가하는 '환경영향평가제'도 이러한 부동산마케팅의 환경적 요인 중의 하나인 자연환경에 속한다고 볼 수 있다.[14]

그리고 층간소음, 새집증후군(sick house syndrom)[15], 실내 공기질 등의 주거시설내의 환경적 문제도 광의적으로는 부동산마케팅의 자연환경에 포함된다고 볼 수 있다.

### (2) 경제환경

부동산도 전체 경제시스템의 한 부분이다. 따라서 부동산마케팅도 특정 시점의 경제구조와 경기변동 상황에 따라 영향을 받는다. 부동산경기 변화에 따라 마케팅의 방법이 달라지듯이 경기 변동은 부동산 가격과 수요에 즉각적인 영향을 미친다.

### (3) 정치환경

정치, 행정적 환경은 부동산마케팅에 영향을 미치는 가장 강력한 환경적 요인이라고 알려져 있다. 정부의 간섭과 규제가 명분을 얻을 수 있는[16] 부동산 시장에 있어 정부의 정책기조에 따라 부동산 경기가 호황을 누리거나 침체의 늪에 빠질 수 있다.

---

13) 미래세대가 그들의 필요를 충족시킬 수 있는 가능성을 손상시키지 않는 범위에서 현재 세대의 필요를 충족시키는 개발. 1972년 '로마클럽' 의 제1차 보고서인 〈성장의 한계〉에서 환경과 개발에 관한 강한 우려를 표명하면서 '지속가능한 발전(sustainable development)'이라는 용어를 사용하였다. 그 후 1980년 국제자연보호연합(IUCN), 국제연합환경계획(UNEP), 세계자연보호기금(WWF)에 의해 〈세계환경보전전략〉이 공동으로 작성되었는데 여기서 생태계, 생명계의 유지, 생물종의 다양성 보전, 자원의 지속적 이용의 확보가 거론되었다. 또한 '지속가능한 사회', '지속가능한 생활' 등 유사한 단어들이 등장하였다.

14) 환경영향평가제는 정치적 환경에도 속하지만 근본적으로는 자연환경이라고 분류할 수 있다.

15) 새로 지은 건물 안에서 거주자들이 느끼는 건강상의 문제 및 불쾌감을 말하며 주로 벤젠, 톨루엔, 클로로포름과 같은 휘발성 유기화합물로 발생한다. 일본은 이를 법적으로 규제하고 있다.

16) 사적시장에서는 자원이 부적절하게 할당될 수 있는데 이를 '시장의 실패' 라고 하며 이러한 시장의 실패가 정부개입의 명분이 된다. 부동산시장은 다주택 보유자들로 인해 자원할당의 왜곡현상이 일어나는 대표적인 시장이라는 것이 정부개입론자들의 주장이다.

정치환경은 꼭 억제수단으로만 사용되는 것은 아니며 경기진작을 위한 부양책으로 사용되어지기도 한다. 즉 정치환경은 강력한 억제수단인 동시에 기회요인으로도 작용한다. IMF 이후 침체된 부동산시장에 도입되었던 분양권 전매제도는 2000년대 초반 부동산시장의 활황을 주도하였던 대표적인 정책으로 일컬어진다.

### (4) 사회환경

최근 부동산상품도 소비자의 기호의 변화에 따라 그에 맞는 최적의 상품들이 출시되고 있다. 웰빙 바람이 불면서 건강과 친환경적인 웰빙아파트의 출현은 단적인 예라고 할 수 있다. 이렇듯 사회 트렌드의 변화는 부동산마케팅의 환경적 요인으로 새롭게 부각되고 있는 변수이다. 이러한 사회환경으로 최근 부동산 광고에는 자연주의적 컨셉이 부각되고 있다.

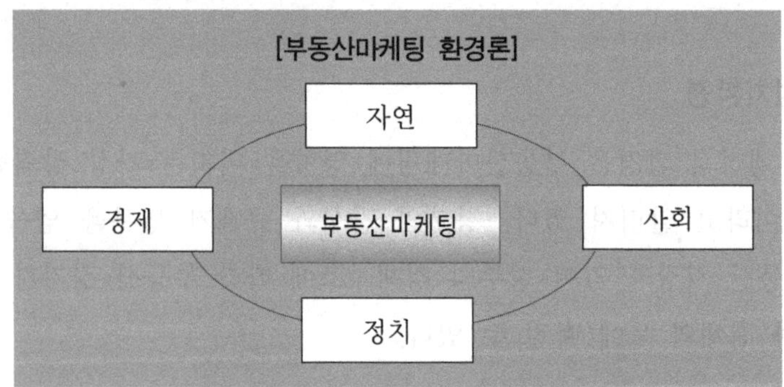


환경적 요소는 변경시키기 어렵기 때문에 그 추세를 잘 파악하여 적절히 대응해야 한다. 특히 이러한 4가지 환경적 요소가 모두 같은 방향으로 움직일 때는 마케팅적으로 상당히 중요한 의미를 내포하게 된다. 예를 들면 사회적으로 가구원수가 줄어들고 있는데 경제적으로도 불황을 극복하기 위해 모든 비용을 줄이는 추세이며 정치적으로도 정부차원에서 소형주택보급에 다양한 인센티브를 제공한다면 이러한 사업은 성공가능성이 높아지게 된다. 이렇게 환경적 요소들의 움직임에 어떠한 일관성이 존재하는가를 유심히 살피는 것이 중요하다고 하겠다.

이러한 환경적 요소를 다른 방식으로 분류할 수도 있다. 환경적 요소가 가지고 있는 시간적 지속성과 영향력이라는 기준을 가지고 fad(일시적 유행), fashion(유행), trend(트렌드), culture code(국민성)로 분류할 수 있다. Fad는 for a day의 줄임말로서 하루밖에 지속되지 않을 정도로 짧은 일시적인 유행을 뜻한다. 2000년대 초반 새집증후군을 해소하기 위해 새 아파트에 입주하는 가구가 친환경 코팅을 하는 것이 유행이었던 적이 있다. 하지만 이러한 유행은 1년여 지속되다 거의 사라져 현재는 새 집에 입주를 하더라도 코팅을 하는 경우는 거의 없다. 이러한 사회적 현상이 바로 fad이다.

fashion은 유행이기는 하지만 fad에 비해서는 상당기간 지속되는 성향을 가지며 fashion의 가장 중요한 특성은 주기성을 갖는다는 것이다. 고장 난 시계라도 하루에 두 번은 시간이 정확히 맞듯이 오래전에 유행했던 옷들도 시간이 지나 다시금 유행하는 경우가 생긴다. 물론 정확히 똑같은 옷이 유행하는 경우보다는 트렌드에 맞게 다소간의 수정된 옷이 유행하는 경우가 일반적이다. 주상복합아파트나 타운하우스와 같이 기존에 존재하던 상품을 상당한 시간이 흐른 후에 수정하여 다시금 유행시키는 것은 전형적인 fashion이라고 볼 수 있다.

trend는 10년이라는 시간을 두고 장기간 유행하는 거대한 사회적 흐름을 뜻한다. 트렌드는 유행하기도 쉽지 않지만 유행하기만 하면 상당기간 지속되는 특징을 가진다. fad나 fashion하고는 다르게 트렌드는 예측 가능하다고 한다. 많은 트렌드 전문가들이 다가올 트렌드를 예측하고 이를 통해 사회에 미치는 영향들을 분석하기도 한다.

culture code는 문화인류학자인 라파엘 박사가 저술한 저서에서 원용한 단어인데 아무리 거대한 흐름(트렌드)이 다가오더라도 변하지 않는 집단무의식을 의미한다. 세계적으로 유일하게 국내에는 아파트가 고급 주거문화로 발전하였으며, 국내 소비자들이 가진 비합리적인 소비패턴으로 인해 전문점(category killer) 개발이 어려운 이유 등이 이러한 culture code 때문에 발생하는 환경적 요인이라고 볼 수 있다.

[환경적 변수의 판단]

| 구분 | fad | fashion | trend | culture code |
|---|---|---|---|---|
| 의미 | 일시적 유행 | 유행 | 대세 | 국민성 |
| 기간 | 단기 | 순환 | 장기 | 최장기 |

이러한 환경적 요인을 나타내는 4가지 정의들을 이해하는 것은 중요하다. 마케팅 활동을 수행하는 주체들이 통제할 수 없는 변수가 일시적인 유행인지 몇 십 년이 지속될 트렌드인지를 아는 것은, 외부환경에 대응하여 내부역량을 어떻게 배분해야 하는 결정을 내리는 경영전략과 함께 마케팅전략 수행에 커다란 영향을 미치는 필수적인 변수이기 때문이다.

## 5. 부동산마케팅 발전론[17)]

국내 부동산마케팅이 본격적으로 발달하기 시작한 것은 극히 최근의 일이다. 이렇게 부동산시장에 마케팅의 개념 도입이 늦었던 이유는 △만성적인 초과수요 △낙후된 부동산업계의 관행 때문이었다.

주택보급률[18)]이 100%에 훨씬 미치지 못했던 시기에는 집을 지어놓기

17) 부동산마케팅 발전론은 한성대학교 박병식 교수의 "부동산마케팅 활동의 발달과정과 향후과제" 논문을 요약, 수정하였음.

18) 국내에서는 지금까지 주택의 양적인 상태를 파악하기 위해 '주택보급률' 이란 개념을 사용해왔다. 주택보급률은 주택의 수를 주택수요자인 가구 수로 나누어서 산출한다. 주택보급률이 100%를 넘는다는 것은 가구 수에 비해 주택이 많음을, 100% 미만인 경우에는 그 반대를 의미한다. 주택보급률 개념 자체는 간단하지만 주택보급률을 구성하는 주택과 가구의 개념 정의에 따라 통계적 의미가 달라질 수 있음에 유의해야 한다. 전문가들은 국내 주택보급률이 1인가구를 포함하지 않았기 때문에 과대평가되어 있다고 지적한다.

만 하면 팔렸다. 이렇게 초과수요가 존재하는 시기에는 부동산마케팅의 도입 필요성이 낮을 수밖에 없었다.

부동산마케팅의 발전이 늦었던 또 따른 이유는 부동산업계는 너무 낙후되어있어 지어놓으면 그 후에 파는 판매와 영업만이 존재하였지 팔릴 수 있는 제품을 기획하고 다양한 전략을 수립, 시행하는 마케팅적 개념이 적용되기가 어려웠기 때문이다. 이런 이유로 부동산시장에 마케팅 개념의 도입은 늦을 수밖에 없었다.

이러한 과거 부동산시장은 1990년대 후반부터 시장의 주도권이 수요자에게 넘어오면서 마케팅의 도입 필요성이 조금씩 제기되기 시작하였다. 특히 IMF로 인한 경기불황은 부동산 시장에 결정적인 영향을 끼쳐 마케팅 업무의 도입과 질적 향상을 위한 투자가 시작되었다. 현재 국내 부동산마케팅은 아파트 상품의 분양을 위한 전략을 중심으로 발전하고 있으며 최근에는 수익형부동산의 마케팅 기법들도 조금씩 나타나기 시작하고 있다.

미국의 경우에도 1980년대 전후 주택보급률이 100%를 넘어서면서 마케팅의 필요성이 대두되었다. 이 시기에 최초의 부동산마케팅 교재인 Willian M. Shenkel이 저술한 "Marketing Real Estate"가 발간되기도 하였다. 이 교재는 기존의 경영학의 마케팅 교재를 변형시킨 수준이었으나 1990년 이후에는 실질적인 부동산의 특성이 반영된 다수의 논문들이 발표되기 시작하였다.

### (1) 발아기(1970~1990년 중반)

초기의 부동산마케팅이란 새로운 부동산 상품인 아파트를 홍보하는데 주력하였다. 즉 나이든 분들이 지니고 있는 아파트란 주거형태에 대한 거부감을 어떻게 해소할 것인가가 주안점이었다. 당시 아파트는 중앙난방식이어서 주거비 지출이 과다할 것이고 닭장과 같은 행태로 재산가치가 어느 정도일지가 감이 잡히질 않았다. 따라서 마케팅 활동의 대부분이 아파트가 살기에 편리하고 우려할 만큼 관리비 지출이 많지 않음을 홍보하는데 주력하였다.

1973년 반포에 아파트 단지가 조성된 것을 계기로 부동산마케팅이 본격적으로 도입되었으며 이후 압구정동의 아파트는 사람들의 인식을 완전히 바꾸어 놓는 계기가 되었다. 압구정동, 반포, 잠실의 아파트를 구입하여 돈을 벌었다는 소문이 퍼지면서 아파트도 투자 상품으로서의 가치를 인정받게 되었다. 지금도 부동산상품 계약자 비율 중 많은 부문이 투자자이다. 따라서 투자 상품으로서 아파트가 인식되어졌다는 것은 부동산마케팅의 발전과정에서는 '인식의 전환'과 함께 '수요층 확대'라는 측면에서 큰 의의를 가진다.

1980년대 초 분양시장이 침체되면서 건설업체들의 다양한 마케팅 방법이 도입되었다. 1980년대 중반 우성건설에서 도입한 마케팅 방법들은 새롭게 도입된 마케팅 전략으로 현재까지도 사용되고 있다는 점에서 그 의의가 크다. 우성건설은 1980년대 중반 다른 건설업체는 상상하기 힘들었던 호화로운 모델하우스를 건립하여 고객을 맞았다. 이는 고객의 구매욕구를 자극하여 불경기에도 불구하고 완전 분양이라는 성과를 올렸다. 이때 모델하우스와 함께 도입된 마케팅 기법들인 여론조사 및 고객의 의견을 반영한 맞춤형 설계 등은 지금도 꾸준히 사용되고 있는 기법들이다.

이러한 마케팅에 대한 관심은 1980년대 후반의 3저 현상과 88올림픽, 200만호 주택건설 등의 호재가 맞물리면서 부동산마케팅의 필요성은 급격히 감소하게 된다.

### (2) 도약기(1990년 후반~2000년)

주택 200만호 건설계획으로 쏟아져 나온 아파트는 초과공급에 따른 부동산 경기 불황을 초래하였다. 이에 더해 1997년 말 IMF로 인해 부동산시장은 매수실종과 가격파괴라는 극단적인 상황이 초래되었다. 1998년 7월 개봉동에서 조합원분을 제외하고도 1천세대가 넘는 아파트를 분양한 현대건설의 3순위 마감결과 계약률이 5%에 불과한 사태까지 발생하였다. 동부건설은 1998년 방콕 아시안게임에 축구팀과 야구팀이 우승할 경우 계약자 추첨을 통해 1억 원의 경품을 제공하였으며 삼성물산 건설부문도 SM5 승용차를 경품으로 내걸으며 불황 탈출을 몸부림쳤다. 이러한 상황 변화로 부동산마케팅의 새로운 기법들이 대거 도입되었으며 시장에서의 경쟁은 심화되었다.

특히 아파트 분양가격의 자율화 조치, 평형별 의무건설비율제도의 폐지는 새로운 상품개발의 도화선이 되었다. 가격과 상품에 대한 자율화 조치가 선행되면서 마케팅믹스전략(marketing mix strategy)을 원활히 수행할 수 있는 토대가 마련되었다. 마케팅믹스전략에서도 가격과 상품이 경로와 촉진에 비해서 선행되는 개념이기 때문에 가격과 상품에 대한 전략 수행이 부동산마케팅 발전에 더 큰 영향을 미칠 수 있었다.

### (3) 성장기(2000년 이후)

최근에는 과거 주먹구구식으로 행하여졌던 마케팅 기법들이 과학화되는 전기가 마련되었다. 부동산 시장분석과 다양한 마케팅 조사활동이 진행되면서 체계화되고 과학화된 접근방법이 도입되었다.

성장기에 접어들면서 마케팅조사 전문기업들이 부동산 시장에 다수 진입하게 된다. 성장기 이전에는 부동산컨설팅은 부동산전문 컨설팅회사나 감정평가사, 세무사 등 전문 자격사들이 수행하는 경우가 일반적이었으나 부동산 수요자의 요구사항이 복합화되고 변화의 폭이 커지면서 과학적인 조사방법론으로 무장한 마케팅조사 전문기업들의 역할이 늘어나고 있다. 건설회사들도 이러한 마케팅 전문기업에 대한 수요가 늘고 있는데 이는 그들이 수행한 조사에는 요구했던 결과만이 아니라 수요자의 다양한 요구 사항까지를 살펴볼 수 있어 마케팅 의사결정에 더욱 도움이 되기 때문이다.

인터넷의 활용이 보편화되면서 새로운 마케팅 채널이 증가하고 있으며 상품별 마케팅전략도 새롭게 도입되고 있다. 이러한 성장기의 부동산마케팅전략은 후분양제가 도입되면 더욱 다양한 마케팅기법들이 구사되어 한 차원 높은 전략적 접근이 시도될 것으로 예상된다.

[부동산마케팅 발전단계]

| 발아기 | 도약기 | 성장기 |
| --- | --- | --- |
| •1980년 모델하우스 최초 건립<br>•투자상품으로 인식전환<br>•부정적 이미지 불식을 위한 홍보 | •매수실종, 가격파괴<br>•경품전략<br>•가격과 상품에 대한 자율화 | •부동산시장분석과 마케팅 조사활동<br>•인터넷 도입<br>•상품별 마케팅전략 세분화 |

사례연구

## 전세제도와 부동산마케팅

전세제도는 개인 또는 기업이 금융기관에서 자금을 차입하는 것과 같은 이치로 주택임대차를 매개로 주택소유자가 전세입자로부터 돈을 빌려 집을 구입하고 대신 지불이자 만큼의 월세를 상쇄해주는 우리나라만의 독특한 주택임대차의 관행이다. 따라서 전세제도는 근본적으로 제도권 금융이 제 기능을 다하지 못해 생성된 일종의 사금융제도의 일종이라고도 볼 수 있다.

이러한 전세제도로 탄생한 전세금은 두 가지의 복합적인 성향을 가진다. 자산이면서 또한 부채로서의 성격이다. 부동산 경기가 호황일 때 전세금은 자산으로서의 성향을 보인다. 집을 구입하여 전세를 놓고 이를 기반으로 다시 주택을 매입하는 기업의 순환 출자와 유사한 방식으로 연쇄적 주택 매입을 가능케 한다. 부동산 경기가 호황일 때는 전세제도로 말미암아 주택가격 상승이 더욱 증폭되는 효과를 나타낸다.

반대로 부동산 경기가 불황일 때 전세금은 부채로서의 성향을 보인다. 계약기간 만료 후 이사를 희망할 때 집 주인은 우선적으로 전세금을 반환하기보다는 새 세입자로부터 전세보증금을 확보하여 전달하는 형태로 운용되는데 전세가 빠지지 않거나 전세가격이 하락하면 세입자의 주거이동이 연쇄적으로 제약을 받아 전세분쟁이 급증하게 되는 것도 전세의 부채로서의 성향 때문이다.

이러한 전세시장은 매매시장과의 관련성 측면에서는 빙산의 잠겨있는 부분에 해당한다. 즉 전세시장이 매매시장과 상관관계는 있는데 눈에 잘 드러나지는 않는다는 말이다. 전세시장은 매매시장에 가격과 수요측면에서 영향을 미친다. 가격측면에서는 전세가격이 매매가격에 영향을 미쳐 전세가격이 상승하면 매매가격이 상승하게 된다는 것이며 수요측면에서는 전세수요가 매매수요로 이전할 수 있다는 것이다.

전세가격과 매매가격 사이의 Granger 인과관계 검증결과(서울시, 전월세 가격변화 예측모델개발 구축 및 임대주택 임대료 산정, 2002.4)를 보면 전세가격과 매매가격은 서로 영향을 주고받는 것으로 나타났다. 하지만 월세가 아닌 전세의 경우에는 전적으로 주택자산이 창출하는 주거서비스라고 보기에는 다른 성향도 포함하고 있기 때문에 이러한 가격간의 관계는 최근 중요성이 떨어지고 있다. 즉 울산광역시는 매매가 대비 전세가 비율이 2009년 3월 현재 67.7%에 달하여 38.6%인 서울 강남에 비해 2배 가까이 높지만 아무도 이를 부동산 가격상승의 전초 단계라 생각하지는 않는다. 전세가 비율의 격차를 설명하기 위해서는 가격보다는 수요에서 그 해답을 찾아야 한다.

**[아파트 전세가격/매매가격 비율]**

(단위 : %)

| 연월 | 전국 | 서울 | 강북 | 강남 | 6개 광역시 | 부산 | 대구 | 인천 | 광주 | 대전 | 울산 | 기타 지방 | 수도권 |
|---|---|---|---|---|---|---|---|---|---|---|---|---|---|
| 2009. 3 | 52.4 | 38.6 | 41.3 | 36.4 | 61.7 | 66.2 | 64.9 | 42.1 | 73.9 | 60.8 | 67.7 | 65.1 | 40.2 |

* 자료 : 국민은행(2009. 3)

전세수요와 매매수요 간에는 상당한 상관관계가 존재하며 최근 그 장벽 또한 많이 열어 지고 있다. 즉 전세수요는 언제든지 매매수요로 이전할 수 있는 잠재수요에 가깝게 변해 있다. 2006년 집 값 상승은 시장의 충격(shock)으로 이러한 전세수요가 급속히 매매수요로 이전되었기 때문이라는 진단이 힘을 얻고 있다.

전세제도는 마케팅적으로 부정적인 영향을 미친다. 전세시장은 거래당사자가 확정되기까지는 공개거래의 시장이라고 볼 수 있으나 일단 계약이 확정되면 이것이 일정기간 존속하도록 법적으로 보장되어 있기 때문에 폐쇄시장에 속한다. 폐쇄시장이란 거래당사자 참가의 자연성 유무에 의해 분류되는 부동산 거래에 따른 시장의 분류라고 볼 수 있는데 경쟁시장에 비해 마케팅 활동의 영향력이 떨어지게 된다.

전세시장의 폐쇄 시장적 성격은 신규계약 또는 계약해제를 억제하는 법령 등으로 인해 생기는 당사자 간의 거래 제한이며 이러한 계약이 계속되고 있으면 임대인이 희망하는 경제의 합리성을 추구하기 어렵게 되는 경우가 많아 거래에 부정적인 영향을 미칠 가능성이 높다.

# 제3장

# 부동산마케팅의 사업주체

REAL ESTATE

MARKETING

# 제3장 부동산마케팅의 사업주체

## 1. 부동산중개회사

### (1) 부동산중개회사의 개념

부동산중개회사란 자연인이나 법인인 중개업자가 타인의 부동산 거래를 지원하고 중개 수수료를 받는 회사를 말하며 '공인중개사의 업무 및 부동산 거래 신고에 관한 법률'에 의해 중개업의 허가를 받은 자를 말한다.

따라서 부동산 중개회사란 자격을 취득하거나 허가관청으로부터 부동산중개업의 허가를 받은 회사로서 부동산 거래 관계에 관여하여 보상을 받고 거래, 알선, 소개 등을 하는 회사라고 할 수 있다.

아래 표는 국내 부동산 중개업과 외국의 중개업에 대한 비교이며 국내 부동산 중개업의 업무 범위가 외국에 비해 상대적으로 협소하게 설정되어 있음을 알 수 있다.

[각국의 부동산 중개업의 개념]

| 국별 | 중개서비스의 개념 | 근거 |
|---|---|---|
| 한국 | 중개대상물에 대하여 거래 당사자간의 매매, 교환, 임대차 기타 권리의 득실, 변경에 관한 행위의 알선, 중개를 업으로 함. | 공인중개사의 업무 및 부동산거래에 관한 법률 |
| 미국 | 1. 매매 또는 매매의 청약<br>2. 부동산 매매, 교환의 협상<br>3. 임대료 및 임료 수납, 임대차 중개<br>4. 부동산 금융대부 교섭<br>5. 부동산 선취특권상의 계약이나 약속어음의 매매 교환<br>6. 국공유지 매입, 임차에 대한 신청서 제출의 조력 | The California Business and Professions Code Division 4, Real Estate |

| | | |
|---|---|---|
| 영국 | 1. 주택의 매각 또는 임대차의 중개<br>2. 상공업용 부동산의 매각, 임대<br>3. 토지에 관한 대리인<br>4. 부동산, 골동품, 가축 등의 경매 | |
| 일본 | 택지 혹은 건물의 매매, 교환 또는 택지 혹은 건물의 매매, 교환 및 임대의 대리 혹은 중개 | 일본 택지건물추인업법 |

* 국토개발연구원, 부동산중개제도의 합리화방안 연구, 1991

### (2) 부동산 중개회사의 발전과정

1970년대 이후 급속한 경제성장과 사회발전에 따라, 부동산 시장 및 부동산 거래의 형태는 큰 변화를 가져왔고 그동안 실수요 중심의 부동산이 투자 또는 투기의 대상으로 변모하면서 부동산 거래질서의 문란과 그로 인한 부동산 거래사고의 급증 등에 대한 인식은 부동산 문제가 심각한 사회 문제로 대두되었다.

이와 같은 상황변화에 대하여 종전의 소개영업법으로 대처하기에는 크게 미흡하여 정부는 소개영업이란 명칭을 부동산 중개업으로 변경하고 종전의 신고제를 허가제로 바꾸고 공인중개사제도의 도입 및 중개업자의 손해배상책임을 보장하기 위한 업무보증제 등을 주요 골자로 하는 '부동산중개업법'을 제정(1083.12.30, 제3676호)하여 오늘에 이르고 있다.

그러나 어떤 제도도 당면하게 되는 현실과 이상의 부조화 문제가 부동산중개업법 입법과정에서도 나타났는데 특히 종래의 소개영업자에 대한 기득권 인정과 중개업 신규허가에 대한 자격제한의 미비 및 업무 보증의무의 차등적용 등이 그것이었다.

1989년 12월 30일 1차 개정을 통하여 향후 부동산중개업의 신규허가는 법인 및 공인중개사에 한하도록 하고 중개업자의 손해배상책임 및 교육의무를 강화한 반면 무허가, 불법 중개업자에 대한 규제와 벌칙을 크게 강화하였다. 특히, 부동산 중개업자를 '전문직업인'으로 명문화하고 '영업'이란 용어를 '업무'란 용어로 전환함으로써 부동산 중개업을 사회 공익적 기능에 적응하는 전문 직업으로 지도, 육성하려는 의지를 보인 것으로 인정된다.

그러나 부동산중개업법령이 지나친 규제 위주라는 비난은 여전히 면하기 어려웠고, 변화하는 경제 환경과 국제화 등의 변화에 대응하기에는 역시 미흡하였으므로, 정부에서는 부동산 유통시장의 근대화를 위한 과감한 법 개정을 시도하게 되었으며 그 결과 1993년 12월 27일 부동산중개업법의 개정을 통하여 중개업자의 업무영역을 과감히 확대하고, 전속중개계약제도의 도입 및 부동산거래정보망을 설치, 운영할 수 있도록 함으로써 부동산 중개업의 근대화에 크게 기여할 수 있는 제도적 장치를 마련하게 되었다. 그 후 1999년 3월 31일 낙후된 중개업을 발전시키기 위하여 불필요한 규제를 완화하고, 중개시장의 대외개방에 따라 중개업의 전문화와 대형화를 유도하여 경쟁력을 제고 하고 중개업이 자율적으로 성장할 수 있는 기반을 조성하기 위하여 개정하였으며 2000년 1월 28일 중개인의 영업구역제한을 완화하고 중개사무소의 이전 절차를 간소화하는 등 불합리한 규제를 정비하는 한편, 중개의 대상이 되는 부동산에 대한 중개업자의 확인 및 설명의 범위를 확대함으로써 부동산 중개에 따른 서비스가 향상될 수 있도록 개정하였다.

이렇게 20년 넘게 이어져온 부동산중개업법은 2005년 7월 '공인중개사의 업무 및 부동산 거래신고에 관한 법률'로 개정되기에 이른다.[1] 개정의 이유로는 부동산 투기 및 탈세의 원인이 되고 있는 이중계약서 작성을 금지하고 실거래 가격에 기초하여 과세가 이루어지도록 하기 위한 제도적 장치를 마련하는 한편, 투명하고 공정한 부동산 거래질서를 확립하여 국민의 재산권을 보호하려는 것이었다.

실거래 가격 신고 및 공시에 따라 더욱 투명하게 변경될 부동산 유통시장에서 부동산 중개회사의 전문적인 역할이 더욱 필요한 실정이다.

---

1) 2009년 2월 여야의원 240명이 서명한 '공인중개사법' 이 발의되었다. 여기에는 '중개업자' 란 용어를 '개업공인중개사' 로 바꾸는 내용 등을 담고 있다.

### (3) 부동산중개회사의 영업환경

#### ① 국내 부동산중개업 시장

공인중개사의 영업여건이 악화되었다는 말은 어제 오늘의 이야기는 아니다. 국내 부동산시장이 선진화되기 위해서는 부동산 유통시장의 전문 자격사인 공인중개사들의 역할이 지대하다고 할 수 있다. 하지만 영업여건의 악화에다 늘어나는 지도단속으로 인해 공인중개사들은 개점휴업 상태이거나 투 잡(two job)족으로의 전략을 고민하고 있는 실정이다.

**[연도별 공인중개사 합격자 현황]**

(단위 : 명)

| 회차 | 시행년도 | 접수자수 | 응시자수 | 합격자수 | 합격자 결정 |
|---|---|---|---|---|---|
| 제19회 | 2008년 10월 26일 | 169,434명 | 89,428명 | 15,920명 | 절대평가 |
| 제18회 | 2007년 10월 28일 | | 82,465명 | 19,593명 | 절대평가 |
| 제17회 | 2006년 10월 29일 | 147,402명 | 79,398명 | 10,496명 | 절대평가 |
| 제16회 | 2005년 10월 30일 | 151,636명 | 81,543명 | 16,493명 | 절대평가 |
| 제15회 추가 | 2005년 05월 22일 | 138,272명 | 88,622명 | 30,680명 | 15회 응시자만 자격 절대평가 |
| 제15회 | 2004년 11월 14일 | 239,263명 | 167,797명 | 1,258명 | 절대평가 |
| 제14회 | 2003년 09월 21일 | 261,533명 | 147,500명 | 29,636명 | 절대평가 |
| 제13회 | 2002년 10월 20일 | 265,995명 | 159,795명 | 19,169명 | 절대평가 |
| 제12회 | 2001년 09월 16일 | 132,996명 | 85,456명 | 15,461명 | 절대평가 |
| 제11회 | 2000년 09월 24일 | 129,608명 | 91,823명 | 14,855명 | 절대평가 |
| 제10회 | 1999년 04월 25일 | 130,116명 | 81,585명 | 14,781명 | 절대평가 |
| 제9회 | 1997년 11월 02일 | 120,485명 | 69,953명 | 3,469명 | 상대평가 |
| 제8회 | 1995년 11월 12일 | 72,940명 | 42,423명 | 1,102명 | 상대평가 |
| 제7회 | 1993년 11월 13일 | 49,602명 | 28,114명 | 2,090명 | 상대평가 |
| 제6회 | 1991년 11월 10일 | 95,775명 | 65,187명 | 1,798명 | 상대평가 |
| 제5회 | 1990년 04월 01일 | 42,766명 | 30,660명 | 3,524명 | 상대평가 |
| 제4회 | 1988년 12월 18일 | 33,400명 | 25,964명 | 5,507명 | 상대평가 |
| 제3회 | 1987년 11월 19일 | 26,257명 | 19,166명 | 943명 | 상대평가 |
| 제2회 | 1986년 11월 02일 | 39,083명 | 36,167명 | 3,018명 | 상대평가 |
| 제1회 | 1985년 09월 22일 | 198,808명 | 157,923명 | 60,277명 | 년1회 시행, 절대평가 |

* 국토해양부, 2009. 1

2008년 제19회 공인중개사 자격시험에서도 1만5천명이 넘는 합격자가 배출되었고 이들은 기존의 25만 명이 넘는 공인중개사들과 함께 새로운 잠재 경쟁자들로서 부동산시장에서 활동하게 될 것이다.

이렇게 공인중개사들의 경쟁여건이 강화됨에도 불구하고 영업환경에 대한 구체적인 조사 자료나 연구결과물은 전무한 상황이다. 공인중개사들의 영업환경에 대한 정확한 실태 파악을 통해서만이 지금까지 유지해 왔던 정부의 부동산중개제도의 개선을 위한 정책과제가 도출될 수 있을 것이다. 먼저 수요측면에서 공인중개사들의 영업환경을 분석해 보자. 이를 위해 공인중개사의 구체적인 영업단위인 가구 수를 먼저 살펴보도록 하자.

**[가구 수 대비 중개업자 현황]**

(단위 : 수, %)

| 구 분 | 2000년 | 2005년 | 상승률 |
|---|---|---|---|
| 가구 수(A) | 14,391,000 | 15,988,000 | 11.1% |
| 중개업자수(B) | 45,845 | 76,164 | 66.1% |
| 중개업자당 가구 수(A/B) | 313.9 | 209.9 | -33.1% |

* 국토해양부, 2005.12

국내 가구 수는 2000년 1천4백만 가구에서 2005년에는 1천6백만 가구로 늘어나 5년간 11.1% 상승하였다. 이에 반해 중개인과 법인중개업자를 포함한 중개업자[2] 수는 2000년 4만6천명에서 7만6천명으로 늘어나 같은 기간 무려 66.1%나 증가하였다. 이로 인해 중개업자당 가구 수는 2000년 314가구에서 2005년에는 210가구로 5년간 104가구나 줄어들었으며 하락률은 무려 33.1%에 달한다. 가구 수 증가를 월등히 상회하는 중개업자수

2) 중개업자라 함은 '공인중개사의 업무 및 부동산 거래신고에 관한 법률' 에 의하여 "중개업을 영위하는 사무소(중개사무소)의 개설 등록을 한 자" 를 말한다. 법에 근거한 중개업자의 종별에는 ① 법인인 중개업자 ② 공인중개사인 중개업자 ③중개인인 중개업자가 있다. '중개업자' 라는 용어는 2009년 2월 발의된 '공인중개사법' 에 의해 '개업공인중개사' 로 변경될 가능성이 높다.

증가로 인해 중개업자당 가구 수는 5년간 대폭 감소하였음을 보여주고 있다.

최근 인구증가율은 감소하고 있으나 1인 가구의 급속한 증가[3]로 인해 가구 수는 늘어나고 있는 추세이나 중개업자수의 증가가 상대적으로 높기 때문에 중개업자당 가구 수는 지속적으로 감소하고 있어 공인중개사 간의 경쟁은 치열해 지고 있음을 추정할 수 있다.

이에 반해 중개업자 수는 여전히 증가세를 유지하고 있다. 2000년 이후부터 2007년까지 전국의 중개업자수 증감 현황은 아래 표와 같다.

**[연도별 년 중개업자 증감현황]**

(단위 : 수)

| 구 분 | 계 | 공인중개사 | 중개인 | 중개법인 |
|---|---|---|---|---|
| 2008 | 83,627 | 73,212 | 9,995 | 420 |
| 2007 | 80,827 | 68,879 | 11,538 | 410 |
| 2006 | 78,611 | 66,276 | 11,910 | 425 |
| 2005 | 76,164 | 62,432 | 13,203 | 529 |
| 2004 | 72,247 | 57,362 | 14,331 | 554 |
| 2003 | 67,384 | 51,354 | 15,490 | 540 |
| 2002 | 58,920 | 41,663 | 16,673 | 584 |
| 2001 | 49,680 | 31,458 | 17,566 | 656 |
| 2000 | 45,845 | 26,452 | 18,776 | 617 |

* 국토해양부, 2008.12

2008년 들어서도 전국적으로는 중개업자의 숫자는 전년과 비교하여 80,827명(사)에서 83,627명(사)로 지속적으로 증가하고 있다. 위의 개업 중개업자 수는 국토해양부의 공식 집계이지만 무등록 중개업자나 무자격 중개업자가 활동하고 있는 현실을 감안하면 이 숫자는 더욱 늘어난다고

3) 2005년 인구센서스 기준으로 1인가구의 비율은 20%를 기록하였다. 즉 5가구 중 1가구는 1인 가구이다.

볼 수 있다.

다음은 현재 국토해양부에서 집계되는 실거래 건수를 기준으로 중개업소당 월 거래건수를 살펴보자.

**[2006년 상반기 중개업소당 월 거래건수]**

(단위 : 수, 건)

| 지역별 | 실거래건수(2006.1~6) | 중개업자수(2/4분기) | 월 거래건수/중개업소 |
|---|---|---|---|
| 전국 | 236,657 | 78,011 | 0.51 |
| 서울 | 47,387 | 22,684 | 0.35 |
| 부산 | 11,081 | 4,046 | 0.46 |
| 울산 | 6,835 | 1,193 | 0.95 |
| 경남 | 10,824 | 3,573 | 0.50 |

* 국토해양부, 2006. 6

2006년 상반기를 기준으로 지난 6개월간 전국의 실거래 건수는 23만 7천 건으로 집계되었다. 이중 서울이 4만 7천 건, 부산이 1만 1천 건, 경남이 1만 1천 건, 울산이 6천8백 건을 기록하였다. 이러한 실거래 건수를 중개업자수로 나누어보면 중개업자당 월 거래건수를 파악할 수 있다.

전국의 중개업소당 월 거래건수는 0.51건으로 나타났으며 비교대상 지역에서는 서울이 0.35건으로 가장 낮았고 부산이 0.46건, 경남이 0.5건 그리고 울산이 0.95건으로 가장 높았다.

부동산거래의 대표적인 상품인 아파트를 예를 든다면, 2006년 1~9월간 전국 거래규모별 아파트거래현황을 살펴보면 전체거래 중 전용면적 25.7평 이하의 거래가 83.9%를 차지한다. 따라서 이러한 대표 평형 중의 하나인 33평을 거래한다고 단순화시켜 중개수수료를 대략 계산해보면 250만원이 나오는데[4] 부산과 경남의 경우 월 0.5건 내외를 계약한다고 보아

4) 전국의 25.7평의 평균 평당 금액은 760만원으로 단순화하고 33평형을 매매 계약한 경우 일방의 중개수수료는 125만원임. 쌍방에게 수수료를 받았을 경우 250만원이 되나 현실적으로 공동중개가 많이 이루어지고 있기 때문에 이 정도 소득을 올리기도 쉽지 않음. 물론 이러한 계산에는 매매계약만을 가정하였으며 전세계약은 포함되지 않았음.

야 하므로 월수입이 125만원에 그친다고 볼 수 있다.[5] 따라서 현재의 중개업소당 월 거래건수로는 직원 월급은 고사하고 점포 세를 내기에도 어렵다는 것을 알 수 있다. 이에 반해 중개업자의 위반사항 단속은 지속적으로 늘어나고 있는 추세이다.[6]

**[2006년 1~9월간 전국 거래규모별 아파트 거래현황]**

(단위 : 건, %)

| 구분 | 40㎡이하 | 40㎡~60㎡ | 60㎡~85㎡ | 85㎡~135㎡ | 135㎡~165㎡ | 165㎡~198㎡ | 198㎡초과 |
|---|---|---|---|---|---|---|---|
| 거래건수 | 49,765 | 256,263 | 322,920 | 97,900 | 16,366 | 4,406 | 2,114 |
| 비중 | 6.6% | 34.2% | 43.1% | 13.1% | 2.2% | 0.6% | 0.3% |

* 국토해양부, 2006. 9

2004년 4천8백건에 그쳤던 적발건수는 2005년에는 5천1백건, 2006년 상반기에는 2천6백건으로 단순히 상반기 적발건수가 지속된다고 가정하면 2006년 적발건수는 2005년의 5천1백건을 넘어설 것으로 예상된다.

**[부동산중개업소 단속현황]**

(단위 : 건)

| 연도 | 적발건수 | 고발센터 접수 | 행정처분 현황 | | | | |
|---|---|---|---|---|---|---|---|
| | | | 계 | 등록취소 | 업무정지 | 과태료 | 자격취소 |
| '04 | 4,835 | 462 | 2,165 | 383 | 1,281 | 427 | 74 |
| '05 | 5,118 | 274 | 2,408 | 339 | 1,625 | 401 | 43 |
| '06. 6월 | 2,604 | 155 | 1,186 | 212 | 767 | 175 | 32 |

* 국토해양부, 2006. 6

**② 국내 부동산중개회사 영업실태**

한 부동산정보제공회사가 개인 중개업자를 대상으로 연간 수입과 직원

5) 수수료를 매도, 매수인 양측에서 모두 수령했을 경우이다.

6) 중개업자는 부동산투기를 조장하는 세력 중에 하나로 평가받고 있다. 최근에도 2006년 9월 1일부터 10월 31일간 특별 단속을 실시하였다.

의 분포를 조사한 자료에 의하면 직원 수는 평균 2.3명이며 연간 수입이 1억 1천만 원 이상인 회사는 2.8명이었다. 사무실 규모는 평균 9.2평이었으며 연간 수입이 5천만원이하인 경우는 8.8평이었으며 1억 1천만 원 이상은 10평으로 나타났다. 부동산 중개업에 종사한 년 수는 평균 6.7년이었으며 개업년도는 평균 2.4년이었다. 개인중개업소와 중개법인의 운영방식은 아래와 같은 차이를 보인다.

[연간 수입과 직원의 분포]

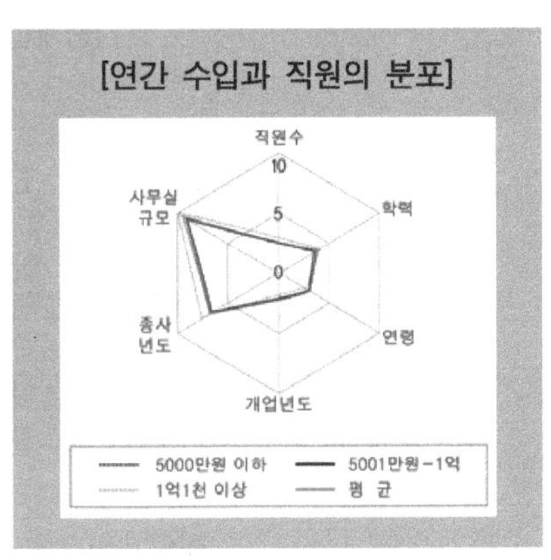


[개인 중개업소의 운영방식]

| 조직 및 서비스 | 시장 상황 |
|---|---|
| •2~3인의 소규모 조직<br>•물건의뢰는 직접 방문이 대부분<br>•인터넷은 주로 물건에 대한 홍보의 수단이지 실질적인 계약과 연결되는 경우는 별로 없음<br>•물건의뢰 후 기타 서비스는 중개업소가 대신 처리(고객은 물건의뢰~확인~계약의 과정에만 참여) | •부동산 시장 특히 주거시장의 과열로 인해 중개업소 수는 증가 하였으나, 최근 부동산 시장의 침체로 인해서 경쟁력이 떨어지는 중개업소들은 서서히 정리되고 있음<br>•또한 부동산 경기와는 관계없이 지역 내 이동수요로 인해 일정 수준 시장의 규모는 존재<br>•4~5년 주기로 단지 내 이동수요 발생 |
| **중개시장의 경쟁력** | **문제점** |
| •보다 빠르고 정확한 정보력을 바탕으로 고객에게 최대한 빠른 시일 내 원하는 물건을 찾아주는 것이 중개업의 경쟁력<br>•물건의 확보, 고객의 확보가 중요<br>•지역에서 인지도를 가진 중개업소의 경우 부동산 경기에 관계없이 지속적인 수익가능(고객이 다시 찾아주기 때문) | •일정 규모의 중개시장에서 지나친 경쟁구조<br>•시장규모의 한계<br>•이론적인 중개시장은 선진화, 조직화를 위해 노력하고 있지만 기존 중개시장은 기존의 틀을 벗어나려 하지 않음(기존 소규모 중개업자의 운영구조에서는 이것이 가능)<br>•규모가 작을수록 이익이 남는 구조(전문 조직 없이 1달에 3~4건만 해도 유지가 가능) |

[중개법인의 운용방식]

| 조 직 | 직원 교육 및 급여체제 |
| --- | --- |
| •시장과 타깃을 결정한 후 시장 진출<br>•팀장 중심의 운영체제<br>•각 팀장들이 담당하는 지역과 물건이 달라 중개법인 내에서 네트워크 형성이 가능<br>•타깃이 명확하여 전국적인 네트워크의 필요성 없고, 분사무소의 설치 필요성도 없음 | •각 팀의 필요시 팀장 재량으로 직원 채용<br>•정규직이라는 개념은 거의 없음<br>•직원에 대한 별도의 교육은 없음<br>•자체적으로 업무와 관련되어 자신의 능력껏 업무 추진<br>•연봉체계가 아닌 계약물건에 대한 수수료의 배분(회사 30 : 직원 70) |
| **물건 특성 및 계약 방식** | **기타** |
| •주요 타깃 시장은 오피스 건물<br>•매도인과 매수인 양쪽의 물건을 확보함으로써 빠른 계약 및 높은 수수료 수익 가능<br>•계약 시 매도인, 매수인에게 1%의 수수료, 총 2%의 수수료를 받게 됨 | •세금과 관련된 이중 계약서의 문제는 거의 일어나지 않음<br>•현재 오피스 시장의 경우도 거래가격이 대부분 노출<br>•계약서로 인한 법률적인 문제, 기타 운영상의 문제로 중개 법인의 수가 증가하지 않는 것이 아니라 중개법인 진출에 대한 필요성이 크지 않기 때문<br>•오피스 시장을 타깃으로 진출한 중개법인에서 주거시장 진출을 위해 프랜차이즈 운영준비 |

#### ③ 영업환경 개선방안

앞에서 살펴본 이러한 영업환경 악화로 인해 부동산중개제도는 급속히 무너지고 있다. 적정수준의 수익보장, 과당경쟁을 막을 수 있는 자격자 제한 등이 무너진 상황에서 부동산중개제도를 유지하기란 쉽지 않은 상황이다. 아무리 감독기능을 강화하여도 불법을 자행하지 않으면 중개업소를 유지할 수 없는 현실에서는 중개업자의 윤리와 직업의 전문성을 내세운다는 것 자체가 무의미한 상황이 되어가고 있다.

이러한 문제를 해결하기 위해서는 어떻게 해야 할까. 현재의 자격제도를 급격히 변화시키기에는 무리가 따르고 지금 상황에서 최대한 국내 중개제도의 경쟁력 강화를 위해서 다음과 같은 조치가 시급히 필요할 것이다.

첫째, 무등록, 무자격 중개업자에 대한 감독을 강화하여야 한다. 등록 중개업자에 대한 업무감독보다는 과당경쟁의 주범이랄 수 있는 무등록, 무자격 중개업자에 대한 적발이 더욱 필요한 상황이다. 직접적으로 관련은 없지만 이를 위해서 한국공인중개사협회[7]와 대한공인중개사협회로 분리되어 있는 협회의 통합도 필요하다는 지적이 제기되어 2007년 11월 마침내 양 협회는 통합에 이르게 되었다 분리되어 있는 협회는 각자의 회원모집에 최대한의 관심이 집중되었으며 문제가 있는 회원들에 대한 입회에도 관대할 수밖에 없었다. 따라서 협회의 통합을 통해 이제는 자율적인 자정기능이 우선시 되고 건전한 거래질서를 확립하여야 할 것이다.

둘째, 소속공인중개사만 인정하고 현행 중개보조원[8]은 인정하지 않고 이들에 대해서는 공인중개사 자격증 획득을 유도하는 방향이 바람직할 것이다. 현행법상 일반인도 결격사유에만 해당하지 않으면 아무런 자격요건이나 교육을 이수하지 않아도 중개보조원이 될 수 있으며, 이들에 대한 등록관청에의 신고의무도 없다. 따라서 중개보조원은 법의 사각지대에 놓여있다고 볼 수 있다. 규모를 갖춘 중개업소의 경우 중개보조원은 주요한 역할을 수행하고 있는데 전문성을 갖추지 않은 이러한 직원으로 인해 국내 중개제도의 경쟁력이 손상 받을 수도 있음에 유의해야 한다. 나아가 현재 25만 명에 이르는 공인중개사 자격증을 보유한 전문 인력에 대한 취업의 기회도 확대시킬 수 있을 것이다.

셋째, 일반중개계약도 의무화시키고 중개계약서도 규정해야 할 것이다. 현재는 전속중개계약의 경우에만 중개계약서를 의무화시키고 있으나 일

---

7) 전국부동산중개업협회는 한국공인중개사협회로 명칭을 변경하였다.

8) 중개보조원은 '공인중개사가 아닌 자로서 중개업자의 중개 업무를 보조하는 자' 를 말한다. 중개업무를 보조하는 자는 소속공인중개사와 중개보조원이 있는데 이들을 통칭 사용인이라고 한다. '소속공인중개사' 는 공인중개사로서 중개 업무를 보조하는 자를 말하며, '중개보조원' 이란 공인중개사 자격이 없으면서 중개업자의 중개 업무를 보조하는 자를 말한다.

반중개계약의 경우에도 구두로서만 이루어지는 계약의 형태를 계약서를 필히 작성하는 방향으로 유도하고 이 계약서도 전속중개계약처럼 공인된 계약서 양식을 지정할 필요가 있다. 이를 통해 중개계약도 거래계약과 같은 구속력을 부여하여야 한다.

넷째, 중개수수료의 합리적인 조정이 필요하다. 국내 중개수수료는 금액에 따라 0.2~0.9%의 수수료를 지정하고 있으나 선진국의 경우 3~6%사이에서 중개수수료가 결정된다. 중국의 경우만 하더라도 3%의 수수료가 지급되고 있는 상황이다. 현재와 같이 계약건수가 급속히 줄어든 상황에서는 선진국과 같이 중개수수료의 현실화가 시급한 상황이다. 물론 중개수수료를 올리는 것은 소비자의 부담을 가중시키는 역작용이 있으나 거래계약 시 이루어지는 외부화된 다양한 업무를 교육을 통해 중개업자들의 전문성을 확보케 하고 매도자만 수수료를 부담하는 체제로 바꾼다면 수수료 상향에 대한 저항이 다소나마 줄어들 수 있을 것이다.

중개수수료의 부담을 줄이는 또 하나의 방법으로는 외국과 같이 매도자만 중개수수료를 부담하도록 하는 방안을 도입하는 것이다. 국내에서는 매도자, 매수자 모두 중개수수료를 부담하는데 이는 그렇게 합리적이지 않다. 중개수수료가 낮은 상황에서는 큰 문제점으로 부각되지는 않지만 일반적으로 매도자가 양도에 따른 수익을 취하는 경우가 많으며 매수자는 상당한 자금상의 압박을 경험하게 된다. 따라서 양도소득세에서도 공제가 되는 중개수수료는 매도자가 부담하는 것이 바람직할 것이다.

공인중개사는 부동산시장의 건전화를 위해 노력하고 있는 중요한 주체 중의 하나이다. 하지만 이러한 영업환경 악화에서는 정상적인 거래활동을 수행할 수 없다. 정부는 하루빨리 공인중개사제도를 전면적으로 재검토하여 실질적인 대안을 내어놓아야 할 것이다.

### (4) 부동산중개회사의 창업 및 성공전략[9)]

#### ① 나는 과연 부동산 중개업 창업에 적합한가?

부동산 중개업 창업은 입지에 따라 틀리기는 하지만 비교적 소자본에 창업을 할 수 있고 단기간에 창업할 수 있다는 오해 때문에 IMF 이후 지속적으로 증가하고 있으나 2006년 이후 감소세로 돌아섰으며 지역에 따라 창업 열기에 차이를 보인다.

부동산 중개업을 하려는 사람에게 왜 부동산 중개업을 선택하였냐고 물어보면 역시 비슷한 대답을 하고 있다. 특별한 기술도 없고, 다른 아이템으로 창업하려니 겁도 나고 해서 혹시 몰라 취득해 놓은 자격증이 있어서, 소일거리 삼아 할 수 있어서, 가끔 한 건 씩만 해도 먹고 살 수 있으므로, 투자비가 비교적 적게 들기 때문이라는 등의 대답을 하였다.

후술하겠지만, 어떤 아이템이든 사업 타당성이라는 것을 필수적으로 분석해야 할 시장과 고객에 대한 분석이라는 측면에서 조금만 심도 있게 고민한다면 아마도 이렇게 쉽게 아이템을 선정하지 못할 것이다.

창업은 아주 쉬우며 너무 많이 알아도 창업을 못하고 소위 막무가내식으로 저질러야 한다고들 까지 그럴듯하게 조언하는 전문가들이 있다. 하지만, 이는 아주 오래된 얘기이다. 그만큼 상업을 천시하고 경쟁이 치열하지 않던 시대에, 즉 공급이 수요보다 적을 때의 얘기이고 수요보다 공급이 월등히 많은 작금의 창업시장에서는 더 이상 통하지 않는 얘기이다. 너무 많이 알아서 창업이 힘들다면 차라리 창업을 하지 않던가, 조금만 더 시간적 여유를 가지고 다시 한 번 고민하는 것이 필요하다.

다시 한 번 음미해 볼 생각은 과연 정말로 내가 많이 알고 있는가에 대한 고민이다. 과연 내가 그 아이템의 핵심 성공요소가 무엇이고, 내가 그 사업을 성공적으로 운영하기 위한 적성 및 자질, 전문성을 가지고 있는 지에 대한 고민을 먼저 해 보아야 할 것이다. 당연한 얘기지만 이것

9) 이승용, 부동산중개업 창업준비, 2003.4, dbmbiz를 참조하였음.

이 바로 사업타당성 검토 및 분석이고 이는 발로 뛰는 많은 시장조사를 통해 구체적이고 실질적인 분석을 가능케 하는 것이다.

부동산 중개회사 창업을 고민 중인 예비 창업자 분들에게 다시 한 번 묻고 싶다. 과연 얼마나 부동산 중개업에 대해 잘 아는지? 시장에 대해 얼마나 아는지? 고객에 대해 가장 중요한 나에 대해 얼마나 아는지? 그럼 난 잘 모르는 데 그만두어야 하는가? 경험이 없다면 경험을 쌓고, 전문성이 없다면 전문성을 쌓으면서 그 고민을 다시 한 번 해 보자는 것이다.

결론적으로, 일단 부동산 중개업이란 아이템의 타당성에 대한 고민을 다시 한 번 하고, 자격증을 보유하고 있더라도 아이템을 확정하지 말고 부동산에 대한 공부를 지속하며 여전히 제1의 창업 아이템 후보로 선정하고 이후 단계를 밟는 것이 바람직할 것이다.

**② 무한 경쟁시대의 환경 분석**

2006년 이후 부동산 중개회사 창업의 열풍이 다소 식기는 하였지만 정부의 부동산 정책에 큰 영향을 받는 부동산 경기가 풀리면 창업 열기는 계속 이어질 것이다. 2006년 이후 극심한 부동산 거래 부족현상이 이어지면서 신규 개업하는 숫자와 폐업하는 숫자가 비슷해지고 있다.

최근 부동산 중개업의 창업 연령대가 젊어지고 있다. 이는 물론 실업난 속에 젊은 층이 부동산 중개업에 몰리고 있기 때문이기도 하지만 그만큼 중개업 종사자가 젊어지고 있음은 예비 창업자들이 간과해서는 안 될 것이다.

부동산 경기여건이 좋아지면 창업가능한 대기자가 아직 상당수 있는 가운데, 제19회 시험에서도 1만5천명이 넘는 합격자들이 배출되어 예비 창업자들은 그야말로 "무한경쟁"시대에 놓여있는 것이다.

굳이 현장에 나가지 않더라도 현재 부동산 중개회사는 확실하게 과당경쟁이다. 하지만, 어떤 업종이든 이제 창업의 가장 중요한 요소가 '경쟁'

임을 고려한다면 몇 개의 점포가 있는 것이 중요한 것이 아니라 어떻게 차별화하여 이길 것인가에 대한 준비가 훨씬 중요한 시점이다.

일단, 앞으로 젊은 층을 중심으로 한 부동산 중개회사는 계속 늘어갈 것이다. 또한, 과거 정부가 추진했던 실업난의 해소책으로 매년 시험이 계속된다면 그 경쟁은 훨씬 치열해 질 것이다. 이와 관련하여 젊은 층의 특성을 기준으로 한 부동산 중개회사 키워드를 살펴보면 거래의 투명성 확대, 전문적인 이론 및 지식의 무장, 작은 물건이라도 컨설팅화, 인터넷의 활성화, 법인화 등이며 앞으로 중개회사는 이러한 방향으로 움직일 것으로 보인다.

부동산 중개회사 창업을 고민하면서 본인의 역량에 고민을 먼저 했다면 이젠 시장과 고객에 대한 이해를 할 필요가 있다. 현장에서 확인할 수도 있고, 신문이나 잡지 등을 통해서 유익한 정보를 많이 얻을 수 있다. 아니 이것은 앞으로도 지속해야할 기본적인 사항일 것이고, 요즘에는 인터넷에 좋은 자료와 정보들이 무궁무진하다. 인터넷 홈페이지를 운영하는 중개업소가 많아지고 있으니 인터넷 검색을 통하여 이런 중개회사의 홈페이지 등을 통해 간접적인 시장의 흐름을 파악한 후 현장의 확인을 실행하는 것으로 환경에 대한 정확하고 주도면밀한 이해 및 분석을 하고 창업에 임하는 것이 필요하다. 시장 조사 및 환경 분석이 철저할수록 창업에 임하는 자세와 준비 정도, 틈새시장 등 핵심사업 부문(취급 물건 및 중개업 창업의 방향)의 선정, 입지의 선정, 운영 시 전문성의 확보 등에서 좀 더 실질적인 준비가 가능할 것이다.

### ③ 초보 창업자의 시장 적응 및 사업 분야 확장 과정

일반적으로 초보 창업자들은 아파트나 주택 인근에서 기존 점포를 인수하여 전월세 중개를 중심으로 사업을 시작하여(생각보다 첫 거래 성사에 상당한 시간이 소요되는 것을 자주 보는데 이는 오직 경험의 부족에서 오는 경우가 대부분) 몇 개월 후 안정을 찾아가면 그 때부터는 아파트나 주택 중개는 소속공인중개사인 실장에게 일임하고 상가, 토지 거래 등 사업영역 다변화에 눈을 돌리기 시작한다. 소위 돈이 더 되는 것을 찾아 일을 하는 경우이다.

여기서 상당한 성과를 올리어 자신감이 붙고 자본금이 어느 정도 축적되면 부동산 개발(나대지, 자투리 땅 활용 등)에 뛰어 드는 순서로 업무를 확장하곤 한다. 본격적으로 부동산컨설팅 사업을 시작하는 경우인 것이다. 주로 30~40대에 시작한 경우에 가능한 상황으로 판단된다. 물론 욕심을 내지 않고 하던 일만 충실히 하는 경우도 많이 있다. 하지만 이런 경우에도 신규 개발지역이나 강력한 테마가 있는 지역을 중심으로 옮겨 다니며 하는 경우도 많다.

또 한 경우는 거주지 인근 잘 아는 지역에서 중개업을 시작하여 아파트, 주택, 상가 등의 거래에 전념하며 노후를 준비하는 경우다. 안정성을 추구하는 경우로 부동산 중개회사를 통하여 종종 정보의 수집 및 투자로 연결되곤 한다. 동료 중개업자, 고객 등을 통하여 습득한 정보 중 그동안 축적한 노하우를 통하여 투자 물건에 대해 직접 투자하는 경우를 말한다. 이후는 소일거리 개념으로 일을 하는 경우로 이는 주로 50대 이상의 중개업자에게서 많이 나타나는 현상이다. 물론 투자는 전 세대를 거쳐 일어나지만, 상기한 두 가지 접근 방향에 대한 방향 정립이 우선되어야 한다. 또는 전문적인 부동산 컨설턴트 또는 시행사가 되겠다는 방향설정이 먼저이고 그에 따른 전문성 강화 등 준비가 뒤 따라야 하는 것이 필수적인 것이다.

어느 경우이든 경험이 없는 분야이므로 사전에 몇 개월이라도 기존의 중개회사에서 경험을 쌓는 것이 중요하다. 사업계획서를 개략적으로 작성하고 체험을 하면 훨씬 효과가 큰은 당연히 생각할 수 있는 부분일 것이다. 이때는 창업의 시기를 정하여 그 기간을 정하는 것이 필요하다. 초기에는 주거물건을 주로 취급해야 하기에 주거이동이 잦은 3월과 9월의 바로 전 달에 창업하는 것이 유리하니 그 일정에 맞춰 현장 경험을 필히 쌓기 바란다.

하나 더 첨부하면 요 근래에 인터넷 사이트에 좋은 정보가 많이 올라와 있으니 참고하고, 전문서적 두 권 정도 필히 독파하기 바란다. 참고로 rebooks.co.kr 사이트는 부동산 서적만 전문적으로 취급하는 곳이니 중개회사뿐만 아니라 부동산 전문분야 공부 시 참고하기 바란다.

결론적으로 성공적인 창업 준비는 현장의 이해에서 출발하므로 주위에 아는 사람들 중 현업에 종사하고 있는 분들이 있으면 가급적 자주 찾아가 현장을 깊이 있게 확인하기 바란다.

**④ 세분화 전문화는 필수**

일단 인터넷 부동산 사이트를 검색하여 중개회사들의 추이를 시장조사하기 바란다. 점점 전문화 되어가고 있는 부분을 느낄 수 있을 것이다. 그 뜻은 이제 부동산 중개업은 아파트나 주택 등의 단순 중개를 넘어서 특정 물건에 집중하여 차별화하는 경향이 대세라는 뜻이다. 단순히 말로만 하던 시대에서 정확한 권리분석과 상권분석을 통한 컨설팅의 개념으로 접근하고 있는 것이다.

일단, 창업의 준비기간 동안 부동산에 대한 전문성 강화를 위하여 전문교육기관에서 교육도 받고 전문서적의 탐독 또한 필수적 요소이다. 여기서 중요한 참고사항 하나, 전문적인 교육기관 등의 교육 프로그램을 잘 살펴보기 바란다. 그 프로그램의 내용이 어떠한 방향으로 진행되고 있고 구성되어 있는지를 말이다. 그럼 내가 무엇을 공부하고 준비해야 할지 그 트렌드를 파악할 수 있을 것이다. 또한 인터넷에 다른 분들이 써 올린 보고서 등을 보면서 많이 공부하기 바란다.

사업의 방향을 정하고 전문분야를 정하여 매진해야 하는 부분은 앞서 언급한 현장교육을 통하여 특히 정립하기 바란다. 물론 처음에는 주거물건에 전념한다는 생각을 가지고 큰 욕심은 부리지 말고, 어느 정도 자리를 잡고 자신감이 생기기 전까지는 아파트, 주택 등에 전념해야 한다. 최소한 기본 터는 닦고 전문 분야로 들어가는 것이 중요한 것이다. 물론 이제 법인의 시대로 흘러가고 있으나 처음부터 그런 전문 법인에 들어가 공부하는 것도 좋은 방법일 것이다. 꼭 법인이 아니더라도 이론과 실무를 겸비한 베테랑들과 합작으로 중개업을 시작할 수 있다면 더 없이 좋을 것이다.

정리해 보면 현장교육 전에는 부동산 중개회사에 대한 타당성 검토 및 아이템 집중 공부, 부동산 기본 지식 닦기, 기본기 익힌 후 전문분야 파기, 시장조사 등을 하고, 현장교육 시 현장흐름 파악, 중개업소 운영의 핵심 성공요소, 마케팅 방안, 고객관리방안 체크, 검토 계획한 중개업에 대한 세부 타당성 검토, 실무경험 익히기, 실무를 통한 사업 분야 및 입지 선정하기 등을 하기 바란다. 물론 현장 근무를 통하여 실제 거래 성사를 통한 짭짤한 수입획득의 경우도 많이 있으며, 고객확보 그리고 가장 중요한 사업적성의 파악을 통한 자신감 배양 및 리스크 감소의 효과를 많이 나타나고 있다.

또한 프랜차이즈 가맹점 창업은 정보망의 활용, 브랜드 파워, 간판 및 사무실의 세팅 등에서 특히 초보 창업자들은 일정부분 도움을 받을 수 있는 것은 사실이나 우리나라의 부동산 프랜차이즈는 실질적인 도움 측면에서 문제가 있으니 조심스런 접근이 필요할 것이다.[10)]

### ⑤ 부동산 중개업소의 입지선정 등

예비 창업자가 결정한 사업 분야에 따라 그 적정한, 소위 궁합이 맞는 입지를 선택하는 문제는 가장 중요한 과제이다. 부동산 중개업소도 외식업만큼이나 입지가 아주 중요한 요소임은 틀림없다. 다만 다른 업종에 비해 훨씬 더 고객관리가 필요하고 고객과의 신뢰성이 중요하다 보니 고객과의 관계형성에 시간이 비교적 장기간이 소요되므로 그런 측면에서는

10) 국내 부동산 프랜차이즈는 부동산 정보 프랜차이즈에 가까우며 가맹점은 체인본부인 부동산 정보 제공회사가 가지고 있는 높은 공신력과 브랜드 인지를 활용하여 고객에게 보다 쉽게 접근할 수 있어 영업이익을 높일 수 있다는 장점이 있다.

상대적으로 입지의 중요성이 줄어들 수는 있다.

부동산 중개업 입지선정 시 몇 가지 기본적으로 고려해 보아야 할 것이 있다.

먼저, 그 지역의 거래상황이다. 즉, 주민등록상 전입과 전출의 상황과 지역 개발로 인한 인구의 증가 등 인구 변화 요소와 지역 발전 측면을 살펴보아야 한다. 일부의 중개회사는 개발되는 지역만 옮겨 다니는 경우도 있다. 아무래도 거래 건 수가 많고 중개 외의 수익이 발생될 가능성이 높기 때문이다. 이런 때는 순발력과 미래 예측력이 중요한 데 이런 것이 하루아침에 배양되는 것이 아니며 초보 창업자들은 항상 주의를 기울여야 한다.

어느 지역은 더 이상 개발될 곳이 없는 경우도 있다. 이럴 경우에는 아무래도 신규 창업은 보다 신중할 필요가 있다. 예를 들어 서울 목동의 경우, 지역 개발이 대부분 완료되어 인구의 증가요소, 지역 성장, 주로 확대의 측면에서 소극적 경향, 그리고 인구의 이동이 비교적 정체가 되는 대표적인 지역이다. 이런 지역에는 이미 중개회사들이 자리를 다 잡은 상태이고 더 이상 숫자가 늘어나는 것은 바람직하지 않다. 따라서 이런 곳은 권리금을 주고 기존업소를 인수하는 것이 바람직하고 그렇더라도 안정적인 기반은 마련될 수 있어도 성장에는 한계가 있는 것은 사실이다.

또 하나 심각하게 고려해야 할 요소는 강력한 카르텔 형성에 의한 기존업소만 인수할 수 있는 지역과 그렇지 않은 지역에 대한 내용 파악이다. 예를 들어 서울의 노원, 분당의 일부지역은 그와 같은 진입장벽이 굉장히 강한 지역이고, 강남 지역의 대부분은 자유롭게 점포를 개설할 수 있다고 한다. 따라서 이러한 다양한 요소들을 검토한 후 입지를 선정해야 할 것이다. 가장 먼저 자기 자신을 컨설팅 한다는 차원에서 입지선정에 주의를 기울여야 한다.

### (5) 해외 부동산중개회사 현황

#### ① 미국의 부동산중개회사[11)]

먼저 미국 부동산 중개 시장에 대해 간단히 살펴보자. 2005년 현재 미국 부동산 중개관련 수수료 시장은 국내의 30배인 60조($60billion)원 규모이며, 중개업자 120만 명, 부동산 광고시장 규모만도 11조 원($11billion)에 이르는 거대 시장이다. 수수료는 주택의 경우 거래 금액의 5~6%(상업용·공장:10%)를 매도자와 전속계약을 맺은 중개사(Seller's Agent)가 매도자로부터 받으며, 매수자를 연결해준 중개사(Buyer's Agent)가 있는 경우, 수수료를 보통 50:50으로 나누는 형태이다. 일정 부동산회사에 소속된 중개사는 자신이 받은 수수료의 30~40%(사무실 사용비, 프랜차이즈 수수료, 보험 비용 명목)를 다시 소속 부동산 회사에 지급해야 하는 구조이다.

이와 같이 미국의 중개사는 브로커과 에이전트로 나뉘는데, 브로커는 에이전트 자격으로 최저 2년 이상 근무한 경험이 있는 영주권자나 시민권자만이 자격이 있으며, 4년제 대학을 졸업하고, 주 정부 부동산국이 인정한 학교에서 부동산 8과목을 이수하고 일정한 시험을 거쳐 등록해야 활동이 가능하다. 이에 비해 부동산 에이전트는 범법 사실이 없는 영주권자나 시민권자로 일정 시험만 통과하면, 다른 자격 제한은 없다. 에이전트는 독립적으로 부동산 거래에 참여할 수가 없으며, 소속된 부동산 회사의 감독과 지휘를 받게 된다. 브로커 면허 소지자는 자신과 자신 아래에 소속된 에이전트의 부동산 거래에 관한 모든 법적 책임을 져야 한다.

부동산 매매거래에서도 국내에서는 아직 활성화되고 있지 않은 Escrow(결제대금예치제), Title 보험(소유권 이전관련 보험), Inspection(물건하자점검), Appraisal(감정평가) 등이 정착되어 있어 중개업무가 확실한 전문

---

11) 박진선, 미국 부동산 중개시장 동향 및 변화, 알투마켓리포트, 2006. 3을 참조하였음.

영역 서비스로 자리를 잡고 있다. 대부분의 중개사들은 이러한 부가 서비스를 부동산 금융회사와의 제휴를 통해 제공하고, 부가 수익을 올리고 있다. 이러한 미국 중개회사의 상황을 경제규모나 사회적 차이를 무시하고 국내 업계와 단순 비교하는 것은 무리가 있겠으나, 단순 중개 업무에서 벗어나 중개와 관련된 모든 부가 서비스를 One-Stop으로 전문적으로 제공한다는 면에서, 국내 중개회사가 앞으로 나아가야 할 방향과 새로운 사업기회를 보여주고 있다고 생각된다.

이외에도 국내와 유사하게 부동산 정보제공회사들도 있는데 이중 Home Gain이라는 회사는 99년에 설립되어, 2004년 400억 원의 매출을 올렸고, 중개회사들을 대상으로 다양한 온라인 서비스를 제공하고 있다. 회사 사이트를 통해 매수 고객이 자신의 선호사항을 입력하면, 평균 7명의 중개회사로부터 정보를 제공 받는데, 고객은 스스로 중개회사를 선택하여, 연락을 취할 수 있는 서비스와 매도 고객이 자신이 보유한 자산의 우편번호를 선택하여 인근 지역의 실제 거래가 정보를 요청하며, Home Gain이 실거래가 정보를 회원 중개회사에게 제공하여, 중개회사가 자신의 물건과 실거래가 데이터를 적절히 활용한 리포트를 고객에게 제공할 수 있도록 지원해주는 서비스가 있다. 단순한 온라인 매물 홍보가 효과가 떨어지고 있는 국내 실정으로 볼 때, 새로운 서비스 아이템으로 발전시켜 볼 수 있지 않을까 생각된다.

[Home Gain사의 홈페이지 초기화면]

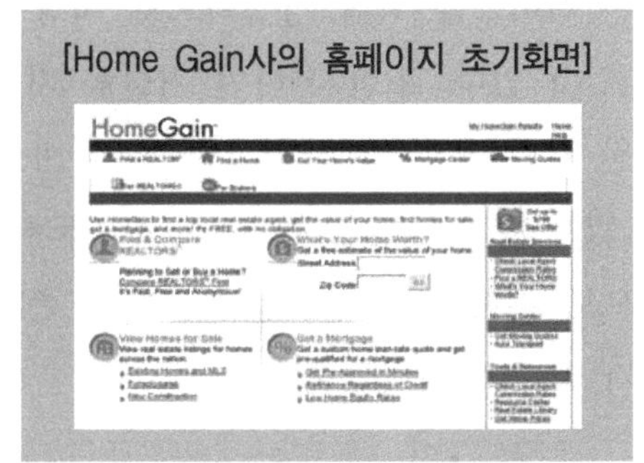


온라인 서비스를 기반으로 한 중개법인인 Zip Realty라는 회사는 1999년에 설립되어 2004년 11월에 나스닥에 상장된 회사로 2004년 3분기까지의 매출이 700억 원에 달하는 재무 구조가 튼튼한 회사이다. 미국 중개사도 대부분 계약직 형태로, 특정 프랜차이즈의 브랜드를 이용하여 자신

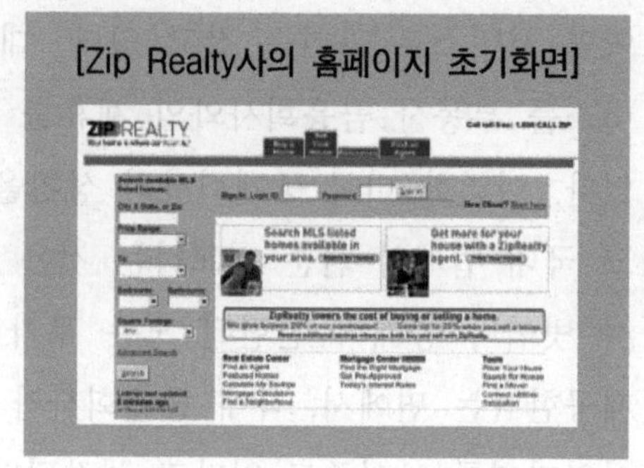
[Zip Realty사의 홈페이지 초기화면]

의 영업을 수행하기 때문에 소비자와의 관계에 있어서, 만족도와 신뢰도가 떨어지는 부분이 있다고 한다. 이런 상황을 역이용하여 Zip Realty는 모든 중개사(1,045명 2005년 3분기 누적)를 직접 고용하고 거래가 성사되면 매도자에게 수수료를 25%까지 할인, 매수자에게는 중개사가 받는 수수료의 20%를 돌려주는 서비스를 핵심 경쟁력으로 시장에서 좋은 반응(소비자 만족도 94%)을 얻고 있다. 또한 온라인 기술을 기반으로 중개사 고객 관리 프로그램, 직원 관리 프로그램들을 도입하여 비용을 줄이고, 마진율을 계속 높여가고 있으며, 오프라인 지점도 주요 도시로 확장하고 있다. 개인 사업자 중심으로 체계화된 기업형 서비스가 존재하지 않는 국내 시장에 시사하는 바가 크다고 생각된다.

**② 영국 부동산 중개회사**12)

영국의 부동산중개업 시장은 철저한 시가감정과 실명제, 그리고 투명한 시장거래가 정착되어 운영되고 있으며, 특히 부동산 중개법인이 활성화되어 부동산 중개업 시장에서 중요한 역할을 담당하고 있다.

영국의 부동산 거래제도는 부동산 가격 및 거래절차의 투명성으로 인해 제도적으로 자리 잡은 철저한 준법의 보장이 중요한 특징이다. 영국에서의 주택판매를 위해서는 반드시 부동산 거래업체의 시가감정에 따라 시장에 물건을 내어놓아야 하는데, 이는 공인감정평가사(Chartered Surveyor)가 주로 담당하며, 이 부동산을 담보로 융자를 해주는 금융기관 역시 주택의 가격을 평가하여 이를 근거로 융자액을 산정한다.

대부분의 영국 사람들은 금융기관으로부터 장기주택융자(mortgage)를

12) 이승훈, 영국의 부동산중개업 시장, 알투마켓리포트, 2005.11

받아 주택을 구매한다. 금융기관은 주택가격의 90~95%까지 융자를 내주며, 일부 은행은 100%까지 융자해 주는 곳도 있다. 최고 융자금은 보통 1년 연봉의 3.5~4배 수준이다.

주택 거래 시 부동산중개업자에게 지불하는 수수료는 주택 판매자가 부담하며, 주택 구매자는 등기세만 부담한다. 수수료율은 주택가격의 1~3% 수준이며 평균 2%정도이다.

영국에서 부동산 중개업자(또는 회사)는 원칙적으로 중개계약이 체결되기 전까지의 중개 업무만을 담당하며, 그 이후의 업무는 사무변호사(solicitor)가 담당한다. 이 사무변호사는 계약서 작성 및 등기, 금융문제를 담당하며, 부동산 거래의 공평성 확보의 역할을 담당한다. 거래사고 방지를 위해서 계약금은 금융기관(은행, 우체국 등)에 중개회사 또는 중개업자 명의로 독립적으로 예치하도록 강제하고 있다.

영국의 중개업시장은 개인이 운영하는 소규모 중개업소와 법인 형태의 대규모 중개회사로 구분되며, 온라인 매물정보 사이트(일명 property finders)가 이들과 밀접하게 연계되어 있다. 즉, 주택을 구매하려는 사람이 매물정보 사이트에서 자신이 원하는 매물을 검색하면, 이 매물을 보유하고 있는 중개업자로 연결되도록 구성되어 있다. 중개업자는 자신의 매물을 각 매물정보 사이트에 올려놓고, 그 대가로 일정액의 수수료를 지불한다. 물론 대규모 중개회사들의 홈페이지에서도 물건 검색을 할 수 있다.

주요 온라인 매물정보사이트에는 Rightmove, Findaproperty, Primelocation, Fish4homes 등이 있다. 영국에서 가장 영향력 있는 부동산 중개회사들은 폭스턴스(Foxtons), 챈슬러스(Chancellors), 햄턴스(Hamptons) 등이며, 이중 폭스턴스에 대해 알아보기로 하자.

폭스턴스는 1981년 설립되었으며, 현재 런던 및 런던 근교의 서리(Surrey)를 중심으로 활동하고 있다. 특히 런던에서는 25% 이상의 시장 점유율을 기록 중이다. 최근에는 미국, 유럽, 남미지역에도 진출하는 등 사세를 확장하고 있다. 현재 영국 내에서만 4만개가 넘는 중개 물건을 보유하고 있으며, 하루 평균 750건의 물건이 새로 등록되고 있다. 또한 연간 매매 성사건수는 3만 건에 달한다. 폭스턴스 영업방식의 주요 특징을 정리하면 다음과 같다.

첫째, 장소의 차별화로서, 각 지점의 인테리어를 카페 스타일로 꾸미고, 업무 공간과 고객 상담공간을 분리하여 고객이 편안한 분위기에서 서비스를 받을 수 있게 했다.

둘째, 서비스의 차별화로서, 고객 편의를 위해 근무시간을 평일은 오후 8시, 주말 및 공휴일은 오후 5시까지 연장하였으며, 보유물건에 대한 가격, 사진, 위치도, 내부설명, 면적, 평면도 등이 담긴 컬러 팜플렛을 상담고객에게 무료로 제공한다. 또한 주택의 매매 및 입주 과정에서 필요한 주택가격 평가, 주택자금 대출, 보험, 사무변호사 알선, 건물관리, 이사대행, 인테리어, 조경 등의 각종 서비스를 고객이 원하는 범위 내에서 자체 보유 자회사를 통해 제공하거나, 브로커를 통해 연결해주고 있다. 특히 알렉산더홀(Alexander Hall)이라는 런던 최대의 모기지 브로커 회사를 보유, 고객들에게 최선의 모기지 상품을 제공하고 있다.

[폭스턴스의 자동차 미니]

셋째, 공격적인 마케팅으로서, 라디오 광고, 인터넷 홈페이지 운영, 부동산 매물 정보를 담은 잡지 발간 등 각종 매체를 통해 자사의 브랜드를 홍보하는데 주력하고 있다. 특히 물건 답사 시 자사의 로고가 화려하게 그려진 자동차를 이용하여 사람들의 눈에 잘 띄게 함으로써, 친근하고 세련된 브랜드 이미지 구축에 힘쓰고 있다.

이렇게 폭스턴스가 공격적인 마케팅 전략과 철저한 고객만족주의 경영전략을 통해 영국 내에서 주택 매매 시 가장 신뢰할 수 있는 중개회사로 자리 잡았으며, 이에 따라 다른 중개회사들도 폭스턴스의 영업전략을 적극적으로 차용하고 있다. 또한 사업 영역을 단순한 중개업무에서 벗어나 부동산 중개와 관련된 모든 영역으로 확장함으로써 종합부동산서비스회사(Property Service Company)로 자리매김하고 있다.

### ③ 일본 부동산 중개회사[13)]

일본 부동산 임대시장이 발달하게 된 배경은 1991년 버블 붕괴와 관련이 깊다. 즉, 토지, 건물의 거래가격 하락에 의한 매매 수요가 줄고 그 영향으로 폐업하는 택지, 건거래업자(부동산중개업자) 수도 많아졌다. 따라서 버블 붕괴 후 매매 중개만으로는 경영이 곤란해지는 상황이 발생하게 되었고 임대 중개와 관리업은 안정적인 사업으로서 인기를 끌게 되었다. 특히 에이블 주식회사는 임대 중개 건수가 일본 내 1위 업체로서 Sublease System으로 임대관리 시장을 개척하고 있다.

에이블 회사는 34년의 역사와 △부동산 임대 중개 franchise 사업 △부동산 관리 사업 △임대관련서비스 △자산 활용 컨설팅을 주요 사업으로 직영점 320개, 가맹점 90개, 해외 5개 지점 포함 총 415개의 점포를 운영하고 있으며 2002년 매출기준 261억 엔, 임대중개실적 250만 건으로 임대주택 업계를 이끌고 있다. 이러한 주택 임대의 노하우를 바탕으로 자산관리서비스를 제공하고 있으며 1990년에 설립된 에이블의 자회사인 에이블보증을 통한 Sublease System(일괄임대보증)과 집금(集金)관리 서비스(일부관리위탁)로 크게 구별할 수 있다.

아래의 그림을 보면 알 수 있듯이 관리회사 에이블보증(주)가 소유주로부터 임대물건을 일괄하여 임차하고 그것을 입주자에게 전대하는 시스템이다. 그 후의 임차인 모집, 계약 등은 에이블보증이 책임을 지고 행하고, 만일 공실이 발생한다 하더라도 매월 일정금액(총 임대료의 85~90%)

---

13) 임채우, 일본 부동산의 임대관리 현황, 알투마켓리포트, 2003. 6

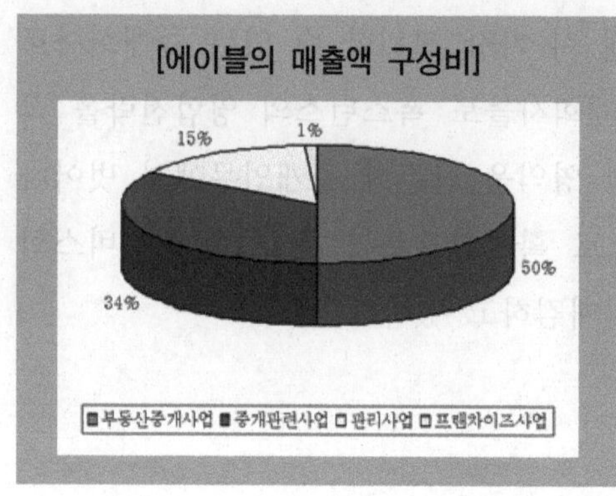


을 소유주에게 지불하므로 소유주는 공실 발생의 불안에서부터 해방되어 안정적 수입을 얻을 수 있다. 그리고 임차인 관리, 자산가치 유치를 위한 건물관리도 일괄해서 에이블보증이 행하고 있다. 반면 집금관리 서비스는 Sublease System과 달리 공실보증은 하지 않지만 입주자모집업무, 계약갱신업무, 집금업무 등은 Sublease System과 똑같다.

[Sublease System과 집금관리 서비스 비교]

| 구 분 | Sublease | 집금관리 |
|---|---|---|
| 1. 공실발생 | 보장 | × |
| 2. 입주자 모집 | 임대물건 정보지 이용 | 좌동 |
| 3. 계약 갱신 | ○ | ○ |
| 4. 집금 업무 | ○ | ○ |
| 5. 건물관리 | ○ | × |
| 6. 컴플레인 처리 | ○ | × |
| 7. 입·퇴거시 수속 업무 | ○ | × |

여기에서 5번 항목의 건물관리에는 공용부분 점검이나 청소, 엘리베이터 등 건물의 보수관리도 정기적으로 시행하여 건물의 자산가치를 유지하고 있다. 또한 점검결과는 소유주에게 리포트로 보고하고 있으며 입주자의 퇴출 시 발생하는 영선, 청소 업무도 수행하고 있다.

이러한 임대관리에 대한 수수료는 Sublease의 경우 총 임대료의 10~15%인데 이는 임대상황, 시장동향, 공실위험 등에 따라 달라질 수 있다. 에

이블은 2002년 현재 대략 9만호를 관리하고 있으며 이 중 4만호 정도를 Sublease System으로 관리하고 있다. 관리사업 수입은 총 매출액 중 15.2%(2002년 기준)를 차지하고 있다.

한국의 임대관리 사례를 보면 신영에셋이 중구 수송동에 위치한 로얄 펠리스스위트에 Sublease System을 적용한 경우가 있었다. 이는 수분양자에게 3년간 고정수익 연 8.5%를 보장하며 분양받은 사람이 신영에셋에 임대하고 다시 신영에셋이 일반고객에게 임대하는 형식이다.

이외에 강남권과 홍대 등 원룸주택을 대상으로 중개업소에서 임대관리를 하고 있는 사례가 있는데 그 규모는 크진 않다. 하지만 재계약률이 90% 수준에 이르고 있으며 한번 임대관리를 맡기면 편리함을 느끼고 재계약한다고 한다. 관리대상 물건의 특성을 보면 신축주택보다는 빈번한 하자보수를 필요로 하는 건축 후 5년이 지난 주택을 주 타깃으로 하고 있다. 이처럼 우리나라도 일부에서 임대관리를 하고 있지만 일본과 같은 Sublease System에 대한 이해가 부족하며 전문업체도 없는 실정이다.

#### ④ 중국 부동산 중개회사

2006년 말 현재 베이징은 3개의 중개법인이 거래건수 대비로 40%의 시장점유율을 보유하고 있다. 이중 中大恒基라는 회사가 20%를 차지하고 나머지 2개 기업이 10%씩의 시장 점유율 보유하여 3개 회사가 거의 시장점유율의 절반을 차지하고 있는 정도로 대형화되어 있다.

2006년 말 현재까지 월 8천 건의 거래가 베이징에서 이루어졌는데 이 중 1천5백건을 中大恒基가 거래하고 있다. 이 회사는 1997년 설립하였으며 2003년 전까지 주로 임대중개만을 하였으나 2003년부터 매매거래도 증가하기 시작한다. 중국의 부동산 중개회사는 신규주택(분양주택)도 분양대행하지만 주로 중고주택을 매매하는 것으로 파악된다.

[中大恒基의 연도별 영업 현황]

| 연도별 | 시장점유율 | 매출액 | 매장 |
|---|---|---|---|
| 2000년 | 5% | 8억 | 오피스텔(2~3층) |
| 2005년 | 20% | 30억 | 점포(1층) |

* 中大恒基, 2006.11

中大恒基의 직영점포는 2005년 300개에서 2006년 130개가 추가되어 430개에 이른다. 최초의 직영점포 개설에 대한 목표는 2008년까지 500개이었으나 초과 달성될 것으로 생각하고 있다. 직영 점포들의 위치는 4환[14] 지역 내 90%가 위치해 있고 그 이외에는 10%만이 위치하고 있어 중심지역에 대다수의 점포들이 있음을 알 수 있다. 직원은 6,500명으로 북경 전체 중개업소 종사자의 25% 차지하고 있다.

[中大恒基사의 홈페이지 초기화면]

최근 中大恒基 외에 2개의 브랜드를 추가하였는데 하나는 젊은층(신혼부부, 최초주택구입자), 다른 하나는 노인층(저가주택)—국가와 공동의 회사 설립—을 대상으로 중개업을 영위하는 것이다.

이는 북경 부동산 시장이 세분화되어 감에 따라 브랜드 세분화를 본격적으로 시행하고 있기 때문이며 2008년 이후에는 중고주택거래가 증가할 것으로 예상하고 있어 시장 세분화의 시기를 앞당기고 있다. 특히 외국인의 중고주택거래에 대한 관심이 지속적으로 증가할 것으로 예상되어 이에 대한 대응도 필요한 것으로 인식하고 있다. 현재는 외국인들이 거

14) 북경은 순환도로가 중심에서 외곽으로 겹겹이 2환, 3환, 4환으로 구성되어 있다.

의 신규주택만 거래하고 있다.

2006년 말 현재 베이징의 총 주택 수는 300만가구이나 이중 150만 가구만 거래(매매)가 가능하며 나머지는 정부(중앙)에서 90만, 북경시에서 60만 가구를 보유하고 있는 공공주택이다. 연간 북경 내 부동산 중개 거래는 7만 5천 건(2005년 기준)정도 되는데 이는 전체 재고주택의 3% 수준이나 선진국은 전체 재고주택에서 거래되는 주택 수가 5~7% 수준은 되는 것으로 파악된다. 따라서 앞으로 재고주택의 5% 수준 정도가 거래되면 지금 수입의 2배에 달하는 매출을 기록할 것으로 예상된다. 2006년에는 10만 건이 거래될 것으로 예상하고 있다.

**[일본, 미국, 영국의 기존주택 유통시장]15)**

(단위 : 1천 가구, %)

| 구 분 | 일본(2003년) | 미국(2001년) | 영국(2001년) |
|---|---|---|---|
| 총 주택수 | 28,666 | 119,117 | 22,408 |
| 기존 주택판매수 | 175 | 6,050 | 1,190 |
| 비 율(%) | 0.61% | 5.08% | 5.31% |

북경은 실수요가 많으며 상해에는 투자 수요가 많다. 中大恒基는 상해와 광주(광쪼우)에 진출할 계획을 가지고 있는데 이를 통해 3년 내 북경 500개 직영점, 상해와 광주를 합쳐 500개 직영점을 보유하여 직원 1만 명 수준을 계획 중이다. 상해 인구는 북경시의 50% 수준임에도 불구하고 거래량은 벌써 10만 건을 초과하고 있다. 물론 2008년 이후에는 북경시에도 투자 수요가 더욱 늘 수 있을 것이다.

현재 中大恒基의 순이익은 3% 수준이며 10명의 점포의 경우 월 4~5건의 거래를 체결하는 것으로 파악된다. 중개수수료가 3%이며 이사, 대출

15) 차학봉, 일본에서 배우는 고령화 시대의 국토-주택정책, 삼성경제연구소, 2006. 9

수수료 등 부대수익은 전체 거래액의 0.5%에 그치고 있어 부동산 중개에만 집중하고 있는 것으로 보인다.

센츄리21 등 많은 외국계 부동산 중개회사가 북경에 진출하였는데 외국계 부동산 중개회사의 경우 대부분이 프랜차이즈 방식인데 中大恒基는 모든 점포를 직영으로 운영하고 있기 때문에 경쟁력에서 우위를 점하고 있다고 한다.

한국과 다르게 중국 중개시장에서 이렇게 큰 중개회사가 생긴 이유는 △아직은 중개시장에 신뢰가 필요하고 △제반 인프라가 잘 갖추어져 있지 않기 때문이라 여겨진다. 중국의 중개법인들도 한국진출에는 다양한 관심을 가지고 있어 향후 한국 시장에서의 경쟁체제 구축 또는 협력관계 조성도 가능할 것으로 보인다.

## 2. 부동산 분양대행회사[16)]

### (1) 부동산분양업의 현황과 문제점

부동산 분양대행회사란 부동산에 관심 있는 사람에게 물건을 설명하여 이해시켜 부동산매매를 도와주는 역할을 수행하는 회사를 일컫는다. 부동산 분양업의 유형은 크게 자체사업의 시행 및 분양, 시행대행 및 분양, 분양대행만을 전문으로 하는 경우로 나눌 수 있다. 그리고 부동산 상품에 따라 주거용, 수익형, 레저형, 토지 등 구체적으로 세분화하는 경우도 있지만 그 경계는 옅은 것으로 보인다.[17)]

부동산 분양대행회사 내에서는 분양사업자, 분양상담자, 분양요원으로 계층을 나눠볼 수 있다. 처음 분양요원으로 입문하면 분양상담자를 도와 홍보와 안내 업무를 중심으로 경력을 쌓게 된다. 이후 3~5년의 경력을

16) 본 장은 김철호, 남종수, 부동산분양업의 특성화에 관한 연구(2003)를 발췌, 요약하였음.

17) 하지만 주거용부동산과 수익형부동산 전문분양대행사는 구분된다. 그 업무와 사업진행방식이 다르므로 전문분양대행사가 있는 경우가 많으며 분양률 제고를 위해서는 전문 분양대행사를 활용하는 것이 유리하다.

**[분양업의 유형과 구분]**

| | | |
|---|---|---|
| 분양업의 유형 | 시행 및 분양 | |
| | 시행대행 및 분양 | |
| | 분양대행 | |
| | 시공 및 분양 | |
| 분양업자의 구분과 업무 | 분양사업자(CEO) | 분양사업의 개발 또는 수주, 분양사업의 총괄 지휘 |
| | 분양상담자 | 고객과 투자 상담 및 유치, 세금 및 금융상담 |
| | 분양요원 | 전단지 배포, 부동산작업, 고객안내, 시장조사 |
| | 아르바이트 | TM, 도우미, 모니터 |

쌓아 분양상담자의 위치에 오르고, 다시 경력과 자금을 쌓은 분양사업자는 본인의 분양대행회사를 차리게 된다.

이러한 부동산 분양대행회사는 분양업에 대한 전문교육의 부재로 인해 상담기법이 낙후되어 있으며 분양업이 비전문화와 비체계화된 상태로 머물러 있다. 분양업의 문제점은 대부분 전문화되지 못한 점에서 비롯되나 이는 부동산업의 현실적 낙후와 관련성이 많다. 이러한 비체계화, 비전문화 현상은 부동산 개발사업에 있어 분양률의 달성이 사업 전반에 미치는 영향이 막대한 점에 비추어본다면 하루빨리 보완되어야 할 것으로 보인다. 하지만 먼저 부동산 분양대행업의 전문화를 가로막는 현실적인 문제를 짚어볼 필요가 있다.

먼저 수익의 불안정성을 들 수 있다. 부동산업은 전반적으로 안정적인 급여에 대한 애착을 가지고 종사하기 어려운 특성을 가진다. 정기적이고 규칙적인 거래의 어려움으로 항상 새로운 고객을 발굴해야 하는 어려움이 따른다. 두 번째로는 업무수주의 한계성이다. 업무수주는 업계의 인적 네트워크가 중요한데 장기간의 노력과 투자로 인적 네트워크가 형성되기 때문에 부담이 될 수밖에 없다. 세 번째는 정보공유의 어려움을 들 수 있다. 부동산 분양대행업이 중개업에 비해 정보 공유가 더 어려운 이유는 정보에 의존하는 수익 비중이 더 크기 때문이다. 네 번째는 낮은 수준의 기획력이다. 분양대행업자의 현장 위주의 부동산 활동으로 인해 누적된 경험은 이론화하기에는 제약이 많다. 또한 사업 특성상 현장감 있는 산 경험이 중요함에도 이를 정리하는 사업계획서나 사업성 검토, 업무매뉴얼에 대한 양식화는 미미한 실정이다. 따라서 부동산 분양대행업의 전문성은 이러한 문제점의 개선과 함께 진행하는 것이 바람직할 것이다.

### (2) 부동산 분양대행업의 위상과 연혁

한국표준산업분류의 부동산업의 분류 유형에 의하면 부동산 분양업은 '자기 또는 다른 사람의 토지 및 건물을 최대한 유효하게 이용한다는 측면에서 접근하여 상품화에 필요한 적정가격조사, 권리관계조사, 입지분석, 상권의 조사, 분양성 조사 등 부동산 관련 일반적 업무와 분양가격의 결정, 프로젝트 수행 조직의 구성, 홍보 및 고객 유치의 단계적 전략, 단계별 분양활동 등 고유한 업무의 수행을 통해 프로젝트가 성공적으로 수행될 수 있도록 총체적 실무를 관리, 조정하는 것을 목표로 한다'고 볼 수 있다.

이러한 분양업은 △잠재기 △태동기 △성장기 △전문화 요구기 등의 과정을 밟아오고 있다. 분양업의 잠재기는 부산국제무역항이 개항(1876년)되면서 외국인들이 본격적으로 국내에 들어오자 1915년경부터 수요와 공급이라는 주택시장의 개념이 나타나기 시작하였다. 일본의 주택업자들은 1910년 후반 제1차 세계대전으로 인한 전시경제의 호황으로 한국에서 관사나 사택 그리고 아파트의 전신인 사원 기숙사를 건설하면서부터 기존의 주문생산에서 벗어나 직접 매매나 임대를 하기 위한 체제를 만들기 시작하였다.

1930년부터 각 도시의 공업화가 시작되면서 도시로의 인구 증가는 새로운 주택의 주요를 증가시켰는데 이러한 과정에서 주택의 규모 및 위치에 따라 수요에 차이가 발생하게 되는데 이는 주택 공급에 있어 홍보 활동의 중요성을 인식하는 계기가 되었다. 후에 대한주택공사로 탈바꿈하는 조선주택영단(1941~1945년)과 대한주택영단(1945~1962년)이 설립된 것도 이때이다.

이 시기에 준공된 주택의 분양방법은 개인, 관공서, 산업체의 단체 신청을 받아 영단이 심사하여 선정하였는데 관공서나 주요 산업체의 종사자들에게 우선권을 주었다. 이는 장기 월부금을 안정적으로 납부할 수 있는 능력을 우선 선정대상으로 삼았기 때문이라고 여겨진다. 당시 최초로 미분양된 주택은 1961년 우이동의 100호 정도 되는 주택이었는데 신청자가 적어 미분양되었으나 선착순 분양을 통해 분양 완료되었다. 미분양에 대한 분양촉진대책의 일환으로 선착순 분양방법이 도입되었다는데 그 의의가 있다.

분양업의 태동기는 아파트시대가 본격적으로 도래하면서 대량공급이 이루어졌던 1962년에서 1979년을 일컫는다. 아파트 단지의 효시가 된 마포아파트는 초기 입주 시에는 미분양이 많았으나 이 아파트를 배경으로 한 영화가 많이 만들어지면서 당시의 명물로 인기를 얻게 되었고 다음해에는 프리미엄까지 붙기 시작하면서 한국의 아파트 시대의 막을 열게 되었다. 한강맨션아파트는 최초로 아파트 분양에서 모델하우스를 선보였고 당시에는 분양실적에 크게 기여하지는 못했지만 오늘날 주택 홍보사업의 효시가 되었다.

1972년 미분양 주택을 해결하기 위해 '전세방식 분양'이 도입 되었다. 전세방식 분양이란 전세를 먼저 놓고 차후에 원매자에게 전세금을 제외한 나머지 금액을 할부로 받는 분양 방식이었는데 최근까지지도 지방의 미분양아파트에 적용되는 방식이었다. 1973년에는 일반 공개 추첨방식이 도입되었고 1974년 영동 AID아파트의 분양에는 컴퓨터 추첨방식까지 도입되기에 이른다.

[잠재기, 태동기 분양활동]

| 잠재기( ~1962년) | 태동기(1962~1979년) |
| --- | --- |
| •주택영단이 심사(관공서나 중요 산업체 종사자 중)<br>•영단심사 최초 미분양발생→미분양촉진책으로(선착순 분양 등장) | •미분양된 마포아파트를 배경으로 영화가 만들어 지면서 프리미엄 형성<br>•공모방법에 의한 입주자 선정<br>•주택홍보사업의 효시<br>•최초의 모델하우스 등장<br>•풍차식 추첨방식<br>•전세분양방식<br>•우선분양, 컴퓨터 추첨방식 |

분양업의 성장기에는 분양활동의 중요성이 인식되면서 1990년대 이후의 전문화라는 시대요구에 이르게 된다. 미분양 해소를 위해 분양 상담요원과 안내원을 배치하는 등 분양업무가 전문화되기 위한 여건이 마련되었다. 전문화 요구기인 1990년대 이후에는 분양업무를 전문으로 하는 회사의 등장이 많아졌다는 특징을 보인다. 그동안의 분양활동이 아파트나 단지내상가를 중심으로 이루어졌으나 단일 상가, 오피스텔 등을 시행하는 개인들이 등장하면서 분양업의 중요성이 커지게 된다.

[성장기, 전문화 요구기 분양활동]

| 성장기(1980~1989년) | 전문화 요구기(1990년~ ) |
| --- | --- |
| •분양유치자에 보너스 지급<br>•홍보요원과 상담요원 등장<br>•분양률 향상을 위해 평면개발, 설계개선, 분기별 광고, 청약저축 가입촉진<br>•다양한 분양방법 등장<br>•독립적 분양업무 출현<br>•최초의 대형 견본주택등장<br>•홍보영화 제작 상영 | •분양전문회사 등장<br>•분양업이 주택사업의 핵심으로 부상<br>•분양회사의 일괄 매입 후 재분양하는 사례 생김<br>•분양상담자와 요원에 의한 분양의 존도가 높아짐 |

이 시기에 분양활동은 주로 테헤란로의 오피스텔로 이어지면서 전국으

로 확산되었으며 신도시개발을 통해 많은 분양회사들이 양산되면서 분양업무도 본격적인 경쟁체제로 들어서게 된다. 전문 분양회사들 간의 경쟁은 사업성 검토 능력과 조직 구성, 현장 경험 등을 중심으로 이루어지고 있으며, 일괄 매입하여 재분양하는 사례도 늘고 있는 추세이다.

### (3) 부동산 분양대행회사 현황

#### ① 국내회사 현황[18)]

분양대행회사는 전국적으로 1천여 개에 이르고 있으나 실질적으로 활동중인 분양대행회사는 20여개 수준인 것으로 알려지고 있다. 연간 매출 100억 원대가 넘는 업체는 5개사에 이르며 아파트와 주상복합, 오피스텔, 상가, 펜션 등을 분양하는 전문영역으로 확대되고 있는 상황이다. 특히 대형업체들의 경우 단순 분양대행 업무에서 벗어나 토지매입이나 상품개발에까지 참여하는 형태로 발전하고 있어 시장 영역은 확대될 것으로 보인다. 분양대행업계의 선두주자라고 할 수 있는 MDM, 리얼티소프트, 동우에이치엔엠, 좋은집, 세중코리아를 중심으로 활동영역을 살펴보자.

MDM은 외환위기 이후 최악의 부동산 침체상황에서 각종 부동산 상품을 성공리에 분양, 분양대행업계의 위상을 한 단계 끌어올린 전문업체로 평가되고 있다. 특히 초대형 오피스텔을 성공적으로 분양하여 오피스텔 분양의 최고 권위업체로 자리를 잡고 있다. 리얼티소프트는 단순분양대행을 뛰어넘어 부지 매입에서 기획, 설계에 이르는 아이디어뱅크 역할을 수행하면서 2001년 소형 아파트 붐을 일으킨 것으로 평가된다. 소수 정예의 작은 조직이지만 전문가들만 포진하여 대기업 못지않은 업무파워를 자랑하고 있으며 마케팅 분야의 성공을 발판으로 개발사업, 투자자문, 부동산금융이 어우러진 종합부동산회사를 지향하고 있다.

동우에이치엔앰은 고객의 시선을 모으기 위해 모델하우스 색깔에서 직

---

18) 헤럴드경제 2003년 7월에 게재된 '[비즈&마켓리더] 분양업계 선두주자' 를 중심으로 서술함.

원의 옷차림, 전단지까지 한 가지 색으로 통일하는 색깔마케팅을 최초로 시행한 업체로 알려져 있다. 고객의 입장에서 고객이 만족할 수 있도록 소비자들의 구매 욕구를 자극할 수 있는 마케팅을 수행하고 있다. 좋은 집은 부동산 분양대행업계의 마케팅 기획 선두주자로 꼽힌다. 아파텔 컨셉을 개발하였으며 인재관리가 뛰어나 직원들의 평균 근무기간이 5~10년에 이른다. 세중코리아는 상가분양시장의 미분양에 주력하다 본격적인 분양대행업계로 뛰어든다. 사상 최고의 경쟁률과 분양실적에서 1, 2위를 다투는 대형업체로 성장하였다.

**② 해외회사 현황 - 중국회사를 중심으로**

아래 기업은 현재 중국 부동산 기업 중 분양, 판매 또는 광고를 포함한 대리상(주로 건축물의 분양사업 임대사업, 광고사업, 부동산개발자문 등을 같이 하고 있는 대형회사들)이다.

중국 부동산회사를 크게 나누자면 개발회사(开发商, 发展商), 건설시공회사(建筑商), 판매대리회사(销售代理商), 물업관리회사(物业管理公司)로 나눌 수 있고 그들은 그 역할에 따라 철저히 분리되어 있지만, 개발회사를 중심으로 밀접하게 서로 연계되어 있다.

이들 판매대리상은 최근 공급자 위주에서 소비자 위주의 시장전환기를 맞은 중국부동산 시장에서 그 홍보와 판매 전략에 있어 큰 역할을 담당하고 있으며, 대체로 이들은 주로 대형 메이저급 개발회사, 투자회사 등과 연계하고 있으며, 자체적으로 연구센터 등을 운영하는 활동을 통해 직간접적으로 시장에 영향을 주고 있으며, 점차 그 규모와 역량을 더해가고 있다. 영세한 우리나라 분양대행업체와는 분명 차이가 있다.

1위 중위엔은 홍콩 최대의 대리상으로, 현재 중국내륙 체인망을 갖춘 회사이며 2위인 찐펑이쥐는 회사규모가 상당한 수준에 이른다.

**[중국부동산분양대행업체 순위]**

| 순위 | 회 사 명 | 판매액(위안) |
|---|---|---|
| 1 | 中原(中国)物业顾问有限公司 | 422.5亿 |
| 2 | 金丰易居上海房屋销售有限公司 | 150亿 |
| 3 | 合富辉煌集团 | 120亿 |
| 4 | 上海天地行房地产营销有限公司 | 100亿 |
| 5 | 深圳市德思勤投资咨询有限公司 | 80亿 |
| 6 | 上海聚仁物业咨询机构 | 70亿 |
| 7 | 伟业顾问 | 58亿 |
| 8 | 上海策源置业顾问有限公司 | 58亿 |
| 9 | 凌峻房地产策划代理机构 | 50亿 |
| 10 | 上海荒岛房产工作室有限公司 | 50亿 |

사례연구

## 온라인 광고매체, 부동산정보회사

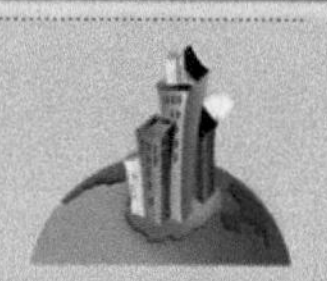

### 1. 부동산정보회사의 정의

#### (1) 법률적 정의

부동산정보업에 대한 법률적 정의로는 먼저 "공인중개사의 업무 및 부동산 거래신고에 관한 법률" 제24조(부동산 거래정보망의 지정 및 이용)에 정의된 부동산거래정보사업자에 대한 정의를 들 수 있다. 즉, 부동산거래정보사업자란 "중개업자 상호간에 부동산매매 등에 관한 정보의 공개와 유통을 촉진하고 공정한 부동산거래질서를 확립하기 위하여 부동산거래정보망을 설치·운영하는 자"라고 정의하고 있다. 그러나 부동산거래정보사업자 중 아시아나항공은 2006년 12월 지정을 취소하였으며, 2007년 12월 현재 한국공인중개사협회, 감정원 등이 지정되어 있으나 사실상 유명무실한 상태이다. 2007년 8월 발의한 의안번호 7248호에 규정한 부동산정보제공업이란 '전기통신사업법'에 따른 부가통신사 사업자로서 영리를 추구할 목적으로 부동산 매물, 시세, 통계, 개발, 금융, 조세에 대한 정보 제공을 업으로 행하는 것 중 중개업을 제외한 것을 말한다고 규정하고 있다.

이 두 가지 정의 중에 유의할 점은 '부동산거래정보망'이란 중개업자 상호간의 정보교환을 목적으로 설치, 운영되고 있는 것으로 부동산 수요자(소비자)가 이용하거나 활용할 수 있는 것은 아니다. 이에 반해 '부동산정보제공업'이란 정의는 소비자가 정보를 이용하거나 활용할 수 있는 것으로서 부동산정보업체에 적절한 정의는 후자라고 볼 수 있다.

### (2) 일반적 정의

기존 연구에서는 부동산정보회사가 부동산관련 데이터를 수집, 가공하여 필요한 정보로 만든 후 인터넷을 통해 일반 수요자에게 전달하는 서비스를 하는 업체를 말하는 것으로 규정하고 있다.[19] 하지만 부동산정보회사의 정의에는 정보를 수집, 가공, 전달하는 서비스와 함께 이를 활용하여 중개업소 회원을 모집하는 영업행위를 수반하는 사업까지를 포함시켜야 바람직할 것이다. 따라서 부동산정보회사는 부동산정보를 활용하여 개인회원을 유치한 후 이를 기반으로 중개회원(중개업자)을 대상으로 영업행위를 수행하는 회사를 의미한다고 볼 수 있다. 즉, 부동산정보를 기반으로 하는 영업행위가 부동산정보회사 여부를 결정하는 중요한 고려사항이 된다.

## 2. 부동산정보회사의 유형

부동산정보회사는 사업방식과 수익구조 그리고 취급하는 정보 등을 기준으로 포털, 인터넷부동산정보회사, 언론부동산정보회사, 경매부동산정보회사, 지역부동산정보회사 등으로 분류할 수 있다.

### (1) 포털사이트

인터넷 부동산정보회사 뿐만 아니라 포털사이트 역시 부동산정보사업을 하고 있으며, 과거 인터넷 부동산정보회사를 입점시키는 구조에서 입점과 함께 직접 매물 등록업체를 모집하는 두 가지 수익구조를 병행하고 있다. 즉, 영업대행사를 지정하고 수익을 배분하는 방식으로 부동산정보사업에 진출하고 있다는 말이다.

---

19) 최민섭, “인터넷부동산서비스품질이 마케팅성과에 미치는 영향에 관한 연구,” 건국대학교 대학원, 2005.12.

<포털사이트의 부동산매물사업 대행사>

| 포털명 | 영업대행사 | 비고 |
|---|---|---|
| 네이버 | 서울 : 부동산몰<br>경기 : 부동산리빙 | 2006년 9월부터 진행 |
| 다음 | 리보에스티 | 2006년 10월부터 진행 |
| 야후코리아 | 부동산클래스 | 2006년부터 진행 |
| 네이트, 엠파스 | 미정 | 2007년 모네타에서 총괄 관리함 |

특히 국내의 인터넷 사업의 경우 포털사이트의 시장지배력을 감안하고 사업방식의 유사성을 고려하면 포털사이트들도 부동산정보회사에 포함시키는 것이 바람직할 것이다. 부동산 부문에서의 포털사이트의 영향력을 살펴보면 인터넷 정보 사이트의 순위 정보를 제공하는 랭키닷컴에 의하면 포털사이트의 부동산정보 제공 카테고리에 포함된 사이트 중 1위는 네이버부동산인데 일일 평균 방문자수 204,068, 일일 평균 페이지뷰 3,757,515로 부동산종합정보 카테고리에 포함된 사이트 중 1위인 부동산114에 비해 훨씬 높은 방문자수와 페이지뷰를 기록하고 있다.

<포털사이트의 부동산매물사업 대행사>

| 사이트 | 일평균방문자수 | 일평균페이지뷰 |
|---|---|---|
| 네이버부동산 | 204,068 | 3,757,515 |
| 부동산114 | 125,344 | 2,741,465 |

* 랭키닷컴, 2007.11.28.

한 연구의 전문가 설문조사에 의하면 인터넷 부동산정보 사이트에 접속하는 방법으로 인터넷부동산정보회사로 직접 접속하는 방법보다는 대형포탈 또는 검색서비스를 통해 접속하는 비중이 54.7%로 상대적으로 높게 나타났기 때문에 역시 포털사이트를 분석의 대상으로 포함하는 것이 필요함을 보여주고 있다.

| <인터넷 부동산정보 사이트 접속방법> | | | |
|---|---|---|---|
| 구분 | 인터넷 부동산회사로 직접접속 | 대형포탈 또는 검색서비스를 통한 접속 | 합계 |
| 빈도 | 39 | 47 | 86 |
| 비중 | 45.3% | 54.7% | 100.0% |

2007년 상반기를 기준으로 국내 온라인광고시장에서 4개 포털사이트가 차지하는 비중은 66.8%에 이르며 2006년 상반기 57.2%에서 지속적으로 증가하여 4개 포털사이트의 시장지배력이 갈수록 증가하고 있음을 보여주고 있다.

<반기별 매체광고 집행 현황 (단위: 천원)>

| 구분 | 07년 상반기 | 06년 하반기 | 06년 상반기 |
|---|---|---|---|
| 총금액 | 227,461,242 | 212,340,226 | 201,129,226 |
| 네이버 | 59,358,936 | 57,065,639 | 47,055,213 |
| 다음 | 46,762,947 | 43,739,602 | 32,011,806 |
| 네이트 | 26,973,736 | 17,146,716 | 20,015,388 |
| 야후 | 18,923,355 | 15,244,424 | 16,037,049 |
| 4개 포털 합계 | 152,018,974 | 133,196,381 | 115,119,456 |
| 4개 포털 비중 | 66.8% | 62.7% | 57.2% |

* 리서치에드, "007년 상반기 인터넷 노출형 광고 결산보고," 2007. 7.

### (2) 인터넷 부동산정보회사

인터넷부동산정보회사는 PC보급률 증가와 인터넷 확산에 따라 과거 오프라인 정보에 의존하던 일반인들도 온라인으로 빠르게 전환되면서 수많은 신생사업자들이 중개업소를 대상으로 하는 부동산정보사업에 참여하게 되었다. 현재는 인터넷 종합부동산정보회사와 함께 원룸정보, 상가와 같은 틈새시장을 노린 인터넷 전문 부동산정보회사도 자리를 잡아가고 있다. 랭키닷컴의 자료에 의하면 부동산종합정보 카테고리의 순위 10위내에는 부동산114, 닥터아파트, 스피드뱅크, 부동산뱅크, 부동산써브 등이 포함되어 있으며 부동산114가 오랫동안 업계 1위를 유지하고 있다.

<부동산종합정보 순위 (단위: 순위, %, 명, 페이지뷰)>

| 순위 | 사이트명/기업명 | 전체 순위 | 분야점유율 | 일평균 방문자수 | 일평균 페이지뷰 |
|---|---|---|---|---|---|
| 1 | 부동산114 | 160 | 19.46% | 125,344 | 2,741,465 |
| 2 | 닥터아파트 | 198 | 15.43% | 90,103 | 2,072,192 |
| 3 | 스피드뱅크 | 199 | 15.43% | 101,744 | 1,427,715 |
| 4 | 중앙일보 조인스랜드 | 242 | 11.48% | 69,586 | 1,114,858 |
| 5 | 부동산뱅크 | 274 | 9.56% | 59,920 | 967,222 |
| 6 | 부동산써브 | 304 | 8.53% | 40,295 | 802,257 |
| 7 | 파인드하우스 | 410 | 6.18% | 35,992 | 836,285 |
| 8 | 온나라부동산정보 통합포털 | 1,261 | 1.72% | 12,428 | 144,828 |
| 9 | 부동산119 | 1,738 | 1.21% | 9,213 | 132,847 |
| 10 | LBA경제연구소 | 2,306 | 0.87% | 3,853 | 117,537 |

* 랭키닷컴, 2007.11.28.

### (3) 언론부동산정보회사

언론부동산정보회사는 언론 사이트가 가지는 자체적인 흡입력을 활용하여 부동산 메뉴를 사업화한 것을 말한다. 중앙일보의 자회사인 조인스랜드를 들 수 있으며 매일경제, 한국경제 등 경제지들도 관련 사업을 하고 있으며 한경닷컴, 매경인터넷에서 사업을 주도하고 있다. 최근 지방에도 이러한 언론부동산정보회사가 설립되었는데 부산일보의 '부일랜드'가 활동하고 있다.

하지만 이러한 유형의 부동산정보회사는 뉴스를 제외하고는 자체 정보를 생산하지 않으며 수익구조에 있어 회원중개업소의 회비가 매출에서 차지하는 비중이 낮기 때문에 인터넷부동산정보회사와는 다른 사업모델을 가지는 것으로 파악된다.

### (4) 경매부동산정보회사

경매부동산정보회사도 인터넷이나 경매지를 활용하여 회원들에게 부동산정보를 유료로 제공하여 수익을 확보하거나 오프라인 경매 컨설팅을 병행하는 방식으로 사업을 수행하고 있다. 최근 중개회원을 모집하고 있는 경매부동산정보회사도 있어 사업방식이 인터넷부동산정보회사와 유사해지고 있다.

### (5) 지역부동산정보회사

지역부동산정보회사[20]는 지역망(폐쇄망)이라고도 불리는데 특정지역을 기반으로 소수의 회원들이 부동산정보를 공유하는 사이트를 운영하는 회사로서 공유하는 부동산정보의 대부분은 매물정보이다.

수도권의 특정 구나 지방의 경우 상당수의 지역부동산정보회사가 존재하는 것으로 파악되며 영업권과 유사한 이들의 회비는 몇천만원에 상당할 정도로 고가여서 인터넷사업모델의 일반적인 방식인 소품종 대량방식이 아닌 다품종 소량방식인 것으로 보인다.

## 3. 부동산정보회사의 수익구조

(인터넷)부동산정보회사들의 수익구조는 업체마다 다소 차이는 있지만

---

20) 과거에는 거래정보망이라고도 불렀으나 건설교통부에 등록하지 않고 운영하고 있기 때문에 이 명칭을 사용하는 것은 적절하지 않다.

일반적으로 중개업소를 대상으로 하는 온라인 가맹점과 오프라인 프랜차이즈 가맹점을 통한 매출이 전체 매출액의 70%를 차지하고 있으며 기업이나 분양광고로부터 20%의 수입 그리고 데이터베이스 판매, 전문가 상담, 교육 등 기타 부가서비스로부터의 수입이 10%정도 되는 것으로 파악된다.

독자적인 브랜드 파워를 가진 회사의 경우 중개업소 매출 비중이 상대적으로 낮았으나 브랜드 파워가 약한 회사의 경우 중개업소를 통한 매출 비중이 높은 것으로 나타났다. 이는 브랜드 파워가 약한 회사의 경우 부가사업을 수행하기가 어렵기 때문인 것으로 판단된다.

**<부동산정보회사의 수익구조 (단위: %)>**

| 항목 | 온라인 가맹점 | 프랜차이즈 가맹점 | 광고 | 기타 부가서비스 |
|---|---|---|---|---|
| 비중 | 60% | 10% | 20% | 10% |

* 최민섭, “인터넷부동산서비스품질이 마케팅성과에 미치는 영향에 관한 연구,” 건국대학교 대학원, 2005.12

2000년대 초 급격한 성장을 보였던 부동산정보회사들은 최근 전략적 변곡점(strategic inflection point)[21]을 맞이하고 있으며 새로운 수익모델 발굴이나 시장 내 구조조정이 필요한 상황이다. 부동산정보회사들의 수익구조는 몇 년간 변화 없는 상태를 유지하고 있으며 선두업체들의 경우에도 최근 2~3년간 매출증가 역시 미미한 것으로 보인다.

현재 부동산정보회사는 동일한 수익모델과 유사한 규모로 사업을 진행하고 있어 새로운 수익모델을 개척하거나 아니면 시장의 구조를 변경시킬 수 있는 합종연횡(M&A 등)이 필요한 것으로 판단된다.

---

21) 기업 환경에서 전략적 변곡점은 기존의 경영방식과 시장경쟁 등 기존의 구조에 새로운 균형이 가해지는 시점을 의미함. 수학용어였던 변곡점을 기업 경영이론에 도입한 이가 앤디 그로브 전 인텔 사장으로 기업의 흥망을 좌우할 수도 있는 변곡점을 성공리에 보낼 수 있느냐는 순전히 타이밍 감각에 달려 있다고 강조함.

## 4. 온라인 부동산 정보업체의 사업 현황

온라인 부동산 정보업체는 시세정보를 사업화하면서 정보 사업시장을 구축하기 시작하였으며 온라인 시장의 발전과 함께 부동산 거래를 희망하는 개인네티즌을 위한 비즈니스 모델을 개발하였다. 온라인 사이트는 개인네티즌이 방문하여 정보를 습득하는 플랫폼을 제공하는 역할을 수행하게 되면서 개인들은 자신이 거래하고자 하는 부동산매물정보에 관심을 갖게 되었다.

정보업체 중에서 매물 정보를 가장 먼저 제공한 회사는 부동산114이며 벤처 붐이 불던 1999년 중개업소 홈페이지를 제작하고 홈페이지 내 매물정보와 부동산114 사이트 내에서 매물을 제공하게 되었다. 매물정보는 과거 개인이 원하는 매물을 찾으려 해당지역의 중개업소를 방문하고 그 지역시세와 원하는 매물이 존재하는 유무를 확인하는 번거로움을 인터넷을 통하여 한 번에 해결해 주는 원-스탑 서비스 개념으로 제공되었다. 중개업소들도 당시 홈페이지를 가지고 있고 홈페이지 URL을 영업도구로 업소 명함에 추가함으로써 차별적인 마케팅 도구로 활용되었다. 강남지역을 중심으로 영업적으로 도움이 되는 효과가 소문이 나고 이와 맞물려 정보업체는 새로운 수익구조를 갖게 되어 더욱 적극적으로 매물홍보 업소를 모집하게 되었다. 현재 정보업체는 중개업소 회원사 상품으로 중개업소 홈페이지, 정보업체 매물홍보, 중개업소 운영관리 툴을 제공하고 있다.

매물정보를 활용한 중개업소 회원 비즈니스의 시장 규모는 약 500억으로 추정하고 있다. 선두주자인 부동산114와 스피드뱅크가 150억 정도 매출을 발생시키고 있다. 2005년 말 기준 건설교통부기준 전국 중개업자수 현황은 78,611개이며 이 중 부동산 정보업체 가입자수는 약 30,000개 업소로 추정하고 있다[22]. 중개업소는 각 업소의 홍보 전략에 따라 2개 이

22) 부동산114 내부 조사자료에 근거함

상을 가입하는 경우가 있으며 정보업체 상기 4개 업체를 대상으로 조사한 결과는 2개 이상 정보업체에 가입한 중개업소의 비중이 34%이다. 서울 수도권에서 운영하고 있는 중개업소의 경우는 부동산거래경기와 맞물려 업소 운영비가 여유가 있는 경우는 2개 이상을 가입하는 경향이 있으며 부동산 거래경기가 나쁠 때는 1개만 선택하고 있다.

매물등록을 기준으로 중개업소를 모집하는 사업은 부동산정보회사의 비즈니스 중에서는 매출이 가장 높은 비즈니스이며 2005년 이 후 부동산 정보회사 뿐만이 아니라 포털도 부동산 정보사업을 과거 정보회사 입점 구조에서 정보회사 입점과 직접 매물 등록업체를 모집하는 두 가지 수익 구조를 병행하고 있다. 포털은 영업대행사를 지정하고 수익을 배분하는 사업제휴를 취하고 있다.

포털과 언론사에서 발생하는 매출을 고려할 경우는 시장규모는 700억 이상으로 추정이 되며 시장경쟁구조도 과거 정보회사간의 경쟁에서 정보회사와 포털이 동시에 경쟁하는 시장으로 변화하고 있다. 매물정보를 활용한 비즈니스는 중개업소의 시장경쟁도 치열해지면서 파생적인 상품들을 만들고 있다. 정보업체들은 회원사당 수익구조를 극대화 할 수 있는 방안을 모색하였고 그 결과 온라인 중개업소 회원사 상품을 3가지로 나누어 판매하고 있다.

| 상품구분 | 내용 |
| --- | --- |
| 일반기본 상품 | 기본 홈페이지 제공, 매물 홍보수 |
| 일반고급 상품 | 고급 홈페이지 제공, 매물 홍보수 확대, 일부광고 무료지원 |
| 프렌차이즈상품 | 정보업체 브랜드 사용허용, 매물 홍보시 브랜드 부착, 영업도구 지원 |

정보업체별 차별성을 부여하고 있으며 포털과의 매물 연동을 강조하면서 중개업소 회원사 모집을 하고 있으며 시장에서 경쟁이 심화되어 가격할인 및 기간연장 등을 추가적인 혜택으로 제공하는 실정이다.

# 제4장

# 부동산마케팅 정보의 이해

REAL ESTATE MARKETING

# 제4장 부동산마케팅 정보의 이해

외환위기 이후 국내 부동산 시장은 급격한 변화를 겪고 있다. 부동산 시장의 투명화와 개방화, 증권화가 급속히 진행되면서 부동산을 바라보는 시각과 투자판단의 기준도 달라지고 있다. 과거 부동산 시장에서는 주로 자본이득을 기대하고 부동산에 투자한데 반해 외환위기 이후에는 부동산에서 창출되는 소득이 부동산 투자판단의 중요한 기준이 되고 있다.

국내 부동산 시장의 개방이 확대되면서 해외 부동산 회사들의 진출이 크게 늘고 있으며 부동산 시장과 자본 시장이 연계되는 부동산 증권화가 도입되면서 부동산 관련 정보 인프라의 구축과 활용에 대한 필요성이 더욱 강조되고 있다. 초기에는 수익률과 위험에 관한 부동산 투자정보의 필요성이 증대하고 부동산에 대한 각종 세부시장의 정보가 확대될 것으로 보인다.

부동산 시장정보[1]를 정보의 내용에 따라 분류해보면 시장의 수급에 영향을 주는 요인을 대변하는 정보와 시장의 수급의 결과에 따라 나타나는 가격과 거래량에 대한 정보로 구분할 수 있다.[2] 부동산 시장의 수요분석에 필요한 정보는 시장권역의 인구, 소득 및 임금, 고용형태 및 실업

1) 본 분류는 토지공사의 '부동산 시장정보 조사 분석 수행방안에 관한 연구' (2001)를 참조하였음.

2) 이외에도 부동산에 대한 투자수익률과 그에 수반되는 위험을 나타내는 지표로 분류할 수 있는 '부동산 투자정보' 를 들 수 있다.

률, 소유와 임차비율, 예금과 대출수준, 토지이용 형태 및 도시화의 진전, 인근지역의 물리적인 매력도, 지방세의 체계, 기반시설 및 커뮤니티 서비스 등을 들 수 있다.

부동산 시장의 공급 분석은 경쟁물건의 수와 질, 신규건설의 양, 나대지의 확보 가능성과 가격, 건설 및 개발비용, 소유와 임차자의 점유, 공실의 원인과 수, 대체사용 가능성, 경제여건과 환경, 건설관련 금융여건, 건설관련 규제 등이 있다.

수요와 공급이 만나면서 결정되는 가격과 거래량 정보에는 시세 및 가격동향, 거래량 및 거래동향, 공실률, 흡수율 등이 있는데 과거에는 가격과 관련된 정보인 시세 및 가격동향의 중요성이 높았다. 하지만 최근 거래와 관련된 부동산 정보의 중요성이 꾸준히 증가하고 있다.

[부동산 시장정보의 주요 분류기준과 내용]

| 구 분 | 분 류 | 세부분류 |
|---|---|---|
| 정보의 내용 | 협의의 시장정보 | 수요, 공급, 가격, 거래량, 기타 |
| | 투자정보 | 수익률, 위험 |
| 부동산의 이용유형 | 주거용 | 단독용도, 공동주택용도 |
| | 비주거용 | 상업용(업무, 도소매), 공업용, 숙박용, 여가용, 공장용 등 |
| | 복합용도 | 복합용 |
| 부동산의 지역적 특성 | 행정구역 | 전국, 수도권, 시별, 구별 |
| | 기타 | 부동산 가격대별 등 |
| 부동산 라이프사이클 | 취득 | 취득관련 정보 |
| | 보유 | 보유관련 정보 |
| | 매각 등 | 매각관련 정보 |
| 토지의 이용형태 분류 | 도시적 이용 | 주거용지, 상업용지, 공업용지 |
| | 비도시적 이용 | 농업용지, 임업용지 |
| | 특수용도 | 레저용지, 공공시설용지 |

* 부동산114, 부동산 시장 조사 분석 수행 방안에 관한 연구, 토지공사, 2001

이렇게 거래와 관련된 부동산 정보의 중요성이 증가하는 이유는 부동산의 가격은 일반경기와 마찬가지로 상승, 하락, 보합 등이 일정 시차를 두고 순환하지만 거래량과 가격을 동시에 살펴보는 것이 부동산 경기 사이클을 이해하는데 더욱 도움이 된다는 '벌집모형(honeycomb model)'[3]을 기반으로 하고 있다.

또 다른 이유는 거래와 관련된 부동산 정보를 확보하기가 과거에 비해서는 훨씬 유리한 상황이 도래했기 때문이다. 특히나 실거래 가격 신고제나 공시제의 경우 이러한 거래 관련 부동산 정보를 선도하면서 기존의 호가 중심의 시세 정보를 벗어난 정확한 거래 정보를 생산하기 시작하고 있다.

부동산 마케팅 활동을 수행하기 위해서는 그 근거가 되는 거래관련 정보를 이해하고 활용하는 시스템이 구축되어야 한다. 부동산 마케팅에 필요한 정보라고 하면 부동산 시장에 대한 모든 정보가 포괄적으로 포함되어야 하겠지만 실질적으로는 거래관련 정보의 중요성이 지대하다고 할 수 있다.

가격이라는 정보는 부동산 시장에 영향을 미치는 각종 변수들에 의해 결과적으로 나타난 정보인 경우가 많은 반면 거래 관련 정보는 시장을 예측해 볼 수 있는 지표로서의 의미를 가진다. 즉 거래량이 늘어나면 곧 부동산 시장의 가격이 상승할 것이라는 징후가 될 수 있다는 말이다.

현재 부동산 거래관련 정보는 △거래량 정보 △실거래가 정보 △국민은행의 거래정보 △닥터아파트의 거래량지수 등 4가지를 대표로 들 수 있으며 각각에 대해 살펴보도록 하자.

3) 부동산 벌집모형은 한마디로 부동산 경기 사이클을 설명하는 이론이다. 이 이론은 최근 들어 부동산 시장 분석에 있어 주요이론으로 인식되고 있다. 6가지의 국면별 특징을 나타내고 있으며 현실과는 다소 차이가 있어 완벽할 수는 없지만 부동산 시장은 6가지 국면으로 형성되는 것이 통계상 나타난 최대의 확률임을 유의해야 한다.

## 1. 거래량 정보

정부(국토해양부)는 부동산 관련 거래량에 대한 정보를 제공하고 있다. 거래량 정보는 월단위로 제공되는데 아파트, 건축물, 토지에 대해 제공된다.

부동산거래통계의 절차는 먼저 거래당사자나 중개업자가 일정기간 동안의 부동산거래신고대상 부동산거래나 토지거래 허가 및 검인대상 부동산거래를 대상으로 신고를 하고 이를 시, 군, 구에서 기초자료를 입력한다. 입력된 자료를 한국토지공사가 부동산거래현황을 분석하여 보고하면 국토해양부에서 통계를 공표하는 절차를 밟는다.

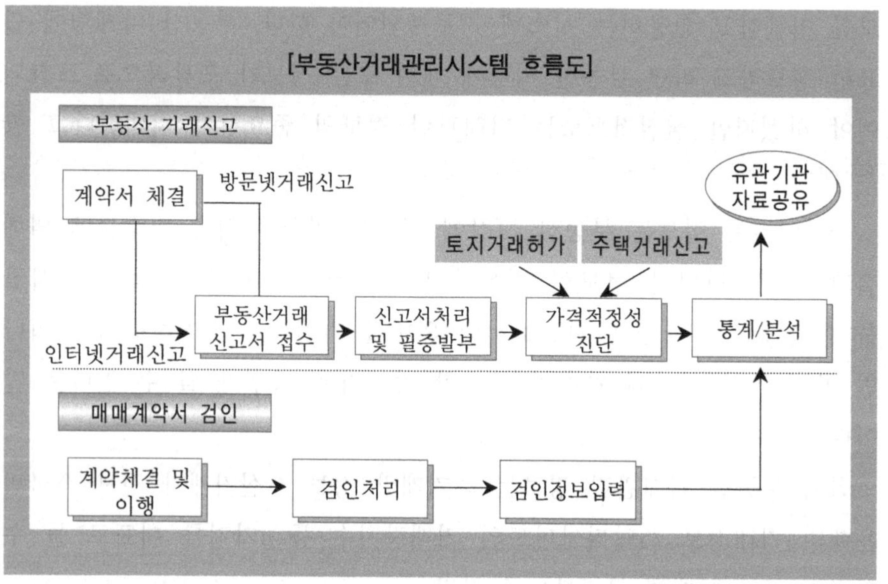


토지거래 통계는 토지거래에 대한 월별 거래추이, 전국 시도별 토지거래 증감률 등을 파악할 수 있다. '행정구역별'로는 필지와 면적을 알 수 있으며 '자료유형별'로는 상당히 자세한 자료를 파악할 수 있는데 용도지역, 지목, 매입자거주지, 거래주체, 거래규모, 거래원인, 건물유형, 토지거

**[용도지역별 전국토지거래현황(2008.1~2월간)]**

| 구분 | 합계 | | 도시지역 | | | | | | | | | | | | | |
|---|---|---|---|---|---|---|---|---|---|---|---|---|---|---|---|---|
| | | | 계 | | 주거지역 | | 상업지역 | | 공업지역 | | 녹지지역 | | 개발제한 | | 미지정 | |
| | 필지 | 면적(천㎡) | 필지 | 면적(천㎡) | 필지 | 면적(천㎡) | 필지 | 면적(천㎡) | 필지 | 면적(천㎡) | 필지 | 면적(천㎡) | 필지 | 면적(천㎡) | 필지 | 면적(천㎡) |
| 전국 | 216,479 | 206,790 | 156,389 | 54,148 | 115,973 | 17,379 | 13,833 | 1,218 | 4,368 | 3,204 | 17,069 | 23,822 | 1,532 | 3,573 | 3,614 | 4,953 |

* 국토해양부, 2008. 3

래허가 처리 등의 자료를 알 수 있다.

건축물거래에 대한 통계도 제공하는데 건축물 거래에 대한 월별 거래추이, 전국 시도별 건축물거래 증감률을 알 수 있다. 토지거래와 유사하게 행정구역별, 자료유형별로 관련 자료를 제공하고 있으며 동(호)수와 연면적(천㎡)으로 구분하여 제공하고 있다.

아파트거래에 대한 통계는 월별 거래추이, 전국 시도별 아파트 거래증감률을 알 수 있다. 아파트의 경우 아래와 같이 거래규모로만 정보가 제공되므로 거래에 대한 세부적이며 정확한 현황을 파악하기에 어려움이 따른다. 하지만 아파트 거래의 경우 기존의 토지와 건축물 거래를 통해 간접적으로 유추해 볼 수 있다.

**[아파트 거래건수 2008년1월]**

| 구분(거래건수) | 합계 | 40㎡ 이하 | 40㎡~60㎡ | 60㎡~85㎡ | 85㎡~135㎡ | 135㎡~165㎡ | 165㎡~198㎡ | 198㎡ 초과 |
|---|---|---|---|---|---|---|---|---|
| 전국 | 79,811 | 4,084 | 27,394 | 36,466 | 9,986 | 1,376 | 356 | 149 |

* 국토해양부, 2008. 3

## 2. 실거래가 정보

현재 아파트 가격은 (1)기준시가 (2)감정평가액 (3)호가 (4)실거래가로 나누어서 시장에서 가격이 형성되거나 책정되고 있다. 기준시가는 부동산을 팔거나 상속 또는 증여할 때 세금을 부과하는 기준가격을 의미한다. 이러한 기준시가는 세무서에서 관리하고 있으며 통상적으로[4] 년 1회 개정을 하고 있다.

감정평가액은 부동산의 소유권의 경제적 가치 또는 소유권 이외의 권리, 임대료 등의 경제적 가치를 통화단위로 표시하는 것을 말한다. 이러한 감정평가액은 감정평가사가 발주자의 의뢰를 받아 개별적으로 실시하는 것으로 전국 단위의 축적된 자료를 확보하기는 쉽지 않다.[5]

호가(呼價)란 매매를 원하는 의뢰인이 매매계약이 체결되기를 바라는 가격을 말한다. 매도인의 경우에는 거래가격보다 높게, 매수인의 경우는 거래가격보다 낮게 호가를 책정하는 것이 일반적이다. 부동산정보제공업체에서 수집, 분석, 축적하고 있는 아파트 시세는 호가를 기준으로 한다.

실거래가는 실제 거래된 가격을 말하며 2006년 1월부터는 모든 부동산의 거래에 대해서 실거래가로 신고해야 한다.[6] 부동산 실거래가 신고제도가 시행됨으로서 수십 년간 계속되어 온 이중 계약 등 잘못된 부동산 유통 관행이 사라지고, 부동산 거래시장이 투명화 되며 공평 과세기반을 마련하는데 크게 기여할 것으로 보인다.

그러나 실거래가 신고제도가 부동산시장에 미치는 영향은 지대하다고 할 수 있으므로 그 공개시기와 방법에 있어 유의할 필요가 있다. 특히 실거래가 신고제도가 장기적으로는 부동산시장의 거래 활성화에 기여하겠지만 도입 초기에는 부동산 마케팅 측면에서 부정적인 영향을 미칠 가

---

4) 투기지역과 같이 단기간에 부동산가격이 급등한 경우 수시로 실시하기도 한다.

5) 감정평가사들의 감정평가 방식은 샘플링(표준지)을 통해서 이루어진다.

6) 토지, 건물 등 부동산 매매 계약 시 공인중개사는 물론 거래 당사자도 실거래가 계약내용을 부동산이 소재한 시군구에 60일 이내에 신고해야한다.

능성이 높다. 초기에는 매수자, 매도자 모두를 만족시키지 못하기 때문에 거래를 위축시킬 가능성이 높으나 통계적 유의성을 가지는 정도의 자료 축적이 이루어지면 시장의 투명성이 증가하여 거래를 촉진시킬 수도 있을 것이다.

2006년 말 현재 실거래가 정보는 아래의 서식과 같이 공개되고 있다. 이는 2006년 상반기 공개 때 제외되었던 전용면적(㎡)과 층에 대한 정보가 새로 추가되었으며 개인정보 보호를 위해 계약일자를 10일 단위로 표기하였다.

실거래가 정보가 의미가 있는 자료가 되기 위해서는 자료의 축적에 따른 통계적 유의성을 확보해야 하며 그전까지는 기존의 부동산 정보제공 업체의 시세(호가)를 동시에 살피면서 실거래가 정보를 평가하는 상호검증 작업이 필요할 것이다.

**[실거래 공개내용 및 형식]**

(단위 : 만원)

| 단지 | 전용면적(㎡) | 분양평형 | 거래건수합계 | '06. 1 | | '06. 6 | | '06. 9 | |
|---|---|---|---|---|---|---|---|---|---|
| | | | | 계약기간 | 거래금액(층) | 계약기간 | 거래금액(층) | 계약기간 | 거래금액(층) |
| 삼성래미안 | 85 | 34 | 24 | 1.1~1.10 | 78,000(3)<br>82,000(5) | 6.1~6.10 | 95,000(10)<br>92,000(8) | 9.1~9.10 | 90,000(2)<br>94,000(9) |
| | | | | 1.11~1.20 | 80,000(4)<br>82,000(7) | 6.11~6.20 | 89,000(3)<br>92,000(7) | 9.11~9.20 | 95,000(5)<br>98,000(7) |
| | | | | 1.21~1.31 | 81,000(4)<br>85,000(15) | 6.21~6.30 | 89,000(2)<br>90,000(9) | 9.21~9.30 | 97,000(4)<br>100,000(12) |

* 국토해양부, 2006.12
** "계량에 관한 법률 제5조(비법정계량단위의 사용금지)" 에 따라 평→㎡로 표기하되, 일반국민의 혼란을 최소화하기 위해 당분간 평형도 표기

실거래가 정보는 가격하락기와 가격상승기에 따라 다르게 판단할 필요가 있다. 가격하락기에는 실거래가 정보를 상한가격, 급매물로 인식하고

가격상승기에는 하한가격, 정상적인 매물로 인식할 가능성이 높다. 또한 주거선호 지역과 주거비선호 지역을 다르게 판단해야 한다. 주거선호지역에서는 실거래가를 하한에 가까운 가격으로 볼 가능성이 높다. 따라서 실거래가 공개로 인해 매매가격의 지역별 양극화 현상이 심화될 우려가 있다. 또 하나 실거래가 정보의 유의할 점은 신규입주단지는 거래가 많더라도 가격 혼재기이기 때문에 오히려 주변단지를 참고자료로 살펴보는 것이 더욱 바람직하다는 것이다.

**[주요지역 2008년 월별 거래량]**

(단위:건)

| 구 분 | 1월 | 2월 | 3월 | 4월 | 5월 | 6월 | 7월 | 8월 | 9월 | 10월 | 11월 | 12월 |
|---|---|---|---|---|---|---|---|---|---|---|---|---|
| 전 국 | 36,722 | 36,833 | 46,629 | 46,156 | 44,365 | 42,971 | 38,804 | 27,233 | 25,639 | 27,479 | 19,859 | 19,542 |
| 수도권 | 14,983 | 15,902 | 22,603 | 23,192 | 22,650 | 19,643 | 16,590 | 9,819 | 8,634 | 5,790 | 3,357 | 3,686 |
| 서 울 | 4,133 | 4,690 | 7,355 | 7,870 | 7,112 | 5,782 | 4,159 | 2,441 | 1,643 | 1,059 | 687 | 818 |
| 강남 3구 | 564 | 531 | 832 | 900 | 810 | 716 | 505 | 323 | 263 | 156 | 133 | 244 |
| 강북 14구 | 2,221 | 2,530 | 4,203 | 4,401 | 3,395 | 2,557 | 1,736 | 1,008 | 653 | 464 | 279 | 283 |
| 5개 신도시 | 1,123 | 1,206 | 1,993 | 1,890 | 1,717 | 1,314 | 1,230 | 720 | 517 | 298 | 232 | 217 |
| 6대 광역시 | 11,080 | 11,484 | 13,385 | 13,815 | 13,005 | 12,164 | 11,303 | 8,557 | 7,832 | 8,270 | 6,839 | 5,893 |

* 국토해양부, 2008.12

## 3. 주택거래동향(Housing Market Trend)

국민은행은 전국 주택의 매매 및 전세가격 변동 상황과 월세시장 동향을 조사하여 주택시장 동향을 파악, 분석하기 위하여 '전국주택가격동향조사'를 실시하고 있다. 조사내용으로는 주택매매 및 전세가격과 함께

'주택거래동향'을 조사하고 있다. 조사지역은 단독과 연립주택은 1개 특별시, 6개 광역시, 41개 시, 3개 군, 94개 구를 조사하고 아파트는 1개 특별시, 6개 광역시, 53개 시, 5개 군, 94개 구를 조사하고 있다. 조사 대상은 부동산중개업소이다.

매매시장동향과 전세시장동향으로 나누어서 조사를 하며 각 시장별로 수급동향, 수급동향추이, 거래동향을 도출하고 있다.

매매시장 동향은 매도자와 매수자 중 어느 쪽이 더 많은지를 부동산중개업소를 통해 조사하며 전세시장 동향은 전세수요에 비해 전세공급이 어느 정도인지를 부동산중개업소를 통해 조사하고 있다. 2006년 말 현재 조사대상 부동산중개업소는 3,339개소이다.

**[주택거래동향 조사항목]**

| | |
|---|---|
| 매매시장동향<br>(Housing Market Trend) | 지역별 매도세/매수세 동향<br>(Trends on the Sell/Buy Activities by Region)<br>매도세/매수세 추이<br>(Monthly Trends on the Sell/Buy Activities)<br>지역별 매매거래 동향<br>(Sensitivity on the Housing Transaction by Region) |
| 전세시장동향<br>(Housing Jeonse Market Trend) | 지역별 전세수급 동향<br>(Jeonse Demand & Supply Trends by Region)<br>전세수급동향 추이<br>(Monthly Trends of Jeonse Demand & Supply)<br>지역별 전세거래 동향<br>(Sensitivity on the Jeonse Transaction by Region) |

2006년 11월을 예로 들면 주택 매매시장은 '매수세 우위'가 큰 폭으로 증가하고 '매도세 우위'가 하락한 것으로 나타났다. 이는 11월 15일 정부의 부동산 안정화 정책을 앞두고 거래가 전월보다 조금 한산해졌기 때문으로 분석된다.

**[지역별 매도세/매수세 동향]**

(단위 : %)

| 월별 \ 지역 | 전국 | 서울 | | | 6개 광역시 | | | | | | | 수도권 | 경기 | 기타지방 |
|---|---|---|---|---|---|---|---|---|---|---|---|---|---|---|
| | | 합계 | 강북 | 강남 | 합계 | 부산 | 대구 | 인천 | 광주 | 대전 | 울산 | | | |
| 매도세 우위<br>Seller's No.〉 Buyer's No. | 35.5 | 7.9 | 8.0 | 7.8 | 56.3 | 80.2 | 65.0 | 18.8 | 65.6 | 75.7 | 10.8 | 9.6 | 8.4 | 59.2 |
| 매수세 우위<br>Seller's No.〈 Buyer's No. | 28.2 | 51.5 | 55.8 | 47.2 | 13.3 | 1.4 | 1.1 | 42.6 | 0.9 | 2.7 | 38.7 | 49.0 | 48.6 | 6.8 |
| 비슷함<br>Seller's No. ≒ Buyer's No. | 36.3 | 40.6 | 36.2 | 44.9 | 30.4 | 18.4 | 33.9 | 38.6 | 33.4 | 21.6 | 50.5 | 41.4 | 43.0 | 34.0 |

2006년 11월의 주택 전세시장은 전월에 비해 수급불균형 현상이 다소 완화된 것으로 조사되었다. 거래는 전월에 비해 다소 한산해진 것으로 나타났다.

**[지역별 전세수급 동향]**

(단위 : %)

| 월별 \ 지역 | 전국 | 서울 | | | 6개 광역시 | | | | | | | 수도권 | 경기 | 기타지방 |
|---|---|---|---|---|---|---|---|---|---|---|---|---|---|---|
| | | 합계 | 강북 | 강남 | 합계 | 부산 | 대구 | 인천 | 광주 | 대전 | 울산 | | | |
| 공급이 부족함<br>Supply 〈 Demand | 69.8 | 64.0 | 66.7 | 61.4 | 77.9 | 73.2 | 66.6 | 86.4 | 86.7 | 74.5 | 91.0 | 67.0 | 64.0 | 69.5 |
| 공급이 충분함<br>Supply 〉 Demand | 7.6 | 8.4 | 7.0 | 9.8 | 5.8 | 8.9 | 8.5 | 3.7 | 1.0 | 7.0 | 0.0 | 7.9 | 8.7 | 8.2 |
| 공급이 적절함<br>Supply ≒ Demand | 22.6 | 27.6 | 26.3 | 28.8 | 16.2 | 17.9 | 24.9 | 10.0 | 12.4 | 18.5 | 9.0 | 25.1 | 27.3 | 22.4 |

이렇게 거래동향에 대한 부동산 정보는 마케팅 활동을 수행함에 있어 중요한 변수가 될 수 있다. 특히 부동산 상품의 출시 시점을 지역별로 결정할 때 중요한 판단의 근거가 될 수 있다. 최근 부동산 시장이 타이밍보다는 상품으로서 승부하는 시장으로 탈바꿈하고 있지만 경기 하락기

에 굳이 부동산 상품을 출시할 이유는 없기 때문이다.

## 4. 거래량지수

부동산정보제공업체 중의 하나인 닥터아파트(www.drapt.com)에서는 주택실질거래량, 전망, 매수성향, 매도성향 등을 종합적으로 고려한 주택종합지수인 '주택시장지수'를 매주 발표하고 있다. 576개의 회원 중개업소를 대상으로 조사를 실시한다.

주택종합지수인 '주택시장지수'와 함께 가격전망지수, 매수세지수, 거래량지수, 매물량지수 등 5가지 지수를 발표하고 있다. 이중 '거래량지수'는 매매 및 전월세의 실질거래량을 나타내는 지수로서 거래량지수가 기준치인 100을 상회할 경우 향후 3개월 이후 거래가 증가할 가능성이 높다는 것을 의미하며 100 이하면 그 반대를 나타낸다.

[주간 거래량지수]

| 조사일 | 서울시 | 경기도 | 신도시 | 수도권 | 지방 | 전국 |
|---|---|---|---|---|---|---|
| 2009-04-07 | 65.3 | 81.6 | 105 | 73.4 | 70.9 | 73 |
| 2009-03-31 | 59.8 | 71.8 | 54.5 | 65.3 | 71 | 66.2 |
| 2009-03-24 | 57.3 | 66.8 | 89.3 | 62.2 | 54.8 | 61.1 |
| 2009-03-17 | 59.3 | 62.4 | 66.7 | 61.2 | 70.5 | 62.7 |
| 2009-03-10 | 56.7 | 73.1 | 76.1 | 65 | 66.2 | 65.2 |
| 2009-03-03 | 67.1 | 78.6 | 76.2 | 71.3 | 80.1 | 72.8 |
| 2009-02-24 | 69.4 | 92.6 | 106.5 | 81.6 | 76.1 | 80.7 |
| 2009-02-17 | 77.9 | 89.9 | 100 | 83.7 | 77.2 | 82.7 |

거래량지수는 지수(指數, index number)[7]로서의 의미를 가진다. 즉 다

7) 지수는 수량에 대비하여 기준치를 100으로 했을 때의 100분비로 나타낼 수 있다. 2개의 측정치가 같은 종류의 현상에 관한 것일 때 A를 기준 100으로 하여 B를 100 B/A의 형태로 나타내는 것을 말한

른 현상의 변동을 서로 비교하는데 유효하다는 말이다. 기준치가 없는 전월(연, 분기)과의 비교 지표인 수익률[8]에 비해 특정 시점까지도 비교할 수 있어 의미 있는 시사점을 도출해 낼 수 있다.

---

비율이므로 1단위는 일단 무관계한 무명수이다.

8) 따라서 수익률은 직전 비교치와의 비교만이 의미가 있다.

## 1. 상가시장 현황

강도 높은 부동산 대책과 지속적인 경기침체로 2006년 상가시장은 어려움이 가중되었다. 2005년 8.31 대책 발표 후 주거시장의 규제로 반사이익이 기대됐던 상가시장은 신규분양상가는 물론 기존 상가까지도 과잉공급물량 및 수익률 악화, 고분양가 등의 원인으로 고전을 면치 못하였다. 이와 더불어 연면적 60㎡ 이상의 모든 신축 및 증축 건물에 대해 부과되는 기반시설부담금제가 2006년 7월부터 시작되었으며, 2007년부터 강화되는 보유세 및 양도세 부담 등의 요인으로 상가투자 감소는 물론 신규분양 상가물량 감소가 지속되었다.

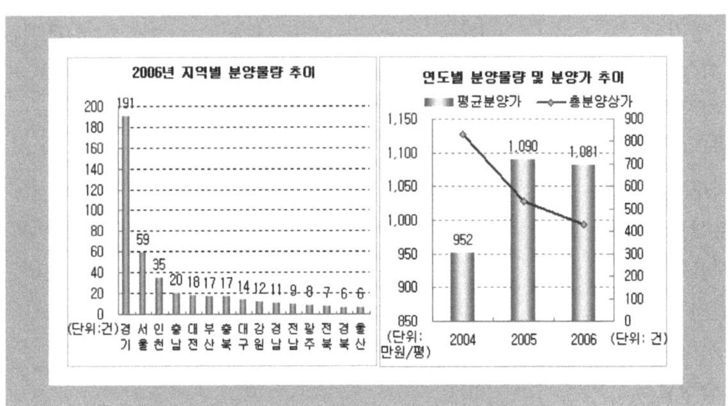


2006년 분양된 상가물량은 근린상가 183건, 단지내상가 161건, 복합상가 61건, 테마상가 15건 등 총 430건으로 2005년 대비(533건) 19.3% 감소한 수치이며, 2004년 분양물량(830건)의 절반수준을 보였다.

지역별로는 경기가 191건으로 가장 많았고 서울이 59건, 인천 35건, 충남 20건, 대전 18건 등의 순이었다. 전체 분양물량에서 수도권 분양물량이 67.3%를 차지하며 신규분양 3건 중 2건이 수도권에서 위치하고 있으며, 수도권과 광역시 및 개발호재가 풍부한 충청을 제외한 기타지역의 분양물량은 45건이 분양되는데 그쳤다. 평당 분양가는 평균 1,081만원으로 전년대비(1,090만원) -0.82%정도의 미비한 하락을 보였다.[9]

## 2. 쇼핑몰의 문제점

상가시장이 침체를 맞고 있지만 이중 테마상가로 일컫는 쇼핑몰이 상대적으로 더욱 큰 어려움을 겪고 있다.

[테마상가 전국 분양현황]

| 전 국 | 2005년 | 2006년 | 상승률 |
|---|---|---|---|
| 강원도 | 151 | 0 | |
| 경기도 | 1,264 | 472 | -62.7% |
| 경상남도 | 270 | 0 | |
| 경상북도 | 568 | 0 | |
| 광주광역시 | 161 | 0 | |
| 대구광역시 | 539 | 36 | -93.3% |
| 부산광역시 | 1,415 | 155 | -89.0% |
| 서울특별시 | 6,457 | 5,448 | -15.6% |
| 인천광역시 | 0 | 1,266 | |
| 전라남도 | 0 | 257 | |
| 충청남도 | 311 | 0 | |
| 전 국 | 11,136 | 7,634 | -31.4% |

* 부동산114, 2007. 1

9) 부동산114, 2006년 상품별 시장 결산, 2006.12

1990년대 중반부터 쏟아져 나온 쇼핑몰이 위기를 맞고 있다. 테마상가는 한 개의 테마가 중심인 대규모 쇼핑몰을 말한다. 동대문의 패션 쇼핑몰이 가장 먼저 나온 이후 2000년대 들어 서울과 수도권에서 △전자 △어린이 △애견 △한약재 등을 테마로 한 상가가 잇따랐으나 활성화된 곳은 그리 많지 않다. 상가경기의 어려움으로 인해 전국적으로 2006년부터는 전년도에 비해 31.4%나 줄어든 상가만이 분양된 것으로 파악된다.

테마상가 가운데는 패션과 의류를 내세운 상가들이 가장 큰 타격을 받고 있다. 이는 소비자의 구매패턴이 변화하기 때문으로 보여 진다. 서울 영등포역 앞에 의류전문 상가로 2006년 문을 연 L쇼핑몰은 전체 8층 중 지하 1층과 지상 1, 2층만 문을 열고 3층부터는 에스컬레이터 운행이 중지되었다. 입점하는 상인이 없는 데다 구매고객도 뜸한 악순환이 이어지고 있는 것이다. 중저가 패션은 온라인 쇼핑몰과 할인점에 치이고 고급고객은 백화점에 뺏겨 패션테마의 경우 '끼인 상가'로 여겨지고 있다.

2004년 여름 문을 연 서울 동대문구 제기동의 한 약령상가도 심각한 공실로 몸살을 앓고 있다. 인근 재래시장의 약재 상인들을 끌어들일 계획이 빗나갔기 때문이다. 실지로 한약재상은 약재를 쌓아두려면 큰 매장이 필요하며 업종은 단골 중심의 장사여서 쇼핑몰 입점이 생각보다 쉽지 않은 상황이다.

애견, 키즈(어린이), 가전 등을 주제로 내건 테마상가의 경우에도 수요창출의 한계로 어려움을 겪고 있다. 서울 서초구에서 지난해 개점했던 O쇼핑몰은 어린이 의류와 용품을 테마로 정했으나 영업이 되지 않아 2007년 상반기 문을 닫았다. 2002년부터 서울 중구에서 애견 전문상가를 추진했던 W쇼핑몰도 현재 사업이 중단된 상태이다.

이 때문에 일부 테마쇼핑몰은 내부를 뜯어고치고 업종을 보완해 '복합상가'로 방향을 틀기도 한다. 서울 용산에서 2005년 초 문을 열었던 전자제품 전문 상가 스페이스나인도 복합쇼핑몰로 바꾸고 있다. 분당 W쇼핑몰도 패션테마에서 백화점으로 바꾸는 작업에 들어갔으며 분당에서 애견 전문 상가를 계획했던 Z쇼핑몰은 오피스텔로 변신을 시도하고 있다.

하지만 테마 쇼핑몰이 단순히 복합 상가로 탈바꿈하여 업종만을 추가한다고 경영난을 벗어날 수 있을까. 국내 테마쇼핑몰이 어려워진 원인은 두 가지로 진단할 수 있다. 첫째는 내수경기의 부진 때문이다. 아래의 표에서도 나타나듯이 상업용부동산의 투자 변수는 세 가지로 나눌 수 있는데 수급여건과 금리와 같은 대출조건에 비해 경기변동에 따른 영향이 가장 크다. 따라서 내수경기가 어려워지면 다른 조건이 충족되더라도 상가시장이 어려워질 수밖에 없다.

[상업용부동산 투자변수]

| 구 분 | 투자 포인트 | 영 향 |
|---|---|---|
| 경기변동 | 경기가 좋아지는 시점 | 大 |
| 수급여건 | 창업(이전)수요vs공급물량 | 中 |
| 금리(대출) | 저금리와 대출비율(LTV) | 小 |

* LTV(Loan to Value Ration) : 담보인정비율, 담보대출비율

대한상공회의소가 2006년 말 백화점과 할인점, 슈퍼마켓 등 전국 906개 소매유통업체를 대상으로 '2007년 1/4분기 소매유통업 경기전망지수'를 조사한 결과, 1/4분기 전망치가 90으로 집계되었다고 밝혔다. 이는 '05년 1/4분기(82)이후 2년 만에 가장 낮은 것으로 추세 상으로도 지난 3/4분기 이후 3분기 연속 하락한 수치이다. 소비심리 위축과 경제의 불확실성이 지속되면서 소매유통업체들의 경기회복에 대한 기대감이 떨어지고 있는 것으로 드러났다.[10] 유통시장의 어려움은 내수경기 위축을 반영하는 가장 현실적인 지표이다.

두 번째는 더욱 중요한 사실인데 상업용부동산이 구분소유로 등기가 이루어진다는 것이다. 구분소유란 한 동의 건물을 둘 이상의 건물 부분

10) 대한상공회의소, 2007년 1/4분기 소매유통업 경기전망조사, 2006.12

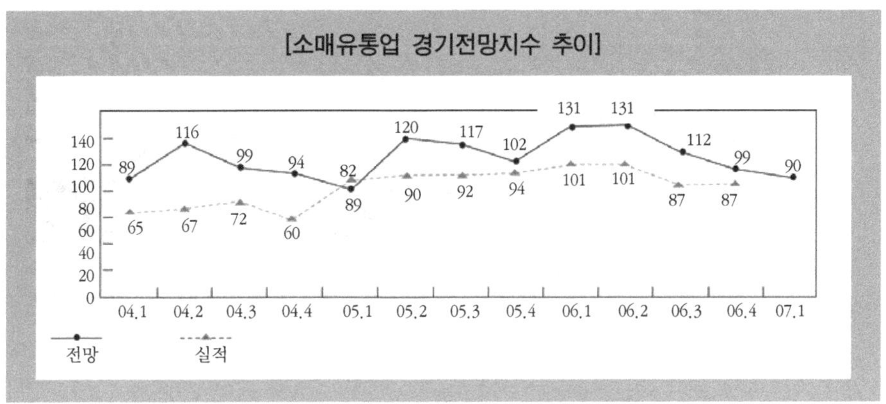


으로 구분하여 각각 그 부분을 독립된 소유권의 객체로 하는 관계를 말한다.11) 이렇게 한 쇼핑몰의 소유권이 나누어지면 그 경쟁상대인 백화점이나 할인점과의 경쟁에서 불리하게 된다. 의사결정 주체가 나누어지면서 트렌드에 맞춘 매장의 변경이나 영업 전략을 수행하기가 어렵게 된다는 말이다.

쇼핑몰은 구분소유라는 특징과 함께 구분 소유된 각각의 점포가 업종에 대한 제한을 동시에 가지게 되는데 현재와 같이 트렌드의 변화가 심한 때에는 업종이나 필요시 전체의 컨셉을 바꾸어야 하는 경우가 자주 일어날 수 있는데 구분소유 상가는 이러한 조정이 거의 불가능하게 된다. 하지만 백화점이나 할인점의 경우에는 눈썰미가 좋은 고객들은 느낄 수 있겠지만 업종이나 점포의 위치가 자주 바뀌고 있음을 알 수 있다. 아래의 그림은 현대백화점 무역센터 5층 여성캐주얼 매장이 시각이 분산되는 직선형 동선에서 물건을 세심하게 살필 수 있는 오솔길형 동선으로 변경한 예이다.

---

11) 한 동의 건물의 일부에 대한 소유라는 점에서 일물 일권주의에 대한 예외가 된다. 구분소유의 대상이 되는 건물을 집합건물이라고 한다. 구분소유가 되려면 그 대상인 건물부분이 구조상, 기능상 독립성을 가져야 한다. 그러므로 구분 소유는 집합건물의 공용부분에 대하여는 인정되지 않고 그 전유부분에 대하여만 인정된다. 전유부분에 대한 구분소유의 권리를 구분소유권이라고 한다.

* 딱딱한 것 보다는 부드러운 게 좋다. 현대백화점 무역센터점 5층 여성 캐주얼 매장이 시각이 분산되는 직각형매장(左)에서 물건을 차근차근 살피며 갈 수 있는 S동선형 매장(右)으로 탈바꿈했다.

구분소유의 집단상가 형태로 개발된 스페이스나인은 국내 대형 쇼핑몰의 문제점을 고스란히 안고 있었다. 100% 분양은 되었지만 입점률은 형편없었으며 입점해 있는 점포들마저 경쟁력을 잃어갔다. CGV라든지 몇 개의 주요임차인(Key Tenant)들만이 영업을 이어가고 있었다.

가수 서태지 씨가 15억 원대의 높은 모델료를 받으면서 세상에 알려진 용산 민자역사 내 초대형 전자상가인 '스페이스나인'은 2002년에 역사내 상가를 임대 분양하였다. 연면적 8만 2천3백여 평(강남 코엑스몰의 2배) 규모의 초대형 전자전문 상가로 극장, 식당, 쇼핑몰, 대형마트 등이 들어섰다.

하지만 개장 2개월째부터 스페이스나인은 상인과 계약자들의 '6개월 임대료 면제' 요구로 위기를 맞이했다. 용산민자역사 관리사인 현대역사와 상우회, 계약자들이 임대료 면제를 놓고 협의를 벌였으나 양측의 입장차를 좁히지 못해 결렬되고 상가경기는 지속적으로 침체되면서 구분소유 집단상가의 문제점을 드러내기 시작했다.

2005년 초 현대역사가 대규모 이벤트를 실시하고 입주상인들과 마찰을 빚어오던 월 임대료 분쟁을 해결키 위해 30% 인하안을 제시하며 서로간의 신뢰를 회복하였다. 하지만 대규모 이벤트도 상가를 활성화시키기에는 미흡하여 낮은 입점률과 고객부족, 임대료 분쟁 등 3중고는 지속되었다.

## 3. 쇼핑몰의 변신

2005년 11월 현대역사는 전자상가를 고급 브랜드 매장으로 전환하는 한편 2006년 3월을 목표로 오픈하는 패션상가를 백화점식 쇼핑몰로 위탁 경영키로 발표하였다. 현대역사는 이를 통해 '아이파크몰'을 백화점식 전자전문점과 패션전문점이 어우러지는 프리미엄 복합쇼핑몰로 탈바꿈한다는 계획을 세웠다. 백화점식 쇼핑몰이란 백화점처럼 수수료 매장으로 바꾸고 점포들이 수익을 올리면 임대료를 제외하고 남는 부분을 상인들과 나눠 갖는 유통모델이다.

[현대아이파크몰]

현대산업개발은 부동산 개발자로서 상가 활성화에 대한 의무나 법적인 책임은 없다. 하지만 대기업이 가지는 사회적 책임이라는 부분에 동감하게 됐고 '부동산 임대관리업'에서 '쇼핑몰 개발, 운영, 관리 및 백화점 사업'으로 사업 대전환을 꾀했다.

이런 결정에 따라 2005년 10월, 브랜드명을 '현대아이파크몰'로 변경하고 현대백화점에서 오랜 경험을 쌓은 전문경영인인 최동주 대표를 영입하였다. 본격적인 선진국형 복합쇼핑몰 개발에 돌입한 것이다. 경영방식도 임대계약자 3천명에게 경영권을 위임받아 유통 전문 인력들을 구성하여 기획, 브랜드 유치, 마케팅 등 전반적인 업무를 총괄하고 운영에 따른 수익금은 계약자들에게 N분의1로 돌려주는 형태였다.

현대아이파크몰의 위임경영방식은 선진국에서는 보편화된 쇼핑몰 운영방식이다. 체계적인 마케팅과 통일된 운영정책 하에 쇼핑몰을 운영해 유통시장의 안정화는 물론 시장 경제 활성화에 기여를 하고 있는 것으로 나타났다.

이는 사회적 문제로까지 대두되고 있는 일반 투자자들이나 영세 영업주들을 위한 대안이 될 수 있다는 평가이다. 또 운영 노하우 없이 마구잡이로 개발된 쇼핑몰들이 살아남을 수 있는 방안으로 주목된다.

2006년 8월 오픈한 '아이파크백화점'과 그 이전에 오픈된 '패션스트리트'가 이미 성공적으로 운영되고 있다. 이를 기반으로 2006년내 '아이파크리빙백화점', '아이파크 레포츠백화점'도 순차적으로 완성하였다.

아이파크몰 탄생으로 국내 유통업계에도 정통 복합쇼핑몰의 시대가 열리게 됐다. 쇼핑몰은 개발자에 의해 계획, 개발, 운영, 관리되는 소매점포의 집합체로 점포 규모가 크고 상권이 넓으며 개발자와 운영자가 동일해 통일된 유통, 운영관리가 가능해야 한다.

쇼핑몰은 백화점, 할인점, 전문점 등 다양한 유통장르의 쇼핑시설과 문화, 엔터테인먼트 시설이 결합된 대규모 복합생활문화공간으로 선진국에서는 이미 대표적인 유통산업의 중심에 서있다. 아이파크몰도 CGV복합상영관과 이마트가 함께 있어 쇼핑의 재미를 더욱 더할 수 있을 것이다.

아이파크몰은 지역고객만을 대상으로 하는 지역상권이 아니라 수도권을 포함하는 전국상권을 배경으로 하고 있다.

백화점 개점이후 아이파크몰 고객을 분석해보니 서울 77.5%, 경기 15.1%, 인천 4.1%, 기타지역 3.3%로 초광역상권이라는 것이 증명되고 있다. 서울지역에서는 용산구 20.2%, 동작구 14%, 관악구 7.7%가 전체 고객 중 41.9%를 차지하였다.

아이파크몰 기존고객은 젊은 고객 중심이었지만 백화점 오픈 이후 쇼핑몰의 구색을 갖추면서, 20대에서 50대까지 고객이 넓어지고 두터워졌다. 특히 용산 지역이 개발붐을 타고 있어 향후 매출은 계속 상승될 것으로 예상된다. 아이파크몰 고객은 고소득층이 많아 고객의 가격 저항력이 없으며 브랜드 수용성이 강하다.

아이파크몰의 성공의 이면에는 두 가지 점을 지적할 수 있다. 첫째는 구분소유 상가를 위탁경영의 형태로 경영주체를 하나로 만들었다는 점이다. 이로 인해 경쟁업종인 할인점, 백화점과의 경쟁이 가능하게 되었다. 또 하나는 CEO의 리더십을 들 수 있다. 최동주 사장은 과거 현대건설에 입사하여 현대백화점에 20년 근무한 건설 유통맨으로서 건설과 부동산을 모두 잘 알고 있고 특유의 추진력으로 죽어가는 상가를 회생시켰다.

■ **최동주 사장 이력**

1952년생. 78년 경희대 정치외교학과 졸업. 78년 현대건설 입사. 83~84년 현대미포조선 근무. 84~2003년 현대백화점 이사·상무·본부장. 2003년 풀무원 부사장 및 올가홀푸드 대표이사. 2004년 제너시스 사장. 2005년 7월 현대아이파크몰 사장(현)

## 4. 미래의 소비자 – 몰고어(Mall Goer)

코엑스몰(서울 강남구 삼성동), 현대아이파크몰(서울 용산구 한강로 3가), 센트럴시티(서울 서초구 반포동), 라페스타(경기도 고양시 일산구) 등 복합쇼핑몰의 인기가 확산되면서 한국에서도 '몰고어(mall- goer)'가 새로운 소비주체로 자리 잡아 가고 있다.

백화점이나 할인점처럼 쇼핑 중심의 유통업체가 주류를 이룬 한국에서는 '몰고어'를 쉽게 발견할 수 없었다. 신세계 유통산업연구소가 2006년 말 발표한 '2007년 유통업 전망보고서'에 따르면 2007년 소매시장 규모는 전년대비 3% 성장한 158조원에 이르며, 업태별로는 대형마트(할인점)가 27조 7천억 원, 백화점이 18조7천억으로 인터넷 쇼핑몰을 제외하면 국내 유통시장을 양분하고 있다. 그런데 최근 한국에서도 규모 면에서 미국 몰에 뒤지지 않는 몰이 등장하기 시작했다. 현대아이파크몰은 초대형 백화점보다 2~3배 크고, 코엑스몰은 동양최대의 규모를 자랑한다.

동아일보가 코엑스몰과 현대아이파크몰을 방문한 200명을 대상으로한

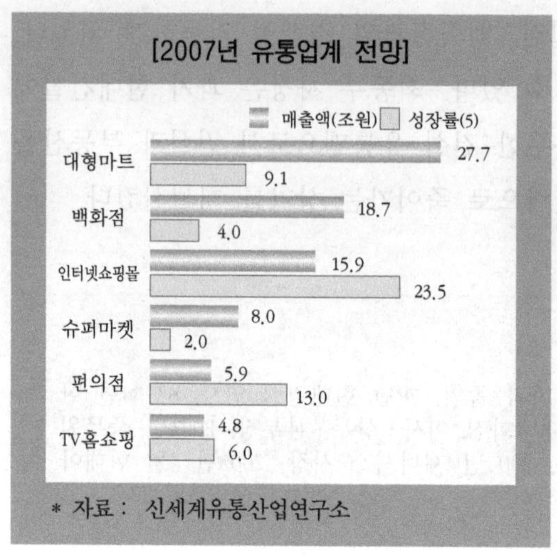


대면 설문조사에 의하면 한국의 몰고어는 평균 3.59시간을 몰에서 보내는 것으로 드러났다. 이 시간에 평균 3.3개의 행위를 한다. 쇼핑 등 단일 행위만을 하는 일반 쇼핑객과는 달리 몰고어는 게임, 독서, 스포츠, 산책, 음악감상, 영화관람 등 다양한 행위를 함께 하는 것이다.

몰고어의 등장이 한국 소비시장의 새로운 변화를 낳을 가능성도 점쳐지고 있다. 코엑스몰이 지난해 고객 312명을 대상으로 실시한 조사에 따르면 이곳을 찾은 고객들의 42.3%가 몰링[12]을 하면서 쓴 평균 금액이 1~3만원이었다. 실제 몰 안에서는 그다지 돈을 쓸 일이 많지 않으며 무료로 즐길 수 있는 일이 많다. 이들의 목적은 몰고어들을 오랫동안 잡아두는 것이다.

몰을 운영하는 유통업체는 고객들이 많은 돈을 쓰도록 유도하지 않으며 저렴하게 오랜 시간을 몰 내에 머물면서 즐기길 원한다. 고객들을 즐겁게 해 주는 것이야말로 복합쇼핑몰이 사는 길이라고 믿기 때문이다.

이들이 주목하는 것은 미래의 고객이다. 선진국의 몰고어는 30대가 주류이다. 반면 한국의 몰고어는 10~20대가 이끌고 있는데 이들이 30대의 주소비 계층으로 이동하면 한국 소비의 주류는 '쇼핑객'이 아니라 몰고어가 될 수 있다는 것이 복합쇼핑몰 운영자들의 생각이다.

---

12) 몰링(malling)이란 사고 싶은 물건만 찾아다니는 쇼핑과 달리 초대형 복합쇼핑몰에서 다양한 생활을 즐기고 영위하는 행위를 말한다. 그리고 몰링을 주로 하는 새로운 소비자들을 미국에서는 '몰고어(mall-goer)'라고 부른다.

## 5. 아이파크몰의 미래

아이파크몰이 동대문에 두 번째 매장을 낸다. 계획으로는 이랜드 '2002 아웃렛'과 제휴해 부평에 아이파크몰 2호점을 열 계획이었으나 2007년 4월 동대문 대형쇼핑몰 패션TV에 아이파크백화점 2호점을 개점할 계획이다.

업계에 따르면 아이파크몰은 2006년 12월 매장 임대에 관한 양해각서(MOU)를 체결하고 패션TV의 지하2층~지상7층을 '아이파크백화점'으로 꾸미기로 합의했다. 이번에 들어서는 동대문 아이파크 백화점은 1호점과 마찬가지로 패션TV 분양주로부터 경영권을 위임 받아 △매장구성 △마케팅 △브랜드유치 등을 총괄하는 '위탁경영방식'으로 운영될 예정이다.

한편 준공을 앞둔 패션TV는 당초 연말까지 패션전문 쇼핑몰로 오픈을 앞두고 있었으나 최근 동대문 쇼핑몰이 임대 상인 감소로 몸살을 앓자 매장 일부를 아이파크몰에 임대, 백화점으로 바꾸기로 한 것으로 전해졌다.

상가 분양에만 신경 쓰던 쇼핑몰 업계에 아이파크몰의 '위탁경영방식'이 새바람을 일으키고 있다. 향후 임대가 부진한 대부분의 대형쇼핑몰은 아이파크몰과 같은 단일 운영주체에 의해 선진국형 몰로 전환될 것으로 보인다.

## 6. 진정한 테마상가를 위하여13)

시설이 사람을 끌어들이고 이색적인 공간이 되기 위하여, 설계, 공간의 구성, MD, 인테리어에서 기존의 모습을 탈바꿈한 테마파크적 환경이 조성되고 있다.

지역 환경의 균일화에 대한 대안으로 특정 지역이나 건물을 선정하여 이를 지배하는 강력한 주제(theme)를 설정하고 그 주제에 맞게 건물구조,

13) 한송이, 상업시설의 테마화, 알투마켓리포트, 2007. 1

내부 인테리어 및 작은 소품까지를 배치하는 통일적인 환경을 조성하여 방문하는 사람들이 지금까지 경험한 적이 없는 환경을 조성하여 즐거움을 선사하고 있으며 고객은 더 비싼 대가를 치르더라도 이러한 이색 공간에서 구매하게 하는 현상이 일어나고 있다.

이러한 현상은 상업자본 측에서부터 활발하게 일어났는데 이것은 상업환경도 단지 상품을 판매하는 장소가 아니라 상품과 같이 구매 욕구를 유발시키는 중요한 투자대상이라는 인식에서 출발하였다. 상품의 성능이 동일시되고 가격경쟁을 극복하기 어렵게 되자 판매장소의 질을 중요시하게 되었다.

상점과 함께 주변의 환경까지도 상품의 일부라는 인식으로 형성된 상업공간은 이국적이며 특색 있는 모습을 하고 있어 고객의 구매 욕구를 충족시키게 된다.

이런 테마화가 많이 이루어지는 중심 상업지는 그 이용도가 좁은 지역에 매우 집중되어 있고, 획일성이 강하며, 모든 것이 인공적으로 조성된다는 점에서 테마화가 용이하다. 또한 이러한 사례들은 도시 공간에서 재미있는 공간, 삶의 여유를 느낄 수 있는 공간으로서의 중요한 역할을 수행하고 있다. 이러한 테마화를 통하여 상권이 활성화 되고 지역 주민들에게 즐거움을 줄 수 있다.

* Mall of America는 미국 미네소타주에 위치한 쇼핑몰이다. 부지면적 95,488평, 건축연면적 118,020평으로 개발에 약 7,800억 원이 투자되었다.

이런 테마형 쇼핑몰은 국내에서는 아직 일관적인 주제로 대규모로 개발된 사례가 많지 않으나 최근 해외 가로의 재현, 영화 속 공간의 재현 등 여러 방면에서 시도되고 있으며, 상업시설의 활성화를 위하여 국내에서도 이러한 추세는 계속될 것으로 판단된다.

테마형 상업 공간 개발 시 무엇보다 중요한 것은 주요 소비자 타깃에 대한 명확한 이해와 소비자의 소비력을 고려한 규모의 개발이며, 소비자의 취향 및 소비특성을 고려한 시설구성 및 일관된 컨셉을 유지할 수 있는 관리, 운영상의 노하우라고 생각된다.

[Mall of America의 시설구성]

| 시 설 명 | 비 고 |
|---|---|
| 노드스트롬 | 백화점, 3층 |
| 메이시 | 백화점, 3층 |
| 블루밍데일즈 | 백화점, 4층 |
| 시어즈 | 백화점, 3층 |
| Knott's Camp Snoopy | 어린이를 위한 미국에서 가장 큰 실내 어뮤즈먼트 파크로서 라이브시설, 쇼핑상점, 식당, 가족콘서트장, 다목적 영화관(14개관) 등으로 구성 |
| Golf Montain | 코스길이 3,380미터로 미국에서 가장 큰 최신식 실내 모형 골프장 |
| LEGO Imagination Center | 141평 규모로 어린이들을 위한 놀이공간 |
| 엔터테인먼트거리 | 대형 텔레비전 스크린과 야구다트게임, 컴퓨터운전연습장, 가상현실게임, 나이트클럽(8개) 등 복합 오락시설 |
| 그레이트 카, 그레이트 트럭 | 웨스트마켓 거리에 위치한 클라이슬러 회사의 최신 자동차 전문점 |
| 수족관 | 동부 브로드웨이에 위치한 8천여 종의 해양생물 경험 |
| 테마거리 | 성인 위주의 공간으로 대형 TV스크린, 가상현실게임, 댄싱장 등 복합오락시설로 꾸며진 스포츠바, 테마가 있는 레스토랑 등으로 구성 |
| 주차시설 | 12,550대 |

# 제5장

# 부동산시장 세분화와 STP전략

REAL ESTATE MARKETING

# 제5장 부동산시장 세분화와 STP전략

## 1. 시장 세분화(Segmentation)

특정 부동산 상품에 대해 효과적으로 마케팅 목표를 달성하기 위해서는 상품의 가망 고객을 분석하고 이를 토대로 시장을 세분화시키는 일이 선행되어야 한다. 이를 통해 기업은 해당 부동산 상품의 수급동향 및 매력도를 정확히 예측할 수 있으며 나아가 신규 부동산 상품 개발의 근거 자료를 확보할 수 있다.

시장 세분화를 통해 기업은 첫째, 마케팅 활동 수행의 전제단계로서 부동산 시장의 수급 동향을 예측할 수 있다. 부동산 시장의 수급 동향을 예측하기 위해서는 시장을 최대한 세분화시켜 분석하는 것이 중요하다. 이러한 시장 세분화는 수요자의 입장에서 할 수도 있으며 공급자의 입장에서도 수행할 수 있다.

수요자의 입장에서는 신혼가구, 독신가구, 3세대 동거가구 등 가구별 특성에 따른 주택상품의 수요를 예측할 수 있다. 최근 1인 가구가 급속한 증가하고 있으나[1)] 이러한 변화는 주택보급률에도 포함되지 않으므로 1인 가구 수요 예측을 통해 새로운 부동산 상품을 개발한다면 틈새시장

1) 일반가구와 총 가구는 5년간 각각 11.0%, 11.1%의 증가에 그치고 있으나 1인가구와 외국인가구의 5년간 증가율은 각각 42.5%, 29.8%에 이른다. 특히 1인 가구의 경우 2000년에는 총 가구에서 차지하는 비중이 15.5%였으나 2005년에는 무려 20%를 차지하고 있어 5가구 중 1가구는 1인가구일 정도로 급속히 늘어나고 있다. 이러한 추세는 향후에도 지속될 것으로 보여 주택보급률 산정의 기초 자료가 수정될 필요성이 제기되고 있다.

**[가구별 증감 현황]**

(단위 : 천호, %)

| 구 분 | 2000년 | 2005년 | 증감률 |
|---|---|---|---|
| 총 가구 | 14,391 | 15,988 | 11.1% |
| 일반가구 | 14,312 | 15,887 | 11.0% |
| 1인 가구(구성비) | 2,224(15.5%) | 3,171(20.0%) | 42.5% |
| 외국인 가구 | 65 | 85 | 29.8% |

* 통계청, 2006. 7

개척의 의미를 가질 수 있을 것이다.

상업용 부동산의 경우에도 매년 창업자수를 예측하여 그에 상응하는 상가공급 규모를 추정해 볼 수도 있을 것이다. 최근 창업자수가 줄어들고 있음에도 불구하고 상가공급이 증가하여 공실을 증가시켰던 상황은 이러한 수요자의 입장에서 잘못된 예측의 결과로 보여 진다.

공급자의 입장에서는 부동산 상품별 시장 규모를 예측해 볼 수 있을 것이다. 아파트, 오피스텔, 상가 등 상품별 시장 규모 예측을 통해 전반적인 부동산 시장의 수급 동향을 예측하는 것이 가능할 것이다.

상품별 시장 규모는 부동산 정보제공회사의 인터넷 사이트에 접속하면 매월 또는 매주 동향을 분석한 자료가 나오기 때문에 이를 참고로 분석할 수 있다. 주거용부동산(아파트, 주상복합, 오피스텔)을 중심으로 생성되고 있는 입주물량과 분양물량은 시장 규모를 예측할 수 있는 대표적인 자료라고 할 수 있다.

아래의 표는 수도권 지역 아파트의 입주 물량에 대한 자료이다. 2009년 경기도를 제외하면 서울과 인천은 입주물량이 대폭 감소함을 알 수 있다.

**[수도권 아파트 입주 물량]**

(단위 : 호)

| 지역 | 2005년 | 2006년 | 2007년 | 2008년 | 2009년 | 2010년 |
|---|---|---|---|---|---|---|
| 전국 | 334,339 | 330,625 | 308,115 | 314,981 | 278,139 | 261,875 |
| 서울특별시 | 53,221 | 47,379 | 36,332 | 54,330 | 27,775 | 30,230 |
| 경기도 | 94,517 | 90,369 | 74,553 | 87,647 | 107,044 | 104,328 |
| 인천광역시 | 21,063 | 13,737 | 30,192 | 15,345 | 13,136 | 16,992 |

* 부동산114, 2009. 4

시장 세분화를 통해 기업은 둘째, 신규 부동산 상품 개발의 근거자료를 확보할 수 있다. 궁극적으로 시장을 세분화하는 목적은 그 세분화된 시장에 맞는 부동산 상품을 개발해 내기 위해서이다. 최근의 부동산 시장의 변화와 경기 변동의 불예측성으로 인해 부동산 회사는 과거와는 다르게 끊임없는 혁신을 통해 차별화된 신규 부동산 상품을 개발하는 것만이 미래의 경쟁력을 확보할 수 있는 수단이 되고 있다.

웰빙 트렌드가 유행하면서 웰빙이라는 상품을 내건 상가의 분양이 증가하고 있다. 웰빙이라는 명칭은 동일하게 사용했다 하더라도 기존의 메디컬빌딩에 건강관련 점포들을 포함하여 의료전문빌딩을 확장한 개념의

**[웰빙 명칭의 상가 분양 현황]**

| 상가명 | 지역 | 규모 | 연면적 | 입점예정일 |
|---|---|---|---|---|
| 하이웰빙25노원역 | 서울시 노원구 | 지하2/지상5층 | 1,379.7평 | 2004.12 |
| 웰빙라이프 | 천악시 백석동 | 지하1/지상7층 | 979.95평 | 2004.11 |
| 금강웰빙프라자 | 삼척시 정상동 | 지하1/지상5층 | 3,271평 | 2005.10 |
| 이조웰빙프라자 | 전라남도 목포 | 지하2/지상7층 | 2,348.01평 | 2004. 7 |
| 성진웰빙타운 | 용인시 수지읍 | 지하2/지상7층 | 1,739.47평 | 2005. 2 |
| 웰빙메디컬빌딩 | 서울시 강동구 | 지하1/지상7층 | 1,057평 | 2004. 8 |
| 오렌지웰빙타워 | 남양주시 평내동 | 지하4/지상12층 | 6,553평 | 2005. 8 |
| 웰빙오피스텔상가 | 광주시 광산구 | 지하4/지상15층 | 9,331.4평 | 2005.10 |
| 평창동 웰빙플라자 | 서울시 종로구 | 지하2/지상5층 | 1,300평 | 2004. 3 |

* 부동산와이드, 2004.10

웰빙 상가와 단순히 이름만을 사용한 경우는 차이가 있다. 이렇듯 단순하게 활용하는 차원이던 심각한 혁신이던 시장 세분화를 통해 끊임없이 새로운 부동산 상품의 개발이 중요하다.

시장 세분화란 마케팅 활동을 수행할 만한 가치가 있는 명확하고 유의미한 구매자 집단으로 시장을 나누는 활동을 말한다. 여기서 중요한 것은 마케팅의 대상으로서의 시장이란 "마케팅 활동을 수행할 만한 가치가 있어야" 한다는 것이다. 즉, 시장의 규모나 특성이 관련 부동산 회사가 사업을 수행하기에 규모가 작거나 적합하지 않을 경우에는 시장 세분화의 의미가 약해진다.

시장 세분화의 의미를 결정하는 기준으로는 원가 등 비용 측면이 중요하게 고려된다. 특히 대형 건설회사의 경우 소규모 시장에 대한 진출은 비용 측면에서 실행하기 힘든 경우가 많다. 따라서 일률적으로 세대수를 언급하기는 곤란하지만 아파트 사업의 경우 서울은 100세대, 수도권은 200세대, 지방의 경우는 500세대는 되어야 본격적으로 사업성을 검토하는 것이 일반적이다.

실버타운[2)]에 진출하기 위해 노인대상 주거시설에 관심을 가지는 건설회사들이 늘어나고 있다. 아마 고령화 사회를 대비한 전략적 차원의 접근인 듯싶다. 하지만 일본의 예를 보면 실버타운과 같은 시니어비즈니스(senior business)가 활성화된 시기는 고령인구가 10%가 넘어서는 해 부터였다. 따라서 국내 시니어비즈니스도 고령인구가 10%가 넘어서는 2008년 이후에 활성화될 것이라고 예측하는 전문가들이 많기 때문에 실버타운의 사업 개시 시점은 2000년대 후반으로 잡아야 할 것이다.

실버타운은 개발보다는 운영을 통한 수익을 창출해야 한다는 것이 선진국의 전문기업들의 사례이다. 그러나 국내 건설업체의 경우 운영을 통

---

2) 실버타운이란 노인복지법의 유료노인주거시설을 의미한다. 무료와 실비시설의 경우 입소대상자의 제한이 있으나 유료 노인주거시설의 경우 60세 이상(부부 1인)의 건강한 노인이면 가능하다. 유료노인주거시설은 "유료양로시설"과 "유료노인복지주택"으로 나눌 수 있다. 이 둘은 입주자 모집방법에 있어 차이를 보이는데 유료양로시설은 임대가 원칙이며 유료노인복지주택의 경우 분양도 가능하다.

한 수익창출에는 경험도 없을뿐더러 관심도 높지 않은 것이 사실이다. 이러한 조건들을 고려한다면 실버타운 사업이 아무리 매력적이라고 하더라도 시장의 규모나 특성을 고려하면 국내 건설업체들하고는 맞지 않기 때문에 시장 세분화 측면에서는 고려하기가 쉽지 않게 된다. 실제로 일본의 경우 실버타운 전문회사의 경우 시공기능을 보유하고 있지 않은 경우가 많다고 한다.

이렇게 시장의 규모 및 특성에 대한 고려와 함께 마케팅 활동을 수행하는 집단의 특성도 반영되어야 한다. 즉 △세분화된 시장이 확인되고 측정되어야 하며 △그 세분시장이 충분히 수익성이 높고 △도달 가능해야 하며 △시장이 또한 마케팅 활동에 반응해야 할 것이다.

### (1) 시장 세분화의 기준

가치 있는 시장 세분화를 위해서는 적절한 기준이 필요할 것이다. 어떤 시장이 마케팅 활동을 위해 가치가 있는지를 판별할 수 있는 기준 설정은 시장 세분화를 위한 기초 자료가 된다.

마케팅에서는 시장 세분화를 위해서 통상 네 가지의 기준이 적용되며 △지리적 기준 △인구 통계적 기준 △심리 분석적 기준 그리고 △행동 분석적 기준이 그것이다.

[시장 세분화의 기준 및 특성]

| 세분화 기준 | 내 용 |
|---|---|
| 지리적 기준 | 지역, 행정구역 |
| 인구통계적 기준 | 연령, 성, 생활주기, 소득, 질병 |
| 심리분석적 기준 | 사회계층, 라이프스타일, 개성 |
| 행동분석적 기준 | 서비스 이용 계기, 편익 추구, 이용 실태,<br>이용량, 상표 애호도, 구매 준비단계, 태도 |

① 지리적 기준

지역을 세분화하여 세분화된 지역별로 기후, 인구밀도, 전통, 관습 등을 조사하여 세분화의 기준으로 삼는다. 일반적으로 지리적 기준을 세분화의 기준으로 사용할 경우에는 건설 회사들이 아파트 사업을 수행할 때 지역에 따른 전문화를 할 것인지 전국적으로 동일한 컨셉으로 가면서 지역적 요구나 선호의 차이를 다소 반영할 것인지를 결정하기 위한 수단으로 사용될 수 있다. 단순히 서울지역을 놓고 보더라도 강남지역과 강북지역의 특성은 다르기 때문에 이를 고려한 상품 구성 등 차별화된 마케팅 전략 수립과 집행이 필요하다.

지리적 기준은 수익형 부동산보다는 주거용 부동산 상품에 널리 적용되는 시장 세분화의 기준이며 수도권과 지방의 주택 건설 회사들이 서울 진입을 위해 가장 많은 비중을 두고 고려하는 세분화의 기준이라고 볼 수 있다.

예를 들면 아파트를 구입하려는 고객은 지역별로 색감에 있어 다른 특색을 보이는데 부산과 전주를 비교하면 부산의 경우는 현란한 색을 좋아하나 전주는 색을 많이 쓰는 것을 선호하지 않아 전체적으로 단순한 색감의 아파트를 좋아한다. 따라서 이러한 지리적 기준을 토대로 상품 구성 전략을 갖추는 것이 필요하다.

브랜드의 경우에도 이러한 지리적 기준이 적용되는데 한 설문조사[3]에 의하면 전국적으로 브랜드 파워는 삼성래미안이 1위, 롯데캐슬이 2위, 대우푸르지오가 3위를 기록하고 있으나 지역별로는 수도권에서는 삼성래미안, 현대아이파크, 대림e-편한세상을 선호하며, 대우푸르지오, 코오롱하늘채는 수도권보다 지방 광역시에서의 선호가 우위에 있다. 롯데캐슬은 부산과 대구에서 높은 순위를 보인다.

---

3) 부동산정보제공회사인 부동산114가 2005.6.20~6.28(9일)간 수도권 및 부산, 대구, 대전광역시에서 향후 5년 내 아파트 구입의사가 있는 가구주 혹은 가구주의 배우자 총 704명을 대상으로 조사한 자료이다.

[지역별 아파트 브랜드 선호도]

| 순위 | 전국 | 수도권 | 부산 | 대구 | 대전 |
|---|---|---|---|---|---|
| 1위 | 삼성물산-래미안 | 삼성물산-래미안 | 롯데건설-캐슬 | 대림산업-e-편한세상 | 대우건설-푸르지오 |
| 2위 | 롯데건설-캐슬 | 현대산업개발-아이파크 | 대우건설-푸르지오 | 롯데건설-캐슬 | 계룡건설-리슈빌 |
| 3위 | 대우건설-푸르지오 | 대림산업-e-편한세상 | 포스코건설-the# | 대우건설-푸르지오 | 삼성물산-래미안 |
| 4위 | 대림산업-e-편한세상 | GS건설-자이(Xi) | SK건설-VIEW | 삼성물산-래미안 | 대림산업-e-편한세상 |
| 5위 | 포스코건설-the # | 대우건설-푸르지오 | 대림산업-e-편한세상 | 포스코건설-the# | 한화건설-꿈에그린 |
| 6위 | GS건설-자이(Xi) | 롯데건설-캐슬 | 코오롱건설-하늘채 | 코오롱건설-하늘채 | GS건설-자이(Xi) |
| 7위 | 현대산업개발-아이파크 | 포스코건설-the # | 쌍용건설-스윗닷홈 | 태왕건설-아너스 | 롯데건설-캐슬 |
| 8위 | 코오롱건설-하늘채 | 현대건설-홈타운 | GS건설-자이(Xi) | 우방건설-우방팔레스 | 현대산업개발-아이파크 |
| 9위 | 한화건설-꿈에그린 | 동부건설-센트레빌 | 두산건설-위브 | 화성건설- | 포스코건설-the# |
| 10위 | SK건설-VIEW | 금호산업-어울림 | 삼성물산-래미안 | GS건설-자이(Xi) | 코오롱건설-하늘채 |

* 부동산114, 2005. 6

② **인구 통계적 기준**

인구 통계적 기준이란 고객의 연령, 가족규모(family size), 소득, 직업, 교육, 가족생활주기(family life cycle) 등과 같은 인구 통계적 기준을 가지고 부동산 시장을 세분화하는 것을 말한다. 일반적으로 시장 세분화를 위해서는 인구 통계적 기준이 가장 많이 사용된다. 그 이유는 인구 통계적 기준이란 주관적인 요소가 개입될 여지가 많지 않기에 객관적인 분석이 가능하기 때문이다. 그리고 과거와는 다르게 인터넷을 활용하면 인구 통계자료를 손쉽게 획득할 수 있는 장점이 있다. 또한 인구 통계적 기준은 개별 기준들 간의 결합을 통해 새로운 기준을 만들 수도 있기 때문에 별개의 기준을 가지고도 다양한 시각에서 시장을 분석할 수 있다. 예를 들면 가구의 연령대는 높으나 가족 규모가 작은 경우에는 주상복합이나 스튜디오형 주거용 상품 개발의 대상층이 될 수 있는데 최근 가구원 수가 급속히 줄고 있기 때문에 이러한 인구 통계적 변수를 가지고 새로운 부동산 상품의 개발이 가능할 수 있다.

2005년과 2000년을 비교하면 4인 이상의 가구원수를 보유한 가구의 감소가 가장 급속히 이루어지고 있는데 반해 1인 가구, 2인 가구의 증가가 가장 높게 나타나고 있다. 결과적으로 가구 구성에 있어 1, 2인 가구는 2000년에는 전체 가구에서 34.6%를 차지하나 2005년에는 42.2%를 차지하여 가구 구성에서 차지하는 비중이 급격히 증가하고 있음을 알 수 있다.

**[가구원수별 가구규모]**

(단위 : 천가구, %, 명)

| | 계 | 1인 | 2인 | 3인 | 4인 | 5인 | 6인 | 7인 이상 | 평균 가구원수 |
|---|---|---|---|---|---|---|---|---|---|
| 2000년 | 14,312<br>(100.0) | 2,224<br>(15.5) | 2,731<br>(19.1) | 2,987<br>(20.9) | 4,447<br>(31.1) | 1,443<br>(10.1) | 345<br>(2.4) | 134<br>(0.9) | 3.12 |
| 2005년 | 15,887<br>(100.0) | 3,171<br>(20.0) | 3,521<br>(22.2) | 3,325<br>(20.9) | 4,289<br>(27.0) | 1,222<br>(7.7) | 267<br>(1.7) | 93<br>(0.6) | 2.88 |
| 증 감<br>(증감률) | 1,575<br>11.0 | 946<br>42.5 | 790<br>28.9 | 338<br>11.3 | -158<br>-3.6 | -221<br>-15.3 | -78<br>-22.6 | -42<br>-31.0 | -0.24 |

* 통계청, 2006. 7

주거용 부동산에 있어서 인구 통계적 기준을 사용하면 상품 구성에 있어 평면을 계획하는데 도움을 받을 수 있다. 2LDK, 3LDK,[4]와 같은 평면은 인구 통계적 기준을 통해 도출된 시장 세분화에 맞추어 개발된 예라고 할 수 있다. 인구 통계적 기준을 통해 세분화된 시장에서 차별화된 마케팅 전략을 사용할 수 있음은 물론이다.

인구 통계적 기준은 데이터 확보와 측정이 용이하다는 장점을 가지고 있어 시장 세분화의 기준으로 널리 사용된다. 하지만 이 기준은 정성적 변수[5]에 의해 점검 및 수정이 되어야만 정확한 자료로서의 의의를 찾을

---

4) LDK(Living, Dining, Kitchen) 평면이란 아파트 베란다 쪽에 방, 거실, 부엌을 배치하는 것으로 2000년대부터 주택 건설업체들이 적극적으로 평면을 개발하여 고객에게 좋은 반응을 얻고 있다.

5) 사회과학 조사에는 정량적 방법과 정성적 방법이 있다. 정량적 방법은 quantity에 의한 방법. 즉 많은 표본을 통해 조사된 질문서나 전화 서베이, 대면 인터뷰 등을 통해 조사할 때 쓰인다. 제품의 인지도, 선호도, 기억 요소 등을 파악할 때 사용하는 방법이다.
이에 반해 정성적 방법은 quality에 의한 방법. 즉, 적은 표본을 통해 조사된 심층 인터뷰라던가 태도 관

수 있다. 즉, 정성적 변수에 의해 평가된 인구 통계적 기준만이 시장 세분화를 위한 제대로 된 변수로 자리매김할 수 있다는 말이다.

아래의 표는 상가114라는 상가전문 부동산 정보제공회사에서 조사한 인구 통계적 기준에 의한 상가 투자자의 분류이다. 이 분류에 의하면 상가 투자자는 연령별로는 30대가 가장 많았으며 성별로는 남자의 비율이 2배 가까이 높았음을 알 수 있다.

**[인구 통계적 기준에 의한 상가 투자자 분류]**

(단위 : 명, %)

| 구분 | | 단지상가 | 근린상가 | 테마상가 | 주복상가 | 상가건물 | 상가부지 | 미정 | 계 | 연령 | 성별 | 연령별 |
|---|---|---|---|---|---|---|---|---|---|---|---|---|
| | | 투자 | 투자 | 투자 | 투자 | 투자 | 투자 | 투자 | | 합계 | 점유율(%) | 점유율(%) |
| 20대 | 남 | 1 | 5 | 16 | 0 | 0 | 0 | 0 | 22 | 65 | 1.45 | 4.27 |
| | 여 | 4 | 14 | 23 | 2 | 0 | 0 | 0 | 43 | | 2.83 | |
| 30대 | 남 | 38 | 203 | 80 | 17 | 7 | 1 | 21 | 367 | 590 | 24.13 | 38.79 |
| | 여 | 24 | 132 | 36 | 23 | 5 | 1 | 2 | 223 | | 14.66 | |
| 40대 | 남 | 36 | 203 | 71 | 18 | 12 | 1 | 19 | 360 | 555 | 23.67 | 36.49 |
| | 여 | 25 | 107 | 39 | 18 | 3 | 0 | 3 | 195 | | 12.82 | 16.90 |
| 50대 | 남 | 28 | 96 | 26 | 4 | 8 | 0 | 14 | 176 | 257 | 11.57 | |
| | 여 | 5 | 38 | 16 | 5 | 11 | 0 | 6 | 81 | | 5.33 | 3.55 |
| 60대 | 남 | 6 | 19 | 6 | 0 | 5 | 0 | 0 | 36 | 54 | 2.37 | |
| | 여 | 1 | 7 | 5 | 2 | 3 | 0 | 0 | 18 | | 1.18 | |
| 계 | 남 | 109 | 526 | 199 | 39 | 32 | 2 | 54 | 961 | 1,521 | 63.18 | 100.0 |
| | 여 | 59 | 298 | 119 | 50 | 22 | 1 | 11 | 560 | | 36.82 | |
| 합 계 | | 168 | 824 | 318 | 89 | 54 | 3 | 65 | 1521 | 1,521 | | |
| 점유율(%) | | 11.05 | 54.17 | 20.91 | 5.85 | 3.55 | 0.20 | 4.27 | 100.0 | | | |

* 상가114 투자전략연구소, 2005.12

### ③ 심리 분석적 기준

심리 분석적 기준은 동일한 인구 통계적 기준을 보유한 집단도 다른

찰 등을 이용한 조사방법이다. 일반적이고 보편적인 사항들을 파악하기는 힘들지만 더 심층적인 분석, 동기 등을 알 수 있다. 민속학이나 문화 인류학에서 많이 쓰인다. 예를 들면 어떤 제품 사용의 동기, 태도형성의 원인, 심리적 고려 등을 알아볼 때 쓰인다.

심리적 특성을 보유할 수 있음을 전제로 한다. 심리 분석적 기준은 사회 계층, 생활 스타일, 개성 등 개별 기준으로 나누어 분석할 수 있다.

주거용 부동산 상품의 기획에 있어서는 사회 계층에 따라 규모(평수)의 배분을, 생활 스타일에 따라서는 주상복합아파트, 오피스텔 등의 고객층이 나누어질 수 있다. 개성으로는 원룸, 복층형 아파트, 서비스드 레지던스(serviced residence)로 시장을 분류할 수도 있다.

이러한 심리 분석적 기준은 광고 매체의 선정에 중요한 판단 근거가 되어 궁극적으로 매체 선정에 중대한 영향을 미치게 된다. 예를 들면 익숙하지 않은 부동산 상품이었던 주상복합아파트를 분양하기 위해서는 잠재 고객 대상층인 고소득 전문직이 애용하는 매체에 집중적인 광고가 필요할 것이다. 따라서 초기에는 경제 전문잡지에 고급 주상복합아파트 광고가 많이 게재되었다. 이후 주상복합아파트가 일반화되면서 일반 아파트와 마찬가지의 대중 광고 매체를 선정하게 되었다.

이러한 심리 분석적 기준은 상품으로서의 주택이 도입되기 시작하는 중국과 같은 나라에서 더욱 중요시 된다. 한 조사에 의하면 중국 도시별 주거 결정 요인으로 상하이 시민은 주택 내부 구조와 교통을 중시하는 반면, 광저우 시민은 녹지 등 주변 환경을, 베이징 시민은 가격을 가장 중시하는 것으로 나타났다. 이러한 다른 주거 수요는 중국 도시민들의 라이프 스타일이 바뀜으로서 일어난 새로운 사업 기회라고 인식되고 있다.6)

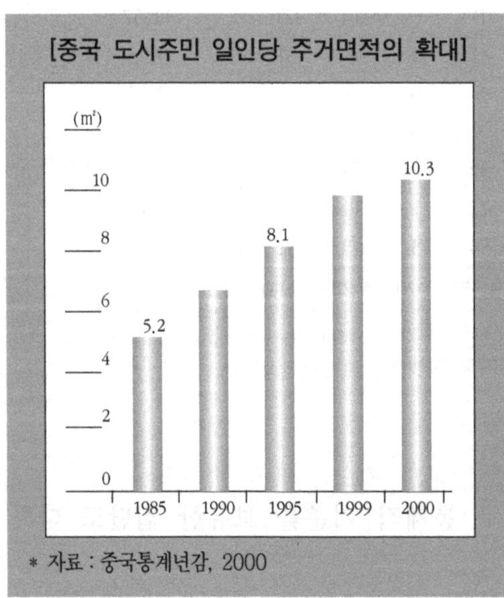


6) 지만수, 중국 주택사유화와 새로운 소비 트렌드, LG주간경제, 2001. 9

④ 행동 분석적 기준

행동 분석적 기준은 부동산 상품을 구매하려는 고객이 구매의 절차상 어떠한 단계에 위치해 있느냐를 판단의 기준으로 한다. 이러한 기준은 △구매 계기 △추구 혜택 △고객 준비 태세의 단계로 나누어진다.

"구매 계기"는 특정 부동산 상품을 매입하려는 의도가 무엇이냐에 따라 시장을 세분화시킨다는 말이다. 거주를 목적으로 하는 실수요자인지, 임차를 목적으로 하는 실수요자인지 아니면 단순히 투자를 목적으로 매입한 투자자인지로 시장 세분화를 실시할 수 있다.[7)]

구매 계기로 부동산 매입자를 살펴보면 계약자 중 수익형 부동산의 경우 투자자가 많으며 주거용 부동산의 경우 실수요자가 많은 특징을 보인다. 특히 상가의 경우 1층은 90% 이상이 투자자라고 한다. 몇 % 수익률 보장, ○○에 투자 하십시오 등의 광고 카피는 철저히 투자자를 유인할 목적으로 제작된 광고물이다. 이렇듯 구매 계기가 어떠냐에 따라 시장을 세분화시킬 수 있으며 이렇게 세분화된 시장에 적절한 마케팅 전략을 집행할 수 있다.

"추구 혜택"은 매슬로우(Abraham Maslow)의 욕구 단계설을 부동산 시장에 적용한 것이다. 매슬로우는 욕구는 타고난 것으로 그 강도와 우선 순위에 따라 위계적으로 배열할 수 있다고 하였다. 그러므로 제일 하위의 생리적 욕구(physiological needs)에서부터 안전의 욕구(safety needs), 소속감과 애정의 욕구(belongingness and love needs), 자존감의 욕구(esteem needs), 자아 실현의 욕구(self-actualization needs) 등의 순서로 배열된다.

가장 하위의 생리적 욕구는 "집만 있으면 된다"에 가까운 욕구라고 할 수 있다. 즉 주택은 외부로부터 적당히 차폐된 공간을 건축적으로 해결

7) 정부는 대개 실수요냐 가수요냐에 따라 부동산정책을 다르게 적용한다. 가수요냐 실수요냐의 기준은 자신이 직접 사용할 목적으로 토지를 소유하고 있는 자(owner-occupier)와 그렇지 않은 자의 차별을 주요 내용으로 한다. 전자는 실수요자라 부르고 후자는 가수요자라고 부른다. 실수요는 보호되고 가수요는 억제 정책을 사용하고 있다. 하지만 이는 개념상의 구분이지 실질적으로는 구별하기가 쉽지 않다.

한 것이며 인간을 비, 바람이나 추위, 더위와 같은 자연적 피해로부터 지켜줄 수 있는 용도만이 강조된다. 안전의 욕구는 국내 아파트의 경우 초창기에는 각 동마다 경비실이 배치되어 방문자들의 출입을 제한하였는데 이러한 현상은 당시에 안전의 욕구에 충실히 대응했기 때문이다. 소속감과 애정의 욕구는 아파트가 삭막한 주거 공간이라는 불명예를 벗어버리기 위해 단지 내 커뮤니티 공간을 확대하고 지상에 주차장이 없는 공간을 만들어 주민들의 교류를 촉진시킨 경우라고 볼 수 있다. 자존감의 욕구의 예로는 특정 주거공간에 거주한다는 것만으로도 사회적 지위가 부여되는 아파트가 생기고 있는 것과 맥을 같이 한다. 자아실현의 욕구는 단순히 살기 좋은 공간을 넘어서 내면화된 가치를 중시하는 아파트를 추구하는 것으로 최근의 웰빙 아파트의 붐도 이러한 욕구에 대한 건설 회사의 대응이라고 할 수 있다.

고객 준비 태세의 단계(stage of buyer readiness)는 심리학적 구매 의사결정 단계의 약어인 AIDA이론[8]으로 설명할 수 있다. Attention(주의), Interest(흥미), Desire(욕구), Action(행동)의 줄인 말인 AIDA는 고객이 구매를 위해 ①광고를 보고 ②관심을 보여 ③모델하우스를 방문하고 결국 ④계약을 체결하는 순차적인 단계를 설명해주고 있다. 이러한 단계별로 마케팅 전략은 달라져야 한다.

Attention의 단계에서는 판매하려는 부동산 상품이 가망 구매 고객에게 어떻게든 많이 노출되도록 하는 전략을 구사하여야 한다. 따라서 광고매체의 선정과 집중화 전략이 중요시된다. Interest 단계에서는 광고가 고객의 흥미를 끌기 위해 최대한 주목도를 높이는 전략이 필요하다. 최근 설문조사[9]에 의하면 2006년 신문 열독자 중 신문 광고를 본다는 비율은

---

8) AIDA이론은 세일즈맨과 구매자와의 교섭과정. 다시 말하면 구입-판매과정을 파악하는 것에 관한 판매이론으로, AIDA이론과 필요 충족 이론, 자극-반응이론의 세 가지 이론이 있다. 이 AIDA이론은 구매자가 상품을 구입하기까지의 심리과정을 분석한 것인데, 주의, 흥미, 욕구, 행동이 그 과정으로 지적되고 있다.

9) 한국방송광고공사, 2006년 소비자 실태조사, 2006.12

38.2%로 2005년 48.9% 대비 10% 포인트 이상 하락한 것으로 나타났으며 특히 30대 이상부터는 광고를 보는 비율이 32% 수준으로 떨어져 구매력을 갖춘 소비자들에 대한 노출 빈도는 높다고 할지라도 주목도가 현저히 떨어지는 것으로 조사되었다. 이 말은 신문 광고가 주목도에 있어서도 매체 장악력은 떨어지고 있다는 의미이다. 이러한 매체별 특성을 고려한 마케팅 전략 수립이 필요할 것이다.

Desire 단계에서는 모델하우스를 방문하도록 이끄는 전략이 필요하다. 부동산 상품은 직접 보고서야 구입하는 고관여 상품이므로 직접 구입의 의사결정의 기초가 되는 모델하우스 방문을 늘릴 수 있는 방안이 고려되어야 한다. 이 단계에서는 경품 제공과 같은 촉진전략을 수행하기도 한다. Action 단계[10]에서는 모델하우스를 방문한 고객을 대상으로 계약을 성사시키는 전략이 필요한데 이들을 대상으로 한 대부분의 설문조사에 의하면 '내부 인테리어'가 계약을 성사시키는 중요한 요소라고 평가받고 있다.

**[매슬로우의 욕구 단계설]**

| 단계 | 욕 구 | 내 용 |
|---|---|---|
| 1단계 | 생리적 욕구 | 의식주의 욕구 |
| 2단계 | 안전 욕구 | 신체적, 감정적 안전을 추구하는 욕구 |
| 3단계 | 소속감과 애정 욕구 | 집단 속에 소속되어 인정받고 싶은 욕구, 직장, 결혼, 공동체 활동 등 |
| 4단계 | 존경 욕구 | 내적 성취감(자기만족), 외적 성취감(타인 인정과 존경)의 욕구, 집단 내에서 뛰어나고자 하는 욕구 |
| 5단계 | 자아실현 욕구 | 지속적인 자기 계발을 통한 자기 발전, 자아 완성의 욕구 |

10) Action 단계 이전에 Conviction(확신) 단계를 포함시켜 AIDCA이론 이라고도 한다. 이는 주택과 같은 고관여 상품은 구매단계가 길어지므로 그 중간단계가 필요하기 때문이다.

지금까지 설명한 고객 분석과 시장 세분화는 건설회사가 보유한 자원을 어떻게 적절히 배분하느냐는 전략적 차원의 문제이므로 중견 건설회사에 더욱 중요한 의미가 있다. 왜냐하면 대형 건설회사의 경우 충분한 자원을 보유하고 있기 때문에 세분 시장에 적절하게 배분할 수 있지만 한정된 자원을 보유한 중견 건설회사의 경우 보유한 자원을 세분 시장 중 특정 시장에 집중하는 전략을 수행할 때 높은 경영 실적을 달성할 수 있기 때문이다.

건설회사가 시장 세분화를 수행할 때 어떠한 기준을 가지고 접근해야 할까? 아래의 '아파트 구매가치 결정요소'는 시대별로 고객들이 아파트의 구매를 결정하는 요소의 순위를 보여주고 있다. 이러한 순위에 맞추어 세분화된 시장에서 마케팅 전략을 집중하여야 할 것이다. 최근 건설회사들이 브랜드에 대한 투자를 증가시키고 있는 것은 이러한 소비자들의 구매결정요소에 기인하는 바가 크다고 보여 진다.

[아파트 구매가치 결정요소]

| 실시기관 | 한국주택사업협회 | 중앙경제신문 | 주택문화사 | 주택저널 | 금호건설 | 주택산업연구원 | LG 경제연구원 |
|---|---|---|---|---|---|---|---|
| 일시 | 1991.3 | 1994.2 | 1995.1 | 1995.12 | 1996.6 | 1999.10 | 2004. 4 |
| 1순위 | 배치 | 환경 | 환경 | 환경 | 환경 | 교통교육 | 브랜드 |
| 2순위 | 마감자재 | 교통 | 가격 | 교육 | 교육상권 | 단지외부 | 교통 |
| 3순위 | 교통 | 편의시설 | 교통 | 생활편의 | 교통 | 내부공간 | 투자가치 |
| 4순위 | 학군 | 학교 | 주택규모 | 교통 | 분양가 | 브랜드 | 분양가 |
| 5순위 | 평면구성 | 투자가치 | 주택구조 | 첨단기능 | 시공사 | 투자가치 | 발전가능성 |

### (2) 설문조사

고객 분석과 시장 세분화를 위해 일반적으로 설문조사가 실시된다. 설문 조사는 단순히 고객을 분석하고 시장을 세분화하는 기능만 있는 것이 아니며 마케팅의 전 단계로서의 의미를 내포하고 있다.

즉 설문조사가 자사 부동산 상품을 적극적으로 홍보하고 청약으로 이끌 수 있는 수단이 되어야 한다는 것이다. 따라서 설문조사 요원에 대한 교육은 단순히 설문 기법과 스킬(skill)을 넘어선 해당 부동산 상품에 대한 이해력을 향상시키고 부동산 시장에 대한 통찰력을 높일 수 있어야 한다.

최적의 설문 조사를 위해서는 설문지의 구성도 중요하지만 가장 적합한 설문 조사 대상을 선정하는 일이 더욱 중요하다. 특히 부동산 상품의 경우에는 주거용, 상업용 그리고 업무용일 경우 설문 조사의 대상은 다음과 같이 달라진다.

- 주거용일 때는 기존의 거주자와 중개업소
- 상업용일 때는 상인과 중개업소
- 업무용일 때는 회사와 중개업소

설문조사의 내용을 작성할 때 정해진 틀은 없지만 기본적으로 다음의 사항이 포함되어야 한다.

- 인사말
- 기초조사(과거)
  - 전거주지
  - 주택의 형태 및 평형
  - 소유 형태(자가, 전세, 월세)
  - 거주 기간
  - 전에 살던 집의 상태
- 현황조사(현재)
  - 나이
  - 자녀
  - 직업
  - 출퇴근 수단 및 소유 차종
  - 연소득
  - 청약 통장 보유 여부 및 가입 연수
- 욕구 조사(미래)

- 주택 구입 계획 및 시기 - 선택 기준
- 선호 유형 - 위치
- 편의시설(공공 기관, 학교, 쇼핑센터 등)
- 혐오시설 - 가격 및 평형
- 내부 구조 및 시설 - 세대 수 여부
- 구입 의사 결정 주체

• 개인 신상 조사
- 주말 생활 - 취미
- 회원권 보유 여부 - 구독 매체
- 반상회, 부녀회 참석 여부
- 지역 사회 참여 모임
- 지역 정보 획득 수단

### (3) 실증 연구

기존의 부동산 시장 세분화에 대한 연구에 의하면 지역을 기준으로 공간을 세분화하고 있는 경우가 대부분이다. 즉 지리적 기준에 의한 시장 세분화 연구가 대부분을 차지하는데 이는 지역의 기준이 중요시 되는 부동산 상품의 특성과 함께 부동산 학문이 현실과의 관련성이 높기 때문에 투자적인 측면의 연구가 다수 진행되기 때문으로 분석된다.

서울지역을 공간적으로 시장 세분화할 경우 주택시장은 크게 강북 주택시장과 강남 주택시장으로 구분하였으며 오피스의 경우에는 도심(CBD : Central Business District), 마포 및 여의도 지역, 강남 지역으로 시장 세분화를 하고 있다.

건설교통부도 매년 오피스·매장용 빌딩의 임대료 조사와 투자수익률을 추계하기 위해 오피스 빌딩과 매장용 빌딩을 전국을 공간적으로 세분화하고 있다.[11] 광역시장과 하위시장으로 세분화하여 오피스 빌딩과 매장용 빌딩을 다음과 같이 분류하고 있다.

이렇게 세분화된 하위시장별로 임대료와 투자수익률을 조사하여 발표하고 있으며 이러한 자료를 근거로 건설· 부동산회사들은 지역별로 적합한 마케팅전략을 수행할 수 있을 것이다.

[광역시장 및 하위시장 구분(유형별)]

| 구분 | •광역시장<br>(오피스 : 7개 지역, 매장용 : 8개 지역) | •하위시장<br>(오피스: 53개 지역, 매장용 : 72개 지역) |
|---|---|---|
| 오피스 | •서울 : 4개 지역<br>(도심지역, 여의도·마포지역, 강남지역, 기타지역)<br>•부산 : 3개 지역<br>(부산역지역, 서면지역, 기타지역) | •서울 : 32개 지역<br>•부산 : 7개 지역<br>•대구 : 3개 지역<br>•인천 : 3개 지역<br>•광주 : 3개 지역<br>•대전 : 3개 지역<br>•울산 : 2개 지역 |
| 매장용 | •서울 : 5개 지역<br>(도심지역, 강남지역, 신촌지역, 영등포지역, 기타지역)<br>•부산 : 3개 지역<br>(서면지역, 광복동지역, 기타지역)<br>•그 외 도시는 구분하지 않음 | •서울 : 33개 지역<br>•부산 : 10개 지역<br>•대구 : 7개 지역<br>•인천 7개 지역<br>•광주 : 6개 지역<br>•대전 : 5개 지역<br>•울산 : 4개 지역 |

## 2. STP전략

STP(Segmentation, Targeting, Positioning) 전략은 기본적으로 고객의 욕구가 갈수록 다양해지고 있기 때문에 중요시 된다. 마케팅 전략이 급속히 소비자 중심적으로 바뀌면서 이렇게 다양한 고객의 욕구를 충족시키

11) 건설교통부, 각 연도 오피스·매장용빌딩 임대료조사 및 투자수익률 추계 결과 보고서

기 위해 일대일 마케팅의 수준에까지 기업의 마케팅 전략이 도입되고 있다.[12] 하지만 기업은 현실적으로는 일대일 마케팅의 수준에 맞는 개인화된 상품을 생산할 수는 없다. 따라서 일정 규모의 시장으로 유사 고객을 군집화 시킬 수밖에 없다.

기업은 이러한 다양한 고객의 욕구를 발굴하여 유사한 고객 집단으로 분류하고(시장 세분화, Segmentation) 자신이 보유한 역량과 자산을 고려하여 가장 적합한 시장을 찾아내고(표적 시장의 선정, Targeting) 그 표적 시장에서 자사의 제품을 알리는(포지셔닝, Positioning) 일련의 과정을 수행한다.

이러한 마케팅 전략의 수행 과정인 STP 전략은 통합적으로 움직여야 한다. 시장 세분화는 표적 시장 선정의 목적을 가지고 고객 집단을 분류해야 하며 포지셔닝은 선정된 표적 시장 내에 자사 제품을 어떻게 인식시키는가가 중요하다. 따라서 STP 전략은 각 구성 요소들 간의 상관관계와 상호 작용의 중요성을 간과해서는 안 된다.

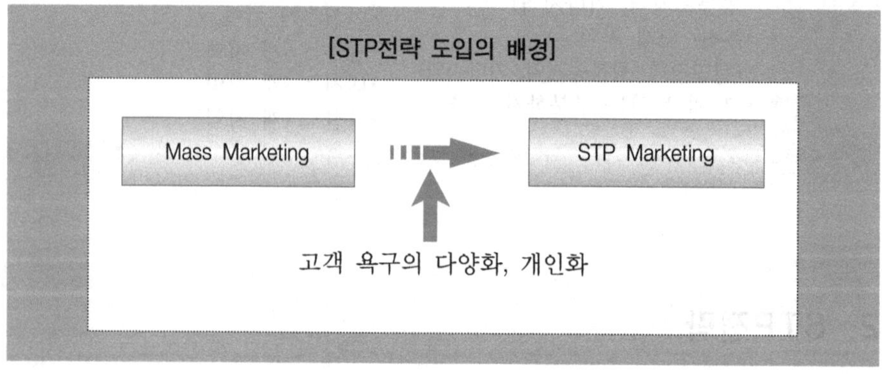


부동산 상품의 경우에도 STP 전략은 중요하다. 부동산 상품은 상품이 가지는 특성으로 인해 개인화된 고객들을 대상으로 차별화된 상품을 공

12) 마케팅의 수준은 고객의 욕구와 기술의 발전으로 인해 mass → target → micro → individual로 변화하고 있다.

급하기에는 한계가 많다. 특히 집합 건물 내 호수별로 분리된 분양 상품의 경우 일대일 마케팅 수준의 차별화된 상품을 공급한다는 것은 거의 불가능하다.

이로 인해 부동산 상품은 상품이 가지는 물리적인 특성보다는 이러한 물리적인 특성에 포함된 서비스를 통해 고객 만족을 꾀할 수밖에 없다. 따라서 STP 전략의 중요성이 더욱 커진다고 할 수 있겠다.

STP 전략 중 앞에서 살펴본 시장 세분화를 제외한 표적 시장(Target Market)과 포지셔닝(Positioning)에 대해 살펴보도록 하자.

### (1) 표적 시장(Target Market)

표적 시장이란 마케팅 환경 변화에 대응하여 자사가 보유한 역량과 자원이 최대한의 시장성과를 달성할 수 있는 최적의 시장을 일컫는다. 즉 표적시장이란 회사가 보유한 상품이 가장 잘 팔릴 수 있는 시장을 말한다. 표적시장에서 가장 중요하게 살펴보아야 하는 변수는 △표적시장을 선정하는 기준과 △선정된 표적시장에 어떻게 도달할 수 있는가 하는 커버리지 전략(coverage strategy)이다.

주택산업에서 표적 시장을 선정하기 위한 변수들에 관한 선행 연구들을 살펴보면 Goodman(1988), Rosen(1979)은 소득이 높아짐에 따라 주택 소유율도 증가한다는 것을 발견하고 소득을 주택 구입의 고려 변수로 높게 판단했다. Michelon(1977), Rossi and Shalay(1982) 역시 주거 선택이 인구통계적 요소에 의해 결정될 수 있음을 보여 주었다.

국내 연구로는 김정호(1987)는 우리나라 도시 가구의 주거 이동 형태 분석을 통해 평균 주거 이동 주기는 자가의 경우 6년, 차가는 1.8년이며, 자가의 경우 36~45세에 이동 빈도가 가장 높고, 차가는 30대 중반에 가장 빈도가 높으나 그 이후 급격한 정체를 보이고 있음을 분석하여 인구통계적 요인이 주거 이동에 큰 영향을 미침을 발견하였다.

한동근(1987)은 가구의 주거 선택 행위를 단계별로 나눠 이들 결정 과정에 가구 특성이 어느 정도 영향을 미치는가를 분석하였다. 그 결과는 가구주의 연령, 가구 소득, 가구주의 교육 수준이 높을수록 자가 소유 확률이 높게 나타났고, 주거 수준의 결정은 가구 소득과 가구 규모가 결정적인 변수로 나타났다.

대한주택공사(1988)의 임대 주택의 지역별 배분 연구에서 가처분소득이 유의성 있는 설명 변수였으나 가구원수, 임대료, 유지관리비도 중요 변수로 분석되었다. 이를 정리하면 다음과 같다.

**[주택시장 분석업무별]**

| 적용기법 | 필요자료 | | | | | | | | | |
|---|---|---|---|---|---|---|---|---|---|---|
| | 가구주 나이 | 가구 원수 | 가구 자산 | 가구주 소득 | 가구주 학력 | 월평균 주거비 | 주거 시설 | 주택 가격 | 소유 형태 | 주거 환경 |
| ① | ○ | ○ | ○ | ○ | ○ | | ○ | ○ | ○ | ○ |
| ② | ○ | ○ | | ○ | ○ | | | ○ | | ○ |
| ③ | ○ | ○ | ○ | ○ | ○ | ○ | ○ | | | ○ |
| ④ | ○ | ○ | ○ | ○ | ○ | ○ | | | ○ | ○ |

① 미시회귀모형(이주형, 1989)
② 특성감안 가격지수함수(한동근, 1987)
③ 선택확률함수(주택공사, 1988)
④ 선택확률함수(한동근, 1987)

이 표에 의하면 주택시장에서 표적시장을 선정함에 있어 중요한 변수는 인구통계적 변수와 가구주의 소득과 학력으로 드러났다. 따라서 이러한 인구통계적 변수와 가구주의 특성을 고려한 표적시장 선정 작업이 필요할 것이다.

정부의 정책에 의해서도 표적시장이 달라질 수 있다. 6억 원 이상 고가주택이 금융비용을 마련하기가 까다로워지면서 주상복합아파트의 공략 표적시장이 청약통장 소유자에서 자금력이 풍부한 VIP층으로 바뀔 전망이다. 금융감독위원회가 투기지역에서 시가 6억 원 초과 아파트에 대한 기존 LTV(담보인정비율)와 별도로 DTI(총부채상환비율) 기준을 적용토록 발표하였다. 따라서 주상복합아파트는 대형평형 위주로 구성될 가능성이 높으며 공략 표적시장도 자금력이 뒷받침되는 일명 VIP층으로 바뀌고 있다. 주상복합이 다시 본연의 고급주택으로 방향을 선회하여 대형화, 고급화가 기본 트렌드로 변화되고 있으며 서민층이 노리기에는 다소 무리가 따르는 상품으로 자리매김할 것으로 전망된다. 이렇게 주상복합아파트가 정부의 정책으로 인해 가구주의 소득에 맞춘 상품으로 변모하고 있는 것은 건설회사의 표적시장이 달라지고 있다는 말이다. 전국 주상복합아파트 분양가를 살펴보면 2004년 이후 꾸준히 증가하여 2006년 말 현재 전국 평균 분양가는 1,280만 원을 넘어서고 있는 점 등은 이러한 추세를 더욱 강화시킬 것으로 보인다.

**[주상복합아파트 분양가]**

(단위 : 만원/3.3㎡)

| 지역별 | 2004년 | 2005년 | 2006년 |
|---|---|---|---|
| 경기도 | 847.58 | 982.48 | 1125.44 |
| 대구광역시 | 658.8 | 1109.98 | 1118.03 |
| 대전광역시 | 642.61 | 1124.64 | 1324.96 |
| 부산광역시 | 865.3 | 921.84 | - |
| 서울특별시 | 1436.16 | 1783.54 | 1775.77 |
| 울산광역시 | 670.91 | 1054.84 | 1152.44 |
| 인천광역시 | 774.34 | 1402.12 | - |
| 전체 | 1046.49 | 1216.21 | 1282.45 |

* 부동산114, 2006.12
** 전국에서 연도별 2개 이상의 데이터가 있는 지역만 포함하였음.

그러나 최근 정부의 정책은 이러한 표적시장을 바꿔어 놓을 전망이다. 2008년 시작된 미국발 금융위기로 인해 대형 고가 아파트에 대한 매력이 급격히 감소하게 되었다. 이러한 시기에는 주택공급업체들의 전략이 달라져야 한다. 주상복합아파트는 고급주택에서 중산층 주택으로의 다운사이징이 환경변화에 적합한 변화일 것이다. 오히려 2009년 이후 정부에서 적극지원하고 있는 1인가구 주택이나 단지형 다세대주택에 대한 투자를 단행하는 것도 바람직할 것이다.

### (2) 포지셔닝(Positioning)

시장세분화를 통해 선정된 표적시장에서 기업들이 마케팅 활동을 수행할 때 거의 대부분의 경우 그 표적시장 내에는 경쟁기업들이 존재하기 마련이다. 따라서 기업은 자사 제품이 경쟁사 제품과는 다른 차별화된 특징을 보유하고 있음을 고객에게 인지시켜야 하며 이러한 과정을 포지셔닝(positioning)이라고 한다.

최근에는 이러한 포지셔닝에 있어 제품이 가진 물리적 특성보다는 소비자의 심리적 요인에 더 많은 비중을 두는 경향이 있다. 즉 진출하려는 표적시장이 비교적 안정되어 있고 강력한 선두주자가 있는 경우에는 고객의 선호도는 쉽게 변하지 않으며 이런 경우에는 제품의 물리적 특성을 변경시키려는 노력과 함께 소비자의 심리적 인지도가 더욱 강조되고 있다.

이러한 포지셔닝전략을 수행하기 위해서는 먼저 제품에 대한 고객의 지각을 2차원이나 3차원 그래프로 표시하는 포지셔닝맵(positioning map)을 작성할 필요가 있다. 이 포지셔닝맵은 소비자의 머리 속에 인식되어 있는 자사제품과 경쟁제품의 포지션을 나타낸다.

포지셔닝맵은 소비자의 인지를 기준으로 만들어지기 때문에 인지도맵(perceptual map)이라고 부르기도 한다. 이렇게 포지셔닝맵을 그려보면 자사제품이 소비자에게 어떻게 인식되고 있는지, 경쟁제품은 무엇이고 얼마나 있는지, 경쟁제품이 어떻게 인식되고 있고 또 자사제품과 어떤 위치 관계가 있는지, 소비자가 생각하는 이상적인 제품 속성은 무엇인지, 자사제품이나 경쟁제품이 놓치고 있는 시장은 어디인지 등을 알 수 있다.

포지셔닝맵을 작성할 때 가장 중요한 점은 지표를 선정하는 일이다. 이 지표는 제품에 대해서 소비자들이 구매의사결정을 할 때 가장 중요하게 생각되는 것으로 선정해야 한다. 소비자들이 중요치 않게 생각하는 지표를 선정하게 되면 결국 마케팅 전략은 예상치 못한 방향으로 움직이게 된다. 소비자들이 중요하게 생각하는 속성도 경제적, 사회적 환경변화 등 외부적인 요인에 의해 영향을 받기 때문에 신중하게 선택해야 한다.

포지셔닝맵은 △자사제품과 경쟁제품의 위치를 비교할 수 있으며 △포지셔닝맵으로 본 시장 세분화가 가능하고 △나아가 이상점(ideal point)과 제품포지션을 이용한 새로운 시장의 기회를 발견하고 마케팅 전략을 수립할 수 있는 근거자료가 된다.

아파트 상품을 예로 들면 과거에는 품질과 가격대라는 두 가지 조건을 가지고 포지셔닝맵을 설정하는 경우가 대부분이었다.[13] 하지만 소득수준의 향상에 따라 고급수요가 증가하면서 이러한 물리적인 지표의 중요성은 줄어들고 있으며 신뢰와 친근함 등 정성적인 지표의 중요성이 커져가고 있다.

아래의 포지셔닝맵은 대우건설 주택사업본부의 현황자료로서 다양한 지표에 의한 포지셔닝맵을 보여주고 있다.

---

13) 월드메르디앙이란 브랜드로 좋은 반응을 얻고 있는 월드건설의 경우 1990년대에는 주로 경기권역에서 사업을 하였다. 이때의 품질과 가격이 중급수준에 포지셔닝이 되었었다. 그러나 서울로 진입하면서 아파트 상품의 품질과 가격을 높이는 전략을 구사하여 성공적으로 품질과 가격을 고급수준으로 높이는 포지셔닝으로 정착하였다. 독일 슈투트가르트발레단의 프리마발레리나로 활동중인 강수진 씨를 월드메리디앙 광고모델로 채택해 지적이고 고급스러운 이미지를 고객의 뇌리에 각인시켰다.

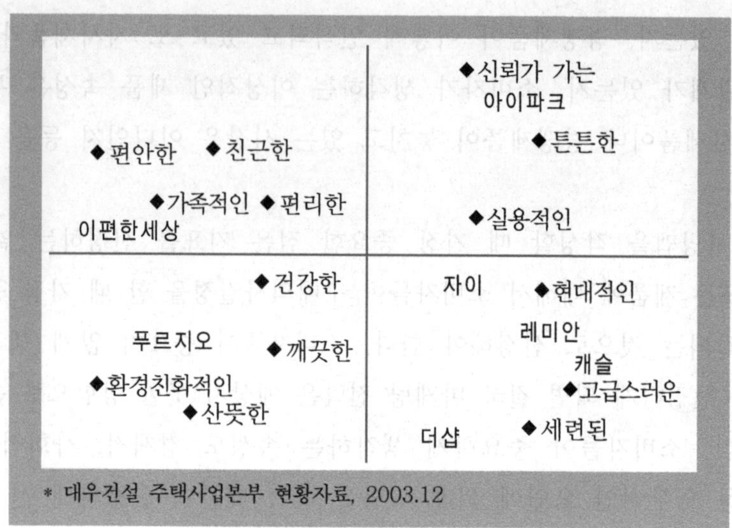

* 대우건설 주택사업본부 현황자료, 2003.12

한 번 설정된 포지셔닝은 영원하지 않으며 경쟁상황과 소비자 욕구의 변화에 따라 재포지셔닝(repositioning) 하여야 한다. 제품 개발과 출시 시점에서 목표한대로 포지셔닝이 훌륭하게 되었어도 시간이 지남에 따라 이 포지셔닝이 부적합할 수도 있다. 소비자 욕구나 경쟁상황이 달라지거나, 또는 성장하리라 예상했던 표적시장이 너무 작은 경우가 바로 그러한 예라고 할 수 있다. 이때는 당초 포지셔닝에 안주하지 말고 철저한 조사를 통해 자사 제품의 포지션을 분석하고 새로운 포지션을 개발하는 재포지셔닝 전략을 수행해야 한다.

대우건설의 경우 푸르지오란 브랜드를 론칭(launching) 할 때 처음 푸르지오의 브랜드 컨셉은 깨끗하고, 산뜻하고, 젊다는 의미의 '푸르다'와 지구와 대지를 의미하는 지오(geo)가 결합된, 당시 유형하던 웰빙에 초점을 맞추었다. 과거 대우건설이 가졌던 서민적, 튼튼한, 중후, 장대의 이미지에서 웰빙, 섬세함, 모던함 등의 이미지로 상징성이 이전하였다. 2005년 들어 대우건설은 프리미엄이 있는 아파트, 트렌드를 창출하고 정착시키는 역할을 하는 'value tend setter'라는 방향으로 재포지셔닝 전략을 추진하였다. 당시 재포지셔닝 전략을 추진하였던 이유는 '웰빙'이라는 트렌드가 경쟁사에서 너도나도 도입하여 흔한 브랜드 컨셉이 되었으며 소비자의 욕구도 아파트를 웰빙에서 '투자가치' 있는 상품으로 보기 시작하였기 때문이다. 따라서 이러한 소비자 욕구와 시장경쟁상황의 변화에 대응한 재포지셔닝 전략을 추구하였다고 볼 수 있다. 이렇게 바뀐 당시의 푸르지오의 슬로건은 "그녀만의 프리미엄"이었다.

한화건설의 '꿈에 그린' 또한 재포지셔닝 전략을 활용하였는데 과거 한화의 포지셔닝 전략은 웰빙이었으나 WBC의 한국대표팀 감독이었던 김인식 감독을 모델로 쓰면서 꿈으로 바뀌었다. 웰빙이라는 트렌드는 더 이상 소비자들의 관심을 자극하지 않으나 금융위기에 따른 경기불황 기에는 오히려 꿈이라는 포지셔닝 전략을 활용하는 것이 더욱 소비자들의 관심을 유도할 수 있기 때문이다.

[푸르지오의 BI & Symbol]

[한화건설의 광고]

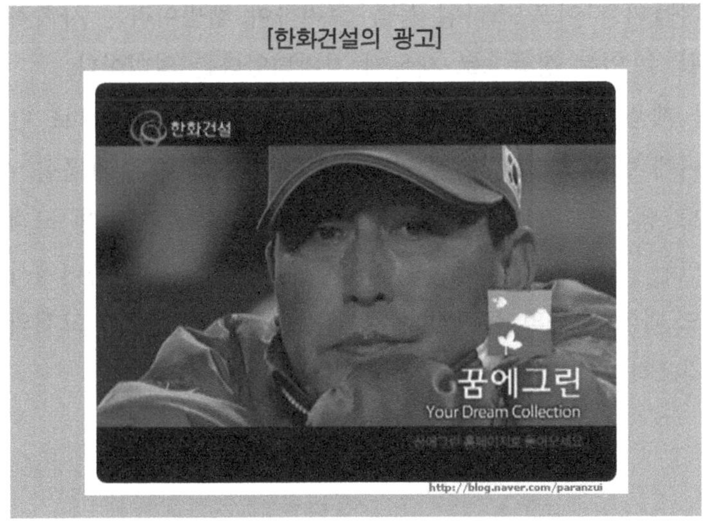

포지셔닝 전략의 유형[14]으로는 △속성, 효익에 의한 포지셔닝 △사용상황에 의한 포지셔닝 △제품 사용자에 의한 포지셔닝 △경쟁에 의한 포지셔닝으로 분류해 볼 수 있다.

이중 부동산 상품은 과거 '속성, 효익에 의한 포지셔닝'에서 '제품 사용자' 및 '경쟁에 의한 포지셔닝'으로 이전해 가고 있다. 제품 사용자에 의한 포지셔닝이란 특정한 제품 사용자들이 가지는 가치관, 라이프스타일 등을 고려하여 그들에게 가장 부각할 수 있는 제품 속성이나 광고 메시지 등을 사용하는 전략으로서 단순히 제품이 가지는 물리적 속성을 강조하는 속성, 효익에 의한 포지셔닝과는 차별화된다.

2000년대 초에는 '안목치수'라는 용어가 유행하여 광고에도 자주 등장하였다. 이는 아파트 전용면적 산정 시 눈으로 확인할 수 있는 벽체간 거리를 기준으로 아파트 설계 표준화를 위해 도입한 제도로서 같은 전용면적이라도 안목치수 분양은 벽체 중심선 분양면적에 비해 실면적이 넓어짐을 의미한다. 이러한 안목치수가 등장하는 광고가 바로 '속성, 효익에 의한 포지셔닝'의 전형적인 예이다.

그러나 최근의 아파트 상품 광고의 특징은 트렌드에 맞춰 '웰빙'이라는 개념을 도입하고 있다. 과거에도 환경친화적인 아파트는 많이 지어졌지만 사용자들의 라이프 스타일 등을 고려하여 웰빙이라는 사회적 트렌드에 부각될 수 있는 상품으로 새롭게 기획되었다는 의미이다.

동일한 제품이라도 포지셔닝 전략에 의해 새로운 제품으로 탄생할 수 있으며 이에 반해 사회적 트렌드에 부응하지 못해 좋은 제품을 사장시키는 경우도 생긴다. 이는 제품이 가지는 물리적 특성과 함께 고객의 인지 속에 각인된 제품의 이미지도 중요하기 때문이다. 이런 측면에서 포지셔닝 전략도 과거 제품의 물리적 실체를 강조하는 방향에서 고객의 심리적 인지를 강조하는 방향으로 이전하고 있다.

14) 채서일, 마케팅, 학현사, 2001. 7

[포지셔닝 전략의 변화]

| 구 분 | 기존 STP전략 | 변화된 STP전략 |
|---|---|---|
| 제품 차별화 | 제품 차별화를 강조 | 제품 차별화는 불가능 |
| 고객 선호구조 | 제품의 물리적 실체를 강조 | 제품의 심리적 인지를 강조 |
| 시장 성공요인 | 적절한 포지셔닝 수단 사용 | 고객의 마음속에 가장 먼저 포지션을 취함 |
| 광고 유용성 | 광고의 중요성 강조 | 광고의 무용성을 주장 |
| 브랜드 포지션 | 장기적인 관점에서 경쟁상황의 변화로 변화 가능 | 확고하며 쉽게 변하지 않음 |

앞에서 살펴본 이러한 STP전략은 단계별로 추진되어야 함과 동시에 통합 운영될 수 있는 시스템 구축이 중요하다. 아래 표는 이러한 STP전략의 단계별 주요활동을 세부적으로 설명하고 있다.

[STP전략의 단계별 주요활동]

| STP전략의 3단계 | 단계별 주요활동 |
|---|---|
| 시장세분화 단계 | • 고객시장의 세분화<br>• 상품시장의 구조분석<br>• 필요시 새로운 세분시장 개발 등 시장보완 전략 수립 |
| 표적시장 선정단계 | • 세분시장별 사업성 검토<br>• 표적세분시장의 선정 |
| 포지셔닝 단계 | • 포지셔닝의 목표수립<br>• 포지셔닝을 위한 마케팅 전략 수립<br>• 마케팅 차별화 전략 수행 및 목표 달성 |

사례연구

**아파트관리비 제로에 도전한다.**

## 1. "관리비 제로 프로젝트"

부산 강서구 명지주거단지 롯데캐슬 아파트 입주민들이 인근 상가에서 적립한 포인트로 관리비를 절감하는 시스템을 구축했다.

명지롯데캐슬 입주민 모임에 따르면 이 아파트는 한 인터넷 솔루션업체가 개발한 프로그램을 이용한 일명 '관리비 제로 프로젝트'를 2009년 3월2일부터 실시한다고 밝혔다. 이 시스템은 아파트의 인근 상가에서 쇼핑을 하면 1~10% 내외의 포인트가 적립되어 아파트 관리비 고지서 발행시 누적된 포인트만큼 관리비를 깍아 주는 것이다. 이러한 시스템은 입주민은 인근 상가에서 결재할 때 적립되는 포인트를 휴대폰 문자메시지로 받아볼 수 있고 참가 은행은 상가로부터 포인트만큼의 금액을 받아 아파트 관리사무소에 관리비 정산을 일괄 수행하게 된다.

이는 기존 아파트 단지에서 상가끼리 호환이 되지 않아 발급된 구매 포인트나 쿠폰 등이 사실상 쓸모가 없던 단점을 보완한 것이라 보여 진다. 현재 명지주거단지 인근 전자상가, 부동산업자, 식당, 학원 등 10여개 업체가 이 시스템에 가입하였으며 가입업체는 지속적으로 늘려 나갈 예정으로 있다.

한 가구 당 가입한 상가에서 월 100만원을 지출하면 평균 4% 정도의 포인트가 적립되어 한 달에 4만원 가량 관리비를 아낄 수 있을 것으로 기대된다. 또한 이 시스템의 성공요인은 더 많은 아파트 단지들이 가입하는 것이므로 주변의 입주단지에 대해서도 이러한 시스템의 동참을 요청할 예정이다.

명지주거단지는 부산 신항과 녹산국가산업단지, 신호지방산업단지 등 서부산 개발지역의 배후도시로 주목을 받고 있다. 부산시가 약 4만 명이 근무하는 대규모 공단을 조성했지만 정작 배후에 주거지역이 없어 녹산 산단 등이 활성화되지 못한다는 지적을 받아왔었다. 때문에 이 지역의 아파트 단지들의 입주는 명지주거단지가 본격적인 공단 배후도시의 면모를 갖추게 됐다는 점에서 관심을 끈다.

명지주거단지는 184만4000㎡(55만7000평) 규모로 영조주택의 퀸덤이 입주를 완료하면 1만4,700가구가 들어서고 인구는 약 5만 명에 이를 것으로 예상된다.

## 2. 로열티 프로그램(royalty program)

마케팅을 위한 일련의 행위들은 로열티 프로그램으로 연결된다. 마케팅이 궁극적으로 추구하고자 하는 최종 목적은 회사의 매출과 수익의 증대이며, 이는 고객에 대한 로열티 프로그램으로 달성 가능하다. 즉, 고객이 추구하는 가치를 존중하고, 이를 증진시킴으로써 회사가 고객으로부터 얻고자 의도하는 바를 얻어낼 수 있는 것이다.

마케팅 분야에서의 고객 로열티는 일반적으로 '한 기업 또는 제품이나 서비스에 대한 고객의 애착 또는 애정의 감정상태'로 정의된다. 이는 장기간에 걸쳐 그 기업의 상품이나 서비스를 재 구매 하도록 유도하고, 타인에게 추천하는 구전활동과 프리미엄 가격을 지출하는 등 여러 가지 활동으로 발전하게 된다. 따라서 로열티 프로그램이란 고객의 로열티를 증진시키기 위해서 여러 가지 인센티브를 제공하는 기업의 마케팅 활동으로 정의할 수 있다. 신용카드 분야의 로열티 프로그램은 카드를 소지 또는 이용하는 고객에게 제공하는 각종 부가서비스를 통틀어 지칭할 수 있다. 카드사가 고객의 이익 즉, 고객가치의 증진을 위해 시행하는 모든 마케팅 활동이 로열티 프로그램의 일종인 것이다.

로열티 프로그램은 과거 미국 소매상에서 이용하던 Green Stamp에서 그 유래를 찾아 볼 수 있다. 주로 개별 소매상 단위로 쿠폰 북이나 펀치 카드 등을 제공하였는데, 고객의 거래가 반복되고 구매량이 많아질수록 그에 비례한 보상을 함으로써 판매를 촉진하고 동시에 단골 고객을 확보할 수 있었다. 그 후, 1981년 아메리칸 항공(American Airline)에서 자사 항공기를 이용하는 고객에게 무료항공권을 지급하는 마일리지 프로그램을 업계 최초로 시행하였으며 아메리칸 항공이 탑승거리를 기준으로 무료항공권과 좌석승급 서비스를 제공하게 되었다. 아메리칸 항공이 이를 도입한 후 곧바로 뒤이어 경쟁사인 유나이티드 항공(United Airlines)이 이 프로그램을 시행하였고, 같은 시기에 TWA 항공이 이를 도입하게 된다. 그 후 통합 마일리지가 등장하였는데 단일 기업대상에서 정유사, 자동차 회사, 렌터카회사 등 다수의 기업이 서로 통합 마일리지를 제공하는 형식으로 발전하였으며 지금은 항공사 마일리지 프로그램 뿐만아니라 통신사, 백화점, 신용카드사 등 여러 분야에서 다양한 방법으로 상용고객에 대한 로열티 프로그램을 시행하고 있다.

로열티 프로그램의 효과는 첫째, 반복구매가 일어난다는 것이다. 특정 상품이나 서비스에 만족을 느낀 고객은 이러한 경험이 반복될수록 로열티가 증가하게 되어 재구매로 이어질 확률이 높아지게 된다. 일반적으로 신규 고객을 한 명 새로이 유치하는 것이 기존 고객을 관리하며 재구매로 유인하는 것보다 10배 이상 더 많은  비용이 든다고 한다. 따라서 상대적으로 저렴한 비용으로 상용고객에게 인센티브를 제공함으로써 로열티를 증대시키고, 이를 통해 손쉽게 매출과 수익을 증대 시킬 수 있는 것이다.

로열티 프로그램의 효과는 둘째, 기업에 대한 유대감이 강화된다는 것이다. 로열티 프로그램을 이용하는 고객은 행동의 변화가 발생하는데, 고객이 특정 기업의 제품을 구입함으로써 발생하는 인센티브로 추가 구매를 할 수 있게 된다는 것이다. 즉, 한 번 가입한 로열티 프로그램으로 계속 이용하게 되고, 일정 수준 이상이 되면 사용빈도와 사용량이 증가하게 된다. 기업의 매출과 수익 증진 외에 고객에 대한 정보축적 또한 가능하다. 고객의 로열티를 증대시키기 위해서는 고객에 대한 다양한 자료가 필요하다. 더구나 로열티에는 개개인의 심리적인 면이 작용하므로 고객 개개인에 대한 상세 정보를 얻어 수집, 정리하여 분석하는 것이 매우 중요하다. 이러한 고객정보를 시의 적절하게 이를 활용하여 고객의 만족도를 높여야 한다. 따라서 기업들은 로열티 프로그램의 운영을 통해 고객의 기호나 구매성향 등 구매 관련 정보가 축적되고, 가공하거나 발전시켜 각종 마케팅 전략을 실행할 수 있게 된다. 이는 궁극적으로 더 많은 매출 및 수익 창출의 기회를 갖게 된다는 것을 의미한다.

로열티 프로그램은 크게 보상기반(Reward Based)과 가격기반(Price Based)으로 나눌 수 있다. 보상기반 로열티 프로그램은 고객의 카드 이용에 따라 프리미엄 상품(서비스)을 제공하여 고객의 로열티를 높이려는 의도를 가지고 있다. 포인트 적립, 캐쉬백 서비스, 항공마일리지 제공 등이 대표적인 예이다. 가격기반 로열티 프로그램은 경쟁력 있는 가격을 제시함으로써 고객의 카드 이용을 유도하고 이를 통해 로열티를 높이려는 것이다. 연회비 조정, 할인, 수수료율 감면 등이 이에 해당된다.

먼저 포인트 적립 서비스는 카드 이용금액의 일정비율을 포인트로 적립한 후, 적립된 포인트로 물품이나 용역을 구입할 수 있도록 하는 서비스이다. 이 서비스는 고객 유치뿐만 아니라 유치된 고객을 유지하는 데에도 뛰어난 효과가 있는 것으로 알려지고 있다. 현재는 카드회사 뿐만 아니라 유통, 정유 등 많은 분야에서 활용하고 있다.

캐쉬백서비스는 카드 이용금액의 일정 비율을 현금으로 되돌려 주는 서비스이다. 캐쉬백서비스는 현금이 가지고 있는 범용성과 즉시성으로 인해 과거에는 고객이 가장 선호하는 서비스 중의 하나였다. 그러나 최근 카드 사들의 다양한 포인트 이용처 발굴 정책에 따라 선호도가 차츰 떨어지고 있는 추세이다. 항공마일리지 제공 서비스는 카드 이용금액의 일정 비율을 항공사 마일리지로 적립하여 주는 서비스이다. 이는 국내외에서 이미 오래 전부터 활용하여 고객의 선호도가 입증된 서비스이다. 특히, 항공이라는 특성상 고객의 신용도가 높기 때문에 우량고객을 유치한다는 차원에서 모든 카드사들이 기본적으로 시행되고 있다.

연회비 조정 서비스는 정형적으로 부과하는 연회비 징수의 틀을 깨고, 일정한 경우에 감면해 주거나 또는 오히려 높게 징수함으로써 고객의 로열티를 높이는 서비스이다. 연회비는 신규 고객 창출에 있어 가장 큰 장벽 중의 하나이다. 카드회사는 이를 최대한 이용하여 연회비 장벽을 없애거나 또는 더 높임으로써 고객의 로열티를 이끌어 낼 수 있다.

할인은 특정한 가맹점에서 카드를 이용하여 물품이나 서비스를 구입할 경우 가격을 할인해 주는 서비스이다. 가맹점과 카드사가 할인비용을 부담하고, 고객은 할인된 가격으로 물품이나 서비스를 구입할 수 있다. 이 서비스는 카드사의 로열티 프로그램 중 가장 대표적이고 보편적인 것이라고 할 수 있다.

수수료율 감면 서비스는 현금서비스수수료, 할부수수료, 연체수수료, 론이자율, 가맹점수수료 등의 신용카드 수수료율을 일정 고객 또는 일정 기간 동안 감면해 줌으로써 관련 분야의 신규 고객 창출과 매출 증대를 기대하는 마케팅 전략이다. 저금리 시대와 맞물려 주목 받고 있는 분야 중의 하나이다.

## 3. 포인트마케팅(Point Marketing)

포인트 마케팅이란 구매금액의 일정 비율을 포인트로 적립하여 고객에게 다시 되돌려주는 마케팅 전략이다. 포인트는 거래기업과 고객과의 관계를 지속적으로 유지시키는 연결고리 역할을 하며, 포인트 적립과 이용에 따른 시간차로 인해 고객과의 관계가 장기간에 걸쳐 유지된다. 포인트 마케팅은 카드회사에서 가장 널리 이용하고 있는 보상기반의 로열티 프로그램이다. 포인트 적립이나 이용을 고객의 취향 및 회사의 정책 방향에 따라 다르게 운영할 수 있고 또 고객에게 쉽게 어필할 수 있기 때문에 마케팅 담당자에게 매우 매력적인 마케팅 방법이기도 하다. 실제로 포인트 마케팅은 가망고객의 유치 및 기존고객 유지에 효과가 매우 높은 것으로 나타나고 있다. 최근 포인트 마케팅의 키워드는 포인트의 범용성과 함께 목적형 포인트의 등장 등으로 언급되고 있다. 일견 서로 상반되는 가치를 추구하고 있는 듯도 하지만 포인트 마케팅이 고객의 가치에 따라 더욱 다양하게 발전해 가고 있는 것을 보여주는 사례라고 볼 수 있다. 이러한 발전은 고객의 높은 선호도와 맞물려 향후에도 지속될 것으로 기대된다.

21세기는 포인트 마케팅의 시대라 해도 과언이 아닐 정도로 업종에 관계없이 광범위하게 도입되어 있다. 우리는 주유소나 중소형 수퍼에서도 쉽게 포인트 카드를 접할 수 있는데, 항공, 정유, 통신, 유통, 온라인몰 등에서 매우 활성화 되어 있다. 명칭도 다양하여 마일리지, 도토리, 캐쉬백 포인트, 강냉이 등 스스로를 차별화 하려는 노력도 돋보인다. 국내에는 포인트하면 빼놓지 않고 등장하는 것이 OK캐쉬백 포인트이다. SK주유소의 엔크린보너스 카드에서 시작된 OK캐쉬백 포인트는 5만여개가 넘는 제휴가맹점과 2천만명이 넘는 경이적인 회원DB를 보유하고 있다. 처음에는 이 사업이 시스템 개발 및 유지 비용에 비해 수익이 뒷받침되지 않는 소모적인 사업으로 폄하하는 시각도 있었으나, 지금은 모아진 회원 DB 하나만 고려하더라도 성공한 사업으로 평가되고 있다.

이러한 포인트를 적립하는 방법에는 카드이용실적 연동적립, 가맹점별 차등적립, 가맹점 업종별 차등적립, 가맹점과 카드사 공동적립, 가맹점 포인트 적립 등이 있다. 카드이용실적 연동적립은 가장 전통적인 포인트 적립 방법으로 카드 이용실적에 일정율을 적용하여 적립하는 방법이다.

예를 들면 신용판매 이용대금의 0.1%를 포인트로 적립해 주는 방법 등이다. 이 방법은 모든 가맹점에서 동일한 비율로 적립되기 때문에 고객이 쉽게 계산할 수 있어 오랫동안 카드회사에서 이용되어 왔고, 지금도 많이 이용되고 있다. 이 방법에 있어서 타 카드회사 대비 경쟁력을 높이기 위하여 포인트 적립율을 높게 하거나, 신용판매 이용대금 뿐만 아니라 현금서비스 이용대금까지 포인트를 적립해 주기도 한다.

가맹점별 차등적립은 특정 가맹점에 대해서 포인트 적립율을 높이는 방법이다. 예를 들면 현대오일뱅크에서 주유를 하면 리터당 100원을 적립해 주고, 롯데백화점에서 카드 이용 시에는 이용금액의 2%를 적립해 주는 방법이다. 이 방법은 특정 분야의 적립율을 높임으로써 이 분야의 선호 고객들을 적극 유치하고자 하는데 그 목적이 있다. 즉, 카드사에서 '정유를 이용하는 고객들은 매출이 높고, 연체가 낮다'고 분석될 경우 이 고객들을 유인하기 위하여 정유부분에 많은 포인트를 적립시켜 주는 것이다. 그리고, 특정분야의 특정 상호로 제한함으로써 소기의 성과를 달성하면서 카드사의 비용을 절감코자 한다. 이 방법은 상대적으로 우량한 회원을 유치하고, 이 고객들의 이탈 방지를 위하여 많이 이용된다.

가맹점 업종별 차등적립은 가맹점 업종에 따라 포인트 적립율을 달리하는 방법이다. 예를 들면 가맹점수수료가 높은 주점, 음식점 등에서 카드를 이용한 경우에는 이용금액의 2% 등 높은 포인트를 적립하고, 가맹점수수료가 낮은 할인점, 주유소 등에서 카드를 이용한 경우에는 이용금액의 0.1% 등 낮은 포인트를 적립한다. 이 방법은 타 카드사와 차별되는 최고 적립율을 홍보함으로써 고객들의 관심을 유도하고, 가맹점수수료가 높은 업종으로 카드 이용을 유도하는 효과가 있다. 고객들은 더 많은 포인트를 적립받기 위해서 가맹점 수수료가 높은 곳에서 카드를 이용할 것이다. 그러나 고객들은 가맹점수수료가 높은 업종이 무엇인지를 잘 모른다. 따라서, 이 방법이 성공하려면 고객에 대해 충분한 고지가 뒤따라야 한다. 즉, 가맹점수수료가 높은 업종을 지속적으로 안내하여 고객이 관심을 갖도록 유도하여야 한다.

가맹점과 카드사 공동적립은 요즘 유행하고 있는 포인트 적립으로서 카드회사가 단독으로 하지 않고, 가맹점과 공동으로 포인트를 적립하는 방법이다. 가맹점과 함께 포인트를 적립하기 때문에 고객은 더 많은 포인트를 적립 받을 수 있다. 즉, 별도의 "포인트 적립 가맹점"을 운영하여, 이 가맹점에서 카드를 이용할 경우 카드회사가 적립해 주는 포인트 외에 별도로 가맹점에서 자기 비용부담으로 고객에게 포인트를 적립해 주는 방법을 쓴다. 경우에 따라서는 가맹점에서만 포인트를 적립해 주기도 한다. OK캐쉬백 모델과 비슷하다. 그러나 이때 적립되는 포인트는 가맹점 포인트나 제3의 포인트가 아닌 카드사의 포인트 이다.

가맹점 포인트 적립은 카드 매출표 매입 시 개별적으로 가맹점의 매출대금으로 부터 차감되어 카드사의 고객 포인트에 적립된다. 즉, 가맹점의 포인트 적립이 발생하면 가맹점은 카드 매출대금에서 가맹점수수료와 포인트 적립비용을 공제하고 나머지 금액을 수령하게 된다. 이러한 가맹점 포인트 적립은 OK캐쉬백 모델처럼 카드회사의 고객을 해당 가맹점으로 모아주는 역할을 한다. 고객은 동일한 조건이면 포인트가 적립되는 가맹점을 찾을 것이다.

포인트의 매력은 적립된 포인트의 이용에 있다. 포인트의 이용을 경험한 고객들은 포인트의 더 많은 적립을 위하여 반복 구매와 더 큰 구매를 하게 된다. 과거에 카드사들은 포인트 이용을 어렵게 하여 포인트 이용으로부터 발생되는 비용을 줄이려 노력하였으나 이는 어리석은 행동이었다. 즉, 포인트 마케팅을 통하여 카드 매출을 증대 시키고자 하는데, 포인트를 이용을 경험해 보지 않은 고객들은 포인트에 대한 매력을 느끼지 못해 소기의 성과를 달성하지 못했던 것이다. 이제 카드사들은 고객의 포인트 이용을 유도하기 위해 각종 이벤트를 시행하고 있으며 엄청난 비용을 들여 광고까지 하고 있다.

## 4. 아파트관리비 제로 프로젝트의 구조

아파트관리비 제로 프로젝트에는 아파트 주민, 상가 그리고 이를 연결시켜 주는 카드회사(또는 시스템 구축회사)가 존재할 것으로 예상해볼 수 있다. 카드회사는 아파트 주민을 설득하여 카드(적립식 카드도 가능함)를 발급받게 만들고 이러한 고객기반을 바탕으로 주변의 근린상가를 가맹점으로 가입시키는 것이다.

가맹상가에서 지출된 경비는 포인트로 적립되며 이렇게 적립된 포인트는 다른 점포에서 활용되는 것이 아니며 오로지 아파트 관리비 절감에 활용된다. 하지만 현재는 다양한 카드(적립카드 포함)가 존재하므로 주민들의 경우는 현재 내가 지출하는 경비가 추후 어디서 활용할 것인가를 결정할 수 있는 상황이므로 실질적으로는 다른 곳에서도 쓸 수 있는 적립 포인트를 관리비 절감에 집중적으로 사용하는 것이 된다.

이 구조가 제대로 작동하기 위해서는 카드를 발급받는 아파트 단지가 늘어야 하고 나아가 아파트 단지 내에서도 많은 주민들이 카드 발급에 참여하여야 할 것이다. 참여하는 주민들이 늘어나면 늘어날수록 주변상가의 참여율 또한 높아지게 되며 적립되는 포인트도 평균 4%대를 넘어설 수 있게 될 것이다. 적립되는 포인트를 늘려주면 이에 더 많은 주민들이 참여하게 되고 아파트관리비 제로 프로젝트는 발전의 선순환구조를 획득하게 된다.

카드회사(또는 시스템 구축회사)는 카드의 발급과 함께 발급된 카드로 인해 적립된 포인트를 포인트 적립율에 따라 정확히 계산하여 관리비에서 차감될 수 있도록 사전에 연계시스템을 구축하여야 할 것이다. 이러한 연계시스템이 제대로 작동되어야지 카드를 이용하는 주민들의 불편이 없어지고 이에 따라 카드이용 횟수와 금액이 늘어나게 될 것이다.

## 5. 가격전략

이 프로젝트는 가격전략의 하나라고 볼 수 있다. 궁극적으로 참여하는 주민이 예전보다 더 저렴한 가격으로 물품을 구입할 수 있게 해준다는데 목적이 있다. 특히나 적립된 포인트를 쓸 수 있는 관리비는 실생활과 직결되므로 적절한 수준에서 관리비가 절감된다면 참여하는 주민들이 느끼는 상대적인 혜택은 더욱 클 것으로 예상된다.

사실 이 사업구조에서 가장 혜택을 보는 참여주체는 주민이다. 주민들은 예전보다도 더 큰 실질적인 가격할인 혜택을 보면서 이 사업구조에 참여하게 된다. 하지만 참여하는 주민들의 숫자가 줄어들면 사업구조의 선순환적인 발전이 원천적으로 어려워지게 된다. 오히려 주민들에게 더 큰 혜택을 주더라도(사업의 수익성이 더 나빠지더라도) 참여하는 주민들의 숫자를 늘리고 이들이 상당액의 금액과 횟수로 주변 상가에서 물건을 구입하게 되면 사업의 구조가 선순환적으로 발전하게 된다.

즉, 이 사업구조에 있어 가장 큰 혜택을 보는 대상은 주민이지만 주민들이 참여하지 않는 한 사업구조를 유지하는 것조차 어렵게 된다. 따라서 주민들의 참여를 늘리는 것이 가장 핵심적인 성공요인이라고 볼 수 있으며 이러한 위치를 점하고 있는 주민들에 대한 가격전략은 '비대칭적 가격설정 전략'을 사용할 수밖에 없게 된다. 즉 가장 혜택을 보는 주민이 아무런 비용을 지불하지 않지만 이는 이 사업구조 내에서 주민들이 가장 큰 힘을 가지고 있어 사업구조의 형성과 발전에 지대한 영향을 끼치기 때문이다.

## 6. 제휴마케팅

제휴 마케팅에는 단순한 '서비스 제휴'와 '포괄적 제휴'가 있다. 서비스 제휴는 카드 고객이 해당 제휴사에서 물품이나 서비스를 구입할 경우 일정금액을 할인해 주거나 면제해 주는 혜택 등을 제공한다. 영화할인이나 놀이공원 할인, 은행관련 수수료 면제가 이에 해당되며 카드사는 고객에 대한 홍보를 담당하고, 제휴사는 자사 상품에 대한 가격 할인 등의 서비스를 담당하게 된다. 따라서 카드사는 고객의 로열티 증진이라는 이점이 있고, 제휴사는 자사 매출증대라는 이점이 있다.

포괄적 제휴는 서비스 제휴에 추가하여 제휴사와 공동으로 제휴카드를 개발하고, 공동으로 제휴카드를 모집하며, 공동으로 서비스를 제공하는 형태이다. 항공사제휴카드, 정유사 제휴카드, 공무원 제휴카드 등이 이에 해당되며 카드사와 제휴사는 홍보, 회원모집, 서비스 제공을 공동으로 행하게 된다. 서비스 제휴는 모든 카드에 제휴서비스가 제공될 수 있기 때문에 오픈형 제휴라고 하고, 포괄적 제휴는 특정 제휴카드에 대해서만 제휴서비스가 제공되기 때문에 폐쇄형 제휴라고도 한다. 현재 아파트관리비 제로 사업의 구조는 단순한 서비스 제휴가 아니라 포괄적 제휴에 가까운 것으로 보여 진다.

성공적인 제휴의 조건으로는 첫째, 제휴사의 직원이나 하부조직이 본사에 대한 충성도가 높아야 한다. 카드사는 제휴사의 본사와 계약을 맺어 제휴사의 모든 본점과 지점에서 동시에 제휴 카드를 모집하고 동일한 제휴서비스를 제공해 주기를 원한다.

둘째, 제휴사에 카드 가입조건에 맞는 직원이나 고객이 많아야 한다. 이는 제휴사가 공무원이나 교원 등과 같이 카드 가입조건에 맞은 우수한 직원으로 구성되어 있거나, 정유사나 항공사와 같이 우수한 고객으로 구성되어 있어야 한다.

셋째, 제휴사에 제휴카드를 모집할 수 있는 조직이 있어야 한다. 제휴사의 우수한 직원이나 우수한 고객을 제휴카드 회원화 할 수 있는 조직을 말하는데, 직원이 중심인 제휴사의 경우 직원들에게 카드신청서를 교부하고, 이를 수령하여 카드사에 제출할 조직화된 중간 관리자가 있어야 하며, 고객이 중심인 제휴사의 경우 고객들에게 제휴카드를 권유하고 모집할 상담사 등이 있어야 한다.

넷째, 제휴카드에 대한 제휴서비스는 강제성이 있어야 한다. 제휴서비스를 받기 위해서는 해당 제휴카드를 가지고 있어야 한다는 의미이다. 즉, 해당 제휴카드에 멤버쉽 기능을 부여한다, 출입증 기능을 부여한다, 가격을 할인한다 등 보통 카드와는 다른 차별성이 있어야 하며, 고객이 해당 카드를 가지고 있어야 하는 동기 부여인 것이다.

다섯째, 제휴카드의 서비스는 규격화 된 것이어야 한다. 제휴카드가 제공하는 서비스는 강제성이 있어야 함과 동시에 규격화 되어 있어서 고객이 그 가치를 진정으로 느껴야 한다.

여섯째, 카드사와 제휴사는 제휴로 인해 상호 이익이 되어야 한다. 제휴는 맡은 바 역할이 서로 다르기 때문에 일방에게만 이익이 되거나, 이익이 현저하게 차이가 나는 경우 한 쪽은 역할을 제대로 수행하지 않게 된다. 제휴는 수레바퀴처럼 양자가 제대로 역할을 해줘야 한다.

제휴카드 시장의 미래는 밝지 않다. 나름대로 우수한 업체라고 여겨지는 곳은 이미 기존의 제휴카드가 있거나 카드사간 경쟁이 치열하다. 제휴영업을 사실상 중단한 카드사도 있다. 그러나, 고객의 서비스에 대한 니즈가 다양하기 때문에 제휴카드 시장에 대한 장점은 아직도 크게 남아 있다고 할 수 있다. 제휴영업을 활성화시키기 위해서는 전통적인 제휴전략이 아닌 새로운 제휴 전략을 찾아야 할 것이다. 여태까지의 제휴영업이 회원 유치에 있었다면 이제는 이를 다르게 수정해볼 때이다. 즉 회원 모집과 서비스 공유를 넘어선 새로운 차원의 제휴가 모색되어져야 한다. 또한, 기존 제휴처에 대한 관념을 버리고 새로운 제휴처를 찾아야 할 때이다. 고객의 변화하는 소비성향이나 수요를 분석하여 이에 적합한 제휴처를 발굴할 필요가 있다. 사회 기부나 실버 시장 등 그동안 관심 밖이었던 분야에 눈을 돌릴 필요가 있겠다.

# 제6장

# 부동산마케팅믹스 전략
(Real Estate Marketing Mix Strategy)

REAL ESTATE

MARKETING

# 제6장 부동산마케팅믹스 전략 (Real Estate Marketing Mix Strategy)

마케팅믹스란 기업이 마케팅 목표에 따라 설정한 시장 표적에 마케팅 활동을 집중시키기 위해 사용하는 모든 투입변수 등을 해당 기업의 환경과 상황에 맞게 그리고 마케팅 효과가 최대화될 수 있도록 구성하는 마케팅전략을 일컫는다. 이러한 마케팅믹스의 요소로는 상품(Product), 가격(Price), 유통채널(Place), 판매촉진(Promotion) 등 4가지를 들 수 있다. 흔히 이를 영어 단어의 첫 글자를 따서 4Ps라고 부른다.

STP전략과 4Ps전략은 모두 마케팅 기획이라고 볼 수 있다. STP전략은 상품개발단계에서의 기획이고 4Ps전략은 상품개발 후의 판매기획이라고 할 수 있다. STP전략으로 개발할 상품의 위치를 파악하고 4Ps전략을 섞어서 상품판매 전략을 짜는 것이라고 이해할 수 있다. 따라서 경영전략 측면에서는 STP가 전략 개념에 가깝고 4Ps는 이를 실행하는 전술[1)]개념에 가깝다.

## 1. 상품(Product)

상품이란 특정 효용을 제공함으로서 고객의 욕구나 필요를 충족시키는 모든 대상을 일컫는다. 따라서 상품의 형태는 다양하며 물리적 실체를

1) 작전목적을 수행하는 데 있어 부대나 개인을 가장 효율적인 방법으로 배치, 기동, 운영하는 방법과 기술을 뜻하며 종합적이고 광범위하며 장기적인 계획 및 운영을 의미하는 전략과는 달리 국부적이고 단기적인 성격을 띤다.

보유한 경우와 함께 공연, 컨설팅과 같이 물리적 실체가 없는 무형의 상품도 존재할 수 있다.

하지만 근래에는 상품이 물리적 실체와 함께 이에 수반되는 상징으로의 의미가 커지고 있다. 즉, 상품이 가지는 특성이 복합화 되고 있어 과거와 같이 물리적 실체와 무형의 서비스로 상품을 분류한다는 것은 갈수록 그 의미가 희석되고 있다.

### (1) 부동산 상품의 본질

부동산 상품은 지하, 지상, 공중으로 이루어진 입체적인 부분을 활용하는 상품이다. 부동산에서 이야기하는 상품은 공장에서 생산되는 상품과 같은 의미가 아니라, 활용이라는 인간의 행위를 통해 생활에 필요한 무엇인가를 창출해낼 수 있는 가능성과 같은 개념이다.

초기의 부동산 공간은 주로 평면의 형태로 이용하였다. 대표적인 것이 농경시대에 생존을 위한 식량을 조달하는 행위였다. 이러한 평면적인 활용은 산업사회에 접어들면서 입체적인 이용행태로 바뀌었으며 자연적인 공간들이 인공적인 공간들로 바뀌면서 다양한 용도로의 활용이 가능해졌다.

이러한 공간의 활용은 그 공간이 가진 특성과 함께 주변여건이나 환경에 의해 좌우된다. 그리고 공간을 활용하는 부동산상품은 시간이라는 개념과 밀접한 관련을 가진다. 임대주택이 세입자가 없이 몇 달을 공실인 채로 있다면 그간의 임대료가 줄어들어 수익률이 급속히 줄어들게 된다. 그냥 소비해버린 공간의 이익은 다시는 만회할 수 없으며 이를 만회하기 위해 추후 무리한 임대료의 상승이 더해진다면 걷잡을 수 없는 문제가 발생할 수도 있다.

이러한 공간활용에 대한 인식은 부동산공간과 시간의 개념을 이용하여 새로운 업태를 만들어 내는데 중요한 동인을 제공한다. 즉 낭비되는 공간을 최소화하는 것이 부동산공간을 활용하는 최적의 방법이며 궁극적으로는 이러한 활용술이 부동산의 최유효이용이 된다고 볼 수 있다.

1년 단위로 계약을 맺는 일반부동산의 임대방식에서 월단위로 계약을 맺는 벤처지원센터, 주단위로 계약을 맺는 서비스드 래지던스, 일단위로 계약을 맺는 컨벤션센터 등의 분화를 낳고 있다. 심지어 최근에는 시간단위로 계약을 맺는 모임전문공간들도 생기고 있다.

부동산공간은 이렇게 시대에 따라 공간의 이용방법이나 활용이 다르다. 활용을 극대화시키면 많은 이익을 가져다주지만 그렇지 못한 경우 사업의 실패를 초래하기도 한다. 따라서 부동산공간의 활용은 기존의 공간이용형태에 다양성을 제공하는 것이고, 공간의 소비주체이며 사업주체인 인간에게 부동산 공간 활용에 대한 인식의 전환을 요구하는 것이다.

### (2) 부동산 상품의 유형

먼저 부동산 상품의 이해를 높이기 위해 부동산 상품의 유형을 분류해 보도록 하자. 부동산 상품은 일반적으로는 아파트, 오피스텔, 상가, 오피스, 펜션 등으로 분류할 수 있다. 이는 부동산 상품을 활용하는 용도에 따른 분류라고 할 수 있다. 아파트는 주거용, 오피스는 업무용, 상가는 상업용, 펜션은 레저용으로 사용된다. 하지만 요즘의 부동산상품은 두세가지 용도가 복합적으로 사용되는 경우가 늘어나는 복합개발이 트렌드화 되고 있어 이러한 분류체계는 적절치 않은 경우가 많다. 아파텔과 같이 아파트와 오피스텔[2]을 결합한 상품이 생기고 웰빙센터와 같이 상업용과 레저용이 결합한 부동산 상품이 개발되고 있으며 부산 해운대의 주상복합아파트는 매입자의 거주지가 부산이냐 수도권이냐에 따라 주거용과 레저용이 복합화 되어있다. 따라서 단순히 용도를 통한 분류방식은 한계를

2) 특히 오피스텔의 경우는 2000년 초 주거용 오피스텔의 분양 붐이 일어나면서 2001년에서 2003년간 전국에서 공급된 오피스텔은 대략 15만실에 이른다. 하지만 2004년 6월 주거용 오피스텔에 대한 건축 기준이 강화되면서 급격히 시장이 위축되게 된다. 주택공급 확대정책으로 선회한 참여정부는 2006년 12월 건축법 시행령을 개정 고시하여 "사무구획별 전용면적이 50제곱미터를 초과하지 않는 경우 온돌, 온수온돌 또는 전열기 등에 의한 바닥 난방 설치를 허용" 하면서 다시 소형평형의 경우 주거용으로 바뀔 예정이다.

가진다.

최근에는 부동산 상품의 수익실현방법이 어떠하냐에 따라 '수익형부동산'과 '주거용부동산'으로 분류하기도 한다.

수익형부동산이란 용어는 신문지상에서 가끔 볼 수 있으나 이 용어의 정확한 의미가 제대로 인식되는 경우는 많지 않다. 어떤 경우는 한글보다 외국어로 표현할 때 그 단어의 의미가 더욱 정확히 다가오는 경우가 있다. 수익형부동산도 이런 종류의 용어가 아닐까 생각된다.

수익형부동산을 영어로 표현하면 'Income Producing Property'라고 하는데 수익이 발생하는 부동산 자산이라는 의미를 가진다. 여기서의 수익이란 임대료와 같은 직접적인 수익을 의미한다. 주거용부동산의 전세금과 같이 금융기관에 예치하여 간접적으로 이자소득이 발생하는 자산은 수익형부동산이라 할 수 없다.

수익형부동산의 종류로는 상가, 오피스, 오피스텔, 소형아파트(원룸) 등을 들 수 있다. 하지만 이러한 용도별 분류보다는 수익실현방법이 어떠하냐에 따른 분류가 더 적절할 것이다. 아파트를 예로 들면 전세로 임차인을 유치하는 경우에는 아파트가 주거용부동산이지만 월세로 임차인을 유치하면 수익형부동산으로 분류될 수 있다. 따라서 어떤 부동산상품이 수익형부동산으로 분류되느냐는 것보다는 부동산상품이 어떤 방식으로 활용되느냐가 더 큰 의미를 가진다. 즉, 수익형부동산은 상품 그 자체보다는 이를 어떻게 활용하느냐가 더욱 중요하다는 말이다.

수익형부동산에 대치되는 개념은 주거용부동산[3]이다. 단순하게 두 가지 상품의 특성을 비교하면 주거용부동산은 임차인을 구하지 못하면 또는 프리미엄이 붙지 않으면 내가 사용하면 된다 라는 생각으로 투자할 수 있는 상품이지만 수익형부동산은 임차인을 구하지 못하면 내가 장사를 해야겠다는 것을 가정하고 투자하는 경우는 거의 없는 상품이다. 수익형부동산은 애초부터 수익실현을 목적으로 투자하는 상품이므로 주거

3) 주거용부동산 중 공동주택은 다세대, 연립, 아파트로 분류된다.

[부동산상품의 유형 특성 비교]

| 구 분 | 수익형부동산 | 주거용부동산 |
|---|---|---|
| 용도 | 영업 | 주거 |
| 1차 목적 | 투자 | 사용 |
| 위험도 | 높음 | 낮음 |
| 임대수익 | 높음 | 낮음 |
| 수익실현방법 | 임대수익 | 매매(시세)차익 |

용부동산과 다른 투자패턴과 보유방식을 가진다. 이런 연유로 주거용부동산을 전세형부동산이라고도 부른다.

수익형부동산을 대별하면 상업용부동산과 업무용부동산으로 나눌 수 있다. 상업용부동산의 전형적인 상품은 상가이며 업무용부동산의 전형적인 상품은 오피스빌딩이다. 과거 오피스빌딩은 중소형의 경우에도 그 투자규모가 커서 일반인들이 투자하기에는 부담이 되는 상품이었으나 최근에는 리츠와 같은 간접투자상품에서부터 맞춤형(섹션형) 오피스 상품에 이르기까지 개인이 투자 가능한 소규모의 상품들도 나오고 있어 새로운 수익형부동산으로 주목받고 있다.

### (3) 부동산 신제품의 개발

부동산 상품은 산업의 특수성으로 인해 혁신적인 기술개발은 어려운 것이 현실이다. 기술혁신의 정도가 너무 높으면 차별화된 신제품이 개발되어 좋은 점은 있으나 혁신의 정도가 높아 건축공정상의 어려움이 존재할 수 있다. 따라서 부동산 상품에서 말하는 신제품이란 혁신적인 기술을 적용하기 보다는 기존 기술의 개량 또는 보완의 수준에 머문다. 또한 신제품보다는 기존 제품에 어떤 추가적인 기능을 부여하여 새로운 컨셉의 상품을 내어놓기도 한다.

최근 부동산 상품에는 IT기술을 적용한 신제품과 웰빙이라는 사회 트렌드를 반영하여 주거공간에 건강과 환경을 첨가한 상품이 활발히 분양되고 있으며 지역단위의 개발사업의 경우 복합 개발되는 상품이 급격히 증가하고 있다. 최근 부동산 상품의 트렌드는 △첨단화 △웰빙화 △복합화 △브랜드화 △조망화라고 정의할 수 있다.

[부동산신제품에 가까운 Floating House[4)]]

① **첨단화**

가. 업무용빌딩

부동산 상품의 첨단화의 트렌드는 주거용부동산과 업무용부동산에 모두 적용되고 있다. 먼저 업무용부동산에서는 지능형건축물(Intelligent Buildling)[5)]을 예로 들 수 있다. 지능형건축물은 건물의 자동제어, 근거리통신망, 사무자동화 등 최첨단 전자시설로 관리, 운영되는 빌딩을 말하는데 1983년

4) 바다보다 낮은 땅을 가진 네덜란드 건축사 두라 베르무어사가 개발한 수위가 오르면 집이 함께 떠오르는 신개념의 주택이다. 홍수 규모에 따라 집이 5m까지 상승하며 비상시에도 전기, 상수도 등 시설이용에는 문제가 없다고 한다. 지구 온난화와 해빙에 대비한 미래형 주택으로 주목받고 있다.

5) 일반적으로 지능형빌딩은 인텔리전트빌딩이라고 영문명을 한글로 그냥 쓰고 있다. 그러나 최근 건설교통부가 '지능형건축물 인증제도 시행지침'을 마련하면서 지능형건축물이 일반화되고 있다.

에 완공한 미국 코네티컷주 하트포드의 시티플레이스빌딩이 그 시초이며, 한국은 1991년 6월 한국통신이 건설한 전자교환 소프트웨어 연구센터 빌딩이 최초이다.

이러한 지능형건축물은 일반건축물에 비해 5%에서 20%내외의 공사비가 추가적으로 소요되나 연간 유지관리비용의 절감효과가 전기설비 30%, 공조설비 36% 등 부문별로 지대하며 건축물의 생애주기비용(Life Cycle Cost) 측면에서 보면 초기 건설비용은 10~20% 증가하나 운용관리비용이 7.5~8.7% 절감되어 총 비용절감효과가 2.6~5.8%에 이른다는 통계가 있다. 그리고 실질적으로 전체 건축공사에서 지능형건축물이 차지하는 비중이 2002년 0.49%에서 2005년 0.67%로 연평균 0.05%씩 증가하고 있다. 따라서 이러한 지능형건축물의 경우 마케팅을 위해서는 건축물의 생애주기비용 차원에서 접근하는 것이 필요할 것이다.

[지능형건축물 추가공사비]

| 등급별 | 비용 | 추가비율 |
|---|---|---|
| 1등급(고수준) | 204,500(원/㎡) | 20.4% |
| 2등급(중수준) | 134,800(원/㎡) | 13.5% |
| 3등급(저수준) | 49,200(원/㎡) | 4.9% |

[지능형건축물 연간 유지관리비용 절감효과]

| 부문 | 건물관리 | 방재설비 | 위생설비 | 전기설비 | 공조설비 |
|---|---|---|---|---|---|
| 효과 | 13% | 6% | 15% | 30% | 36% |

[지능형건축물 건설 및 운용관리비용(LCC기준) 증감효과]

| 부문 | 건설비용 증가 | 운용관리비용 절감 | 총비용 절감 |
|---|---|---|---|
| 효과 | 10-20% | 7.5-8.7% | 2.6-5.8% |

### 나. 주 택

주택의 경우 HA(Home Automation)을 통해 방범과 방재 등의 기능을 IT 기술을 활용하여 도입하고 있다. 주거공간에 IT기술을 도입한 지능형 주택은 외국에서는 보편적으로 적용되고 있다.

미국의 경우 IT기술을 활용하여 거주자가 건강하고 쾌적하고 안전한 삶을 영위할 수 있도록 하는 주택을 의미하는 '스마트하우스(smart house)'가 보편적으로 사용되고 있다. 주택관리의 스트레스를 경감시키기 위해 자동적으로 많은 일을 수행하며 가사, 작업, 학습, 여가활동을 통합한다. 특히 건강, 안전, 에너지절약 및 편리한 생활 추구에 관심이 많은 사람들에게 인기가 있으며 장애자, 노인의 육체적 문제를 보완해주는 수단으로 사용되고 있다. 현재 미국에서는 장애자를 위한 스마트하우스가 활발히 연구 중이며 상당한 진전을 보이고 있다.

일본의 첨단주택인 TRON(The Real-time Operation Nucleus) 전뇌주택(電腦住宅)은 자연환경과 자연소재를 적극적으로 도입하고 미비한 점을 컴퓨터로 보완한다는 취지에 따라 주택의 본체는 필요한 최소 설비기기만을 밖으로 노출하고 나무, 흙, 돌, 종이 천을 많이 사용해 안정되고 자연스러운 분위기로 조성하였다.

TRON 주택의 기계조작은 스위치, 전뇌(전뇌)리모컨, 컴퓨터의 3가지만으로 이루어지며 쉽게 배우고 이용할 수 있다. 스위치 버튼도 거의 그림으로 표시되어 노인이나 아이들도 조작이 가능하도록 되어있다.

[지능형주택의 개발기술 수준비교]

| 구분 | 유형 | 유럽 | 미국 | 일본 | 한국 |
|---|---|---|---|---|---|
| 일반특성 | 주요선호 주택유형 | 단독주택 | 단독주택 | 단독주택 공동주택 (맨션) | 대단지아파트 |
| 개발특성 | 공동주택 | 노인용 저소득층용 | 노인용 일반인용 | 고급맨션 | 정보화아파트 고급주상복합 |
| 기술특성 | 중점개발 기술 | 에너지절감 자원절약기술 | 에너지절감을 고려한 환경조절 | 첨단수납 시스템 | 인터넷기반 서비스 |

* 송지영, 지능형주택 시스템 구축에 관한 연구, 연세대학교 생활환경대학원, 2001. 8

1990년대 초반부터 일어난 주택에 지능형시스템을 도입하고자 하는 노력은 정보기술의 급격한 발달과 함께 각종 전자기기나 첨단 설비를 장착한 아파트를 중심으로 나타나기 시작하였으며 처음에는 건설업체들이 기간통신사업자, 부가통신사업자 등을 모아 컨소시움을 형성하였다. 씨브이네트, 이지빌, 아이씨티로, 테크노빌리지 등이 이러한 컨소시움이었다. 하지만 이러한 컨소시움의 성과는 거의 없는 것으로 드러나 실생활과 밀접하게 관련이 있는 부분이나 장애인, 노인을 위한 시설위주로 첨단화가 이루어지는 선진 외국과는 다르게 상업성이나 형식위주로 이루어지는 국내 첨단화의 문제점들을 드러내고 있다.

**[건설업체별 지능형주택시스템 개발 동향]**

| 건설업체 | 개발 및 연구 중인 지능형 주택 관련 시스템 |
| --- | --- |
| D건설 | 자연환기시스템, 급수시스템, 풍력 등 자연에너지를 이용하는 에너지관리시스템, 실내습기조절시스템, 쓰레기처리시스템, 홈쇼핑배달시스템, 욕실의 자동건강검진시스템 등 |
| H산업개발 | 자동조명시스템, 가사부담 최소화를 위한 홈오토메이션시스템, 방범/방화시스템, 지능형환기시스템 등 |
| T건설 | 엘리베이터 구급 시스템, 근접세대 경보시스템, 원격검침시스템, 전자보안시스템 등 |
| L건설 | 홈오토메이션시스템, 무인전자경비시스템, 원격검침시스템 등 |
| S건설 | 시큐리티시스템, 혼합정수시스템, 공기청정시스템, 주방살균시스템 등 |

### 다. U-City[6)]

U-City는 첨단 정보통신망을 도시의 기본 인프라로 채택하고 이를 바탕으로 다양한 유비쿼터스 서비스가 제공되는 도시라고 할 수 있다. 지금까지의 도시는 각종 파이프나 선으로 연결되는 공공서비스망(전기, 가스, 상하수도 등)을 기반으로 발전해 왔으나 U-City의 첨단 정보통신망은 공공서비스 외에도 콘텐츠와 새로운 부가서비스를 전달하여 높은 부가가치

6) 전영옥, U-City의 성공적인 개발모델과 시사점, 삼성경제연구소, 2006. 6

창출이 가능하다는 점에서 주목할 만하다.

해외에서는 U-City가 첨단산업을 유치하기 위한 통신 인프라 구축 중심으로 추진되고 있다. 홍콩의 사이버포트, 말레이시아의 사이버자야 그리고 두바이의 인터넷시티 등이 이러한 예이다.

국내에서는 첨단산업 유치차원을 넘어 실제 유비쿼터스 서비스를 구현하기 위한 신도시 개발이 진행 중이며 수도권 신도시를 중심으로 현재 실현 가능한 핵심기술을 선택하고 이에 대한 개발에 착수하고 있으며 건설교통부와 정보통신부도 2006년 2월 U-City건설 양해각서를 체결하고 법, 제도 정비와 표준화된 U-City모델개발 등을 본격적으로 추진하고 있다.

[U-City 조성계획이 수립된 신도시현황]

(단위 : 만명, 만평)

| 구 분 | 개발기간 | 수용인구 | 면 적 |
|---|---|---|---|
| 행정중심복합도시 | 2005-2030 | 50 | 2,212 |
| 화성동탄신도시 | 2001-2007 | 12.1 | 273.4 |
| 성남 판교신도시 | 2003-2009 | 8 | 281.5 |
| 파주 운정신도시 | 2003-2009 | 12.5 | 284.6 |
| 수원 광교신도시 | 2005-2010 | 6 | 341.2 |
| 용인 흥덕신도시 | 2004-2008 | 2.9 | 65 |
| 인천 송도신도시 | 2004-2013 | 18 | 535 |

* 건설교통부, 한국토지공사, 대한주택공사, 경기지방공사, 인천경제자유구역청 홈페이지

U-City가 부동산마케팅에서 가지는 의미는 첫째 신제품 개발측면에서 보면 가치사슬을 통해 다양한 신규시장을 창출할 수 있다는 것이다. U-City는 '택지개발사업시행자(단지조성)→건설사(건축물조성)→입주민'으로 이어지는 가치사슬에 따라 다양한 신규시장을 창출할 수 있다. 둘째는 다양한 산업 간의 융합화를 통해 새로운 시장을 개척할 수 있다는 것이다. 건설, 통신, 전자 등을 한 그룹 내에 보유하고 있는 국내 건설회사

는 융합화에 유리한 기술 확보에도 장점을 보유하고 있다.

### ② 웰빙화

#### 가. 웰빙의 개념과 주거

웰빙은 '잘 먹고 잘 사는 것'이며 이는 현대인의 몸에 관한 지대한 관심을 반영하고 있다고 할 수 있다. 일반적으로 '웰빙'은 건강과 관련되어 폭 넓게 사용되어진 용어이지만, 한 인간의 삶이 그 인간에 대해 얼마나 좋은지(how well)에 대한 정의로 설명되어지고 있다.[7] 이와 같이 웰빙은 인간 개인의 주관적이고 감성적인 측면으로 이해되어져 왔고, 인간이 개인적으로 경험하고 느끼는 모든 요소들을 포괄하는 개념으로 받아들여졌다. 따라서 웰빙에 대한 문헌의 정의는 삶에 대한 만족의 정도, 삶의 질 향상으로 크게 정의할 수 있다.

웰빙은 사전적인 의미로는 행복과 안녕을 뜻하지만 유행처럼 번지고 있는 웰빙은 물질적인 가치보다 더 나은 삶을 위한 마음의 평안과 정신적인 풍요로움을 중시하는 태도와 라이프스타일을 총체적으로 가리키는 단어이다. 최근 여행과 레저 등 인생을 즐기며 자연을 향유하고 사는 것에 대한 인식이 높아짐에 따라 웰빙은 라이프스타일의 하나로 자리 잡았다. 이렇게 유행이 라이프스타일로 자리를 잡을 때 트렌드로서의 의미를 가지게 된다.

웰빙이 추구하는 본질이 바로 정신적, 육체적, 사회적 평안함에 있음을 볼 때 물리적으로 무해하고 평안한 주거환경은 사람을 안도시키며 건강을 증진시키고 병을 치유하는 효과가 있다고 한다.[8]

건설업체가 설계 및 평면에서 단지조경, 마감재의 차별화 등을 시도하면서 이를 웰빙 아파트라고 부르고 있으나 과연 소비자들도 이를 공감하고 있는지는 제고해 보아야 할 것이다.

---

7) Stanford Encyclopedia of Philosophy, Well Being, Stanford University, 2005

8) 제해성 외, 현대적 웰빙과 시설경영에 대한 연구, 한국FM학회 국제심포지움, 2004

### 나. 테라스하우스와 타운하우스

웰빙이라는 거대한 사회 트렌드에 힘입어 건강, 친환경 주거공간은 늘어나고 있다. 과거 웰빙 아파트는 층간소음과 환경호르몬을 줄이는 것이 주요 이슈였다.

층간소음이 사회적 문제로 대두되면서 '바닥충격음 차단성능인증제도' 도입이 논란이 되고 있다. 중량충격음에는 50dB, 경량충격음에는 58dB로 기준을 정하자는 논의가 확산되고 있다. 최근 층간소음에 대한 시공사 배상책임이 법원의 판결로 확정되면서 건설회사들은 층간 소음을 방지하기 위한 부동산 상품개발에 노력을 기울이고 있다. 2002년 63건이었던 층간 소음 분쟁조정신청건수는 2003년 100건을 넘어섰다. 설문조사에 의하면 기존 아파트의 53%인 550만 가구가 층간 소음에 있어 기준을 초과하는 것으로 드러났다는 통계도 있다.

인체에 유해한 자재를 사용하면서 환경호르몬에 대한 논의도 확산되고 있다. 일명 '새집증후군'으로 불리는 환경호르몬의 문제는 실내공기 청정화와 맞물려 친환경 코팅제제가 신규로 입주하는 아파트를 중심으로 활발하게 시공되고 있다. S건설은 '건강주택팀'을 출범시키면서 '다이아몬드 공기청정시스템'을 도입하여 외부공기의 실내유입을 촉진하는 부동산 상품을 개발하여 시공하는 발 빠른 대응을 하고 있다.

웰빙 아파트가 확산되면서 주거공간에 건강과 환경 컨셉을 도입하는 것은 단순히 시공 상의 기술혁신으로 해결하기가 갈수록 힘들어지고 있다. 신소재 개발, 소재의 표준화 등 건축자재 상의 혁신을 통해 부동산 상품의 개선이 병행되어 이루어져야 할 것이다.

이러한 웰빙화는 환경관련 부분에만 적용되는 것은 아니며 완제품의 형태에도 활용되고 있다. 단독주택 같은 아파트를 선호하는 소비자가 꾸준히 늘어나면서 유사한 상품들이 등장하고 있다. 테라스하우스와 타운하우스가 그러한 형태인데 테라스하우스는 경사진 대지에 계단식으로 지은 공동주택을 이야기하는데 아랫집의 지붕이 바로 윗집의 테라스가 된

[수도권 테라스하우스 전경]

다. 이러한 주택은 테라스가 넓은 것이 특징이어서 테라스가 단독주택의 정원과 같은 역할을 수행할 수 있어 수도권의 택지 개발지역을 중심으로 좋은 반응을 얻고 있다. 전문가들은 테라스하우스가 일반 주택보다 분양가가 비싼데도 불구하고 향후 '펜트하우스'같은 고급 연립주택으로 자리매김할 것으로 예상하고 있다. 테라스하우스를 지을 때는 다른 주택보다 공사비가 많이 들기 때문에 공급가격이 높음에도 불구하고 단독주택의 장점인 쾌적성에 희소성까지 더해져 주택시장이 고급화될수록 그 가치가 높아질 것으로 전망된다.

[국내 최대 규모의 타운하우스인 헤르만하우스 전경]

테라스하우스와 함께 타운하우스도 단독 같은 아파트로서 주목을 받고 있다. 타운하우스는 common space라고 하는 공동정원에 연속저층(底層)으로 건축된 주택을 말한다. 본래는 영국 귀족들이 사는 교외주택(country house)에 대한 도시 내 주택을 뜻하였으나, 제2차 세계대전 후 북아메리카를 중심으로 주택지의 개발, 설계방법의 기술개발과 목조패널 벽공법의 개발이 합쳐져 새로운 형식의 교외주택으로서 정착되었다. 단독주택과 공동주택의 장점을 겸한 것으로 1~2층의 단독주택이 10~100가구씩 모여 정원과 담을 공유하는 단독 주택 군이다. 개인의 프라이버시를 보호하면서 동시에 방

범, 방재 등 관리의 효율성을 높인 주거형태이다.[9)]

타운하우스가 주목을 받는 이유는 대단지 건설을 위한 택지가 절대적으로 부족하며 인구계층 구조의 변화로 가구원수가 줄어들고 있으며 선진국형 주거문화 도입이 확산될 것으로 인식되고 있기 때문이다.

전체적인 주택수요 위축의 기조 속에서도 고급주택의 수요는 지속적으로 증가할 것으로 예상된다. 주택보급률 100%, 출산율저하에 따른 인구감소, 급속한 고령화로 인한 구매력 감소로 전체적인 주택수요는 위축될 전망이다. 이와 함께 개발관련 규제는 강화되고 양질의 부지 고갈에 따라 토지 가격은 지속적으로 인상되고 있으며 기반시설 부담에 의한 조성원가 상승으로 신규 주택가격은 상승할 것으로 예상된다. 따라서 구매력 있는 고소득층의 고급 주거욕구 증대에 따라 일부 주상복합, 고급빌라 등 고급주택 수요증가가 예상되며, 주5일제 시행 및 삶의 질 향상에 따라 자연친화형 저층, 저밀도 주택선호도가 증대될 것으로 전망되어 타운하우스의 미래는 밝다고 볼 수 있다. 특히나 테라스하우스와 타운하우스는 장기적으로 단독주택의 선호가 높아지는 시점까지 매개상품[10)]으로서의 역할을 수행할 수 있다는 점에서 그 의의가 크다고 하겠다.

### 다. 웰빙 주거문화의 발전방향

한 조사결과[11)]에 의하며 친환경인증단지[12)]의 주거만족도가 비인증 단지의 만족도에 비해 높은 것으로 나타났다. 이는 웰빙 아파트에 대한 고객들의 기대와 만족을 반영한다고 볼 수 있다.

---

9) 네이버 용어사전, 2007.1

10) 가격 등으로 단계화 되어 있는 상품 군에서 가격대간의 이전에 따른 저항을 없애기 위해 중간단계의 가격을 책정하여 출시하는 상품을 말한다.

11) 제해성 외, 웰빙아파트 마케팅 요소에 대한 주거만족도 비교연구, 대한건축학회논문집 제 22권 9호(통권215호), 2006. 9

12) 친환경건축물 인증제도 세부시행지침에 의하면 친환경인증단지란 '지속가능한 개발의 실현을 목표로 인간과 자연이 서로 친화하며 공생할 수 있도록 계획·설계되고 에너지와 자연절약을 통해 환경오염부하를 최소화함으로써 쾌적하고 건강한 거주환경을 실현한 건축물' 이라고 정의하고 있다.

하지만 친환경 인증단지의 거주자들이 외부공간에 대한 만족도에 비해 단위세대 내부에 대한 만족도가 떨어지는 것으로 조사되어 이에 대한 성능 향상이 시급하게 고려되어야 할 것이다. 이는 건설업체들이 1990년대 마케팅 차원에서 외부 공간 위주의 단지설계에 주력한 영업행태를 벗어나지 못하고 있는 것으로 파악되며 거주자의 요구변화를 적극적으로 반영하지 못하고 있다는 반증이다.

또 하나는 대체 에너지 사용에 대한 고객의 요구가 미래에 더욱 높아질 것으로 예상되므로 거주자의 만족도를 높이기 위해서는 웰빙 아파트는 현 외부 공간 위주의 계획에서 벗어나 단위세대의 성능이 향상되고 미래 환경 부하를 고려한 저비용 고효율의 주거공간으로 탈바꿈하여야 할 것이다.

### ③ 복합화

복합화란 다양한 기술이나 성능이 마케팅을 위해 하나로 융합되거나 합쳐지는 현상을 말한다. 이러한 복합화, 융합화(convergence)는 미래 수요변화 방향 분석에서 도출된 소비자 니즈의 다양화, 고도화라는 키워드를 충족시키기 위해서는 기존제품, 서비스로는 한계가 존재하고, 따라서 새로운 제품, 서비스의 소비자 니즈가 증대하게 되었다. 효율성 측면에서 우수한 재조합적 혁신이 컨버전스라는 형태로 다시 등장하게 되었으며 이는 수많은 산업, 사업, 제품의 창조, 쇠퇴, 소멸이 반복되는 가운데 기존에 없는 완전히 새로운 것을 만들어 내는 일을 곤란하게 하였다. 이러한 재조합적 혁신은 다양한 산업, 사회에서 검증된 기술, 아이디어 등을 창조적으로 재조합해 새로운 가치를 창출하는 것으로 다양화, 고도화되는 고객 니즈를 충족시키는 효과적인 혁신 방안이라는데 그 의의가 있다.[13]

부동산상품에도 이러한 복합화의 바람이 불고 있는데 단일빌딩의 복합

13) 주진형, 황지연, 컨버전스와 문화산업 트렌드, 정보통신정책 제18권 6호, 2006.4

화와 함께 복합용도개발(mixed-use development)에 의한 혼합적 토지이용이 있다. 단일빌딩의 복합화는 주로 초고층빌딩을 중심으로 업무와 상업, 레저(호텔)시설과 함께 필요시 주거시설도 동시에 개발하는 임차기능 복합화(tenant mix)의 형태로 이루어지고 있다. 초고층빌딩은 단순한 건축물이 아니라 국가의 위상을 높여 지역마케팅에 도움이 된다는 장점이 있다. 그러나 아직 국내 초고층빌딩은 복합화의 방향으로 나아가지 못하고 있다. 기존의 초고층 빌딩들은 대다수가 주상복합건물들로서 실질적으로는 모두 주거용으로 사용되고 있는 현실이다. 최근 용산 중기월드센터, 세운상가 재개발빌딩, 상암 DMC 랜드마크, 잠실 제2롯데월드 등 초고층 빌딩들이 계획되고 있으며 실질적인 복합화로 계획되고 있으나 수요부족과 정부(서울시, 국방부)의 규제로 인해 지지부진한 실정이다. 지역마케팅 차원에서 랜드마크 빌딩의 필요성이 절실한 상황에서 새로운 도시의 개념이 설정되어야 할 것으로 보인다.

**[한국의 초고층빌딩 10]**

| 순위 | 건물명 | 높이(m) | 소재지 | 용도 |
|---|---|---|---|---|
| 1 | 타워펠리스Ⅲ. 타워G | 264 | 서울 | 주 |
| 2 | 목동하이페리Ⅰ. 타워A | 256 | 〃 | 〃 |
| 3 | 대한생명 63빌딩 | 249 | 〃 | 상 |
| 4 | 목동하이페리온Ⅰ. 타워B | 239 | 〃 | 주 |
| 5 | 타워펠리스Ⅰ. 타워B | 234 | 〃 | 〃 |
| 6 | 무역센터빌딩 | 228 | 〃 | 상 |
| 7 | 타워펠리스Ⅰ. 타워A | 209 | 〃 | 주 |
| 8 | 타워펠리스Ⅰ. 타워C | 209 | 〃 | 〃 |
| 9 | 스타타워 | 204 | 〃 | 〃 |
| 10 | 목동하이페리온Ⅰ. 타워C | 201 | 〃 | 〃 |

* 이규석, 빌딩바람에 의한 환경영향평가, 2006

이와 함께 주거와 업무, 상업, 문화 등 상호보완이 가능한 용도를 서로 밀접한 관계를 가질 수 있도록 연계, 개발하는 복합용도개발(mixed-use development)이 주목받고 있다. 미국의 ULI: Urban Land Institute(Witherspoon,

1976)는 복합용도개발을 특징짓는 기본요건 3가지로 ① 독립적인 수익성을 지니는 3가지 이상의 용도를 수용 ② 혼란스럽지 않은 보행동선 체계에 의한 모든 기능의 연결 및 물리적, 기능적 통합 ③ 하나의 마스터플랜에 의한 일관성 있는 계획(건설, 분양/임대 등)을 들고 있다. 이러한 복합용도개발의 장점으로는 다양한 도시기능의 도입으로 인한 지역 상징성, 도심공동화 현상 방지, 도시기반시설 및 공공서비스시설의 효율적인 공급, 직주근접으로 인한 거주자의 비용/시간 절감 등이라 할 수 있다. 반면 사업계획이 복잡하고 사업기간이 길며, 일관성이 결여된 사업계획 시 복합 시설 간 기능적 상충 및 교통 혼잡 문제 등이 발생할 수 있다는 단점도 있다.[14)]

국내에는 2001년 용인죽전의 '그린시티'를 시작으로 대단위 복합단지 개발 사업은 주택공사, 지방공사 등 지자체와 공공기관에서도 많은 관심을 보이고 있다. 그 밖에도 화성 동탄 복합단지 '메타폴리스', 대전엑스포 컨벤션 복합단지 '스마트시티', 용인동백 친환경 주거단지 '모닝브릿지' 등은 민관공동으로 추진되는 대표적 사업들이다.

해외의 대표적인 복합용도개발 사례는 일본의 경우 록본기힐스, 캐널시티 하카다, Yebisu Garden Place, 교토 Station Building, Nadya Park 등이 있다. 미국은 Battery Park City, Mall of America, Horton Plaza 등을 대표적인 사례로 들 수 있다. 이러한 복합용도개발은 지역 상징성 제고와 함께 용도의 혼합을 통한 한 차원 높은 집객력 향상을 위한 목적으로 이루어지고 있다.

**④ 브랜드화**

1990년대 중반까지 국내 아파트시장은 차별화된 상품 중심의 시장이 형성되기 보다는 "누가 아파트를 만들었는가" 즉 건설사의 신뢰도가 더욱 중시되는 시장이었다. 브랜드보다는 메이커로서 건설회사들이 고객에

14) 박현수, 복합용도개발: 사례중심으로, 알투마켓리포트, 2006.12

게 인식되는 시기였다. 그러나 IMF이후 국내 건설시장은 급격히 수요자 위주의 시장으로 변화하면서 소비자들이 아파트를 구입하는데 브랜드의 중요성이 증가하기 시작하였다.

그 동안 다양한 기관에서 아파트 구매가치 결정요소의 순위를 파악하는 조사를 실시하였으나 1999년 10월 주택산업연구원의 조사에서 4위를 한 경우가 가장 높은 순위를 기록하는 정도였으나 최근 아파트 소비자들이 브랜드에 대한 관심이 높아지면서 1위를 차지하게 되었다. 따라서 부동산 분야에도 이제는 본격적으로 브랜드가 자산으로서의 가치를 인정받게 될 예정인바 이러한 브랜드를 자산으로서 관리해야 할 필요성이 증가하게 되었다.

### 가. 브랜드의 개념

브랜드는 고대 이집트의 피라미드에 상형문자의 형태로 이미 등장하고 있고 중세 길드에서 가입자를 통제하는 수단으로서 브랜드가 사용된 기록이 있으나 실제로 브랜드라는 단어의 어원은 노르웨이 Brandr(굽다)에서 나온 것으로 가축 등에 소유를 표시하기 위해 찍던 낙인에서 시작되었다(노장오, 1994)고 한다. 미국의 마케팅 학회에서는 브랜드를 "판매자가 자신의 상품이나 서비스를 다른 경쟁자와 구별해서 표시하기 위해서 사용하는 명칭, 용어, 상징, 디자인 혹은 그의 결합체"라고 정의하고 있고(Bennett, 1988) 우리나라의 상표법에서는 상표는 "기업이 판매 또는 제공하는 상품에 관하여 다른 경쟁기업의 상품과 구별하기 위해서 사용하는 문자기호, 도형 또는 이들의 조합"이라고 정의하고 있다(상표법 제1조 1항).

브랜드란 말을 우리나라 말로 번역할 때 흔히 상표라고 번역하는데 이는 등록상표(trade mark)란 좁은 의미로 해석되는 경우가 많다. 따라서 브랜드에는 표시나 상징에 관한 여러 개념이 포함되어 있으며 이러한 상징과 의미의 결과론적인 결정체로서의 의미를 가진다는 것이 브랜드를 정의하는 말로 더욱 적합할 것이다.

### 나. 아파트 브랜드의 역사

58년 국내 최초로 건설된 '종암아파트', 62년 최초의 단지형 아파트인 '마포아파트'에서 알 수 있듯이 아파트 명칭의 초기 스타일은 지역명을 붙였다. 몇 안 되는 아파트가 생소했던 그 시기에 '어디에 있다'라는 것이 아파트를 판단하는 가장 중요한 고려사항이 되었던 것이다.

하지만 건설회사가 증가하고 아파트 공급이 늘어나면서 '현대', '삼성', '대우', 'LG' 등 기업명을 붙인 아파트가 등장하였다. 'LG수지아파트'나 '마포태영아파트' 등 회사명과 지역명을 합친 형태가 나타나기 시작하였다. 이러한 '지역명'과 '기업명'은 아파트를 판단하는 가장 중요한 최소의 정보로서 현재까지도 사용되고 있다.

**[아파트 브랜드의 시대별 변천과정]**

| 시기 | 아파트 | 특징 |
|---|---|---|
| 1950~70년대 초 | 종암아파트('58), 마포아파트('62) | 지역명브랜드<br>("어디에 있는가")<br>정부주도형사업 |
| 1970년대 중반 ~ 90년대 중반 | 현대아파트('75), 럭키아파트('80),<br>쌍용아파트('81), 대우아파트('88),<br>삼성아파트('89) | 기업명브랜드<br>건설사 증가와 아파트<br>단지화로 복수 건설회사<br>참여(대기업 참여) |
| | LG수지아파트('89),<br>보라매삼성아파트('90) | 지역+기업명<br>아파트가치향상에<br>기여함(현재도 사용) |
| 1990년대 후반 | 삼성싸이버아파트('99), 쉐르빌('99),<br>타워팰리스('99), 하이페리온('99),<br>가든스위트('99), 래미안('99),<br>아크로빌('00), 롯데캐슬('00),<br>I-파크('00), 트럼프월드('00),<br>홈타운('00), e-편한세상('00) | 정보통신, 환경친화형<br>아파트의 고급화시대 개막 |
| 향후 방향 | 고객수요와 함께하는 아파트 건설 | 고객위주의 시기<br>다양한 고객 취향에 알맞은<br>브랜드 개발 |

* 대한주택공사 연구개발실, 아파트브랜드의 시대적 변천과정, 2000년

주택경기침체와 아파트 공급과잉으로 경쟁이 심화되면서 회사이름에 의존한 기존아파트에서 소비자의 눈길을 끌 수 있는 '컨셉 아파트'를 시도하게 되었다. 특히 IMF로 인한 주택경기의 침체는 이러한 '컨셉 아파트'를 선보이는데 촉발제 역할을 하였고 일반아파트와 차별화하기 위해 독자적인 브랜드네임이 필요하게 되었으며 경쟁심화에 따라 주택사업이 수도권에서 전국 확산이 이루어지면서 '아파트 브랜드화'는 자연스럽게 급물결을 타게 되었다.

### 다. 아파트 브랜드 선호 측정

국내에서 아파트의 브랜드를 꾸준히 측정해 오고 있는 곳은 10군데 가까이 있는 것으로 파악된다. 이중 1군데만이 가상의 브랜드 시장을 가정하여 회원들이 주식을 사고파는 데에서 결과적으로 나타나는 브랜드 자산의 가치를 주가의 형태로 표시하고 있으며 나머지의 아파트 브랜드 평가는 설문조사를 통해 단순히 아파트브랜드의 순위를 측정하는 형태이다.

- 한국 아파트브랜드 대상

  한국일보와 부동산금융포털업체인 유니에셋이 공동으로 실시한다. 브랜드파워대상, 브랜드이미지대상, 브랜드웰빙대상, 브랜드마케팅대상, 브랜드유비쿼터스대상 등 5개 부문 본상과 특별상인 이머징브랜드상 등 총 6개 부문으로 구성된다.

- 대한민국 아파트브랜드 대상

  머니투데이가 건설교통부 후원으로 한길리서치에 설문조사를 의뢰하여 '아파트브랜드선호도, 인지도, 신뢰도' 등 3개 부문에서 1위 업체를 선정하고 있다.

- 한경주거문화대상

  한국경제신문사가 주최하고 건설교통부, 대한건설협회, 한국주택협회, 대한주택건설사업협회, 대한주택보증이 후원한다. 자연과 인간이 이상적으로 조화된 환경친화적 아파트를 비롯 주상복합빌딩 전원주택 펜션 등 삶의 질을 향상시키는 건물 건축에 공이 큰 업체에 수상하며 연간 2회 실시한다.

- 브랜드스톡

브랜드스톡의 브랜드 모의 증권시장에서 생성되는 브랜드의 주가지수로서 브랜드의 가치를 평가하고 있다.

### 라. 브랜드의 관리

**① 브랜딩(branding)**

브랜드를 최초로 만들어 시장에 출시(launching)시키는 일이다. 신규브랜드 출시전략이라고 볼 수 있다. 건설회사의 브랜드들은 대부분 1990년대 후반에 브랜딩되었는데 그 이유는 IMF이후 부동산시장의 규제완화가 대거 이루어지면서 상품개발에 대한 욕구가 증가하였으며 사회트렌드 또한 감성적 소비패턴이 자리를 잡아갔기 때문이다.

**② 브랜드 확장(brand extension)**

브랜드 확장이란 브랜드 자산을 활용한 대표적인 마케팅 전략의 한 방법으로, 기존의 브랜드에 대해 소비자가 가지고 있는 브랜드에 대한 인지도, 선호도, 연상, 이미지 등의 브랜드 자산을 활용하여 신제품에 대한 성공을 높이기 위한 목적으로 사용한다. 브랜드 확장의 유형에는 동일제품군에서 확장이 이루어지는 '라인확장'과 다른 제품군으로 확장이 이루어지는 '카테고리 확장'이 있다. 건설회사 브랜드는 라인확장이 많은데 대표적인 사례로는 롯데건설의 캐슬 브랜드이다. 롯데건설은 지역에 맞게 롯데캐슬클래식, 롯데캐슬자이언트, 롯데캐슬골드 등을 활용하고 있으며 2009년 이후에는 '롯데캐슬미니'라고 하는 소형아파트에 대한 브랜드로도 확장하고 있다. 카테고리 확장의 사례로는 현대산업개발이 주거브랜드인 아이파크를 상업용부동산인 쇼핑몰에 적용한 아이파크몰이 있다.

브랜드 확장은 시장에서 기존 브랜드가 오래되어 식상할 수 있는 문제점을 극복하고 신제품 출시에 따른 비용을 절감할 수 있을 뿐만 아니라, 확장된 제품이 소비자로부터 긍정적인 평가를 얻으면 기존의 브랜드 또한 이미지가 강화될 수 있어 많은 기업이 활용하고 있다.

하지만 브랜드 확장전략은 실패했을 경우 기존브랜드의 이미지를 부정적으로 만들며 무리한 확장전략은 브랜드의 정체성(identity)을 약화시켜 경쟁력 저하를 일으키기도 한다. 따라서 성공적인 브랜드 확장을 위해서는 기업의 핵심역량에 기반한 브랜드 운용전략이 이루어져야 하며 확장제품에 대해서도 지속적인 관리와 프로모션 전략이 뒷받침되어야 할 것이다.

**③ 브랜드 라이센싱(brand licensing)**

브랜드 라이센싱은 일정 수수료를 지불하고 자체의 브랜드 판매를 위해 다른 브랜드의 이름, 로고, 캐릭터, 기타 다른 요소들을 사용할 수 있게 하는 계약협정을 뜻한다. 본질적으로는 회사가 그들의 제품자산에 기여하기 위해 또 다른 브랜드를 '빌리는' 것이다. 브랜드 자산 구축을 위해 단기간에 도움이 될 수 있으므로 라이센싱을 많은 인기를 얻고 있다.

대우자동차판매의 아파트 브랜드는 '대우이안'이었으나 대우그룹이 분리된 후 대우건설이 대우라는 명칭을 사용하기 위해서는 로열티를 지불해야 한다는 브랜드 라이센싱에 대한 권리를 통보하자 '이안엑소디움'으로 브랜드를 변경한 사례가 있다.

**④ 브랜드 리뉴얼(brand renewal)**

새로운 브랜드도 끊임없이 등장하고 있지만 수많은 브랜드들이 브랜드 리뉴얼을 통해 거듭나고 있다. 개별 브랜드의 관점에서 브랜드 리뉴얼은 계속적인 시장 환경 변화에 적응하고 브랜드의 생명력을 유지하기 위한 수단으로도 활용된다. 최근에 브랜드 리뉴얼을 한 건설회사 브랜드로는 현대건설의 '힐스테이트'를 들 수 있으며 쌍용건설의 '스윗닷홈'의 경우도 하루빨리 브랜드 리뉴얼이 필요한 브랜드로 인식되고 있다.

### (3) 부동산상품의 관리

부동산상품도 일반제품처럼 제품수명주기에 따라 적용하는 마케팅 전략이 달라진다. 부동산 상품의 수명주기는 일반적으로는 부동산경기와 함께 생각하는 것이 좋다. 부동산 경기는 하향, 회복, 상향, 후퇴, 안정 등으로 사이클을 그릴 때 각 단계별로 적합한 마케팅 전략을 사용해야 한다.

**[부동산 경기변동과 마케팅전략]**

| 시장구분 | 현 황 | 마케팅전략 |
|---|---|---|
| 하향시장 | •거래저조<br>•가격상승둔화<br>•주택보급률의 유지/하락 | •소형/중형주택건설<br>•미래사업 대비 택지구매 및 조성 |
| 회복시장 | •거래회복<br>•가격회복 | •지역적/국지적 전략 |
| 상향시장 | •가격상승<br>•가수요 | •제품의 다양화 전략<br>•시장확대 전략<br>•후퇴시장 대비 |
| 후퇴시장 | •시장규모 축소<br>•거래감소 | •취약제품의 확인<br>•시장축소 전략 |
| 안정시장 | •거래안정<br>•가격안정 | •실수요자 시장 목표(위치가 좋고 규모가 적당한) |

부동산 상품의 관리에는 업종별 관리와 경기별 관리로 나누어볼 수 있다. 부동산 공간을 이용하는 비즈니스의 라이프사이클은 노래방과 같이 매우 긴 것과 함께 실내 낚시터나 조개구이 전문점과 같이 매우 짧은 것도 있는데 이 업종별 라이프사이클을 잘못 예측하여 사이클의 정점에서 업종배치를 하게 되면 실제로 건물이 완공되어 입주가 시작되었을 때는 이미 그 업종이 쇠퇴하게 되어 상권이 활성화되지 못하는 경우도 많아 유의해야 한다.

경기예측[15]은 쉽지 않다. 그러나 부동산마케팅을 수행하는 사람이라면 관련 자료를 생산하는 각 연구소들의 결과물에 항상 관심을 가지고 있어야 한다. 흔히 경기활황일 때 부동산 등 자산투자에 대한 확신을 가지게 되나 부동산은 의사결정에서부터 실행 및 건물분양, 준공까지 상당히 오랜 시간이 소요되므로 현재의 경기가 아니라 미래의 경기를 예측하는 것에 대한 시각을 기르는 노력이 필요하다. 이렇게 부동산 상품의 관리 측면에서 마케팅을 수행할 때는 부동산 상품이 가지는 '지연성'이라는 특성에 유의해야 한다.

## 2. 가격(Price)

부동산 상품은 일반상품과는 달리 대량생산을 통해 원가가 하락하는 혜택을 보기는 어렵다. 특히 원가가 상품가격에서 차지하는 비중이 높아 가격전략의 폭이 좁은 것도 현실이다. 아래의 표를 보면 원가가 분양가에서 차지하는 비중이 60.8%에서 크게는 분양가보다 높은 경우도 있었다.

**[원가가 아파트 분양가에서 차지하는 비중]**

(단위 : 만원/평, %)

| 구분 | 서울 상암7단지 | 대전 트리움2차 | 전주 현대에코르 | 부산 화명리버빌 | 대구 수성그린 | 공공택지 민간건설 | 서울시내 민간건설 |
|---|---|---|---|---|---|---|---|
| 토지비 | 306 | 75 | 57 | 89 | 120 | 195 | 470 |
| 건축비 | 340 | 274 | 214 | 246 | 318 | 245 | 470 |
| 기타비용 | 90 | 31 | 18 | 26 | 47 | 40 | 123 |
| 분양원가(A) | 736 | 380 | 289 | 361 | 486 | 480 | 1,063 |
| 운양가격(B) | 1,210 | 418 | 308 | 393 | 468 | 680 | 1,083 |
| A/B | 60.8 | 90.9 | 93.8 | 91.9 | 103.8 | 70.6 | 98.2 |

* 자료 : 국토연구원, 공공택지 및 분양주택 공급제도에 관한 공청회, 2004.6.4. p.25를 참조하여 재구성

15) "부동산경기변동과 가격결정요인" (박용석, 2004)에 의하면 1986년 이후 2003년까지 주택매매가격사이클은 저점에서 정점 그리고 다시 저점을 그리는 한 사이클이 6.75년이 걸린다고 한다.

과거에는 분양가 규제로 인해 아파트상품의 경우 가격전략을 채택하는 것 자체가 불가능했다. 하지만 최근 분양가가 자율화되면서 금융상품의 제공과 함께 다양한 가격전략이 시행되고 있다.

일반 상품에 있어 가장 쉽게 쓸 수 있는 가격전략은 가격할인 정책이다. 그러나 부동산 상품은 구매단위 가격이 큰 고관여 상품이므로 가격할인을 적극적으로 추진하는 것이 어렵다. 기존에 구입한 사람과 할인된 가격에 구입한 사람과의 형평성 문제도 사업추진단계마다 걸림돌로 작용할 가능성이 높다. 따라서 가격할인은 일반적으로 소매가 아닌 도매 유통의 형태로 이루어진다.

### (1) 가격결정 요인

부동산 상품의 가격은 일반 상품처럼 수요와 공급의 원리에 영향을 받는다. 공급보다 수요가 많은 경우 가격은 오르게 마련이다. 2000년 이전 아파트를 중심으로 한 부동산 상품은 만성적인 수요초과 상황을 보였다. 이때에는 청약통장을 통해 아파트를 분양받기만 하면 입주시점에는 가격이 배로 상승하는 경우가 다반사였다.

이와는 반대로 수요보다 공급이 많은 경우 가격이 떨어지게 된다. 경기불황으로 인한 요인도 작용하지만 2000년대 중반 이후에는 주거용부동산과 수익형부동산 모두 수요에 비해 공급이 많아 가격이 조정을 받고 있다.

이러한 수요공급의 원리와 함께 △경제상황 △금리 △정부의 정책 등도 재고 부동산 상품의 가격을 결정짓는 요인으로 작용한다.

#### ① 수요

부동산 시장의 수요는 세 부문으로 나누어 살펴보아야 한다. 첫째는 수요의 양이다. 수요의 양은 인구가 몇 명인지와 같이 수요의 양적인 면을 일컫는다. 이러한 수요를 정확히 살펴보기 위해서는 스톡개념의 인구와 함께 지역별 인구 유출입 현황을 점검하는 것이 필요하다. 시도 간 인구이동을 보면 서울, 부산, 대구 등 대도시에서 유출인구가 많이 나타나고 있으나 경기도는 다른 시도의 유출인구를 대부분 흡수하고 있음을 알 수 있다. 인구의 유입은 부동산 수요가 늘어난다는 의미라고 볼 수 있다.

하지만 이러한 인구 유출입 현황과 함께 두 번째로는 수요의 질인 지역의 소득수준을 살펴보아야 한다. 물론 최근의 연구에 의하면 수요의 양인 인구와 수요의 질인 소득 간에도 상관관계가 있다[16]고 하지만 수요의 질인 소득수준을 살펴보는 것이 부동산 수요를 더욱 정확하게 파악하는 데는 필수적이라고 할 수 있다. 동일한 인구를 보유하였지만 인구의 소득 수준에 따라 수요가 달라지는 경우를 자주 목격할 수 있다.

**[지역간 인구이동추이]**

(단위 : 천명, %)

| 지역별 | 2000년 | | | | 2005년 | | | | 증 감 | | | | | |
|---|---|---|---|---|---|---|---|---|---|---|---|---|---|---|
| | 시도내 이동 | 시도간 이동 | | | 시도내 이동 | 시도간 이동 | | | 시도내이동 | | 시도간 이동 | | | |
| | | 유입 | 유출 | 순이동 | | 유입 | 유출 | 순이동 | | 증감률 | 유입 | 증감률 | 유출 | 증감률 |
| 전국 | 4,191 | 5,386 | 5,386 | 0 | 3,730 | 5,238 | 5,238 | 0 | -461 | -11.0 | -148 | -2.8 | -148 | -2.8 |
| 서울 | 1,219 | 972 | 1,655 | -684 | 1,084 | 1,015 | 1,471 | -456 | -135 | -11.1 | 43 | 4.5 | -184 | -11.1 |
| 부산 | 492 | 216 | 400 | -184 | 262 | 198 | 380 | -182 | -231 | -46.9 | -18 | -8.3 | -20 | -4.9 |
| 대구 | 327 | 200 | 248 | -48 | 181 | 179 | 244 | -64 | -146 | -44.6 | -21 | -10.5 | -4 | -1.8 |
| 인천 | 215 | 339 | 278 | 61 | 147 | 290 | 312 | -23 | -68 | -31.6 | -49 | -14.6 | 34 | 12.3 |
| 광주 | 135 | 164 | 144 | 20 | 83 | 143 | 144 | -1 | -52 | -38.8 | -22 | -13.1 | - | 0.1 |
| 대전 | 111 | 210 | 152 | 58 | 66 | 196 | 163 | 33 | -45 | -40.4 | -13 | -6.4 | 12 | 7.7 |
| 울산 | 94 | 110 | 111 | -1 | 41 | 94 | 96 | -2 | -53 | -55.9 | -16 | -14.5 | -15 | -13.8 |
| 경기 | 861 | 1,680 | 908 | 772 | 1,125 | 1,787 | 892 | 896 | 265 | 30.7 | 107 | 6.4 | -16 | -1.8 |

* 통계청, 2006. 9

수요의 질인 소득수준을 나타내는 대표적인 지표로는 1인당 지역내총생산을 들 수 있다. 지역내총생산(Gross Regional Domestic Product : GRDP)은 시·도 단위별 생산, 소비, 물가 등 기초통계를 바탕으로 추계한 해당

16) 왕현근, 인구이동으로 본 우리나라 지역경제의 동태적 특징, 한국은행, 2006.10

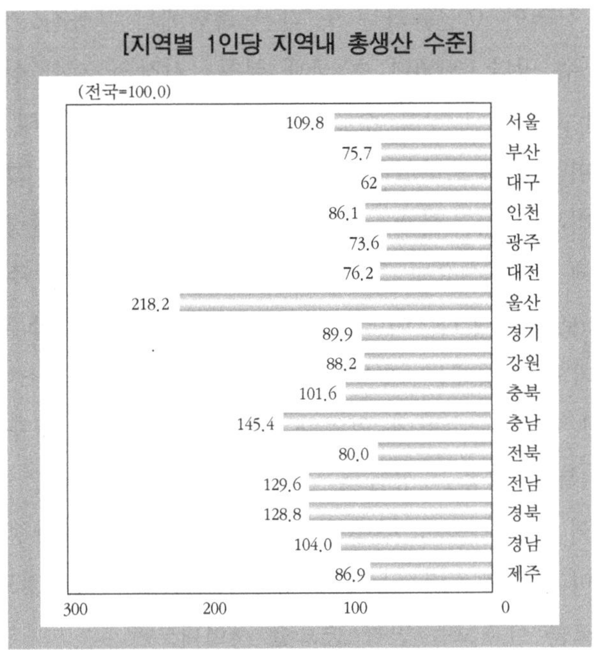


지역의 부가가치로서 시·도 단위의 종합경제지표를 말한다. 통계청의 2005년 잠정 추계치로 1인당 지역내총생산을 살펴보면 전국을 100으로 보았을 때 가장 높은 울산은 218.2이며 대구는 62.6으로 나타나 이를 단순히 해석하면 울산이 대구에 비해 수요의 질이 3배정도 높다고 이해할 수도 있다.[17] 물론 이는 인구의 양에 의해 다시 적절히 보정되어야 할 것이다.

수요의 양과 수요의 질적 요인과 함께 세 번째로 계층별 인구구조의 변화를 살펴보아야 한다. 급격한 고령화와 베이비부머[18]들의 움직임은

17) 시·도별 1인당 지역내총생산은 시·도별 지역내총생산 및 민간소비지출을 해당 지역의 추계인구로 나눈 지표이다. 따라서 이들 지표는 시·도 지역주민의 분배소득이 아니므로 시·도간 주민소득수준을 비교할 수는 없다. 그러나 시·도간 주민소득수준을 비교해 볼 수 있는 하나의 참고자료로서는 활용할 수 있다.

18) 2차 대전이 끝난 46년 이후 65년 사이에 출생한 사람들을 말한다. 나라마다 출생년도가 조금씩 다르나 대략 10년 정도의 기간 동안 지속되는 것이 일반적이다. 이들이 40대중반에서 50대중반이 되었을 때 투자자산의 가격상승이 있어 왔기 때문에 이들의 연령별 이동이 중요시되고 있다.

수요의 양과 질적인 요인들과는 또 다른 측면에서 부동산 가격에 영향을 미친다고 볼 수 있다. 2000년 초 국내 부동산시장의 강한 상승세는 저금리 등 다양한 요인에서 찾을 수 있으나 1956~1965년 사이의 태어난 국내의 베이비부머들이 주도하였다는 인구구조의 변화에서도 찾을 수 있다. 이러한 베이비부머들은 현재 40~50대의 자녀수가 많은 연령층으로서 대형 고급주택에 대한 수요가 늘어나면서 중소형에서 대형 주택으로 이동하는 경향을 보이고 있다. 이에 반해 시장진입세대라고 할 수 있는 15세에서 35세까지의 연령대는 지속적으로 감소하고 있어 중소형 주택에 대한 수요 역시 감소할 수밖에 없었다. 이렇게 계층별 인구구조는 부동산 시장의 수요 특히 부동산 상품의 규모별 세분화된 수요를 파악하는데도 상당한 도움이 된다. 특히 부동산 상품의 기획과 생산과정이 장기임을 감안한다면 미래의 계층별 인구구조의 추이를 살펴보는 것도 현재의 계층별 인구구조를 살펴보는 만큼 중요할 것이다.

**[연도별 연령계층별 인구 및 구성비]**

(단위 : 천명, %)

| | 1970년 | 1980년 | 1990년 | 2000년 | 2005년 | 2010년 | 2020년 | 2030년 | 2050년 |
|---|---|---|---|---|---|---|---|---|---|
| 총인구 | 32,241 | 38,124 | 42,869 | 47,008 | 48,138 | 48,875 | 49,326 | 48,635 | 42,343 |
| 0~14세 | 13,709 | 12,951 | 10,974 | 9,911 | 9,241 | 7,907 | 6,118 | 5,525 | 3,763 |
| 15~64세 | 17,540 | 23,717 | 29,701 | 33,702 | 34,530 | 35,611 | 35,506 | 31,299 | 22,424 |
| 65세+ | 991 | 1 456 | 2,195 | 3,395 | 4,367 | 5,357 | 7,701 | 11,811 | 16,156 |
| 구성비 | 100.0 | 100.0 | 100.0 | 100.0 | 100.0 | 100.0 | 100.0 | 100.0 | 100.0 |
| 0~14세 | 42.5 | 34.0 | 25.6 | 21.1 | 19.2 | 16.2 | 12.4 | 11.4 | 8.9 |
| 15~64세 | 54.4 | 62.2 | 69.3 | 71.7 | 71.7 | 72.9 | 72.0 | 64.4 | 53.0 |
| 65세+ | 3.1 | 3.8 | 5.1 | 7.2 | 9.1 | 11.0 | 15.6 | 24.3 | 38.2 |

앞에서 언급한 세 가지 수요의 유형은 주로 내부수요를 일컫는다. 내

부수요란 지역 내의 수요로서 지역이 가지는 특성에 의해 규정지어지며 형성된다. 따라서 내부수요는 상당한 한계를 가진다. 내부수요의 활성화 못지않게 중요한 변수는 외부수요의 확대이다. 지역경제에 대한 다수의 연구에서도 지역의 성장의 영향 관계를 수요 측면에서 파악하여 지역 외부수요가 지역의 성장에 미치는 영향이 두드러짐을 증명하고 있다. 이처럼 외부수요가 지역경제와 부동산시장에 미치는 영향은 글로벌 경제 하에서는 더욱 중요해지고 있다.

수요요인이 갈수록 줄어들고 있는 지방 부동산 시장에서는 많은 한계를 가진 내부수요에만 기대어 상황을 반전시키기에는 어려움이 따른다. 수도권이 되던 해외가 되던, 좋은 수요요인을 보유한 타 지역의 수요를 적극적으로 흡수하고 확대시킬 수 있는 노력이 필요하다. 이런 측면에서 수도권보다도 지방 부동산시장에서 외부수요가 더욱 중요한 변수로 떠오르고 있다. 다음은 부산·울산·경남 지역에서 참여정부기간 중(2003~2007년) 부동산 시장의 외부수요(외지인의 토지매입비율)를 집계한 것이다.

**[부산·울산·경남 매입자 거주지별 토지거래 현황]**

(단위:필지,천㎡)

| 년도별 | 구분 | 합계 | | 관할 시.군.구내 | | 관할 시.도내 | | 관할 시.도외 | | | |
|---|---|---|---|---|---|---|---|---|---|---|---|
| | | | | | | | | 서울 | | 기타 | |
| | | 필지 | 면적(천㎡) | 필지 | 면적(천㎡) | 필지 | 면적(천㎡) | 필지 | 면적(천㎡) | 필지 | 면적(천㎡) |
| 부산 | 합 | 100,002 | 12,093 | 45,766 | 3,812 | 31,560 | 3,725 | 11,180 | 3,035 | 11,496 | 1,523 |
| | % | | | | | | | 6.01% | 17.52% | 9.42% | 9.20% |
| 울산 | 합 | 335,905 | 288,278 | 163,431 | 73,055 | 101,954 | 113,257 | 26,639 | 31,809 | 43,881 | 70,157 |
| | % | | | | | | | 7.93% | 11.03% | 13.06% | 24.34% |
| 경남 | 합 | 1,114,284 | 1,731,685 | 617,662 | 630,132 | 196,869 | 349,823 | 48,154 | 165,406 | 251,599 | 586,322 |
| | % | | | | | | | 4.32% | 9.55% | 22.58% | 33.86% |
| 합계 | 합 | 1,550,191 | 2,032,056 | 826,859 | 706,999 | 330,383 | 466,805 | 85,973 | 200,250 | 306,976 | 658,002 |
| | % | | | | | | | 5.55% | 9.85% | 19.80% | 32.38% |

※ 국토해양부, 2007.12

지난 5년간 부산·울산·경남 등 비교대상 지역의 토지 중 서울 거주자가 매입한 비중이 가장 높은 지역은 17.52%를 나타낸 부산이었으며 9.55%인 경남이 가장 낮았다. 서울을 제외한 기타 지역 거주자가 매입한 비중이 가장 높은 지역은 33.86%를 나타낸 경남이었으며 9.20%인 부산이 가장 낮아 서울 거주자가 매입한 비중과 역의 관계를 보였다.

외부수요를 언급할 때 국내에만 한정되는 경향도 탈피할 필요가 있다. 지역별로 외부수요를 국내로만 한정한다면 제 살 깎아먹기 식의 경쟁이 초래될 수밖에 없다. 인구의 증가가 갈수록 줄어드는 상황에서는 특정지역의 수요 증가는 필히 또 다른 지역의 수요 감소를 유발하기 때문이다. 시각을 넓혀 해외 부동산수요를 흡수한다면 지역 부동산시장의 발전과 함께 국내경제발전에도 일익을 담당할 수 있을 것이다.

먼저 지역별 해외수요를 파악하기 위해 외국인 토지보유현황의 연도별 추이를 2004년부터 2008년까지 5년간 살펴보았다.

**[권역별 외국인 토지보유현황]**

(단위:건, ㎡, 백만원)

| 시·도별 | 2004년 | | | | 2008년 | | | | 증가율 | | | |
|---|---|---|---|---|---|---|---|---|---|---|---|---|
| | 건수 | 면적 | 금액 | 건당 금액 | 건수 | 면적 | 금액 | 건당 금액 | 건수 | 면적 | 금액 | 건당 금액 |
| 전국 | 25,505 | 157,747,413 | 23,291,705 | 913 | 40,998 | 210,354,465 | 28,915,715 | 705 | 60.7 | 33.3 | 24.1 | -22.8 |
| 수도권 | 16,266 | 35,006,214 | 11,321,460 | 696 | 25,477 | 46,362,338 | 15,724,996 | 617 | 56.6 | 32.4 | 38.9 | -11.3 |
| 지방 | 9,239 | 122,741,200 | 11,970,245 | 1,296 | 15,521 | 163,992,127 | 13,190,718 | 850 | 68.0 | 33.6 | 10.2 | -34.4 |

* 한국은행, 2008.12

2008년 현재 전국의 외국인 토지보유현황은 40,998건, 210,354,465㎡

(6,363만평), 28,915,715백만원(28조9천억원)이었으며 2004년 이래 건수기준으로는 60.7%가 증가하였으며 면적기준으로는 33.3%, 금액기준으로는 24.1%가 증가하여 건수나 면적에 비해 금액기준으로의 증가폭이 가장 낮았다.

이를 먼저 권역별로 살펴보면 2008년 현재 수도권은 25,477건, 46,362,338㎡(1천4백만평), 15조7천억이었으며 지방이 15,521건, 163,992,127㎡(4,961만평), 13조2천억이어서 수도권이 건수기준으로는 1.6배, 금액기준으로는 1.2배 많았다. 수도권이 전 국토에서 차지하는 면적 비중이 11.8%에 불과함에도 불구하고[19] 해외 부동산수요에서 차지하는 비중은 금액기준으로 54.4%에 이르러 또 다른 수도권 경제 집중의 한 단면을 보여주고 있다. 특히 2004년부터 2008년까지 해외 부동산수요의 증가율이 건수와 면적기준으로는 지방이 높았음에도 불구하고 금액기준으로는 수도권이 38.9%의 증가율을 보여 지방의 10.2%에 비해 무려 28.7%포인트 높아 이러한 증가율이 지속된다면 해외 부동산수요의 수도권 집중현상은 가속화될 것으로 우려된다. 실지로 2004년에는 금액기준으로 수도권의 해외 부동산수요 비중이 48.6%에 그쳤으나 2008년 들어서는 54.4%로 5.8%포인트 높아져 수도권과 지방의 비중이 역전되었다.

건당 외국인 토지보유는 2004년에서 2008년간 9억1천3백만원에서 7억5백만원으로 감소하였는데 수도권의 감소폭(-11.3%)에 비해 지방의 감소폭(-34.4%)이 두드러짐을 알 수 있다. 따라서 그나마 건당 외국인 토지보유가 지방이 많았음에도 불구하고 이러한 격차는 시간이 지나면서 더욱 줄어들 것으로 보인다.

② **공급**

부동산 상품의 가격에는 수요 요인과 함께 공급 요인도 중요한 영향을 미친다. 부동산 시장의 공급은 신규분양상품과 재고상품으로 나눌 수 있

19) 통계청, '2007년말 기준 국가자산통계 추계결과', 2008.11.26

다. 대표적인 부동산 상품인 아파트만을 대상으로 이 두 가지 유형을 살펴보도록 하자.

신규분양상품은 매년 신규로 공급되는 부동산 상품을 말하는데 한국주택협회나 부동산정보제공업체들에서 년 말 또는 연초에 그 해의 공급물량을 발표한다. 발표하는 공급물량의 60~80% 정도가 실질적으로 공급되는데 그 이유는 그 전년도에 분양하지 못했던 물량 중 다음 연도로 이월된 물량이 많기 때문에 또다시 이월되는 물량을 고려한다면 100%에 가깝게 실행되기는 쉽지 않기 때문이다.

**[지역별 아파트 분양물량 현황]**

| 지역별 | 2005년 | 2006년 | 2007년 |
|---|---|---|---|
| 강원도 | 12,534 | 10,317 | 14,205 |
| 경기도 | 67,896 | 66,600 | 165,807 |
| 경상남도 | 25,651 | 19,418 | 37,691 |
| 경상북도 | 15,353 | 18,029 | 29,827 |
| 광주광역시 | 9,344 | 27,781 | 14,973 |
| 대구광역시 | 26,059 | 20,514 | 38,440 |
| 대전광역시 | 6,070 | 5,349 | 13,473 |
| 부산광역시 | 11,913 | 15,523 | 59,058 |
| 서울특별시 | 41,809 | 15,825 | 49,501 |
| 울산광역시 | 15,161 | 5,519 | 17,416 |
| 인천광역시 | 28,347 | 9,426 | 23,708 |
| 전라남도 | 10,842 | 7,162 | 8,248 |
| 전라북도 | 9,494 | 10,244 | 11,183 |
| 제주도 | 1,834 | 0 | 212 |
| 충청남도 | 18,475 | 14,457 | 40,268 |
| 충청북도 | 9,633 | 10,218 | 12,311 |
| 전국 | 310,415 | 256,382 | 536,321 |

* 부동산114, 2007.1

이러한 분양물량과 함께 입주물량도 신규분양상품에 포함하여 공급요인으로 분석할 필요가 있다. 왜냐하면 우리나라는 거의 선 분양으로 신규부동산상품들이 공급되므로 분양 후에 입주가 되어 본격적으로 재고 부동산 상품이 되기까지는 2~3년간의 시간이 필요하기 때문에 상당히 많은 물량이 부동산 시장에 머무르면서 영향을 미칠 수 있기 때문이다.

신규분양상품과 함께 재고상품을 함께 살펴보아야 하는데 재고상품은 기존아파트가 부동산 시장에서 거래되는 것을 의미한다. 우리나라는 재고 상품 중 매년 부동산시장에서 거래되는 규모는 전체 재고 중 대략 10~12%에 해당된다. 선진국은 대략 5~7% 수준이니 아직 국내 재고상품의 거래량은 상대적으로 많은 수준이라고 볼 수 있다. 재고 부동산 상품 중 논란이 되는 부분은 다주택자들의 재고인데 정부는 이를 주택공급 확대를 위해 시장에 나오도록 만들려고 하나 오히려 세금 때문에 원하는 아파트가 부동산 시장에 나오는 경우는 많지 않은 것으로 보인다. 전국적으로 다주택세대수는 887,180세대이며 서울이 17.19%를 차지하고 있다.

**[지역별 다주택 보유자 현황]**

(단위 : 세대, %)

| 구분 | 전국 | 서울 | 부산 | 울산 | 경남 |
|---|---|---|---|---|---|
| 多주택세대수 | 887,180 | 152,539 | 62,103 | 18,274 | 63,441 |
| 전국비율 | 100.00% | 17.19% | 7.00% | 2.06% | 7.15% |

### (2) 차별가격정책

차별가격정책(price discrimination policy)이란 동일 상품 또는 서비스에 대한 고객층을 판매가격 정책의 주체인 기업이 의식적으로 분류, 구분하고 각 고객층에 대한 차별적인 가격을 설정하는 가격 정책을 말하는데 수요의 가격탄력성에 차이가 있는 경우엔 상이한 가격을 설정함으로써 수익을 증대시키는 목적으로 시행한다. 부동산 상품의 차별가격은 제품 형태별 차별가격과 도심정비사업 시행을 위한 차별가격 그리고 금융지원 등을 들 수 있다.

① **제품 형태별 차별가격**

주거용부동산의 경우 기준층과 1, 2층간의 가격차이가 존재한다. 고객에 따라서는 아파트의 1층을 선호하는 경우도 있으나 일반적으로 저층아파트보다는 고층아파트를 선호한다.

상가와 같은 수익형부동산의 경우 1층 가격과 2층 가격의 차이가 3배인 경우도 흔하며 1층과 기준층은 5배 이상 차이가 나는 경우도 많다. 이렇듯 부동산 상품은 대지와 얼마나 가까우냐에 따라 차별가격이 적용된다.

최근 아파트 가격 상승이 지역, 단지, 층, 향별 등 조건에 따라 같은 단지에서도 차별화되고 있어 분양가를 다르게 책정하는 사례도 늘고 있다. 분양가 차별화 현상은 기존 아파트 가격이 각종 요인에 따라 상승폭이 다르게 형성되는 만큼 최초 산정하는 분양가도 각각 달라야 한다는 논리이다. 이러한 가격차는 조망권이 잘 갖추어진 강이나 바다, 공원 주변 단지들에서 더욱 심화되고 있다. 건축기술의 발달과 조망권의 중요성이 높아지면서 최상층의 가격이 더욱 높아지고 있다.

이러한 제품형태별 차별가격은 '층별 효용지수'로 설명된다. 층별 효용지수란 건물의 층별로 파악되는 효용의 비율을 말하는 것으로 쉽게 말해 각 층별로 효용가치가 다르다는 것이다. 그런데 층별 효용지수를 산정하기 위해 실질 임대료, 순 임대료, 분양가격, 거래가격 중 어느 것을 기준으로 해야 하는가는 논란의 대상이 될 수 있다.

건물의 효용성은 층별로 상이해 주거용 건물은 쾌적성, 상업용 건물은 수익성, 사무실 빌딩의 경우는 능률면에서 차이가 있으며, 이는 당연히 층별 가격과 임대료에 반영된다. 상가의 경우 층별 수익성 정도를 가지고 층별 효용성의 가치를 따지는데, 층별 효용성의 차이를 발생시키는 요인은 층별 고객의 출입과 흐름의 개통, 층별 평면, 점포의 유형 등을 들 수 있다.[20] 상가의 경우 1층과 2층의 층별 효용 기준치를 0.45로 보고

20) 황창서, 상가투자로 3년 안에 5억 만들기, 원앤원, 2004.12

있으며 아래의 표는 부산지역의 상가 층별 효용을 연도별로 계산한 것인데 대략 평균 기준치에 근접하고 있음을 알 수 있다.

[부산 상가 층별 효용]

| 구분 | 2004년 | 2005년 | 2006년 |
|---|---|---|---|
| 1층 분양가 | 2,285.35 | 2,320.81 | 1,882.29 |
| 2층 분양가 | 1,106.40 | 1,548.52 | 776.3 |
| 층별 효용 | 0.48 | 0.67 | 0.41 |

* 부동산114, 2006.12

층별 효용지수와 같이 상업용부동산은 위치별, 규모별, 업종별 효용지수를 통해 차별화된 가격을 책정할 수 있다.

② **조합원 아파트와 일반 분양분**

도시정비사업(재건축, 재개발)에서 조합원아파트와 일반 분양분은 가격 차이가 난다. 재건축 아파트의 경우 사업추진에 추가로 소요되는 조합원 부담금을 최소화하고 그 만큼을 일반 분양분에 전가시키는 경우가 많다. 예를 들면 2004년 3차 동시분양에 나온 서울 잠실지역의 165㎡ 아파트의 경우 조합원분은 분양가가 8억 1,1013만 원인데 반해 일반분양분은 11억 529만원으로 책정되었는데 3억 가까운 가격차이가 발생하였다.

최근까지 동시분양시장에 나오는 아파트 공급 분, 특히 재건축지역에서 일부분 나오는 일반 분양물량은 분양가 자율화 조치에 힘입어 아파트 가격 인상의 주범으로 간주되고 있다. 이는 조합원과 조합에서는 재건축 사업이익을 최대한 남기기 위하여(조합 부담을 최소화하기 위해) 일반 분양분에 대한 분양가를 가능한 높이 책정하는 경향이 있기 때문이다. 동 호수도 비로열층에 동도 나쁜 방향에다 아파트 분양가마저도 조합원들의 이익을 위하여 시공사들도 높이 책정한다는 것이다.

동시분양시장에 나오는 일반 분양분에 청약을 해도 순위별 우선 청약 제도에 의하여 무주택자 우선청약으로 후 순위자는 불리하였고, 당첨되었다고 하더라도 저층이나 좋지 않은 향에 당첨이 되는 경우가 많았다. 그러한 이유로 아예 미리 조합원 지분을 사려는 수요가 늘었고 이것이 재건축 아파트 가격을 상승이 계속되었던 것이다.

하지만 통상 조합원들의 경우 로열층 배정과 이에 따른 프리미엄을 얻을 수 있는 상황에서 일반 분양가와 조합원 분양가의 과도한 차이는 '사업부담의 일반분양자 전가'라는 논란을 불러일으키고 있다. 입주 후 층, 향에 따른 가격차가 갈수록 벌어지고 있는 현재의 아파트 가격에 있어서 비로열층, 고분양가의 일반분양 아파트의 투자 수익률은 갈수록 떨어질 것으로 보인다. 하지만 분양가상한제가 적용되면서 이러한 차별가격정책은 법적으로 사용하기가 불가능하게 되었다.

③ **금융지원**

부동산 가격정책은 부동산 경기에 따라 실시하는 다양한 정부의 정책으로 인해 그 시행의 폭이 넓지 않은 것이 현실이다. 이로 인해 불경기에 아파트를 분양하기 위해서는 다양한 금융지원 혜택을 제공하는데 현실적으로 이러한 금융지원은 아파트 분양가격 하락의 효과가 있기 때문에 가격정책의 일환으로도 볼 수 있다.

아파트 분양대금은 통상 계약금, 중도금, 잔금으로 이루어져 있다. 분양대금의 20%를 계약금으로 지불하고, 3~5개월에 한 번씩 분양대금의 10%를 6차례 납부, 총 60%를 중도금으로 납부하고 입주지정기간에 잔금 20%를 내는 것이 일반적이다. 하지만 이같이 분양대금을 지불하는 방식이 부동산 경기에 따라 계약금 5~10%만 납부하면 계약금 10%를 중도금으로 이월시켜 주거나, 중도금 60% 자체를 이자후불방식이나 무이자융자 방식 등으로 지원해 주는 다양한 금융지원책이 활용되고 있다.

특히 중도금 무이자 대출의 경우 아파트 계약자가 은행에서 대출받은 중도금에 대하여 이자를 건설사가 전액 부담함으로써 계약자 입장에서는 분양가의 20%에 해당하는 계약금만 내면 나머지 80%를 입주시점에 내게 되기 때문에 후분양제와 다름없는 효과를 나타내고 있기도 한다.

하지만 아파트 분양가격이 급격히 상승하면서 거품논란[21]이 일고 있는 시점에서는 이자후불제나 중도금무이자융자와 같은 금융지원이 고분양가를 감추기 위한 수단으로 활용되고 있다. 특히 지방자체단체들이 분양가 자문위원회 등을 구성하여 분양가격 조정을 권고하는 사례가 늘어나면서 공개된 분양가에는 이를 포함하지 않고 다양한 금융지원을 내세워 이러한 규제를 피해나가고 있다는 지적이 늘고 있다.

**[연도별 매매가 대비 분양가 비율]**

| 지역별 | 구분 | 2002년 말 | 2003년 말 | 2004년 말 | 2005년 말 |
|---|---|---|---|---|---|
| 전국 | 분양가 | 579.69 | 602.49 | 655.74 | 694.98 |
| | 매매가 | 525.07 | 608.3 | 614.42 | 680.89 |
| | 분/매 | 110.40% | 99.04% | 106.73% | 102.07% |
| 서울 | 분양가 | 835.74 | 11,35.77 | 1,285.72 | 1,435.19 |
| | 매매가 | 977.89 | 1,132.04 | 1,137.2 | 1,287.85 |
| | 분/매 | 85.46% | 100.33% | 113.06% | 111.44% |
| 부산 | 분양가 | 638.96 | 660.99 | 806.03 | 732.6 |
| | 매매가 | 378.47 | 411.57 | 419.99 | 435.21 |
| | 분/매 | 168.83% | 160.60% | 191.92% | 168.33% |
| 울산 | 분양가 | 328.05 | 459.85 | 612.75 | 704.39 |
| | 매매가 | 261.05 | 288.53 | 320.61 | 358.08 |
| | 분/매 | 125.67% | 159.38% | 191.12% | 196.71% |
| 경남 | 분양가 | 349.91 | 424.16 | 472.99 | 557.9 |
| | 매매가 | 305.92 | 341.67 | 361.8 | 394.53 |
| | 분/매 | 114.38% | 124.14% | 130.73% | 141.41% |

* 부동산114, 2006. 3

21) 고분양가가 거품(bubble)이냐 아니냐를 판단하는 것은 상당히 어렵다. 왜냐하면 거품은 사후에 판단할 수 있기 때문이다. 그 판단의 자료로 매매가 대비 분양가 비율을 참고할 수 있다. 분양가는 2~3년 후의 매매가를 나타내므로 매매가의 120%내외가 적당하다. 지방으로 갈수록 매매가 대비 분양가 비율이 높아지는 현상을 볼 수 있다.

### (3) 유인가격정책(Leading Pricing Policy)

유인가격정책이란 중간상인이 고객의 내점을 유도하기 위하여 일부 품목의 가격을 한시적으로 인하하는 정책으로서 이때 가격이 인하되는 제품을 전략제품 또는 고객유인용 손실품(Loss Leader)이라고 한다. 주로 생활필수품을 취급하는 상점에서 시행되며, 특정 제품의 가격을 인하시켜 고객을 자기 점포로 적극 유치함으로써 다른 제품의 매출도 덩달아 신장되는 효과를 볼 수 있다.

예를 들면 2004년 인천삼산지구 주공아파트의 단지내상가 경쟁입찰에서 1층 6.2평이 5억 5천만 원에 분양되었다. 평당 가격으로 환산하면 8천8백70만 원의 가격으로 주변에서 가장 높은 시세인 5천만 원대보다도 3천만 원이 높았다.

이 단지내상가를 분양받은 계약자는 주변에 상가를 많이 보유하고 있는 재력가로 알려져 있는데 이 상가를 통해 본인이 보유하고 있는 주변의 다른 상가의 가격도 더불어 상승될 수 있도록 고객을 유인하는 유인가격정책을 사용하였다고 볼 수 있다.

### (4) 비대칭적 가격설정(asymmetric pricing)

우리는 구매자와 판매자의 힘의 균형 여부와 고객 그룹군의 장기적 수익을 극대화하기 위해 여러 종류의 잠재적 가격전략을 가지고 있다. 가장 단순하게는 판매자와 구매자에게 다른 요금을 부과하는 것이다.

선진 외국의 부동산 중개업자는 구매자와 판매자가 서로 만날 수 있는 다양한 부동산정보를 제공한다. 만약 부동산이 팔리면 판매자는 대개 6%의 수수료를 내고, 구매자는 아무 대가도 지불하지 않는다. 따라서 이 경우에는 한쪽 고객에게만 이용료를 부과하고 나머지 고객에게는 아무 이용료를 부과하지 않음으로서 고객 그룹 군을 통한 중개업자의 장기적 수익을 극대화한다. 국내 중개시장의 경우 판매자, 구매자 모두가 동일한 수수료를 지급하는 체제로 구성되어 있으나 이는 거래 전체의 이익을 꾀하는 데는 적합하지 않은 수수료 체계이기 때문에 판매자만이 수수료를 지급하는 체제로 변경하는 것이 거래의 활성화에 더욱 도움이 될 것으로 보인다.

부동산정보회사들도 사이트를 방문하는 일반회원들에게는 비용을 부과하지 않지만 사이트에 정보를 올리고자 하는 중개회원들에게는 서비스의 종류에 따라 책정된 몇 가지 유형의 비용을 부과한다. 이는 힘의 균형이 다르기 때문인데 집단 간의 수요의 강도가 다르다고도 이야기 할 수 있다. 특정사업구조가 유지되기 위해서는 한 고객이 다른 고객보다 훨씬 더 많이 필요로 하는 경우이다. 이때에는 한 고객이 상당한 혜택을 보는 '비대칭적 가격설정'이 유효하게 작용한다. 이러한 비대칭적 가격설정은 정보의 비대칭성이 높은 부동산시장에서 특히 중요한 의미를 가진다.

### (5) 무료가격전략

무료가격전략은 과거에는 유료였던 제품이나 서비스를 무료로 또는 매우 저렴하게 제공하고, 그 대신 시장의 관심(attention)과 명성(reputation), 광범위한 사용자 기반을 확보해, 이를 바탕으로 관련 영역에서 새로운 수익을 창출하는 가격전략을 말한다. 이는 롱테일 경제의 주창자인 크리스앤더슨이 영국 이코노미스트지의 '2008년 세계경제 대전망'에서 새로운 비즈니스 트렌드로 소개하면서 널리 알려지게 되었다.

무료가격전략은 콘텐츠와 통신산업에서 시험적으로 도입되고 있으며 2007년 8월 '프린스'라는 가수가 영국 데일리메일 신문 일요판에 신작앨범을 무료로 제공한 사례가 있다. 프린스는 앨범을 무료로 제공하는 대신 본인의 공연을 널리 홍보하여 궁극적으로 공연을 통한 수입의 증가가 앨범을 무료로 제공한 손실을 상쇄시켜 더 큰 이익을 창출하였다고 한다. 이처럼 무료가격전략은 겉으로 보기에는 무료로 제공되는 것 같지만 실제로는 다른 연관부문에서 무료로 제공된 손실을 상쇄할 만큼의 이익을 거둘 수 있기 때문에 가격전략으로서 자리 잡을 수 있을 것이다.

현재의 무료가격전략은 콘텐츠와 통신산업을 벗어나 전통산업에서도 발생하고 있는데 2006년 4월 일본의 타다카피(Tadacopy)가 대표적인 예라고 할 수 있다. 타다카피는 복사지 뒤에 기업체의 광고를 싣고 복사에 들어가는 비용은 무료로 제공하면서 현재 44개 대학으로 사업모델을 확장하고 있다. 보위-지멘스의 공짜냉장고, 베터플레이스의 무료전기자동차 등도 이러한 무료가격전략의 전형적인 사례이다.

이러한 무료가격전략은 소비자들이 공짜를 바라는 심리와 함께 최근의 경기침체에 따라 실질 구매력이 약화되었으나 정보력은 더욱 증대됨에 따라 자연스럽게 부상하게 되었다. 특히나 과거에는 중요한 자원으로 여겨졌던 토지, 노동, 자본의 중요성이 약화되고 고객의 관심, 시간, 평판 등의 자원이 중요하게 부각되면서 그 중요성이 더 커지게 되었다고 볼 수 있다.

부동산에도 이러한 무료가격 또는 터무니없이 낮은 가격전략이 적용되고 있는데 상업용부동산의 주요임차인(key tenant)에 대한 가격전략이 전형적이 사례라고 할 수 있다. 상업용부동산의 주요임차인이란 첫째, 넓은 면적을 사용하고 둘째, 오래있으며 셋째, 다른 임차인과의 시너지효과가 큰 임차인을 이른다. 영화관과 마트와 같은 업종이 주요임차인의 전형적인 예이다. 최근에는 저녁에 영업을 하는 업종이 건물의 주목도를 높여줄 수 있기 때문에 건물주들이 선호하는데 이러한 조건도 주요임차인을 결정하는 기준으로 작용하고 있다. 이러한 주요임차인은 본인이 그 건물에 들어감으로써 건물의 집객력이 좋아져 건물이 활성화된다는 점을 잘 알고 있기 때문에 터무니없이 낮은 가격으로 들어가기를 원한다. 건물주나 개발업자의 경우에도 이런 요구가 터무니없음을 인지하고 있지만 건물의 집객력을 높이고 다른 임차인 유치에 도움이 되기 때문에 이러한 가격전략을 받아들이게 된다.

이러한 무료가격전략은 비용구조 측면에서 고정비가 크고 한계비용이 적은 사업에서 출현할 가능성이 큰데 부동산상품이 이러한 조건을 겸비하고 있는 대표적인 산업이라고 볼 수 있다.

### (6) 고가전략

부동산시장의 가격결정의 방식에는 고가전략인 경우도 있다. 기존의 원가를 기준으로 여기에 리스크 관련 비용과 이익을 포함하여 가격을 결정하는 방식은 원가법이라고 볼 수 있다. 다소 가격이 높더라도 소비자들의 허용치내에 있으면 기존의 원가법에 가깝다. 이러한 가격을 유보가격이라고 하는데 유보가격(reservation price)은 이 정도 부동산이라면 얼마정도의 가격이다 라고 느끼는 가격수준을 말한다.

하지만 고가전략이란 원가에 기인하지 않고 소비자들이 예상하고 있는 가격보다 월등히 높은 가격을 설정하는 경우이다. 고가전략은 단순히 가격을 비싸게 받는 것이 아니라 소비자의 허를 찌르는 가격을 말한다. 소비자가 ㎡당 1천만원을 예상하고 있을 때 1천2백만원을 제시하는 것은 고가전략이라 보기 어렵고 2~3천만원을 제시하는 것이 고가전략의 예라고 볼 수 있다. 따라서 고가전략은 소비자의 심리적인 가격수준을 뛰어넘는 경우를 일컬으며 단순히 기존의 가격보다 높아서는 고가전략이라고 보기는 어렵다.

고가전략을 사용하기 좋은 상품은 첫째, 가치를 측정하기 어렵거나 둘째, 달리 대안이 없는 경우이다. 이런 이유로 고가전략은 동일지역 내에서 대량으로 생산가능하며 시세가 일정하게 형성되어 있는 아파트 등 주거용부동산보다는 상가나 오피스텔 등 층별효용지수[22]의 차이가 큰 상업용부동산에 적용하는 것이 바람직하며 분양의 단위수가 그리 많지 않은 경우에 더욱 효과적이라고 볼 수 있다.

고가전략을 사용할 때는 부작용이 따를 수 있기 때문에 신중해야 하며

22) 층별효용지수란 건물의 층별로 파악되는 효용의 비율을 말하는 것으로, 쉽게 말해 각 층별로 효용가치가 다르다는 것이다. 그런데 층별효용지수를 산정하기 위해 실질임대료, 순임대료, 분양가격, 거래가격 중 어느 것을 기준으로 해야 하는가는 논란의 대상이 되고 있다.

다양한 각도에서 대체품의 존재여부를 고려하여야 한다. 부동산상품은 투자 상품으로서의 의미도 포함하기 때문에 터무니없이 가격만 높다면 소비자는 다른 대체 투자 상품으로 언제든지 이동할 수 있는 유인이 있다는 것이다. 따라서 고가전략을 수행할 때 유의해야 하는 점은 첫째, 터무니없이 가격만 높인다면 소비자는 떠나기 때문에 심리적인 혜택을 충분히 제공하여야 하며 둘째, 장기적으로도 품질에 만족할 수 있도록 제품개선과 혁신에 꾸준히 노력해야 한다.

### (7) 부동산가격결정의 방법

부동산학에서는 전통적으로 가격을 결정하기 위해서는 다음과 같이 3방식 6방법을 사용한다.

| 접근방식 | | 6방법 | | 근거 | 성격 |
|---|---|---|---|---|---|
| | | 가격을 구하는 방법 | 임료를 구하는 방법 | | |
| 3방식 | 비교방식 | 거래사례비교법 (비준가격) | 임대사례비교법 (비준임료) | 시장성 | 균형가격 |
| | 원가방식 | 원가법 (적산가격) | 적산법 (적산임료) | 비용성 | 공급가격 |
| | 수익방식 | 수익환원법 (수익가격) | 수익분석법 (수익임료) | 수익성 | 수요가격 |

먼저 비교방식은 시장성의 원리를 따르는 방식으로 거래사례비교법에 의하여 대상물건의 가격을 구하는 방법이다. 이의 산식으로는 거래사례×사정보정×시점수정×지역요인비교×개별요인비교로 나타낼 수 있다. 원가방식은 비용성의 원리를 따르는 평가방식으로써 원가법에 의하여 대상물건의 가격을 구하는 방법이다. 가격시점에서 대상물건의 재 조달원가에 감가수정을 하여 대상물건이 가지는 현재의 가격을 산정하는 방법을 말

하며 이렇게 산정된 가격을 적산가격이라고 한다. 수익방식은 수익성의 원리를 따르는 평가방식으로써 수익환원법에 의하여 대상물건의 가격을 구하는 방법을 말한다. 대상물건이 장래 산출할 것으로 기대되는 순수익 또는 미래의 현금흐름을 적정한 비율로 환원 또는 할인하여 가격시점에 있어서의 평가가격을 산정하는 방법을 말하며 이렇게 산정된 가격을 수익가격이라고 한다.

### (8) 부동산가격의 민감도 분석

현대 마케팅의 창시자인 필립코틀러(Philip Kotler)는 소비자들이 인지하는 가격의 민감도를 측정(Price Sensitivity Measure)하여 가격의 수용범위를 결정하는 이론을 만들었다. 이를 부동산마케팅에 적용하면 가격의 민감도를 단계별로 결정하는 과정을 밟아야 한다. 먼저 해당지역의 주거적합성을 평가하고 다음으로는 계획대상지의 주거상품 적합성을 평가한 후 계획상품의 호감도를 평가하는 절차를 밟는다. 이후 가격을 제시하기 전의 구입의향을 분석하고 가격제시 후의 구입의향을 분석하여 구입실행단계에서 이탈을 감안한 가중 계수를 적용하여 최종 수요 추정을 통한 개발계획을 수립하게 된다.

가격민감도를 측정하는 것을 사례로 들면 아래의 그래프와 같이 3.3㎡(舊 평)당 가격구간을 제시한 후 제시한 가격이 저렴한지, 매우 저렴한지, 고가인지, 매우 고가인지 질문하여 응답비율에 따라 아래와 같은 4개의 교차점이 생기는 가격민감도 그래프가 도출할 수 있다. 즉 '매우 싸다'와 '비싸다'가 만나는 A(1,200만원) 가격대, '매우 싸다'와 '매우 비싸다'가 만나는 B(1,400만원) 가격대, '비싸다'와 '싸다'가 만나는 C(1,500만원) 가격대, '매우 비싸다'와 '싸다'가 만나는 D(1,700만원) 가격대이다.

A~D는 가격수용범위로서 소비자들이 이 범위의 가격대에서는 제품을 구입할 의향이 있음을 의미한다. 사례를 기준으로 하면 1,200~1,700만원이 될 것이다. B에서 C를 차감한 금액은 Stress값이라고 한다. 제시된 사

례는 Stress값이 -100만원인데 Stress값이 마이너스일 경우 소비자들이 스트레스를 받지 않으므로 가격을 올려도 된다는 의미이다. 올려도 되는 가격대의 범위는 C~D구간 사이일 것이다.

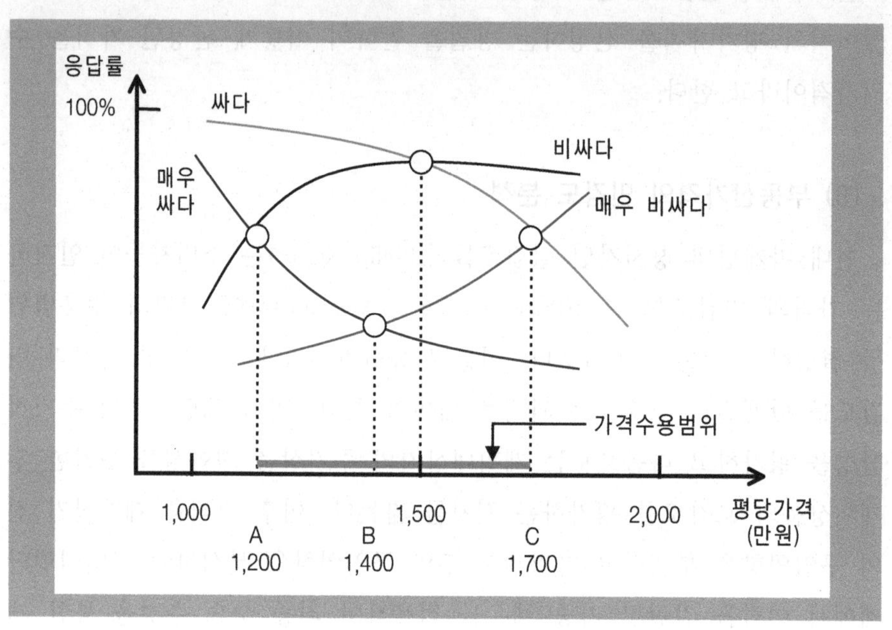


아파트 분양사업의 현장에서 가격을 결정하는 방법은 거래사례비교법이 다수인 것으로 지적되고 있다. 대형건설회사인 경우는 주변에 가장 높은 분양가격보다 다소 높게 분양가격을 책정하는 것이 관행으로 굳어져 있다. 물론 원가를 고려한 결정일 것이다. 하지만 이는 주택 수요자들의 생각을 고려하지 않는 공급자 입장의 가격결정방식으로서 어느 순간에는 소비자들의 심각한 저항에 직면하게 될 것이다. 따라서 수요자를 고려한 가격결정방식으로의 전환을 위해 다양한 마케팅조사방법을 습득하고 현장에서 어떻게 적용할 것인가를 끊임없이 시도하여야 할 것이다.

## 3. 유통경로(Place)

유통경로란 특정 제품이나 서비스가 소비 또는 사용될 수 있도록 하는 과정과 관련된 일체의 상호 의존적인 조직이라고 정의할 수 있다. 유통경로는 △적절한 시간에 △접근 가능한 위치에 △적절한 수량으로 제공될 경우 효율적인 마케팅전략을 수행할 수 있다.

즉 신규 분양상품의 경우는 5월이나 10월에 시장에 나오는 경우가 많으며 기존 재고상품은 이사철이 겹치는 방학기간에 거래되는 경향이 크다. 따라서 적절한 시간에 시장에 출시하는 전략이 필요하다. 주거용부동산의 대표적인 유통경로인 '모델하우스'는 사업대상지 현장 주변에 있는 경우가 일반적인데 투자성이 있거나 고가인 상품의 경우는 고객들의 접근에 유리한 도심(CBD: Central Business District)에 있는 경우도 많다. 또한 지역의 수급량을 파악하여 적절한 수량을 시장에 내어놓아야 흡수율[23]이 높아질 수 있기 때문에 올바른 유통경로의 선정은 효율적인 마케팅전략 수행에 상당한 영향을 미친다.

유통경로는 마케팅믹스 중 가장 비탄력적이라고 할 수 있다. 한 번 구축된 유통경로는 변경이 어려우며 새로이 유통경로를 구축하는 것 또한 많은 시간과 노력이 소요되어야 한다. 또한 유통경로는 국가별, 지역별 특수성이 존재한다. 국내에서 유통경로를 구축한 경험을 타 국가에 적용할 경우 맞지 않는 경우도 많다. 특히 국내 부동산상품의 유통경로는 선분양 후시공인 경우가 많아 후분양 방식이 주(主)가 되는 외국과는 근본적으로 다를 수밖에 없다.

---

23) 흡수율(Absorption Rate)은 대체로 1년을 기준으로 비어 있는 공간이 얼마나 임대되는가를 보여주는 수치다. 구체적으로 말하면 1년 동안 임대된 총 면적을 연초에 비어 있던 총 면적으로 나눈 수치다. 그러므로 흡수율은 일정 기간의 공실률 변동을 반영하게 된다. 흡수율도 공실률과 마찬가지로 개개의 건물에서부터 지리적으로 지정된 시장 전반에 걸쳐 모두 계산해 낼 수 있다. 흡수율은 특별히 부동산 개발업자에게 중요한 수치인데 이것을 기준으로 개발 여부와 개발의 정도를 선택한다면 어느 정도 크기를 어떤 속도로 개발할지를 결정하게 된다.

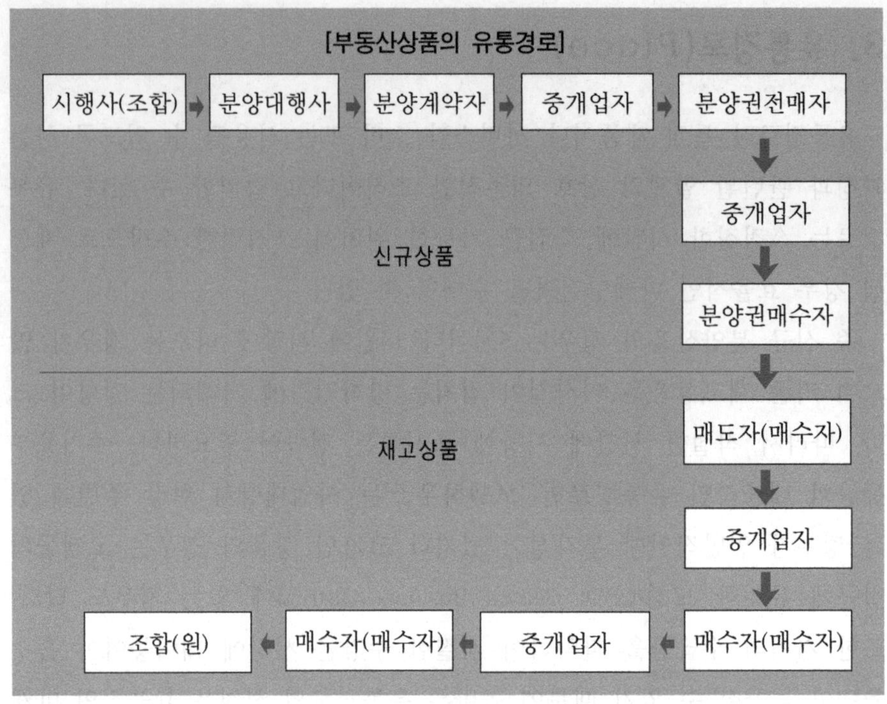


유통경로를 줄이고 생산자와 소비자가 직접 만나는 장을 만들자는 논의는 다른 상품을 중심으로 널리 있어 왔다. 하지만 유통경로의 중간에 위치한 중간상은 시대가 흘렀음에도 여전히 그 필요성이 인정받고 있다. 이는 '총거래 최소의 원칙'과 '분업의 원리'로 설명된다. 즉 생산자와 소비자가 일일이 대면하면 거래가 급속히 증가하고 생산자는 본연의 업무에 충실하지 못한다. 따라서 총거래 최소의 원칙에 의해 중간상의 존재는 필요하게 된다. 또한 생산자, 중간상, 소비자들은 각자 본연의 업무에 충실할 때 유통이 더욱 발전할 수 있다는 분업의 원리도 유통경로 내 중간상의 존재 필요성을 역설하고 있다. 이러한 분업의 원리에 의해 중간상은 △수급조절 △보관 △위험부담 △정보수집의 기능을 수행한다고 한다.

앞장의 그림은 부동산 상품의 유통경로를 개략적으로 도식화한 것이다. 부동산 상품의 유통경로는 신규상품과 재고상품으로 분류해서 살펴볼 수 있다. 유의해야 할 점은 신규상품 분양권의 경우 분양권 전매가 자유로운 상품과 지역에만 한정되는 유통경로 라는 것이다.

### (1) 유통경로의 유형

유통경로는 개방적 유통경로와 폐쇄적 유통경로로 분류할 수 있는데 개방적 유통경로는 가장 높은 시장 커버리지(coverage)가 가능하나 유통경로에 대한 통제력은 약화되는 단점이 있다. 폐쇄적 유통경로는 다시 전속적 유통경로와 선택적 유통경로로 나누어지는데 전속적 유통경로는 1개 회사(사람)에게만 상품 판매의 권한을 부여하는 것으로 '전속중개계약'이라고 알려져 있다. 법으로는 규정되어 있지만 현실적으로 국내에서는 의뢰인들이 거의 활용하지 않는 유통경로이다. 선택적 유통경로는 몇몇 회사(사람)에게만 한정되어 상품 판매의 권한을 부여하는 것으로 부동산 상품의 유통경로로 가장 많이 채택되고 있다.

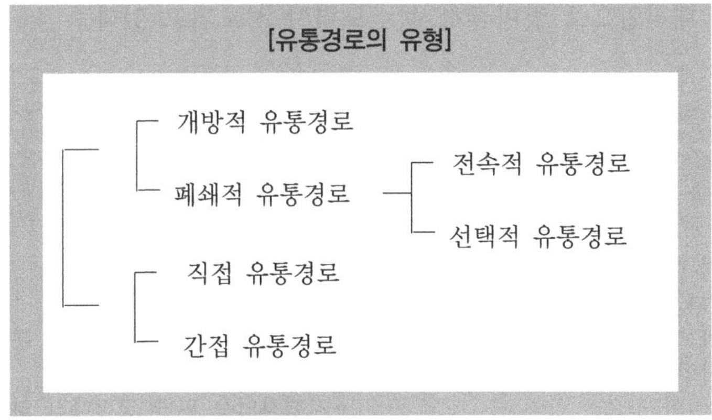


또한 유통경로는 △직접 유통경로와 △간접 유통경로로 분류할 수 있는데 직접 유통경로는 매도자와 매수자의 직거래로 이루어지는 유통경로로서 소형 부동산과 오피스 상품의 경우에 일반적으로 적용된다. 간접

유통경로는 매도자와 매수자간에 중간상이 존재하는 경우로 아파트 등 주거용 부동산은 부동산중개업자가 중간상의 역할을 하는 것이 일반적이다.

### (2) 유통경로의 종류

#### ① 분양대행회사와 중개업자

상품에 대한 소유권을 가지지 않으면서 단지 상품거래를 촉진시키는 역할을 담당하는 유통경로상의 중간상을 브로커(broker)와 대리인(agent)이라고 한다. 브로커는 구매자와 판매자를 동일한 장소에 모이게 하여 거래의 협상을 돕는다. 부동산 시장에서의 브로커는 중개업자가 전형적이다.

대리인은 장기적인 기반위에 구매자나 판매자 한쪽의 이익을 대변한다. 분양대행회사가 이에 속하며 부동산 상품의 판매자의 입장에서 판매자의 이익을 대변한다. 그러나 최근 중개업자도 공동 중개가 일반화 되고 있어 과거의 브로커에서 벗어나 매도자나 매수자 어느 일방의 이익을 대변하는 대리인으로 탈바꿈하려는 노력이 시도되고 있다.

[분양대행회사와 중개업자 비교]

| 중개업자 | 분양대행회사 |
|---|---|
| •경쟁적 특성 : 밀집된 곳에 모임<br>•1층 점포 : 과거에는 2층에도 입점<br>•전문화보다는 종합화의 경향<br>•부대사업 적극 모색 : 낮은 수수료의 현실화 필요<br>•공동중개의 방향으로 나아감<br>•지역 소규모 거래정보망 활성화 | •프로젝트성 회사<br>•인력 아웃소싱의 개념<br>•부동산 상품별로 전문화된 분양대행회사 존재<br>•시행사업을 위한 징검다리 역할<br>•대대행 계약 관행<br>•부동산 중개업자와 공동분양 |

② **모델하우스**

모델하우스는 건축할 때 원매자들에게 보이기 위해 미리 지어놓는 견본용 집을 말하며 부동산 상품의 대표적인 유통경로의 하나이다. 모델하우스는 주거용부동산의 분양에 사용되며 수익형부동산은 분양사무소를 설치하는 정도에 그친다. 모델하우스와 분양사무소의 차이는 모델하우스는 부동산 상품을 모델화하여 보여주나 분양사무소는 단순히 상담 등의 기능에 주력한다. 모델하우스는 사업대상지의 근접한 곳에 설치하는 것이 일반적이나 투자자를 모집해야 하는 경우 도심 등 투자자들이 접근하기 쉬운 곳에 설치하기도 한다.

상가나 펜션과 같은 수익형부동산은 모델하우스가 없이 분양사무소만을 설치하는 경우가 일반적이나 최근에는 모델하우스를 통해 분양을 시도하는 프로젝트들이 늘어나고 있다. 이와 함께 모델하우스의 운영시간을 늘리거나 이동식 모델하우스가 등장하기도 한다. '래핑카'(rapping car)가 이러한 이동식 모델하우스로서 주목을 받고 있다.

[래핑카 전경]

'래핑카'는 대형버스 등을 개조해 외부는 광고페인팅으로 둘러싸고, 내부는 광고한 제품을 설치하여 체험할 수 있도록 사용되는 차를 말한다.[24] 부동산업계에서는 아직 내부를 브랜드를 체험할 수 있는 장소로까지 만들지는 못하고 있지만 장기적으로는 래핑카에서 계약행위까지 일어날 것으로 보여 모델하우스의 역할을 보조할 수 있을 것으로 보인다.

모델하우스는 샘플마케팅(샘플링)이라는 본 제품을 사기 전에 미리 써

24) 이러한 래핑카는 소비자를 적극 찾아가는 마케팅의 일환이다. 이는 경쟁제품이 많은 생활용품의 경우 특정제품을 선택하도록 하려면 생활 속으로 깊이 파고들어야 한다는 생각을 반영하고 있다. 버스는 이동성이 뛰어난 데다 이벤트를 벌일 공간까지 갖추고 있어 비용 대비 효과도 크다는 분석이다. 버스가 장소를 옮기는 동안 자연스럽게 노출되는 광고효과도 덤으로 얻을 수 있다.

보게 하는 마케팅의 한 방법이라고 볼 수 있다. 이러한 샘플마케팅은 마케팅에서 자주 활용되는 방법인데 대표적인 상품으로는 화장품을 들 수 있다. 실제 제품을 1/5 정도 사이즈로 축소시켜 샘플을 만들고 이를 소비자들에게 미리 나누어주어서 미리 한 번 써보게 한다. 소비자 입장에서는 무료로 해당 제품을 체험할 수 있는 좋은 기회를 가지고 기업 입장에서는 자사 제품의 장점을 고객에게 쉽게 전달할 수 있다는 장점이 있다.

샘플마케팅은 미리 써보게 한다는데 그 의의가 있다. 고객은 물건의 구매를 주저하는 심리적 장애가 있는데 그 중의 하나가 바로 경험의 장애이다. 직접 구매에 대한 장애를 느끼고 있을 때 샘플을 통해 얻은 사용경험은 구매를 촉진시킬 수 있는 촉매제가 된다.

샘플마케팅은 신제품이 출시되었을 때 그리고 소비심리가 위축되어 있을 때 널리 사용된다. 하지만 요즘과 같이 정보가 공개된 완전시장에서는 제품에 자신이 없는 경우 샘플마케팅은 오히려 역효과가 날 수 있다.

모델하우스의 경우는 기능 측면에서는 샘플이긴 하지만 완제품에 가깝기 때문에 체험마케팅의 일종이라고도 볼 수 있다. 샘플마케팅은 체험마케팅의 범위 안에 포함된다고 한다.

### ③ 인터넷

대규모 사업대상지가 소진되면서 소형물량 위주의 분양이 줄을 잇고 있다. 이런 소규모 사업대상지는 거창한 모델하우스를 짓기에도 비용에 부담이 된다. 특히 조합아파트인 경우 그나마 일반 분양분이 적기 때문에 더더욱 모델하우스에 투자할 자금이 부족할 수밖에 없다.

이 경우 인터넷을 활용한 분양이 대안으로 자리 잡고 있다. 인터넷 청약을 실시한 2004년 4월 강남구 삼성동 SK뷰가 평균 145대 1에 달하는 경쟁률을 기록하며 마감되었다. 부동산정보제공사이트인 닥터아파트를 통해 삼성동 SK뷰에 대한 인터넷 청약을 실시한 결과 40~47평형 14가구

모집에 모두 1,880명이 몰려 134.2대1의 경쟁률을 기록하였다. 대규모 사업대상지가 줄어들면서 부동산프로젝트가 소규모화될 것으로 예상되므로 인터넷을 활용한 분양은 증가할 것이다. 하지만 아무리 대형건설회사라고 하더라도 자사 인터넷 사이트 내에서만 분양을 하는 것은 한계가 있다. 부동산정보제공회사들과 제휴를 통해 마케팅채널의 확장 가능성을 끊임없이 확인해야 할 것이다. 부동산정보제공회사들도 단순히 광고만을 상품으로 내세우지 말고 분양상품까지를 포함하는 새로운 패키지 상품의 개발도 요구된다.

이러한 신규 분양상품만이 아니라 재고 부동산 상품에도 인터넷을 활용한 부동산 거래가 시도되고 있다. 2004년을 즈음해서 부동산정보제공회사들은 'e매물중개'[25]라는 코너를 통해 매도자와 매수자간의 직거래를 유도하는 새로운 상품을 선보였다. 건당 5만원 내외의 비용으로 한 달에서 두 달간 홈페이지에 게재해주는 서비스이다. 최근 부동산 경기부진으로 매출과 거래가 활발하지는 않지만 인터넷의 발달과 함께 성장이 예상되는 상품이다.

향후 인터넷은 부동산 유통경로의 하나로 자리 잡을 것으로 전망된다. 수도권 지역의 청약과열 방지와 실수요자 중심의 주택공급을 목적으로 건설교통부는 수도권 투기과열지구 내에서의 주택 분양 시 인터넷을 통한 청약을 의무적으로 받도록 하고 실물 모델하우스를 운영하면 반드시 사이버 모델하우스도 함께 구축하도록 하는 '주택공급에 관한 규칙 개정안'을 2007년 상반기에 시행할 계획이다.

현행 '주택공급에 관한 규칙'에는 투기과열지구 내에서 청약과열 방지 등을 위해 '건설교통부장관이 필요하다고 인정하는 경우'에 한해서만 인터넷 청약과 사이버 모델하우스를 운영하도록 규정[26]하고 있는데 이를 확대한 정책이라고 볼 수 있다. 이러한 정부의 정책은 부동산 유통경로

25) 최근에는 직거래란 명칭으로 변경되었다.

26) 2006년 3월과 8월 판교신도시에 첫 적용되었다.

로서의 인터넷을 활성화시킬 것으로 전망된다.

④ **민간경매**(private auction)

부동산 법원경매란 채무자의 부동산을 채권자의 경매신청을 받아 법원에서 합법적인 절차를 거쳐 공개적으로 매수인들에게 경쟁시켜 가장 높은 가격으로 사겠다는 사람에게 그 부동산을 매각하여 채권자에게 그 매각대금을 배당하는 것을 말한다. 경매는 법원이 공매는 자산관리공사가 시행하고 있다. 이러한 시행주체의 다른 점과 함께 경매와 공매는 다소 차이가 있다. 먼저 경매는 민사소송법에 의한 것이며 공매는 국세징수법에 근거하여 국세, 지방세 등과 조세에 준하는 공과금 등의 징수를 목적으로 압류한 재산을 강제환가처분하는 것을 말하는 것이다.

**[경매와 공매의 차이]**

| 구분 | 경매 | 공매 |
|---|---|---|
| 근거법 | 민사소송법 | 국세징수법 |
| 행정기관 | 법원 | 자산관리공사 |
| 매각방법 | 입찰 | 입찰, 수의계약 |
| 물건 | 물건선택의 폭이 넓고, 취득허가 편리 | 비업무용이 많고, 법원보다 비싸다 |
| 단점 | 권리분석이 어렵고, 대금납부의 예측이 어렵다. | 비업무용 물건은 규제가 많고, 재산은 소송을 해야 한다. |
| 대금납부 | 보증금, 잔금 일시분 | 분할납부가능 |

* 전철, 『실전부동산경매』, 한국경제신문사, 1999

경・공매와 민간경매와의 가장 큰 차이점은 민간경매는 자발적인 절차임에 반해 법원경매는 강제적인 절차라는 것이다. 부동산상품의 유통경로 중 경매는 먼저 법원경매와 공매가 오래전부터 있어왔으며 최근 인터넷의 발달에 따라 옥션(auction.co.kr)의 온라인 부동산경매 시도, 민간경매 등이 순차적으로 시장에 도입되고 있다.

민간경매가 지지옥션(ggi.co.kr)에 의해 국내에 최초로 도입된 지 상당한 시간이 경과되었음에도 불구하고 새로운 유통경로로서 활성화되지는 못하고 있다. 이는 법적인 문제점과 함께 유통경로 간 갈등, 소비자의 인식부재 등 다양한 요인이 상존하기 때문으로 판단된다.

## 4. 촉진(Promotion)

촉진이란 기업의 제품이나 서비스를 소비자들이 구매하도록 유도할 목적으로 해당제품이나 서비스에 대하여 소비자를 대상으로 정보를 제공하거나 설득하려는 마케팅 노력의 일체를 말한다. 따라서 이러한 촉진을 마케팅 커뮤니케이션이라고 하기도 한다. 촉진에는 광고, PR(홍보), 판촉 등이 있다.

### (1) 광 고

미국 마케팅협회(AMA)에 의하면 광고란 '확인된 광고주가 표적 집단에게 정보를 제공하거나 설득하기 위하여 서비스에 관해 유료로 대중매체를 이용하는 과정'이라고 정의된다.

미국 마케팅학회의 정의를 자세히 살펴보면 광고와 홍보의 차이점을 명확하게 파악할 수 있다. 광고의 특성은 △특정집단을 타깃(target) 대상으로 하며 △대가를 지불하는 의사소통의 방식이며 △대중매체를 활용하는 비인적(非人的) 의사소통 방식이다.

#### ① 광고매체

광고의 목적을 달성하기 위해서는 계획된 광고메시지가 목표 소비자에게 전달되어야 한다. 성공적인 광고활동을 위해서는 적합한 광고메시지와 함께 적절한 광고매체를 선택하는 것이 중요하다. 광고매체의 선택은 광고목표와 전략에 의해 결정되나 기본적으로는 광고주나 광고회사가 광고매체에 대해 가지고 있는 일반적인 인식이 주요 판단 기준으로 작용할 가능성이 높다. 이러한 시각에서 광고의 4대 매체라고 불리는 텔레비전, 라디오, 신문, 잡지의 광고특성에 대해 국내 주요 광고주와 광고회사들이 어떻게 평가했는지를 파악하는 것은 향후 매체계획을 수립하는 입장에서는 상당히 중요하다 하겠다.

**[4대 광고매체의 장점에 대한 광고주와 광고회사의 평가비교(중복응답)]27)**

| 장 점 | 광고주 | | | | 광고회사 | | | |
|---|---|---|---|---|---|---|---|---|
| | TV | 신문 | 라디오 | 잡지 | TV | 신문 | 라디오 | 잡지 |
| 광고도달범위 넓다 | 72.1 | 26.3 | 27.9 | - | 73.0 | 17.4 | 9.5 | 1.6 |
| 광고내용의 전달력 높다 | 51.7 | 46.6 | 3.4 | 4.2 | 63.5 | 46.1 | 3.2 | 9.5 |
| 광고주의 선호도 높다 | 30.5 | 6.8 | 0.8 | 0.8 | 33.3 | 7.9 | 3.2 | - |
| 광고노출빈도 높다 | 12.5 | 5.0 | 36.5 | - | 6.4 | 4.8 | 33.4 | 1.6 |
| 광고물의 질적 양호 | 9.3 | 3.4 | 0.8 | 22.9 | 6.4 | 6.4 | 1.6 | 25.4 |
| 광고비용 저렴 | 8.4 | 3.4 | 63.6 | 17.0 | 12.7 | 1.6 | 57.1 | 22.2 |
| 인구통계적 선별성 높다 | 5.2 | 10.2 | 20.4 | 52.5 | 1.6 | 11.1 | 34.9 | 34.9 |
| 지리적 선별성 높다 | 2.5 | 18.6 | 12.7 | 4.2 | - | 20.6 | 19.1 | 1.6 |
| 매체이용 용이 | 1.7 | 19.5 | 18.7 | 22.9 | - | 23.8 | 17.8 | 31.7 |
| 광고물의 클러터 낮다 | 0.8 | 1.6 | 0.8 | 16.0 | - | - | - | 1.6 |
| 광고회독률 높다 | 0.8 | 20.3 | 0.8 | 57.6 | - | 20.6 | 3.2 | 65.1 |
| 상황대처 능력 높다 | - | 33.9 | 7.6 | 4.2 | 3.2 | 38.1 | 15.8 | 1.6 |
| 기타 | 0.8 | - | 1.7 | - | - | 1.6 | 1.6 | 1.6 |
| 무응답 | 1.7 | 4.1 | 4.1 | 5.1 | - | - | - | 1.6 |
| 응답자 | 118 | 118 | 118 | 118 | 63 | 63 | 63 | 63 |

광고도발범위가 가장 넓은 매체로는 TV가 광고주, 광고회사의 응답비율이 모두 압도적이었다. 광고내용의 전달력이 높은 매체로는 TV와 신문

27) 이규완, 광고매체의 장단점에 대한 평가와 한국과 미국의 광고매체 환경비교, 1994, 봄호

으로 나타났는데 깊이 있는 정보를 제공하는 신문이 포함된 점이 부동산 광고 측면에서는 의미가 있다. 광고노출빈도가 높은 매체로는 라디오라는 응답이 압도적이었으며 광고물이 질적으로 양호한 매체로는 잡지를 지적한 비율이 가장 높았다. 부동산 광고매체로 대표적인 신문의 경우 광고 회독률과 상황대처능력이 높다는 응답자 비율이 높게 나타났다.

아래 표는 주요 광고매체의 유형별 장단점을 나타낸 것이다.

**[주요 광고매체의 유형별 장단점]28)**

| 매체별 | 장점 | 단점 |
|---|---|---|
| 신문 | • 지리적 선택성과 탄력성<br>• 적시성<br>• 뉴스로서의 가치<br>• 높은 신뢰성 | • 짧은 매체수명<br>• 조급하게 읽음<br>• 낮은 회독률 |
| TV | • 시청각과 동작의 결합<br>• 감각적 소구기능<br>• 넓고 다양한 청중<br>• 주의력이 강함 | • 표적청중의 선택성이 낮음<br>• 일과성적인 효과<br>• 짧은 메시지 수명<br>• 고비용 |
| 라디오 | • 대량 이용<br>• 청취자의 선별성<br>• 저렴한 매체비용<br>• 지리적 신축성 | • 청각적 제시<br>• TV보다 낮은 주의 집중효과<br>• 높은 방송빈도 요구<br>• 짧은 메시지 수명 |
| 잡지 | • 지리적 · 인구통계적 선별성<br>• 강력한 주의력<br>• 비교적 긴 광고수명<br>• 높은 회독률 | • 장기 준비기간 소요<br>• 제한된 시연능력<br>• 긴급성 부족 |
| 옥외광고 | • 높은 반복 노출도<br>• 탄력성<br>• 지리적 선택성<br>• 중간정도 비용 | • 짧은 메시지<br>• 높은 소음 수준과 낮은 주의력<br>• 지리적 선택성 부족 |
| 인터넷 | • 성장성 높은 매체<br>• 미세 표적청중 도달능력<br>• 비교적 짧은 광고제작기간<br>• 중간정도 비용 | • 광고효과 측정의 어려움<br>• 클릭해야만 배너광고에 노출<br>• 제한된 층의 소비자만 접근가능 |

부동산 광고도 인쇄매체와 방송매체에서 인터넷으로 이동하고 있는데 이러한 광고매체들을 그 지역에 맞게 제한된 예산의 범위 내에서 최대한의 효과를 얻기 위해서는 매체믹스전략이 중요하다. 이를 위해서는 매체의 효과성 측정이 우선되어야 할 것이다.

앞에서 언급한 매체는 모두 매스미디어들이다. 이러한 매스미디어와 대립되는 개념으로 마이크로미디어가 최근 부상하고 있다. 소셜미디어라고도 일컬어지는 마이크로미디어는 인터넷상에서 일어나고는 있으나 인터넷광고와는 다른 것으로 네티즌들이 온라인 상에서 1인 미디어인 UCC(User Created Contents)동영상, 블로그, 미니홈피 등을 제작, 공유하는 것을 의미한다.

인터넷진흥원이 전국 2만5,128명을 대상으로 조사한 '정보화실태조사' 결과에 의하면 2008년 1월 현재 인터넷 이용자 수는 약 3,400만명인데 이 중 52%가 최근 1년 이내 타인의 마이크로미디어를 이용한 경험이 있으며 41%는 본인의 마이크로미디어를 관리하는 것으로 조사될 정도로 다른 나라에 비해 블로그나 소셜네트워크 사이트를 통해 자신을 표현하고 세상과의 소통을 원하는 한국인들이 상대적으로 많다는 사실을 보여주고 있다.

이러한 마이크로미디어는 마케팅환경도 바꿔놓고 있는데 과거 소비의 선택과정인 AIDCA가 AISAS로 변화해가고 있다. 즉, 주의(Attention)→흥미(Interest) → 검색(Search) → 행동(Action) → 공유(Share)라는 과정을 통해 입소문마케팅의 영향을 증대시키고 있다.

이러한 마이크로미디어를 활용하기 위해서는 첫째, 웹2.0시대에 부응한 쌍방향 커뮤니케이션 채널을 구축하여 고객들이 자사 제품에 대해 어떠한 의견을 갖고 있는지를 파악해야 한다. 둘째, 고객의 관심을 사로잡는 재미있는 흥미 위주의 컨텐츠를 제공함으로써 일단 브랜드에 대한 호감을 갖도록 해야 한다. 셋째, 대중의 지혜를 수혈 받아 '공동창조' 활동을

---

28) 박명호 · 박종무 · 윤만희, 마케팅, 2003.8

수행해야 한다. 넷째, 자사 이미지에 부합하면서 목표 고객에 영향력을 행사할 수 있는 네트워크 허브를 발굴하고, 이들과의 우호적인 연계를 강화해야 한다. 끝으로 고객의 부정적 의견에 대해서는 신속하게 대응하여 위기를 기회로 활용해야 할 것이다.29)

### ② 부동산 광고의 역할

부동산 광고의 역할은 시대에 따라 변화되어 왔다. 초기 광고는 사실을 알리는 '고지(告知)광고'가 대부분이었다. 부동산 상품에 있어서도 초기의 분양광고는 동시분양광고 또는 입주자모집광고의 형태로서 단순히 있는 사실을 열거하는 수준에 그쳤다. 이러한 '고지광고'의 시기를 지나면서 기업은 소비자와의 의사소통의 도구로서 광고를 활용하기 시작하였다. 단순한 사실만이 아니라 사업대상지가 보유한 장점들을 열거하는 광고가 선을 보였다.

그 후 부동산 상품의 경쟁이 치열해 지면서 변화의 촉매제로서의 광고가 나타나기 시작한다. 이성적 도구(rational appeal)에서 감성적 도구(emotional appeal)로 광고의 초점이 바뀌면서 사실과 함께 부동산 상품을 구매했을 때 가지는 고차원적인 만족감을 자극하는 광고가 집행된다.

[의사소통 도구로서의 분양광고]

우림건설의 아파트형공장인 '라이온스밸리'의 경우 단순한 개념인 아파트형공장이라는 부동산 상품에 일정한 감성적 만족감을 가미시켜 입주한 회사는 어떤 특별한 혜택을 누

29) 박정현, 마이크로미디어 시대의 부상과 기업의 대응, LGERI리포트, 2008.8

릴 수 있음을 강조하는 마케팅전략을 구사하여 입주가 7~8개월 남은 시점에서 분양이 완료되는 성공을 거두었다.[30)]

[부동산 광고의 역할과 사례]

| 시 기 | 역 할 | 형 태 | 비 고 |
|---|---|---|---|
| 1980년대 이전 | 설득 | 입주자모집공고 | 동시분양 공고 |
| 1990년대 | 의사소통 | 분양광고 | |
| 2000년대 | 변화의 촉매제 | 이미지광고 | |

③ 부동산 관련 업종의 광고현황

광고주의 업종분류 기준은 기존 집계결과 자료와의 비교를 위해 방송광고 표준코드를 사용하여 조사하는데 부동산 관련 업종은 '건설/건재 및 부동산'으로 분류된다.

부동산 관련 업종 광고주의 사업체 수는 구성비로는 11.5%를 차지하고 평균 광고비는 전체 평균보다 다소 작은 57억 정도로 파악된다.

[업종별 광고주 평균 종사자수 및 평균 광고비]

(단위 : 개소, %, 명, 백만 원)

| 업 종 | 사업체수 | 구성비 | 평균종사자수 | 평균광고비 |
|---|---|---|---|---|
| 건설/건재 및 부동산[31)] | 46 | 11.5 | 974 | 5,715 |
| 전 체 | 401 | 100.0 | 2,452 | 6,238 |

* 문화관광부, 2005년 광고산업통계, 2006. 3

30) 우림건설의 라이온스밸리 광고는 상징인 사자가 포효하는 모습을 간결하고 강하게 어필하여 제품의 이미지에 맞게 중후하고 품격 있는 느낌을 나타냄으로써 일반상식을 뛰어넘는 사고의 발상을 표현하여 2003년 한국광고대상을 수상하게 된다.

31) 건설/건재 및 부동산은 건설, 부동산 임대 및 매매, 건재, 건설, 건재 및 부동산 기타가 포함된다.

부동산 관련 업종 광고주의 광고 경기 체감도는 2005년보다는 2006년이 소폭 호전될 것으로 예측되었으나 전체 평균과는 큰 차이가 없었다.

**[업종별 광고주 광고경기 체감도]**

| 업종 | 평균 광고경기 체감도 | | | 광고경기 전망지수 |
|---|---|---|---|---|
| | 2005년 상반기 | 2005년 하반기 | 2006년 예상 | |
| 건설/건재 및 부동산 | 69 | 71 | 73 | 105.0 |
| 전 체 | 69 | 70 | 75 | 108.5 |

* 문화관광부, 2005년 광고산업통계, 2006. 3

④ **광고효과 측정**

광고의 역할이 제대로 부각되기 위해서는 적절한 광고가 집행되어야 광고효과가 극대화될 수 있다. 또한 광고효과를 알아보기 위해서는 계량적으로 측정될 수 있도록 광고의 목표를 구체적으로 설정하는 작업이 선행되어야 한다.

즉, '분양률 60% 달성'이라는 광고 목표는 계량적으로는 설정이 되었지만 구체적이지 않아 분양률이 60%가 달성되었을 때는 어떤 요인이 가장 큰 기여를 했는지, 60%를 달성하지 못한 경우 광고의 어떤 부분이 잘못되었는지를 파악하는 것이 쉽지 않다. 하지만 목동에서 분양하는 주상복합아파트 프로젝트에서 "양천구에 거주하는 40대 고객의 청약률을 한 달 내 30% 이상 달성하자"라는 구체적이며 계량적인 목표를 설정한다면 설령 목표가 달성되지 않았더라도 DM이 문제인지, 광고시안이 잘못되었는지 또는 광고매체의 집행이 잘못되었는지를 쉽게 파악할 수 있다.

광고효과의 측정은 두 가지로 나누어진다. 하나는 소비자와의 커뮤니케이션 효과를 측정하는 것이고 또 다른 하나는 광고의 결과로서 나타나는 판매 효과를 측정하는 것이다.

[광고효과의 측정]

| 구 분 | 사 전 | 사 후 |
|---|---|---|
| 커뮤니케이션효과 | • 직접평가<br>• 포트폴리오 테스트<br>• 실험법 | • 회상테스트<br>• 인지테스트<br>• 의견조사법 |
| 판매효과 | • 시장 실험법 | • 통계기법 |

직접평가란 평가할 광고물을 보인 다음 "어떤 광고물이 구매의욕을 가장 잘 불러 오는가"와 같은 식의 질문을 통해 효과를 측정하는 것이다. 포트폴리오 테스트는 여러 광고물을 나누어주고 원하는 시간만큼 보게 한 다음 광고에 대한 기억과 이해도를 측정하는 것이다.

실험법은 소비자의 맥박, 혈압, 안구 움직임 등 신체적 변화를 직접 실험을 통해 측정하는 것이다. 이 세 가지 커뮤니케이션 효과 측정방법은 광고가 집행되기 전에 하는 사전 효과 측정의 도구로서 활용된다.

인지테스트는 특정매체를 구독하는 구독자에게 과거의 기사를 알아볼 수 있는지를 측정하는 것이며 의견조사법은 몇 개의 광고를 제시하고 가장 흥미 있는 광고, 신뢰성 있는 광고, 좋아하는 광고 등으로 광고물의 순위를 매기는 방법이다. 이들은 모두 판매효과 측정방법으로 광고가 집행된 후에 하는 사후 효과 측정의 수단으로 활용된다.

광고효과를 측정하는 이유는 사전효과 측정의 경우 광고시안에 대한 피드백을 통해 필요한 수정을 하기 위해서이다. 사후효과 측정은 추후 광고비의 책정과 매체 선정에 있어 도움을 받기 위해서이다.

부동산 상품의 광고는 사전효과 측정은 거의 하지 않으며 사후효과 측정에서도 통계기법을 활용한 판매효과의 측정만이 실시되고 있다. 잠재고객에게 조금 더 각인될 수 있는 광고 집행을 위해 사전효과 측정의 도구와 기법들이 하루빨리 도입되어야 할 것이다.

아래는 한 대형 건설회사가 광고효과를 측정한 사례이다. 아래의 사례에서는 전단과 현수막, 지방판 일간지가 효과 있었던 것으로 측정되었으나 광고는 비용대비 효과로 판단해야 하므로 신중한 접근이 요구된다. 특히 최근에는 전단배포가 비용대비 효과가 떨어진다는 의견이 지배적이다.

[광고효과 측정 사례]

| 구분 | 수량 | 투입비율 | 성과 |
|---|---|---|---|
| 전단배포 | 430만부 | 78.2% | 비용大, 효과大 |
| 부동산신문 | 40만부 | 11.7% | 비용中, 효과小 |
| 버스광고 | 50대/월 | 3.3% | 비용小, 효과中 |
| 버스방송 | 25개/월 | 2.4% | 비용小, 효과小 |
| 현수막 | 60개/월 | 1.8% | 비용小, 효과大 |
| 신문(지방판) | 2회 | 1.5% | 비용小, 효과大 |
| 전광판 | 15초, 108회/월 | 0.9% | 비용小, 효과小 |
| 택시기사 리플렛 | 3천부 | 0.2% | 비용小, 효과無 |

* D건설 내부자료, 2002. 3

민주언론운동시민연합이 2004년 3월에서 5월까지 3개월간 경향신문, 동아일보, 조선일보, 중앙일보, 한겨레신문을 대상으로 신문의 전체 광고지면 가운데 부동산 광고비율을 조사하였는데 조선일보, 동아일보, 중앙일보의 경우 부동산 광고면적의 비율이 각각 22.7%, 22.1%, 21.9%로 드러나 신문의 광고 20% 이상이 부동산 광고로 조사되었다.

또한 생활정보지에서 부동산광고가 차지하는 비중도 최저 29.3%에서 최고 62.5%, 평균 44.4%에 이른다는 조사결과도 있듯이 생활정보지에서도 부동산 광고가 차지하는 비중이 상당히 높은 것으로 조사되었다.

부동산 분양광고의 매체로는 신문이 압도적이나 소규모의 주거용 부동산 상품이나 기존 상업용 부동산 상품의 거래는 생활정보지를 많이 활용한다. 이 두 종류의 매체가 부동산 광고에서는 많은 비중을 차지하는데

[생활정보지별 부동산광고 게재 현황][32]

| 생활정보지명 | 배포지역 | 발행일자 | 총발행 면수(A) | 부동산 광고 면수(B) | B/A |
|---|---|---|---|---|---|
| 강남가로수 | 강남, 서초, 과천 | 2003.12.10 | 48 | 25 | 52.1 |
| 성북가로수 | 성북, 강북, 도봉, 노원, 의정부 | 2003.12.10 | 48 | 23 | 47.9 |
| 구로가로수 | 구로, 금천, 광명 | 2003.12.15 | 48 | 20 | 41.7 |
| 부천가로수 | 부천, 시흥 | 2003.12.10 | 64 | 22 | 34.4 |
| 성남가로수 | 성남, 분당, 수지, 광주 | 2003.12.10 | 80 | 29 | 36.3 |
| 안양가로수 | 안양, 군포, 의왕, 과천 | 2003.12.09 | 56 | 24 | 42.9 |
| 성남광장 | 성남, 분당, 광주, 곤지암 | 2003.12.11 | 54 | 28 | 51.9 |
| 강남교차로 | 강남, 서초, 과천 | 2003.12.10 | 64 | 31 | 48.4 |
| 강북교차로 | 강북, 노원, 도봉, 성북 | 2003.12.10 | 80 | 32 | 40.0 |
| 영등포교차로 | 영등포, 구로, 금천, 광명 | 2003.12.15 | 56 | 21 | 37.5 |
| 부천교차로 | 부천, 시흥, 시화 | 2003.12.10 | 64 | 30 | 46.9 |
| 부천벼룩시장 | 부천, 시흥 | 2003.12.10 | 72 | 21 | 29.3 |
| 정보세상 | 서울, 경기 통합판 | 2003.12.10 | 40 | 25 | 62.5 |

부동산 경기 침체기에는 효과가 떨어질 수 있기 때문에 새로운 매체의 발굴이 절실한 상황이다.

### (2) 홍보

홍보는 제품, 서비스, 기업을 인쇄매체나 방송매체에 다루게 함으로서 수요를 자극하는 것으로서 기업과 사회 간에 이상적인 관계를 정립하기 위해 기업이 벌이는 다양한 활동을 특히 마케팅PR(Public Relations)이라고도 한다.

일반적으로 홍보는 광고의 5배 영향력을 보유하고 있다고 한다. 홍보의 효과를 측정하는 것은 쉽지 않으나 직접적으로 언론매체에 노출된 횟수와 크기를 측정하여 이를 광고단가로 환산하는 방법이 가장 일반적으로 사용된다.

---

32) 소비자보호원, 부동산거래 관련 피해실태조사, 2003.12

부동산 상품을 신문, 잡지, 텔레비전, 라디오 등 각종 매체에 상품의 특징 등의 정보를 자체적으로 제공함으로써 대상 매체의 적극적인 관심과 이해를 기반으로 고객에게 널리 보도되도록 이끄는 방법 및 기술을 퍼블리시티(Publicity)라고 한다. 홍보를 좁은 의미로 쓸 때는 퍼블리시티라고도 한다.

최근 홍보의 중요성이 늘어나면서 광고보다 언론매체의 신뢰성에 의지하는 홍보에 집중하여 부동산 상품을 알리는 경우가 늘어나고 있다. 하지만 홍보는 판매에 영향을 미치는 효과가 간접적이며 장기적이다. 따라서 적절한 수준의 광고 집행은 원하는 마케팅 결과를 도출하기 위해서는 필수적이다. 단지 얼마나 효과적인 매체에 적절한 비용의 광고를 집행하는가 아닌가가 중요한 사항이지 광고는 필수적으로 집행되어야 한다. '광고는 영원하다'는 말을 다시금 새겨들어야 한다.

### (3) PPL(Product Placement)

광고나 홍보와 같은 카테고리로서 설명될 만큼 PPL이 차지하는 범위가 넓지는 않다. 하지만 갈수록 간접광고의 중요성이 커지면서 부동산 마케팅에 있어서도 PPL이 비교적 활발히 도입되고 있다.

PPL은 원래 영화소품 담당자가 영화에 사용할 소품들을 배치하는 업무를 말하였다. 과거에는 영화에 필요한 소품을 확보하기가 어려워 소품을 확보하는 노력에서 비롯되었을 뿐 적극적인 마케팅의 수단은 아니었다. 하지만 최근 영상산업의 규모가 대형화되고 기법이 정교해지면서 영화나 드라마에 자연스럽게 상품을 등장시켜 관객들의 무의식 속에 제품의 이미지를 심는 PPL이 정착되고 있다.

PPL의 시작은 1945년 영화 'Milded Pierce'에서 Joan Crawford가 버번 위스키를 마시는데서 비롯되었으며 국내의 경우에는 PPL의 효시를 최민수, 심혜진 씨가 주연한 '결혼이야기'에서 신혼 가전제품을 S전자에서 제공하면서 시작되었다고 한다.

방송위원회 방송심의규정의 '간접광고 금지조항'에 구체적으로 명시되어 있다시피 PPL과 같은 간접광고는 불법이다. 하지만 영상콘텐츠 제작여건이 열악하며 영상산업의 발전을 위해서는 일정부분의 PPL을 허용해야 한다는 목소리도 높다. 현재는 영화부문에서는 간접광고가 완화되어 시행되고 있으나 방송은 여전히 규제가 심하다.

이응경 : 그 아파트 광고에서는 왜 정장을 입고 우아한 춤을 추는 거예요?
노주현 : 응, 그 아파트에 입주해 살면 편안하고 행복해 진다는 걸 말하는 거지.
가족들 : 아하 그렇군요.

2003년 7월 SBS 시트콤 '똑바로 살아라'의 방송 내용의 일부이다. 노주현 씨가 메인 모델을 하는 H건설 아파트 광고를 PPL로 방송에 넣은 것이다. PPL의 불법성 여부가 부각되면서 액자소설[33] 형식으로 PPL을 시도한 아주 독창적인 사례이다. 이외에도 과거 주택건설업체들의 PPL사례는 다수 있었다.

주택건설업체들이 TV프로그램을 홍보터전으로 이용하기 시작한 것은 최근의 일이다. 새로운 아파트 브랜드를 홍보하기 위해 건설업계는 방송제작에 참여하여 제2라운드의 홍보전을 벌이고 있다.

대표적이었던 회사는 H산업개발이었다. MBC 주말드라마였던 '그여자네 집'의 주인공 차인표(태주 역) 씨가 다니는 건설회사를 '아이산업개발'로 설정, 자사와 새 브랜드 '아이파크' 홍보에 톡톡한 효과를 보았다. 태주의 직장을 서산 아파트 건설현장으로 설정한 것이나, 태주의 결혼식을 강남구 삼성동 구아이파크 모델하우스에서 진행한 것도 전형적인 PPL 기법이다.

L건설도 SBS의 주말드라마 '그래도 사랑해'에서 명세빈(순이 역)과 박상

---

33) 액자소설이란 소설 창작에서 흔히 볼 수 있는 구성방식으로서, 액자의 틀 속에 사진이 들어 있듯이 하나의 이야기 속에 또 다른 이야기 구조가 들어있는 것을 말한다.

원(기현 역)이 경영하는 건설회사를 '낙산건설'로 방송에 등장시켰다. 자사 아파트 브랜드 '낙천대'를 떠올리게 하면서 등장인물의 작업모나 작업복에 'L'자 마크를 선명히 찍어 홍보효과를 배가시켰다.

이외에도 쌍용건설이 SBS '한선교, 정은아의 좋은 아침'에 리모델링사로 협찬하는 등 건설업계의 PPL사례는 다수 있다. 이런 현상은 주택수요자의 청약이 대기업, 브랜드 인지도에 몰리는 현상과 무관하지 않다.

최근에는 이러한 일회성 드라마보다는 브랜드 노출시간이 긴 스포츠 중계를 활용해 건설사 이미지를 한 단계 높이려는 시도를 하고 있다. 지상파 드라마에 대한 단순 후원에서 벗어나 스포츠 경기의 공식 스폰서를 자처하고 있다.

H건설은 2006년 아시안게임에서 프로경기 중 유일하게 금메달을 획득한 프로배구 공신 스폰서로 나서고 있다. 2006년 12월 개막한 프로배구의 정식 명칭은 'H배 2006~2007 프로배구 V리그'로 H건설이 그 타이틀 스폰서를 맡았다.

부동산업계의 PPL 사례는 계속 증가할 것으로 보인다. PPL이 성공하기 위해서는 협찬하는 회사의 제품이 드라마나 영화 속에 자연스럽게 녹아 들어가야 하는데 아파트와 같은 부동산 상품은 어떤 드라마나 영화 속에도 거부감 없이 촬영지로 제공될 수 있기 때문이다.

## 5. 4Ps에서 4Cs로

지금까지 살펴본 4Ps는 다소 생산자의 입장에서 도출된 이론이다. 공급보다 수요가 많았던 공급자 우위의 시대에서는 이러한 생산자 관점의 시각이 일반적이었으나 지금과 같이 수요보다 공급이 많은 수요자(소비자) 우위의 시대에는 생산자 입장에서 도출된 이론의 수정이 필요하다. 특히 부동산 상품과 같이 서비스 부문이 차지하는 중요성이 커져가고 인터넷이 부동산마케팅에서 차지하는 역할과 위상을 감안한다면 4Ps는 적절히 변형되어 활용되어야 할 것이다.

필립 코틀러는 전통적인 4Ps가 4Cs로 대체되어야 한다고 제안한다. 제품은 소비자에게 어떠한 실질적인 혜택을 줄 수 있는가 인 Customer Benefits로, 가격은 소비자가 부담할 수 있는 비용의 수준이 어디까지인가인 Cost to Customer로, 유통은 소비자가 얼마만큼 편하게 유통채널로 접근할 수 있는가인 Convenience로, 마지막으로 촉진은 소비자와 어떻게 소통할 것인가인 Communication으로 변화되어야 할 것이다.

[4Ps의 변화]

| 구분 | 4Ps | 4Cs |
|---|---|---|
| 제품 | Product | Customer Benefits |
| 가격 | Price | Cost to Customer |
| 유통 | Place | Convenience |
| 촉진 | Promotion | Communication |

사례연구

## 롯데백화점과 샤넬의 유통전쟁

## 1. 유통전쟁 현황

2009년 1월29일 롯데백화점에서 샤넬화장품 매장이 철수하자 의견이 분분하였다. 국내 백화점 1위 업체와 세계적인 브랜드와의 대결에 관심이 뜨거웠다. 일반적으로 유명 백화점의 1층에는 세계적인 명품브랜드와 함께 화장품 매장이 자리하고 있다. 화장품 매장의 대부분은 외국의 유명 브랜드 매장이다. 하지만 롯데백화점 전국 25개점 가운데 매출 순위가 높은 대도시 7개점에서 세계적인 브랜드인 샤넬 화장품을 더 이상 찾아볼 수 없게 되었다.

샤넬은 1992년 롯데 잠실점에 처음 발을 들여놓았다. 2001년 초반까지 샤넬이 매출 1위를 유지했기 때문에 넓고 좋은 위치를 차지한다는 것은 당연했다. 하지만 2002년 랑콤이 매출 1위, 2003년부터는 국내 브랜드인 설화수가 1위를 달성하면서 2008년 기준으로 6위로 추락한 샤넬의 매장 위치가 문제되기 시작했다. 롯데백화점은 2008년 8월 개편[34)]을 앞두고 샤넬에 매장위치 변경과 축소를 요청하는 공문을 보냈다. 하지만 샤넬에서는 묵묵부답으로 일관했다. 9차례나 공문을 보냈지만 답변이 없었다. 결국 롯데는 2008년 하반기에 화장품 MD 개편을 하지 못했다. 2009년 2월 다시 MD개편을 앞둔 시점에서 두 회사의 신경전을 눈치챈 언론이 '롯데와 샤넬의 대결' 기사를 보도하기 시작하자 샤넬도 롯데의 요청을 마냥 묵살만 하고 있을 수는 없는 상황이 되었다. 1월14일에 샤넬 측에서 '현재의 위치를 고수할 수 없다면 7개 매장에서 철수하겠다'는 공문을

34) 통상 백화점은 2월과 8월에 전면적인 매장 개편을 한다.

롯데 측에 보냈다. 그동안 구두로만 응하던 샤넬에서 공식 공문을 보내오자 롯데는 더 이상 샤넬과 협상의 여지가 없다고 판단, 결국 1월29에 롯데백화점 주요 7개점(본점, 잠실점, 영등포점, 노원점, 부산점, 광주점, 대구점)에서 철수하였다.

## 2. 생산(production)과 유통(distribution)

거의 모든 산업은 두 가지 부문으로 분류할 수 있다. 생산부문과 유통부문이 그것이다. 생산이란 수요자에게 직간접으로 필요한 물자나 용역을 만들어내는 행위이며 유통이란 상품·화폐·유가증권 등이 경제주체 사이에서 사회적으로 이전하는 상태를 말한다.

과거에는 유통보다는 생산이 주목받는 분야였으며 어떻게 생산하느냐가 중요한 문제였다. 당시에는 생산하는 것이 어렵고 생산의 주체들이 많지 않았기 때문이다. 그러나 곧 공급이 수요보다 많아지는 시기가 도래하고 이후에는 조금씩 생산보다 유통에 더욱 많은 관심이 집중되었다. 대형유통업체들이 등장하면서 생산에서 유통 쪽으로 힘의 균형이 이동하는 상황이 더욱 급속히 진전되기 시작하였다. 급기야는 대형 제조업체들도 대형 유통업체들과의 협상에서 힘을 잃기 시작했으며 유통업체들이 가격결정의 주도권을 장악하게 되었다. 이로서 힘의 균형은 유통부문으로 급속히 이전하게 된다.

제조업체 중 해외 명품업체들은 이러한 힘의 균형에 있어 예외적인 위치에 놓여 있었다. 하지만 샤넬과 롯데백화점 사이에 최초로 발생한 다툼은 명품업체들도 이러한 상황 변화에 적용될 수밖에 없음을 보여주고 있다. 물론 여기에는 소비자들의 인식변화도 기여하고 있다. 불과 몇 년 전까지만 해도 4~5개 수입 화장품 브랜드들이 업계에서 절대적인 장악력을 보여온데 비해, 최근 다양한 특색을 갖춘 브랜드들이 시장에 등장하여 소비자들의 선택의 폭이 그만큼 넓어진 측면도 작용한다.

사실 부동산 부문에서는 생산과 유통의 힘의 균형이 예전과 같은 상태를 유지하고 있다. 다른 산업부문과는 다르게 여전히 생산부문이 유통부문보다 우위를 점하고 있다. 부동산 부문에서는 생산은 개발(development), 유통은 거래(transaction)라고 이야기할 수 있다. 여전히 개발부문이 우위에 있으며 뛰어난 인력과 자금도 이 부문에 많이 집중되고 있다. 이에 반해 거래부문은 열위에 있으며 좋은 인력이나 적절한 자금도 유입되는 비율이 낮다. 이는 산업의 특수성에 기인하는 바가 크다. 부동산 상품이란 일반 상품과는 다르게 고정되어 있어서 유통부문이 발전하기에는 원천적으로 어렵다는 한계가 있다.

타 산업은 유통부문의 발전이란 소비자와 생산자간의 간격을 줄이기 위해 중간상의 존재를 없애는 것이라 여겨지는데 반해 부동산부문의 유통의 발전은 새로운 유통경로를 만들어내는 것이 유통부문의 혁신이라고 생각할 수 있다.

## 3. MD(merchandiser)

머천다이저는 상품 기획 및 개발로부터 시장 도입에 이르기까지 일련의 마케팅활동을 수행하는 전문가를 말한다. 주로 정보수집 및 분석, 상품화 계획, 생산계획, 판매 및 촉진계획 등을 총괄, 지원하는 업무를 수행한다.

따라서 머천다이저는 소비자가 만족할 수 있는 상품을 개발하여야 하며, 심리적, 감각적 가치와 물리적 가치를 겸비하면서 가격이 적절해야 한다. 또한 제품수명주기(도입기, 성장기, 성숙기, 쇠퇴기)에 따라서 대체 상품을 개발하는 능력도 필요하다. 나아가 경쟁사에 대응 할 수 있는 독창적 제품을 개발하며, 타사와 경쟁 속에 우위를 점해야 한다. 이처럼

MD는 상품 기획부터 시장 도입까지의 전체적인 업무를 담당하는 전문적인 역할을 수행한다.

롯데백화점의 경우 매년 2월과 8월에 전면적인 MD를 개편한다. 백화점들은 일반적으로 매장을 A, B, C 등 3개 등급으로 나누는데 이 가운데 A급은 주요 동선이 겹쳐 고객들에게 자주 노출될 수 있고, 다른 점포보다 면적이 크며, 방해받을 만한 구조물이 없는 곳을 뜻한다. 그 중에서도 출입구나 에스컬레이터 주변이 '특 A급 명당'으로 분류된다. 이러한 특 A급 명당에 샤넬이 입점하고 있었다. 알려져 있다시피 백화점은 수수료매장이다. 수수료매장은 백화점의 기본적인 운영방식이다. 백화점은 공간을 지어놓고 그 안에 들어오는 다양한 상품을 매출에 따른 수수료[35]로 수익을 얻는다. 사업을 하고 싶은 자는 이곳에 들어와서 스스로가 인테리어를 하고 상품을 채우고 판매를 한다. 하지만 샤넬의 경우 수수료도 29%를 적용받았으며 인테리어도 백화점 측에 요구하였다. 이는 본인들이 Key Tenant라는 인식이 있었기 때문이다.

부동산에도 MD가 존재한다. 부동산에서는 MD가 일반 유통업종에서의 MD와는 다르게 업종이나 브랜드보다는 임차인(tenant)의 유형에 따른 tenant mix가 더 의미가 있다. 임차인은 key tenant, sub tenant, small tenant로 분류할 수 있다. key tenant는 넓은 면적을 사용하며 오랜 기간 임차하고 시너지효과가 큰 주요임차인(anchor tenant)을 의미한다. sub tenant와 small tenant는 상대적으로 이러한 조건에서 열위에 있는 임차인을 말한다.

부동산 MD는 이러한 임차인들을 유치하는데 있어 적절하게 배분하는 역할을 수행한다. 왜냐하면 이들을 쓰는 면적과 계약기간을 유사하게 임차할 경우 급작스런 공실이 발생할 수 있기 때문이다. 따라서 사용하는 면적과 업체 수 그리고 계약기간을 적절하게 배분하여 부동산의 공실을 최소화하고 소유자의 수입을 최대화할 수 있다.

---

35) 롯데백화점의 경우 대개 매출의 31%가 수수료라고 한다.

[Tenant별 분류]

| 구분 | 면적비율 | 점포(업체) 수 | 계약기간 |
|---|---|---|---|
| Key Tenant | 20~30% | 1~2개 | 3~5년 |
| Sub Tenant | 50~60% | 4~5개 | 2~3년 |
| Small Tenant | 20~30% | 7~10개 | 2년 이하 |

## 4. 효용지수

상업용부동산의 가격을 결정할 때는 효용지수를 계산하여 활용해야 한다. 주거용부동산과는 다르게 상업용부동산은 층별, 위치별, 규모별, 업종별로 효용의 차이가 크다. 층별효용지수는 층별로 파악되는 효용의 비율을 의미하는데 1층을 100으로 잡을 때 2층은 일반적으로 45의 비중을 가진다고 한다. 즉 1층과 대비한 각층의 효용의 비율을 의미한다.

위치별 효용지수, 규모별 효용지수, 업종별 효용지수도 모두 특정 위치, 특정 규모, 특정 업종을 100으로 잡았을 때 비교 대상 부동산의 위치, 규모, 업종의 상대적인 비중을 이른다.

다음은 일본 상업용 빌딩의 업종별, 규모별 효용지수를 표시한 것이다. 판매시설의 경우 3~5평을 100으로 식당가는 10~20평을 100으로 잡았다. 이는 업종별로 기본적인 규모가 차이가 나기 때문이다.

롯데백화점 본점의 경우 샤넬이 차지하고 있던 위치는 1층 화장품 매장의 가장 우월적 위치로 규모가 115㎡(舊35평)에 이르렀다. 샤넬이 철수한 후 이 위치는 아모레퍼시픽의 설화수(63㎡, 구19평), 헤라(26㎡, 구8평), 미국의 색조브랜드인 캐빈어코인(26㎡, 8평)이 입점했다. 이들 브랜드의 매출이 초기에는 샤넬이 같은 면적에서 올렸던 매출보다 무려 3배가 많은 액수를 기록하였다.

이는 고객의 다양한 욕구변화와 함께 규모별 효용지수의 차이를 반영한다고 볼 수 있다. 예전에 샤넬이 사용하였던 면적은 효용의 측면에서는 한 제품이 차지하기에는 너무 컸으며 이를 3개로 나누었을 때 오히려 매출이 증가함을 볼 수 있게 된다. 따라서 상업용부동산은 이러한 효용지수의 비율을 파악하고 있어야 하며 트렌드의 변화에 따라 적절히 조정할 수 있는 능력이 요구된다.

[규모별 효용지수]

| 구분 | 등급 | | 적용지수 |
|---|---|---|---|
| 판매시설 | A등급 | 3평 미만 | 1.2 |
| | B등급 | 3~5평 | 1.0 |
| | C등급 | 5~7평 | 0.8 |
| | D등급 | 7평이상 | 0.6 |
| 식당가 | A등급 | 10평 미만 | 1.2 |
| | B등급 | 10~20평 | 1.0 |
| | C등급 | 20평 이상 | 0.8 |

# 제7장

# 부동산 특수마케팅

REAL ESTATE

MARKETING

# 제7장 부동산 특수마케팅

## 1. 리모델링 마케팅

### (1) 리모델링 시장의 현황과 전망[1)]

낡은 건물을 새 것으로 바꾸는 리모델링이 소비자들의 큰 관심을 끌며 부동산 산업의 신규 사업 분야로 부상하고 있다. 특히 주거 및 산업 활동에 필요한 건축물 재고의 축적으로 향후 신축 부동산 수요가 둔화될 전망이고 이는 신축수요에 기반 하였던 부동산 산업의 양적 성장에 일정한 제약을 가할 것으로 보인다. 따라서 신축 부동산시장을 대체하는 새로운 시장, 즉 건축물을 유지 및 개・보수하는 리모델링 분야가 빠르게 성장할 것이라는 예측이 점차 힘을 얻고 있다. 이에 따라 그간 신축활동에 전념해오던 대형건설업체들도 리모델링이라는 새로운 시장에 눈을 돌리고 있으며 정부 또한 부동산 시장 불안의 주범인 재건축을 억제하기 위해 리모델링 사업의 활성화를 위한 각종 제도 개선에 적극적으로 나서고 있다.

리모델링이란 신축에 대비되는 개념으로 기존 건축물의 기본 골조를 유지하면서 건물의 노후화를 억제하거나, 그 기능을 향상시켜 건축물의 물리적・사회적 수명을 연장하는 일체의 활동 영역으로 이해할 수 있다.

---

1) 배재성, 유망산업으로 부상하는 건축물 리모델링, LG주간경제, 2000. 6. 3, 김성식, 아파트 리모델링 시장 전망과 과제, LG주간경제, 2002. 8.21을 참조하였음

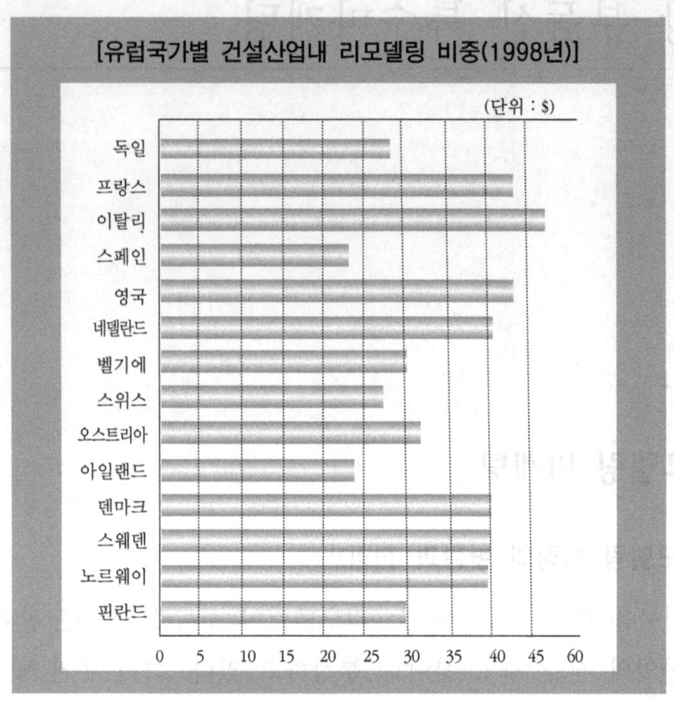


리모델링은 크게 유지, 보수 및 개수라는 세 가지 영역으로 구분할 수 있는데, 이중 유지는 각종 시설 점검 및 관리를 통해 건축물의 기능저하를 늦추는 활동을 의미한다. 보수는 수리·수선 활동을 통해 진부화된 건축물의 기능을 준공시점의 수준까지 회복시키는 활동이며, 개수는 건축물에 새로운 기능을 부가함으로써 건축물의 기능을 고도화하는 것을 말한다. 기존 건축물의 증·개축이나 대수선 활동 등이 개수에 포함된다.

우리나라보다 산업화가 앞선 서구 선진국의 경우 리모델링 시장은 이미 전체 건축시장의 30% 이상을 차지할 정도로 성장해 있다. 기존 건축물의 누적과 경제발전 속도의 둔화에 따른 신축 수요의 위축 등으로 리모델링이 선호되고 있다.

우리나라에서는 1997년 외환위기로 신축수요가 크게 위축된 이후 리모델링에 대한 관심이 점차 높아지고 있다. 특히 노후 건축물이라는 목표 시장이 증가하고 저비용 · 고효율이라는 사회 · 경제적인 니즈 변화가 가속화되면서 리모델링 시장이 보다 구체적으로 형성되고 있다.

먼저 우리나라는 지난 60년대 이후 개발붐을 타고 신축된 건축물의 상당부분이 리모델링을 해야 할 시점에 와 있다. 통계청의 건축허가면적 추이에 따르면 신축 후 20년 이상 된 건축물이 약 3,500만 평, 15~19년 된 건축물이 약 4,700만 평 정도로 전체 재고 건축물의 약 25%를 차지하고 있다.

선진 외국의 경우 리모델링의 주 영업대상이 15~20년 이상 된 건축물임을 감안하면 잠재수요가 매우 크다는 것을 알 수 있다. 특히 노후 아파트의 경우 최근까지 시세 차익을 노린 재건축이 선호되고 있으나, 각종 부담금으로 인해 10층 이상의 고층 아파트는 재건축의 경제적 유인이 낮아 고층아파트를 대상으로 하는 리모델링 사업은 점차 증가할 전망이다.

또한 건축물에 대한 사회적 요구 기능이 다양해지면서 리모델링 수요가 증가하고 있다. 정보화의 진전, 공간 활용 욕구의 증대, 건축물 이용자의 개성화 · 다양화로 건축물의 IBS(Intelligent Building System)화는 물론 건물의 증 · 개축 및 용도 변환 등의 니즈가 증대하고 있는 것이다. 아울러 기후변화협약 등 에너지와 환경에 대한 문제가 최근 주요 이슈로 부각되면서 기존 건축물을 에너지 절약 · 환경친화적 건축물로 전환하려는 움직임도 늘어나고 있다.

이외에도 고령자 증가에 따라 계단 손잡이, 승강기 등 고령자 편의시설의 설치 요청이 늘어나고, 상가 등 건물 이미지가 집객력과 직접적으로 관련이 있는 건축물을 중심으로 리모델링 요구가 더욱 증가할 것으로 전망된다.

[우리나라 아파트 리모델링 시장 성장단계별특징]

| | 태동기 | 인식확산기 | 형성기 | 성장기 | 성숙기 |
|---|---|---|---|---|---|
| | ~2000 | 2001~2006 | 2006~2010 | 2011~2016 | 2016~2020 |
| 리모델링의 위상 | -신축 주도 | -신축·재건축 주도<br>-리모델링 시범사업 | -신축·재건축 문화<br>-리모델링 수요 가시화 | -신축·재건축 위축<br>-리모델링 급성장 | -리모델링 주도 |
| 리모델링의 규모 | | 6조5,300억 원 | 14조7,188억 원 | 44조2,628억 원 | 60조5,016억 원 |
| 목표시장 | | -시범사업<br>-일부 고층 노후아파트 | -1980년대 중층아파트 | -주책 200만호 계획 이후 아파트<br>-지방 대도시 아파트 | -모든 고층·노후 아파트<br>-특히 1990년대 수반 이후 초고층 아파트 |

### (2) 리모델링 사업의 특성[2)]

#### ① 사업 규모는 소규모이나 편차 심함

리모델링 공사의 단위 물량 규모는 소규모이지만 그 편차가 매우 심한 특징을 보인다. 리모델링 수주 공사의 편차가 크다는 것은 근본적으로 리모델링 사업의 종류 또는 특징에 따라 매우 다양하게 발생한다는 것을 의미한다.

#### ② 수익성 확보와 경영의 안정성에 긍정적 효과 제공

리모델링 공사는 회사의 매출 규모를 확대하는 데는 별 도움을 주지 않지만 수익성을 높이고 자금흐름 측면에서 경영의 안정성을 제고하는 데는 효과적이다. 이런 측면에서 리모델링을 중심으로 사업을 영위하려는 업체들은 회사의 외형적 매출 규모 확대보다는 경영의 안정성을 중시하는 경향을 보인다.

#### ③ 민간 상업용 건물이 주된 시장

리모델링 수주 분야는 대체로 민간분야의 상업용 건물이 주류를 이루

2) '윤영선, 중소 건설업체의 건축물 리모델링시장 진출방안과 제도개선 과제, 한국건설산업연구원, 2006.12' 를 발췌 요약하였음.

고 있다. 상업용 건물은 단위 개수가 많아 리모델링의 잠재적 수요가 풍부하다. 리모델링 사업을 추진하는 업체들은 거의 대부분 상업용 건물을 중점 영업대상으로 하고 있다. 이에 비하여 특정 유형의 건물에 특화하여 리모델링 사업을 추진하는 경우는 쉽게 발견하기 어렵다. 이는 리모델링 시장이 아직은 초기 형성단계에 있는데다 전문화를 통한 사업 추진에 익숙하지 않다는 점이 복합적으로 작용한 결과로 판단된다.

**④ 지인을 통한 소개방식의 수주에 의존**

리모델링 수주는 여전히 지인 등을 통한 소개가 주류를 이루고 있다. 이는 대부분의 리모델링 공사가 소규모이며 업체의 체계적인 수주 영업 전략이 확립되어 있지 않음을 보여준다.

**⑤ 발주 유형은 사업제안 빙식이 주류**

민간부문의 리모델링 수주는 주로 소개에 의한 지명경쟁을 통하여 이루어지는데 구체적으로 가격경쟁입찰방식과 사업제안방식 중 한 가지로 추진된다. 이 중 사업제안 방식이 보다 많이 활용되고 있는 편이다.

**⑥ 사업제안능력이 수주의 핵심 관건**

리모델링 수주가 주로 사업제안방식의 경쟁을 통하여 이루어지므로 사업제안 능력이 수주의 핵심적 관건이 되고 있다. 즉, 발주자의 요구 조건을 잘 반영하고 설득할 수 있는 사업제안서 작성 능력이 수주의 열쇠가 되는 경우가 많다.

**⑦ 종합적 엔지니어링 능력이 핵심경쟁력**

리모델링 수주에 있어서 사업제안 능력이 중요하다는 것은 이를 뒷받침할 수 있는 핵심 경쟁력을 보유해야 한다는 것을 의미한다. 리모델링 사업에서 요구되는 핵심 경쟁력은 종합적인 엔지니어링 능력이다. 리모델링은 비록 기존 건물을 대상으로 하는 소규모 사업이지만 기술적인 측면에서 풍부한 경험과 기술적 노하우를 필요로 하는 사업이다.

**⑧ 리스크 요인 및 능력부족으로 자체개발사업 추진업체는 제한적**

도급방식 이외에 자체 개발방식으로 리모델링 사업을 추진하는 업체는 아직 많은 편이 아니다. 여전히 많은 업체들이 도급형 사업에 주력하는 경향을 보이는데 이는 개발형 사업에서 직면할 수 있는 리스크를 줄이려는 경향 때문이다. 그러나 다른 한편으로 개발형 사업 추진을 기피하는 것은 중소업체 스스로 리모델링 사업에 대한 적극적인 사업 분석과 추진능력을 아직 확보하고 있지 못한 것으로도 해석된다.

### (3) 리모델링 마케팅전략

리모델링 시장은 도입기 시장으로서의 특징을 보인다. 따라서 경쟁업자들은 중요하지 않을 수 있다. 물론 시장에는 많은 잠재 경쟁업자가 존재한다고 하더라도 유력한 경쟁업자는 없기 때문에 경쟁전략 수립의 중요성은 떨어진다. 전반적인 전략은 시장 확보에 초점을 맞추어야 하며 적자상태를 당분간 감수해야 하는 수도 있다. 유통경로는 선택적으로 사용하며 초기 수용층(early adaptor)을 목표로 한 마케팅 전략 수행이 필요하다. 홍보 전략으로는 정부정책에 대한 홍보 전략을 업계차원에서 추진하는 것이 시장 저변확대에 필수적이라고 볼 수 있다.

도입기 시장은 고가위주의 전략을 추진하는 것이 일반적이나 리모델링의 경우는 도입기 상품이면서 저가격위주의 원가전략을 수행해야 한다. 한 설문조사에 의하면 리모델링을 추진하는 목적으로는 '주민부담금절감'이 가장 높게 나온데 반해 재건축은 '사업 후 개발이익'이 주목적으로 나타났다. 이 조사에 의하면 리모델링 사업의 시행 여부에 있어 비용절감이 상당히 중요한 비중을 차지한다는 것을 알 수 있다. 가격위주의 리모델링업체 선정은 재건축과 경쟁관계에 있는 리모델링 시장의 포지셔닝

**[리모델링 추진목적][3)]**

| 선호도 | 재건축 | 리모델링 |
|---|---|---|
| 1순위 | 사업 후 개발이익(30%) | 주민부담금 절감(16%) |
| 2순위 | 원하는 평면 형태(11%) | 단지의 환경 보존(9%) |
| 3순위 | 주차 및 단지(9%) | 대형 평형 확보(5%) |

(positioning)을 더욱 어렵게 만드는 요인으로 작용하여 업체들의 창의력을 빼앗기도 한다. 하지만 이러한 시장 특성을 감안하여 원가절감에 노력하는 것이 성공적인 사업수행에 절대적인 요소가 된다.

리모델링 사업에 있어 가격위주의 전략이 정착된 원인은 정보부족에 기인하는 경우도 있다. 건물 소유자들은 리모델링과 관련된 전문지식이나 사업자에 대한 신뢰성 있는 정보를 거의 보유하고 있지 않다. 이러한 상황 하에서는 분쟁발생 가능성을 사전에 대비해야 하는데 따라서 제안입찰방식에 따른 종합기획력을 보유하고 사전마케팅을 통해 발주자의 신뢰를 끌어낼 수 있는 방안이 중요하게 대두된다.

부동산은 서비스 산업이다. 리모델링의 경우는 신축에 비해 더욱 서비스 마케팅적 요소가 크다. 서비스는 무형성, 비분리성, 소멸성, 변동성 등의 요소가 특징이다. 이러한 서비스적 요소에 대응하는 마케팅 방법으로는 비주얼한 소프트웨어를 활용하여 리모델링 후의 조감도를 보여주는 방식 등으로 최대한 시각화시켜야 하며, 서비스가 제품과 분리되지 않는 성향은 서비스의 접점, 즉 고객과 만나는 MOT(moment of truth)를 적절히 관리하는 전략이 필요하다. 그리고 서비스가 곧 소멸되며 그 질이 변동 가능한 점은 직원교육의 강화를 통해 서비스를 매뉴얼(manual)화하여 해결할 수 있을 것이다.

---

3) 이정복, 공동주택 리모델링에 관한 포지셔닝 및 건설사업관리 적용방안, 2005.12

리모델링 수요는 잠재된 수요로서 공급자가 발굴해야 하는 경우가 많다. 필요하면 수요에 대응하는 방식이 아닌 욕망을 창출해야 하는 경우도 발생한다. 이러한 리모델링 수요에 대응하기 위해서는 턴키베이스 형식의 사업제안형 수주전략이 필요하다. 고객이 자신의 욕구를 파악하지 못할 경우 수동적인 자세보다는 능동적으로 패키지형 상품을 제공해야 하기 때문이다. 잠재된 시장은 시장 세분화도 어렵게 만든다. 현재는 리모델링시장에서 활동하는 업체들이 이러한 시장 세분화에 대한 의지가 높지 않으나 장기적으로는 전문성 확보 측면에서 초기에는 공급자 위주의 시장세분화 전략이 필요할 것이다. 이러한 시장 세분화 전략은 특히 회사가 자원을 많이 확보하고 있지 않은 중소 건설업체들에게 더욱 절실할 것이다.

리모델링의 수요는 여러 속성을 가지고 있다. 따라서 리모델링 사업을 수행하기로 결정하기까지 복잡한 경로를 밟을 가능성이 높다. 리모델링의 의사결정변수를 크게 △물리적 요소 △사회 물리적 요소 △입지적 특성 △경제적 특성으로 나눌 수 있는데 물리적 요소에는 주택의 규모, 실내인테리어수준, 건축물의 노후도, 단지 내 녹지 및 조경 상황 등을 들 수 있다. 사회 물리적 요소로는 도로 교통 소음, 외부인으로 부터 사생활 보호 정도가 포함되며 입지적 특성은 편익시설 이용의 편리성을 의미한다. 경제적 특성은 주택의 현 시장가치, 매매의 용이성을 들 수 있다.[4]

[서울 방배동 궁전아파트 리모델링 전(아래) 후]

[리모델링 의사결정의 주요변수]

| 대분류 | 소분류 |
|---|---|
| 물리적 요소 | 주택의 규모(평) |
| | 실내인테리어수준 |
| | 건축물의 노후도 |
| | 단지내 녹지 및 조경 |
| 사회, 물리적 요소 | 도로교통소음 및 기타 |
| | 외부인으로부터 사생활보호 |
| 입지적 특성 | 편익시설이용의 편리성 |
| 경제적 특성 | 주택의 현시장가치 |
| | 매매의 용이성 |

또한 리모델링은 유통경로를 설정하는데 어려움을 겪는다. 상품과 고객이 명확해야 다음 단계로 유통경로를 설정할 수 있으나 리모델링 사업의 경우 상품도 맞춤식이며 고객은 잠재되어 있는 경우가 많아 유통경로 설정이 원천적으로 어렵다. G건설의 경우 리모델링 사업을 검토하는 초기 단계에서 리모델링 프랜차이즈 사업[5]을 유통경로 확장차원에서 검토하였던 이유도 리모델링 사업이 가진 마케팅믹스 차원의 특징으로 인해 유통경로 확보가 쉽지 않을 것이라는 인식 때문이었다.

리모델링 시장은 범위는 넓고 다양하다. 즉 단위공사 규모는 작으나 발생건수는 많은 특징을 가지고 있다. 이는 국내 건축물에서 5백 제곱미터 이하의 소형 건축물이 차지하는 비중이 90%로 압도적인데 기인하는 점이 크다. 따라서 마케팅전략은 다품종 소량생산체제로의 전환이 필요하다. 이러한 다품종 소량생산체제는 리모델링 수요에 대한 대응차원에서는 바람직한 것으로 여겨지나 문제는 이러한 상품은 전반적인 서민경

4) 윤여완 외, 사용자 요구분석을 통한 리모델링방법 선정에 관한 연구, 한국건축시공학회, 2004. 6

5) 리모델링 프랜차이즈 사업에 대한 고민은 궁극적으로 리모델링이 수주형 산업인가 상품형 시장인가에 대한 고민이라고도 할 수 있다.

제의 경기상황과 밀접하게 연관 되어 있어 조금만 경기가 어려워지면 불요불급하지 않은 지출을 줄이는 특성으로 인해 경기변동에 따라 사업이 심각한 어려움에 처할 수 있다. 따라서 투자형[6] 리모델링 사업을 적극적으로 발굴하는 대안을 마련할 필요가 있다. 자금이 선 투입되는 부담은 있지만 아이디어만 있으면 경기변동에도 꾸준한 물량확보가 가능하며 상당한 수준의 초과 수익도 기대할 수 있기 때문이다.

리모델링 사업의 수주는 여전히 지인 등을 통한 소개가 주류를 이룬다. 그리고 다양한 마케팅 전략을 수행한 업체의 경험으로도 소개 이외에 홍보 전략은 효과가 높지 않은 것으로 나타난다. 따라서 리모델링 사업에 있어 입소문마케팅(buzz marketing)[7]의 중요성이 크다고 볼 수 있다.

이러한 소개를 통한 수주를 탈피하기 위해서는 체계적인 영업활동과 마케팅 시스템 구축이 필요하다. 이를 위해 마케팅 채널을 다양화시키는 노력이 요구되는데 홈페이지를 통한 수주 다변화와 함께 박람회 등의 이벤트를 적극적으로 활용하는 자세가 도움이 될 수 있다.

리모델링 수주는 소개에 의한 지명경쟁으로 이루어진다. 구체적으로는 가격경쟁입찰방식과 사업제안방식으로 분류되는데 사업제안능력이 수주의 핵심적 관건이 된다. 일반적으로 발주자는 리모델링 추진의 방향설정과 사업타당성 분석까지를 요구하는 경우가 많다. 따라서 사전마케팅(pre-marketing) 활동이 중요하며 종합적인 엔지니어링 능력이 수주의 핵

---

6) 용도변경형 또는 개발형이라고도 한다. 예를 들면 낡은 상가를 매입하여 리모델링 후 임차인을 교체하여 건물의 가치를 높인 후 되파는 또는 지분매각하는 사업형태를 말한다.

7) 입소문마케팅이란 소비자들이 자발적으로 메시지를 전달하게 하여 상품에 대한 긍정적인 입소문을 내게 하는 마케팅기법이다. 꿀벌이 윙윙거리는(buzz) 것처럼 소비자들이 상품에 대해 말하는 것을 마케팅으로 삼는 것으로, 입소문마케팅 또는 구전마케팅(word of mouth)이라고도 한다.
모양이나 기능이 뛰어나고 편리하게 사용할 수 있으며 효율성과 가격 면에서도 앞서는 상품, 사람들의 눈에 잘 띄는 상품이 주요 대상이 되는데, 예를 들면 폴크스바겐의 딱정벌레차와 비아그라·해리포터 시리즈 등이 대표적인 성공사례이다.
매스미디어를 통한 마케팅기법에 비해 비용이 저렴하며 기존의 채널로는 도달하기 어려운 소비자에게 접근할 수 있다. 그러나 여론 형성에 주도적인 역할을 하는 사람을 찾아내 적극적으로 활용해야 하며, 공급을 제한하고, 커뮤니티를 잘 활용해야 한다. 또한 일정한 궤도에 오르면 광고와 매스미디어를 활용하고, 입소문은 부정적인 면도 갖추고 있으므로 만약의 사태에 항상 대비하는 자세가 필요하다.

심 관건으로 등장한다.

마지막으로 리모델링 사업은 하자보수와 분쟁해결을 위한 합리적인 장치가 마련되어야 한다. 즉 사후서비스(after service)가 중요하게 작용한다. 이를 위해 사전조사와 진단을 철저히 하여 불확실한 요인을 사전에 제거하려는 노력이 선행되어야 한다. 이와 함께 계약을 철저히 하고, 시공보증 등의 행위를 통해 고객의 불안요소를 해소하며 사후 적극적 서비스를 통해 고객과의 관계정립에 노력해야 한다. 가장 중요한 점은 하자가 아닌 하자까지 책임지게 되는 사태를 미연에 방지하기 위해 적극적인 커뮤니케이션이 필요하다는 점이다.

## 2. DB마케팅

DB마케팅이란 데이터베이스에 축적한 고객의 속성이나 거래에 관한 정보를 활용하여 고객 유형별로 니즈(needs)를 파악하고 이에 적합한 메시지를 효과적으로 전달함으로써 고객과의 관계 구축을 통해 마케팅 효율을 극대화하고자 하는 마케팅 기법이다. 불특정 다수에 대한 Mass Marketing에서 최근 DB마케팅이 주목받고 있는 이유로는 정보기술의 발달, 대중매체의 효율성에 대한 의심과 소비자들의 라이프스타일의 변화에 따른 소비환경의 변화가 그 주요 요인이다.

이러한 DB마케팅 기법이 전 산업 분야로 급속히 확산되고 있음에도 불구하고 유독 부동산업계에서의 활용은 거의 이루어지지 않고 있다. 이는 대다수의 부동산업체들이 기존의 영업방식을 고수하고 있는 보수적인 경영방식과 DB마케팅을 추진하기 위한 정보 인프라 구축이 미흡하기 때문인 것으로 파악된다.

그러나 부동산 시장이 수주 위주의 단발적 영업시장에서 고객과의 긴밀한 관계를 통해 분양상품을 판매해야 하는 지속형 마케팅 시장으로 급속하게 변화하고 있기 때문에 향후 기존 또는 잠재 고객을 대상으로 한 DB마케팅은 부동산 상품 판매에 지대한 영향을 미칠 것으로 예상된다.

D건설 주택사업 관련 부서 직원들이 사업성을 검토하거나 마케팅 전략을 세울 때 가장 먼저 찾는 곳은 주택CS팀의 통계담당자이다. 주택사업 관련 통계를 관리하고 있는 담당자를 통하면 사업지가 위치한 지역 인구·연령 특성, 과거 분양실적, 선호 평면 등 다양한 통계를 얻을 수 있어 관련 부서들은 이를 활용해 전략을 세운다. D건설 에서는 10년 전부터 아파트 계약자 관련 사항을 데이터베이스(DB)로 관리해 왔다. 이 DB에 들어 있는 계약자 수만 10만 명이 넘는다고 한다. 이 밖에도 D건설은 통계청에서 발표하는 인구통계자료나 소득자료 등도 이용하고 있으며 사업지에 따라 개별적으로 설문조사를 하기도 한다. 회사에 축적된 풍부한 통계자료들은 사업성 검토, 마케팅 전략 수립, 아파트 평면설계 등에 다양하게 이용되며 의사결정의 중요한 기초 자료가 될 수 있다.

아파트 사업지가 물색되면 관련 부서는 그 지역 인구통계, 소득통계, 산업통계, 주택통계 등을 활용해 이른 시간에 분양이 완료될 수 있는지 검토한다. 통계에 의하면 경험상으로 기존 전통 도시보다는 성장세를 보이고 있는 산업도시 등이 아파트 분양에 유리하며 주택공급 상황 등도 주요한 검토 요소가 된다고 한다.

아파트 사업 참여가 결정되면 과거 그 지역 계약자 성향, 인구 구성 등을 활용해 마케팅 전략을 세운다. 예를 들어 과거 주요 계약 연령층을 파악해 공략 대상으로 찾는 데 활용하고 계약자들의 지역적 범위를 통계로 분석해 마케팅 활동 범위를 잡는 식이다. 분양 안내 전단지를 어느 지역까지 배포해야 하는지도 담당자로서는 고민되는 결정 사항인데 이때 과거 계약자들의 거주 지역이 요긴하게 사용될 수 있다. 평면을 구성하는 데도 통계가 활용된다. D건설은 이 밖에 품질 만족도 조사, 모니터링 등에서 수집된 내용을 차곡차곡 쌓아놓고 적절하게 이용하고 있다.

주택상품은 대표적인 고관여 상품이다. 즉 고객이 주택을 구입하고 구매결과를 평가하는 단계보다는 문제인식과 정보탐색 및 대안을 평가하는 단계에 많은 시간과 노력을 투입하게 된다. 이러한 탐색단계에 상당한 비중이 주어지기 때문에 주택상품에 대한 정보욕구는 증대되며 주택 건설업체 입장에서는 고객에게 적절한 정보를 적절한 시점에서 적절한 방법으로 제공해야 하는 필요성에 직면하게 된다.

따라서 보다 효율적인 주택마케팅 전략의 실행을 위해서는 마케팅정보시스템(Marketing Information System)[8]의 활용이 필요하며 다양한 소프트웨어 프로그램과 관련 데이터를 통합적으로 운용할 수 있는 주택상품의 DB마케팅 시스템의 도입이 필요하게 된다.

### (1) 주택상품의 DB마케팅 시스템

주택상품의 DB마케팅시스템을 도입하기 위해서는 먼저 데이터베이스의 항목이 파악되어야 하며 그 후 관련 데이터베이스 항목을 어떻게 구축, 활용할 것인지가 순차적으로 고려되어야 한다.

먼저 DB마케팅을 위해 필요한 데이터베이스를 구축하기 위해서는 주택을 구입한 고객이 어떠한 정보를 통해 주택상품을 구입하였는지를 파악하여야 한다.

주택구입 의도가 투자(투기) 위주에서 사용(생활) 위주로 변화하면서 주택상품의 편리성, 안정성, 프라이버시, 쾌적성을 추구하는 경향으로 변하였다. 따라서 주택의 입지조건, 주변 환경, 옥외기반시설, 내부설비 및 공간배치 등에 중요성이 부가되고 있다.

---

8) 마케팅정보시스템이란 경영정보시스템(Management Information System)의 하위시스템으로서 마케팅경영자가 마케팅관리를 보다 효율적으로 수행하기 위해 의사결정시 사용할 수 있는 관련되고 정확한 정보를 적시에 수집, 분류, 분석, 평가, 그리고 배분하도록 기획, 설계된 지속적이며 상호 작용을 하는 사람, 관련 설비, 및 제반절차로 구성되어 있는 미래 지향적인 구조를 말한다.

[주택상품 구입 시 고려사항]

| 조사 | 실시(게재)기관 | 주택포럼 | | 주택금융 | | | |
|---|---|---|---|---|---|---|---|
| | 대상 | 전문가 90명 | | 총2,000가구 | | 지역거주 528가구 | |
| | 연월 | 1997. 9 | | 1998. 3 | | 1998. 9 | |
| | | 고려사항 | % | 고려사항 | % | 고려사항 | % |
| | 1 순위 | 주변환경 | 46.3 | 주변환경 | 37.6 | 녹지공간 | 24.0 |
| | 2 순위 | 교통 | 35.2 | 교육여건 | 22.4 | 교통여건 | 19.2 |
| | 3 순위 | 각실의 배치 | 7.4 | 생활편익 시설 | 12.2 | 교육환경 | 13.6 |
| | 4 순위 | 외관 | 5.6 | 교통여건 | 11.0 | 공공편익 시설 | 12.0 |
| | 5 순위 | 주택평면 | 3.7 | 주택구조 | 7.5 | 주택가격 | 7.9 |

이러한 주택구입 시 고려사항을 적용하면 주택상품의 DB마케팅을 위해 필요한 데이터베이스로는 인구통계적 데이터, 지리적데이터 그리고 인문사회적 데이터로 나눌 수 있다. DB마케팅에 필요한 데이터베이스는 지속적으로 분석, 갱신, 확장되어야 하기 때문에 다양한 데이터베이스를 기반으로 상시적으로 검증할 필요가 있기 때문에 3가지 데이터가 모두 필요하다.

인구통계적 데이터로는 주택구입의 절대 고려사항인 소득수준과 가족수가 가장 중요한 구축데이터이며, 지리적 데이터로는 거주형태와 거주지 그리고 규모 등을 구축하여야 한다. 인문사회적 데이터로는 청약예정평수와 주택구입자금 조달방법 등 금융적 요소와 함께 주택보급률 등 사회적 요인도 고려되어야 할 것이다.

[주택 DB마케팅 필요 데이터]

| 순위 | 인구통계적 데이터 | 지리적 데이터 | 인문사회적 데이터 |
|---|---|---|---|
| 1순위 | 소득수준 | 거주형태 | 청약예정평수 |
| 2순위 | 가족수 | 거주평수 | 주택구입자금 조달방법 |
| 3순위 | 성명 | 거주지 | 주택보급률 |
| 4순위 | 주소 | 현 거주형태 | 청약예정지역 |
| 5순위 | 연령 | 소유형태 | 청약예정시기 |

이렇게 구축된 데이터베이스를 DB시스템으로 활용하기 위해서는 4가지 단계가 적용되어야 한다.

첫째, 이 데이터베이스가 특정 주택상품의 분양을 위한 목적인지 아니면 회사의 홍보를 위한 목적인지에 대한 구체적인 전략이 수립되어야 한다.

둘째, 그 전략적 방향에 부합할 수 있는 DB의 설계가 수반되어야 한다. 즉, 분양이나 홍보에 가장 높은 반응을 보일 대상별로 고객의 순위를 나누어 그 충성도를 분류할 필요가 있다.

셋째, 이를 활용하기 위한 마케팅 프로그램이 개발되어야 한다. 이를 위해서는 정보시스템의 구축과 활용이 전제되어야 한다.

넷째, 지속적인 데이터베이스를 구축하고 갱신할 수 있는 시스템의 구축도 고려되어야 한다.

그러나 주택상품에 DB마케팅을 적용하기 위해 초기에는 분양사무소를 방문하는 고객에 대한 데이터베이스 구축과 광고매체나 이벤트의 성과를 측정, 분석하는 작업부터 시작하는 것이 적절할 것이다. 즉, 데이터베이스를 쉽게 축적하고 분양사무소 운영예산의 많은 부분을 차지하는 홍보비의 적절한 집행에 도움이 되는 현실적인 작업부터 진행할 필요가 있다.

분양사무소를 방문하는 고객에 대한 데이터베이스를 구축하기 위해서는 당사자를 대상으로 설문조사를 시행하는 것이 바람직하며 설문의 항목으로는 방문동기, 계약한 이유, 상품 선호도 등이 포함되어야 한다.

광고비의 집행결과를 분석하여 성과를 측정하기 위해서는 전단, 신문광고, 버스광고, 현수막, 전광판 등 다양한 매체에 집행한 광고액수에 따른 고객의 반응을 데이터베이스화하여 향후 광고 집행의 유용한 참고자료로 활용할 수 있을 것이다.

이렇게 수집된 고객정보를 분양사무소별로 집계하여 축적할 수 있는 방안이 마련되어야 하며 인터넷 환경의 발달로 웹상에서 관련 DB프로그램을 구축하여 실시간으로 고객의 정보가 집결, 공유될 수 있는 환경이 조성되어야 한다.

DB마케팅에서 가장 유념해야 하는 사항은 가망고객을 어떻게 발굴하느냐이다. 기존 고객들에 대한 관리는 다양한 소프트웨어들이 출시되어 있으며 자체적인 노력으로도 충분히 가능하나 손에 잡히지 않는 가망고객을 발굴하는 것은 건설업체들이 가지고 있는 고민 사항의 하나이다.

종래에는 마케팅을 위한 DM 발송은 매우 비효율적이며, 따라서 반응률도 매우 낮았다. 이는 기존 고객에 대해서는 데이터베이스가 구축되어 이를 바탕으로 기존 고객의 정보를 활용하여 적합한 DB 발송이 가능하지만, 기존 고객이 아닌 고객, 즉 잠재고객에 대해서는 아무런 DB가 구축되어 있지 않으므로 적합한 DM 발송이 어렵기 때문이다.

따라서 고객이 될 가능성이 거의 없는 아파트 거주자를 포함하여 다량의 DM을 발송하게 되므로, 마케팅 비용이 크게 늘어나게 되는 문제, DM에 대한 고객의 반응률이 낮아지는 문제가 발생하였다.

이러한 문제점을 해결하기 위하여 다량의 아파트 잠재 고객에 대하여 무작위적으로 DM을 발송하는 것이 아니라, 고객으로 유치할 가능성이 높은 잠재 고객을 추출하여 DM을 발송하여 마케팅 비용을 줄이고, 가능성이 높은 고객에게 집중적으로 마케팅을 실시하여 마케팅의 효과를 극대화해야 한다.

### (2) H건설의 DB마케팅 운용사례

- 목표 : 계량적 광고목표
- 수단 : DB마케팅회사 보유 DB활용
- 지역 : 대구 동구 수성동 경산지역 거주자
- 내용 : 37,763세대를 대상으로 예측 가능한 계량화 마케팅전략 수행
- 결과 : 주택상품 선호자 7,877세대의 8.6%인 677세대를 주택구매단계에 이르게 하는 만족한 결과 도출

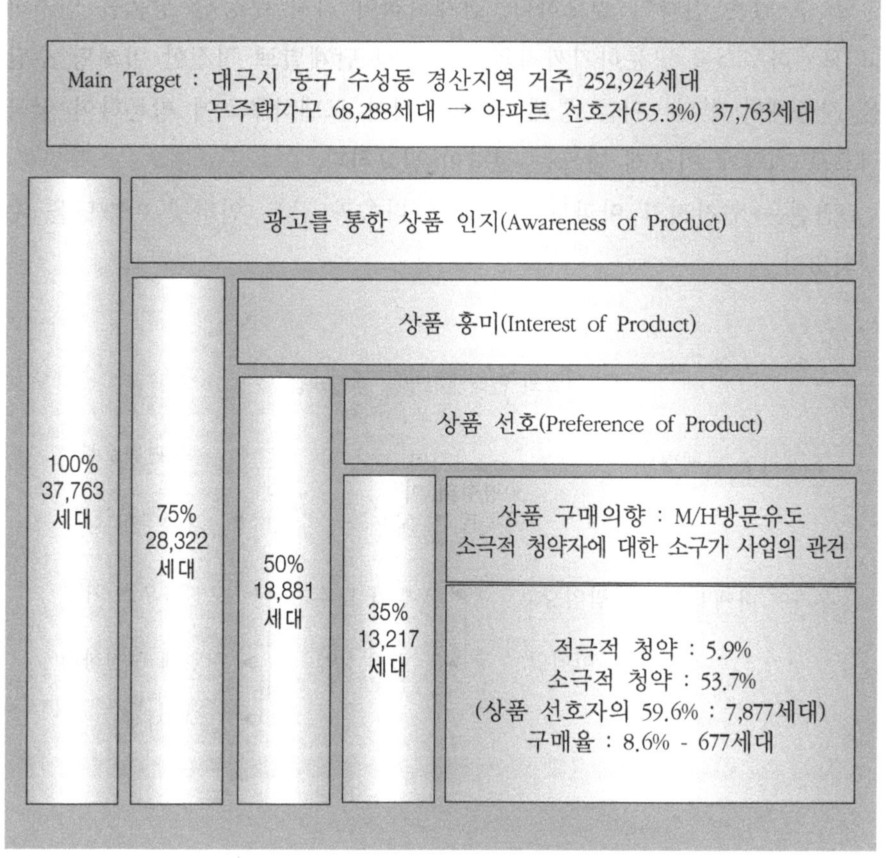

## 3. 인터넷마케팅

### (1) 인터넷마케팅

건설업계의 인터넷 마케팅은 부동산정보제공업체의 홈페이지에 배너나 팝업(pop-up) 광고를 게재하는 경우가 일반적이다. 하지만 이렇게 단순한 광고로는 소비자의 관심을 유도하기도 힘들뿐더러 분양에 기여하는 효과 또한 낮다.

인터넷을 활용한 마케팅을 수행할 때는 단계적으로 고객의 관심을 유발할 수 있는 전략이 필요하다. 잠재고객이 자사 부동산 상품을 인지하고 모델하우스를 방문하기까지의 과정에서 단계별로 적절한 마케팅 수단을 사용해야 한다. 이를 통해 잠재 고객이 모델하우스에 방문하여 궁극적으로 계약에 이르게 만드는 전략이 필요하다.

D건설은 인천지역 아파트 사업에서 다음과 같은 인터넷 마케팅을 수행하였다.

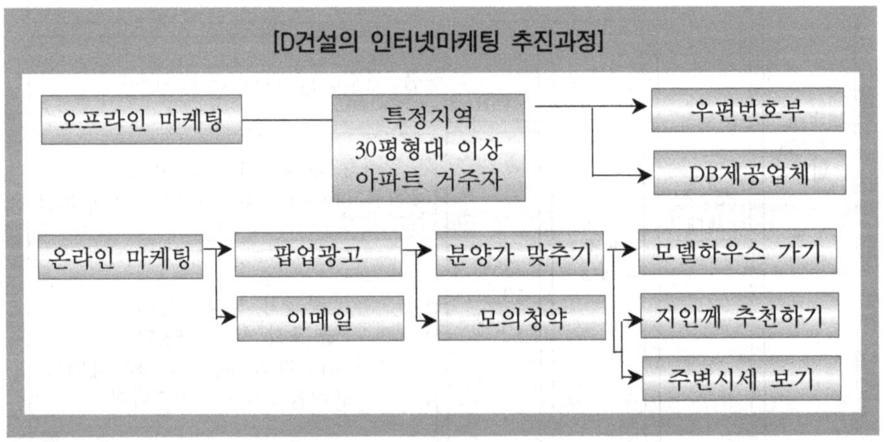


1단계는 팝업 광고나 이메일을 해당 부동산 상품에 대한 정보를 이벤트를 통해 간접적으로 제공하는 것으로 시작하였다. 분양가 알아맞히기,

사이버 모의청약 등의 이벤트를 통해 2단계로 잠재 고객의 참여를 유도하였다. 3단계 모델하우스 방문을 유도하기 위해 광고전단을 출력해 오면 경품을 제공하는 것과 같은 유인 수단을 인터넷을 통해 제공하였다.

이와 함께 주변 시세보기 정보를 추가하여 당 사업지가 가지는 장점을 충분히 부각시켰다. 이를 통해 이벤트에 참여한 잠재 고객의 5% 이상이 모델하우스를 방문하는 바람직한 결과가 도출되었다.

분양정보 수집 시 인터넷 매체별 만족도를 조사한 자료[9]에 의하면 일반포털사이트에 비해서는 부동산전문사이트가 우위에 있는 것으로 조사되었다. 즉 속보성과 유용성 그리고 신뢰성 측면에서 인터넷 매체 중에는 부동산전문사이트에 대한 매체력이 높게 나타났다.

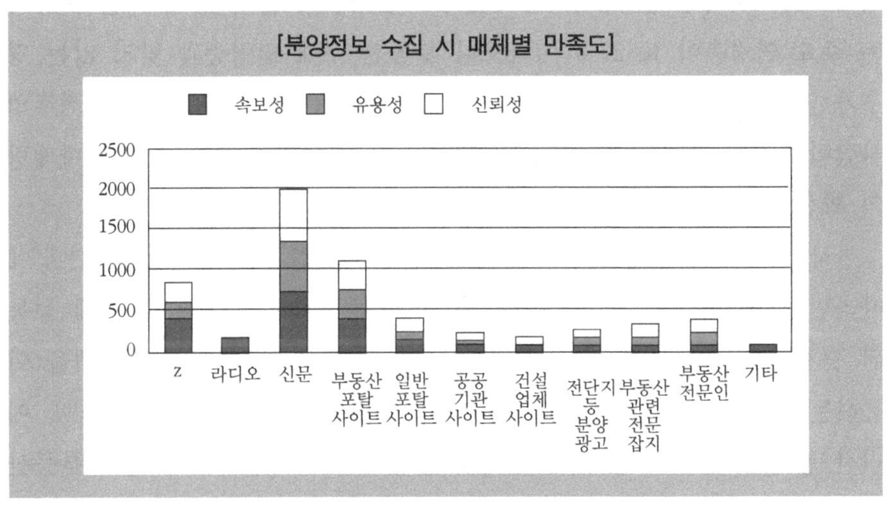


이를 다양한 변수로 비교하면 부동산전문사이트는 유효고객과 정보의 다양성이 높아 선호도가 지속적으로 증가하고 있음을 알 수 있다.

9) 부동산114의 2006년 하반기 판교세미나 참석자 중 1,513명을 대상으로 한 설문조사 결과임.

[매체별 비교분석]

| 구 분 | 부동산전문사이트 | 일반사이트 | 인쇄매체 |
|---|---|---|---|
| 광고가격(효과대비) | 낮음 | 높음 | 높음 |
| 소비자광고접근성 | 높음 | 높음 | 낮음 |
| 효과지속성 | 장기간 | 장기간 | 단기간 |
| 고객접근범위 | 유효고객 | 불특정 | 불특정 |
| 부동산정보다양성 | 높음 | 낮음 | 낮음 |
| 관련매체선호도추이 | 증가 | 증가 | 감소 |

### (2) 인터넷마케팅의 문제점

부동산마케팅에서의 인터넷 활용의 문제점으로는 첫째, 편중된 활용층의 문제를 지적할 수 있다. 인터넷의 도입기간이 짧고 현재 이를 사용하는 주요 연령층이 10~20대 이다보니 부동산 구매 연령층과 맞지 않는 경우가 많다. 또한 부동산 중개업의 경우 중개인은 대부분 40, 50대 전후의 사람이므로 인터넷을 배우고, 활용하는 것을 꺼리고 있어 인터넷마케팅의 확산을 어렵게 하고 있다.

한국부동산정보통신(www.krei.co.kr)에서 조사한 "인터넷 이용자현황"에 따라면 중개업협회 회원 45,104명 중 인터넷 접속 서비스업체 등에 등록된 숫자는 8,852명으로 전체 회원의 19.6%이며, 이중 실제로 인터넷을 이용하는 회원은 3,806명으로 전체의 8.4%에 불과한 것으로 나타났다[10]. 이러한 통계에서 알 수 있듯이 인터넷 활용에서의 사용자층과 실제 부동산 구매 연령층이 차이를 보이고 있으며, 부동산 중개업 종사자의 인터넷 활용도도 현저히 떨어져 마케팅 수행에 커다란 장애요인이 되고 있다.

두 번째는 개인정보 유출과 보안성의 문제이다. 인터넷 사용자의 익명성과 개방형 네트워크로 인해 개인의 신용정보의 보안문제가 제기된다. 웹 사이트를 활용할 때 구체적인 개인의 신상정보를 입력하여야 정보에

10) 정태량, 부동산인터넷마케팅의 활성화 방안 연구-미국 웹사이트를 중심으로, 고려대학교 경영대학원, 2001

접근할 수 있도록 하는데 이는 보안사고의 위험이 있으며 비밀번호의 유출 등 불안요인이 잠재되어 있다. 국내에도 전자상거래 기본법이 1999년 7월부터 시행되었으나 법적제도는 미약한 편이다.

세 번째로 웹 사이트의 내용적 측면이다. 현재 제공되는 부동산 정보는 백화점식이며 정보제공업체들 간에 큰 차이가 없다. 각 사이트가 가진 특징적 요소를 개발하여 정보이용자들이 시행착오 없이 사이트를 활용할 수 있어야 할 것이다.

### (3) 모바일마케팅

현대인에게 있어 휴대전화의 사용은 필수품이 되었다. 통신, 전자 기능과 함께 PC 기능까지 휴대전화에 들어오고 있다. 이제 휴대전화는 없어서는 안 되는 만능의 기기로 변해가고 있다.

휴대전화를 마케팅에 활용하는 방법은 마케팅 담당자들 사이에 꾸준히 제기되어 왔다. 이는 집이나 회사의 전화번호는 자주 바뀔 수 있지만 휴대전화번호를 바꾸는 사례는 거의 없으며 휴대전화는 직책의 높고 낮음에 상관없이 본인이 직접 받으므로 직접 마케팅의 수단으로 각광 받고 있기 때문이다.

부동산 상품에서도 휴대전화를 이용한 획기적인 분양 마케팅 사례가 생기고 있다. 현대산업개발은 아이파크 브랜드의 이미지 향상과 분양 촉진을 위해 모바일 경품 서비스 제공과 다양한 분양정보 제공으로 고객만족서비스를 강화하는 전략을 구현하였다.

2003년 5월에서 6월간 현대산업개발 아이파크 송도, 아이파크 포항창포2차 프로젝트에 모바일 분양마케팅전략을 수행하였다. 이 마케팅전략의 목표는 △광고에 노출된 잠재고객의 모델하우스 방문을 유도하고 △오프라인 광고와의 시너지 효과를 극대화하기 위해서였다.

1단계로 인천 지역에 거주하는 30~40대 이동통신 가입자를 대상으로 송도 아이파크 모델하우스 오픈 SMS(Short Message Service) 광고를 집행하였다. WAP(Wireless Application Provider) 페이지와의 연계를 통해 다양한 분양관련 정보를 제공하여 수도권 지역 평균 모델하우스 방문자수를 뛰어넘는 3만5천명의 방문자를 유치하였다.

2단계로 모델하우스 방문고객 및 전화문의 고객 등 청약예상자의 데이터를 추출하여 청약방법 및 일정을 알려주는 SMS 광고를 집행하여 실제로 모델하우스 전화가 폭주하는 결과를 도출하였다. 3단계로 당첨자 안내 및 계약자에 대한 계약 정보를 제공하는 SMS 광고를 집행하여 가망고객을 계약자로 유치하는데 성공하였다.

이 마케팅전략은 분양광고에 모바일을 활용한 최초의 사례로서 정확한 타깃 데이터를 바탕으로 고객관계관리(CRM) 차원에서 접근하였다. 총 발송량은 290,153명이었으며 수신율은 평균 95.82%에 이르렀다.

## 4. 귀족마케팅(VIP 마케팅)[11]

귀족 마케팅이란 고소득층, 사회계층 중 상류층과 중상류층을 대상으로 이들이 주로 구입하는 제품 종류를 마케팅 하는 것으로 '럭셔리 마케팅(Luxury Marketing)', '하이엔드 마케팅(High-end Marketing)', 'VIP 마케팅'으로도 불린다. 명품이나 차별화된 서비스를 내세운 귀족 마케팅은 과거에는 일부 품목에 제한되었으나 이제는 다양한 분야에서 도입되고 있다. 귀족 마케팅의 수용에는 국내 업체도 적극적인데 서울 강남의 최고급 주상복합아파트가 들어서자 금융기관들은 프라이빗 뱅킹(Private Banking) 점포를 근처로 이전시키는 등 최상위 고객을 잡기 위한 치열한 경쟁을 벌이고 있다.

귀족 마케팅은 여러 제품 중에서도 프레스티지(prestige)[12]를 추구하는

11) 박정현, 1%를 위한 전쟁-귀족마케팅, 주간경제703호, 2002.11.27을 요약 발췌하였음.

12) 이 말은 원래 환상·착각·마술의 트릭·사기 따위의 뜻으로 쓰였다. 오늘날에는 개인·집단·계급·제

유형의 상품에서 가장 중요하다. 여기서 프레스티지 상품은 단지 비싸거나, 고급스럽거나, 기능에 있어 첨단을 자랑하는 정도로는 부족하며 소비자들이 그 이상의 가치(value)를 느낄 수 있어야 한다.

프레스티지 상품은 일반 상품과는 다른 세 가지의 가치를 가진다. 첫째, 희소성의 가치를 가진다. 누구나 구입하거나 소비할 수 있다면 그 상품은 더 이상 프레스티지 상품이라고 할 수 없는 것이다. 둘째, 자기 과시적인 가치를 제공한다. 즉 프레스티지 상품은 자신의 부와 지위의 상징이며 일반인들과의 차별화를 통해 자기만족을 이끈다. 셋째, 품질 면에서의 탁월성이다. 프레스티지 상품은 일반 상품과는 다른 기술적 우월성을 가지거나 또는 대단히 섬세하고 주의 깊은 생산 공정을 거쳐 만들어진다.

국내에도 특정지역에 위치한 고급 주상복합아파트의 경우 프레스티지 상품이 보유한 세 가지 가치를 가진다고 볼 수 있다. 희소성 측면에서는 고급 주상복합아파트는 누구나 구입할 수 없을 뿐 아니라 설령 구입한다고 하더라도 그 아파트와 아파트가 위치한 특정 지역에서 지속적으로 생활하기 위한 금전적인 뒷받침이 되지 않는 경우가 많기 때문에 희소성을 가진다고 볼 수 있다. 또한 자기 과시적인 가치를 제공하기 때문에 이들을 위한 마케팅 전략은 폐쇄적인 마케팅 전략을 활용하고 있다.[13] 미리 발굴한 가망 고객에 대해서만 초청장을 발급하며 초대받지 않는 고객은 모델하우스를 구경하는 것도 허락하지 않는다. 마지막으로 탁월한 품질을 보유하고 있는 점도 프레스티지 상품으로서의 특징이다. 최고급 마감재, 최첨단 빌트인 가전 등이 고급주상복합아파트에 기본으로 제공되는

---

도·직업 등이 그 능력·업적·중평 등에 따라서 남에게 미치는 영향이나 효과를 말하며, 특히 심리적 위압감과 존경·칭송 등을 상대방에게 불러일으킴과 동시에, 자신에게 자신감(自信感)과 자기확인(自己確認)의 원천(源泉)도 되는 것을 가리킨다. 한 마디로 쉽게 말하면 남에게 격차를 두는 것, 남이 자기에게 격차를 두는 것은 모두 프레스티지와 관련된다.(네이버 백과사전, 2007.1)

13) 이러한 폐쇄적인 마케팅 전략은 폐쇄적 유통경로(Exclusive Distribution) 관리를 통해서만이 달성될 수 있다. 따라서 귀족 마케팅 제품들은 유통망을 늘릴 수 있는 기회가 있더라도 직영 매장 중심의 운영을 원칙으로 고수하는 경우가 많다.

이유도 이러한 품질 측면을 고려한 것이라 볼 수 있다.

귀족 마케팅을 수행함에 있어 장점으로 지적되고 있는 것은 첫째, 고정 고객으로 고급제품의 안정된 매출을 확보할 수 있다는 것이다. 이들은 높은 가처분 소득으로 각종 대형, 고급제품과 서비스를 빈번히 구매한다. 둘째, 가격 탄력성이 낮다. 부유층의 소비 패턴은 제품의 명성과 품질, 독특한 부대 서비스를 중요시하는 특성을 보여 제품의 성능 대비 가격이 상대적으로 중시되는 일반 소득 계층의 소비 행태와 차이가 난다. 셋째, 경기에 영향을 적게 받는다. 외환위기 시에 나타난 것처럼 부유층의 소비규모는 경기변화에도 상대적으로 안정적이기 때문에 이들을 대상으로 한 마케팅 활동은 경제상황으로부터 상대적으로 독립적이라 할 수 있다. 넷째, 소비 패턴이 하위계층의 모방으로 이어진다. 부유층의 소비행태는 장기적으로 일반 서민층에 의해 모방된다. 유행에 민감하고 '남의 눈'을 잘 살피는 소비 특성은 부유층을 찾는 기업의 눈을 더 크게 만든다.

이중 네 번째의 장점은 부동산 시장에서는 상당히 중요한 의미를 가진다. 특정상품이 하위계층의 모방을 창출할 수 있다면 끊임없이 안정적인 수요를 확보할 수 있게 된다. 이러한 특징 때문에 특정지역의 아파트 가격 상승을 억제하는 것이 참여정부의 부동산 정책의 목표가 되었던 것이다. 특정지역의 경우 모방의 대상이 되면서 그 가격 상승은 자연스럽게 다른 지역으로 이전될 수 있다는 논리가 성립되기 때문이다.[14)]

이러한 귀족 마케팅이 도입되는 배경에는 두 가지 요인을 지적할 수 있다. 첫째, IMF이후 급속히 전개되고 있는 소비시장의 고급화 현상은 소득의 양극화에서 비롯된 결과라고 할 수 있다. 외환위기를 극복하는 과정에서 다양한 문제가 발생하는데 그중 가장 고약한 문제가 바로 '소득의 양극화'다. 2006년 상반기 소득 최상위 20%의 월평균 소득은 2005년

---

14) 하지만 이는 부동산 시장의 양극화 현상을 간과한 정책이었다. 특정지역의 매매가격이 아무리 많이 오르더라도 이러한 가격상승이 특정지역에서 다른 지역으로 일률적으로 확산되지는 않는 것이 최근 부동산 시장의 특징이며 이를 지역별 양극화 현상이라고 일컫는다.

대비 5.6% 증가한데 반해 최하위 20%는 겨우 1.7% 증가에 그쳤다. 소득의 양극화와 함께 특히 주목해야 할 사실은 중산층의 몰락 내지는 감소 현상이다. 중산층은 1997년 전체 국민의 61.1%(현대경제연구원 조사)였으나 2005년 중앙일보 조사에서 56%, 2006년 통계청 조사에서 53.4%로 감소하였다.

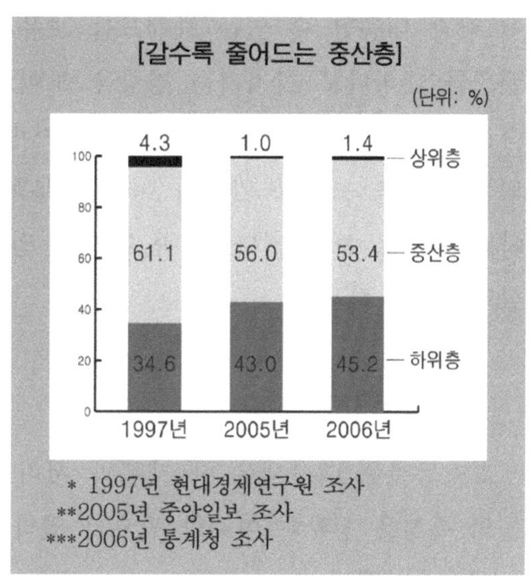


경제협력개발기구(OECD) 회원국의 중산층은 평균 71%로 우리보다 상당히 두텁다. 사회의 안전판 역할을 하는 중산층 몰락의 징후는 중산층을 주 고객층으로 하는 제품의 판매량 격감을 초래하고 궁극적으로 소비 시장의 양분현상을 낳는다. 고급 소비 현상은 극심한 장기불황이나 경제위기 상황을 경험한 대부분의 나라에서 공통적으로 발생하는 현상이다.

이러한 고급소비 추세가 기업경영에 주는 의미는 간단하면서도 명확하다. 지금까지 중산층이 절대 다수를 차지해온 대중시장(Mass Market)을 대상으로 평균적인 품질과 가격의 제품을 판매해왔던 매스 마케팅이 이제는 더 이상 통하지 않게 된다는 사실이다.

이러한 소비 고급화 현상에 대해 부동산 기업들은 어떻게 대처해야 하는가. 먼저 현실을 정확히 직시할 필요가 있다. 현재 시장은 과거와 같은 단일 시장이 아니라 사실상 유명 브랜드를 선호하는 20%의 고소득층과 가격에 민감한 80%의 저소득층의 양분된 시장이라는 점을 인식하고 자사의 전략적 포지셔닝을 명확히 할 필요가 있다. 외국의 사례를 살펴보면 소비 고급화 추세에서 포지셔닝이 불분명한 기업들이 가장 큰 어려움을 겪기 때문이다. 그러나 국내 건설업체들은 과거에는 양분화된 시장에 각각 대응할 수 있는 브랜드를 보유하고 있었으나 최근에는 개별 브랜드들이 하나로 합쳐지는 경향을 보이고 있다. 기존의 다(多) 브랜드전략은 관리하기 힘들다는 점과 신규 브랜드를 론칭하면서 브랜드가 통합되는 경향을 보이고 있는데 이는 양분화된 시장에서는 바람직한 전략은 아닌 것으로 보여 진다. 귀족 마케팅 전략을 4Ps에 근거하여 세부적으로 살펴보도록 하자.[15)]

### (1) 제품/서비스전략

고소득층을 대상으로 한 제품과 서비스를 개발하기 위해서는 먼저 이들의 특성을 정확히 이해할 필요가 있다.

'부유층마케팅(Marketing to the Affluent)'의 저자로 이 분야에서 세계적인 명성을 얻고 있는 Thomas J. Stanley는 무엇보다 이들의 '유유상종' 경향을 지적한다. 부유층일수록 자신의 신분이나 지위를 과시하고자하는 자기 현시욕구가 강하며, 자신과 비슷한 수준의 사람들과 어울리기를 원한다는 것이다. 상류층들만의 주거공간은 보안전략이 두드러진다. 폐쇄회로 TV가 24시간 사방을 감시하고 보안망은 출입관리인과 관리지원센터가 이중으로 출입을 통제, 허락 없이 드나들 수 없을 만큼 2중, 3중으로 설치되어 있다. 이러한 보안전략은 유유상종의 경향을 강화시키는 시설인 셈이다.

또한 고소득층은 학력수준이 높거나 유행에 민감한 공통점이 있어 첨단기술을 적용한 제품에 대한 선호가 두드러진다. 이들은 자신의 시간과 편리성을 중시해 다소 가격이 비싸더라도 갖가지 편의기능과 부가기능을 갖춘 제품을 선호하며 서비스에 있어서도 일대일 대면을 통한 개별적인 서비스를 원한다.

---

15) 최우열, 소비양극화시대의 기업마케팅, LG주간경제, 1999. 1.20을 참조하였음.

### (2) 가격전략

지금까지 가격은 제품 원가에 적정마진을 더하는 식의 방법으로 책정되는 것이 일반적이었으나 고급시장의 경우 가격이 가장 중요한 품질 단서로서 작용하므로 원가와는 관계없이 고객이 느끼는 제품의 가치 정도에 따라 가격을 정하는 가치기준 가격정책(Value-based Pricing)이 바람직하다.

고가제품은 제품 출시 초기부터 일관된 고가격 정책을 고수해야 한다. 잦은 가격할인은 고객들로 하여금 제품의 가격 민감도를 높이고 유보가격을 하락시키는 결과를 낳을 수 있기 때문이다. 부득이한 가격 할인이 필요한 경우에도 직접적인 제품 할인보다는 금융제공이나 경품 등의 간접 할인 방식이 바람직하다.

특정지역의 고급 아파트의 경우 가격정책은 가격보다는 가치에 우선한 정책을 활용하여야 한다. 가치란 미래의 가격이 현재에 반영된 것이라고 볼 수 있다. 따라서 미래에 가격이 계속 상승할 수 있는 부동산 상품의 제공이 가장 필요하다. 또한 고급 아파트의 경우 금융제공이나 경품 등의 간접할인을 제공하는 경우에도 유의할 필요가 있다.

### (3) 유통전략

고급제품은 고급이미지를 오랫동안 유지하기 위해 그 제품의 희소성에 역점을 둔다. 이들 브랜드들은 폐쇄적 유통경로(Exclusive Distribution) 관리를 통해, 자국은 물론 해외 진출 시에도 철저하게 유통망을 관리하고 있다. 매출은 떨어지면 회복할 수 있지만 한 번 추락한 이미지는 절대 회복될 수 없다는 사실에 유념해야 한다.

고급 주상복합아파트를 분양하면서 초대장을 보유한 사람들만을 대상으로 모델하우스를 공개했던 마케팅 전략은 전형적으로 폐쇄적 유통경로를 통해 유통망을 관리하는 제품의 희소성에 역점을 둔 정책이었다고 볼 수 있다.

### (4) 촉진전략

고급 아파트의 경우는 일반 아파트가 대중매체 중심의 광고가 효과적인데 반해 전문잡지나 인터넷 등의 타깃(target) 매체 광고가 바람직하다. 특히 고급 브랜드일수록 대중매체를 통한 지나친 노출은 가급적 피하는 것이 좋으며 구전(Word of Mouth) 효과를 극대화함으로써 제품의 신비감을 유지하는 것이 필요하다. 특히 전문잡지와 함께 인터넷 매체의 경우 이러한 광고전략에 부합할 수 있기 때문에 기존의 홈페이지와는 차별화된 고급 홈페이지를 구축하는 전략이 요구된다.

광고이외에도 제품의 이미지를 높일 수 있는 골프대회나 올림픽 등의 스포츠 행사나 문화행사 등을 지원하는 스폰서십(sponsorship) 마케팅도 있으나 이는 단일 건설회사의 고급아파트 시장이 가지는 한계로 인해 적극적으로 시도되기에는 비용 상의 제약이 많다.

## 5. 수주와 로비

### (1) 수주마케팅 - 건설산업을 중심으로

부동산도 건설수명주기(Construction Life Cycle)라는 큰 영역으로 살펴보면 건설의 한 영역이라고 보여 진다. 이를 마케팅 영역에 포함시켜 살펴보면 부동산마케팅도 넓은 의미의 건설마케팅의 한 영역이라고도 할 수 있다. 따라서 부동산마케팅에 대한 심도 있는 이해를 위해서는 수주마케팅을 살펴보는 것이 바람직할 것이다.

특히 부동산개발사업의 주요 주체중의 하나인 시공회사 중 주택업체의 경우 수익의 대부분이 시행회사가 추진하는 부동산 개발사업의 시공을 맡아서 실행하는 수주영업을 통해서 이루어진다. 부동산개발사업의 수주영업의 경우 시행사의 특성으로 인해 일반 수주영업과는 다소 차이가 있지만 영업의 형태는 수주이며 수익성이 높은 개발사업의 경우 일반적인 수주 영업과 유사한 방식을 띈다.

건설과 부동산을 영역으로 구분하기는 명확하지 않으나 마케팅적 측면에서는 건설은 수주마케팅이며 부동산은 상품마케팅으로 구분할 수 있을 것이다. '수주'란 주문을 받는다는 것을 말하며 주로 제품을 생산하는 업체가 제품의 주문을 받는 것을 이르는 말이다. 건설, 플랜트, 조선, 방위, 산업용 기계 등이 전형적인 수주산업이며 제품이나 서비스가 일반 공산품에 비해 규모가 크며, 높은 가격으로 형성되는 유사한 특성을 지닌다. 수주와 일반 공산품 판매의 차이는 다음과 같다.

[수주와 판매의 차이]

| 구분 | 판매 | 수주 |
|---|---|---|
| 의미 | 기업이 최종소비자에게 상품 또는 서비스를 판매 | 기업이 기업을 대상으로 상품 혹은 서비스를 판매 |
| 최종고객 | 소비자 | 기업 |
| 사업내용 | 주로 소비제품, 생활용품 | 기간재, 산업재, 생산재, 전문서비스(용역), 주문형상품, 솔루션, 서비스 |
| 단위규모 | 소규모 | 대규모 |
| 구매활동 | 주문→구입 | 발주→납품 |
| 영업방식 | 먼저 생산하고 판매 | 먼저 팔고 맞춤형 생산 |
| 거래방식 | B2C, Auction | B2B, 전자조달 |
| 마케팅활동 | 광고, 판촉, 유통, 판매점 확대 | 프리마케팅, 제안, 프레젠테이션 |
| 변화주기 | 신기술 출현, 사회적 유행에 의존적이며 단기간 빠른 주기 | 신기술이 등장하더라도 안정화될 때까지 기다리는 장기적인 주기 |

### ① 수주산업에서의 영업의 중요성

모든 사업에서 영업이 중요하지만 수주 산업에 있어 영업은 더욱 중요하다고 볼 수 있다. 첫째, 수주 산업에서는 관련 제품이나 서비스를 소비자에게 바로 제공하지 않는다. 생산의 과정 또한 길기 때문에 견본을 통한 영업이 일반화되어 있다. 따라서 이러한 영업상의 어려움으로 업체

간의 경쟁의 차이는 확연히 드러나게 된다.

둘째, 수주를 통해서만이 앞에서 언급한 관련 산업들이 시작되기 때문이다. 수주를 하지 못하면 기업이 생존할 수 없고 기업이 아무리 경쟁력이 높다고 하더라도 수주가 뒷받침되지 못하면 이러한 능력을 발휘도 하지 못하게 된다.

셋째, 수주산업은 경험과 기술력이라는 진입장벽이 존재한다. 이러한 진입장벽은 오랜 기간의 경험을 통해 배양되는데 이를 보유하면 영업이 더욱 원활히 되며 산업 내 경쟁자들과의 격차를 크게 벌일 수 있다.

**② 성공적 수주영업 전략**[16)]

수주영업을 성공적으로 하기 위해서는 먼저 자신 있는 시장을 선택하고 이를 구성원들에게 인지시켜야 한다. 다양한 분야에서 광범위하게 영업활동을 전개하는 것은 영업 활동과 입찰에 따르는 비용이 수반되는 수주산업의 특성상 바람직하지 않다. 그러므로 자사의 역량과 시장의 트렌드를 고찰하여 시장을 세분화하고 특정시장에 집중하는 영업 전략이 필요하다. 이는 마케팅의 STP전략의 하나인 Positioning에 충실해야 한다는 말과 같다고 볼 수 있다.

둘째로 발주이전 단계에서부터 영업을 시작하라는 것이다. 수주에 성공하기 위해서는 먼저 수주에 필요한 정보를 빨리 획득해야 한다. 이에는 노하우(knowhow)보다는 노웨어(knowwhere), 즉 어디에 수주에 대한 정보가 있는지를 아는 것이 더욱 중요하다. 일반제품과 같이 이미 만들어진 것을 판매하는 것이 아니라 수주 산업에서는 발주처의 니즈에 따라 제품이나 서비스를 맞춤형으로 제공해야 하므로 정확한 니즈를 파악하여 능동적으로 대응하는 것이 중요하다. 또한 경쟁자의 수가 많지 않음을 감안하면 경쟁구도를 파악하고 경쟁자들과 차별화될 수 있는 전략을 잘 선택해야 한다. 이런 이유로 발주 단계 이전부터 정보 수집 활동과 같은

16) 감덕신, 수주영업 활성화의 6가지 성공 포인트, LG주간경제, 2003. 4를 참조하였음.

사전 영업활동을 전개해야 한다. 두 번째의 영업 성공전략도 마케팅에서 언급되는 사전 마케팅(pre-marketing)[17]과 같은 개념이라고 볼 수 있다.

셋째는 솔루션 지향적인 영업을 하라는 것이다. 수주산업이란 발주자의 요구 조건에 따라 제품과 서비스를 제공해야 하는 특성을 감안할 때 고객의 니즈를 총체적으로 반영한다는 솔루션 지향적 사고가 필요하다. 일반 서비스가 발주처의 니즈에 적극적으로 대응하는 것이라면 솔루션 지향적 사고는 이를 뛰어 넘어 전략적 마인드를 기반으로 숨겨진 니즈까지를 발굴하여 해결해 주는 것을 말한다. 건설산업의 경우 일반건설업체들은 발주처가 제시하는 설계 도면에 따라 건물을 잘 지어주는 것에 만족하나 선진 건설업체들은 발주처를 파트너로 인식하고 이들의 잠재된 고민까지를 해결해 주는 것을 목표로 한다. 이는 건설 산업이 시공위주의 단순산업구조에서 서비스 및 제조위주의 복합 산업구조로 변화해야 한다는 의미이기도 하다.

넷째는 파트너링을 통해 네트워크의 힘을 배가하라는 것이다. 파트너링(partnering)이란 서로에게 보다 많은 가치를 주기 위해 다양한 집단들과 장기적인 관계를 구축하는 것을 의미한다. 제휴(alliance)가 경쟁자 위주의 관점인 반면 파트너링은 경쟁자와 함께 발주처, 연구소, 관계기관, 협력업체 등 다양한 집단을 포함하며 보다 장기적인 관점을 취한다. 파트너링은 네트워크의 힘을 배가 시켜 줌과 동시에 불필요한 경쟁의 위험을 줄여 준다. 수주산업은 그 특성으로 인해 다양한 주체들이 참여하는 네트워크형 구조를 띄게 된다. 그러므로 이러한 기업들과의 수직적인 파트너링(Vertical Partnering)과 수평적인 파트너링(Horizontal Partnering)이 요구된다.

장기적으로 건설업체가 참여할 수 있는 업역은 확대될 것으로 보인다. 따라서 건설관련업체들은 현재의 업역과 무관하게 자금력, 기술력 등 여

---

17) 사전마케팅이란 잠재수요층을 대상으로 본격적인 마케팅 활동이 시작되기 전에 판촉을 벌이는 것을 말한다.

건을 감안하여 다양한 분야에 참여할 수 있을 것으로 전망된다. 현재 건설시장을 주도하고 있는 대형건설업체는 자금력이나 기술력이 상대적으로 높기 때문에 건설 산업 구조의 변화 추세에 적극적으로 대처하여 건설시공분야 뿐만 아니라 건설사업관리, 건설금융 분야 등에도 참여할 수 있을 것이다. 중견건설업체는 대형건설업체보다는 자금력은 뒤떨어지나 전문적인 기술력을 보유하고 있기 때문에 건설시공분야 뿐만 아니라 건설사업관리 분야의 진출도 가능하나 특화된 분야에 참여하는 것이 바람직할 것으로 보인다. 중·소건설업체는 대형건설업체나 중견건설업체와는 달리 자금력이나 기술면에서 취약하기 때문에 시공자로의 역할을 강화하는 것이 바람직할 것이다. 이렇게 업체별로 자신의 역할에 따라 하나의 프로젝트에 협력관계로 참여하는 파트너링을 통해 수주영업력을 배가시킬 수 있을 것이다.

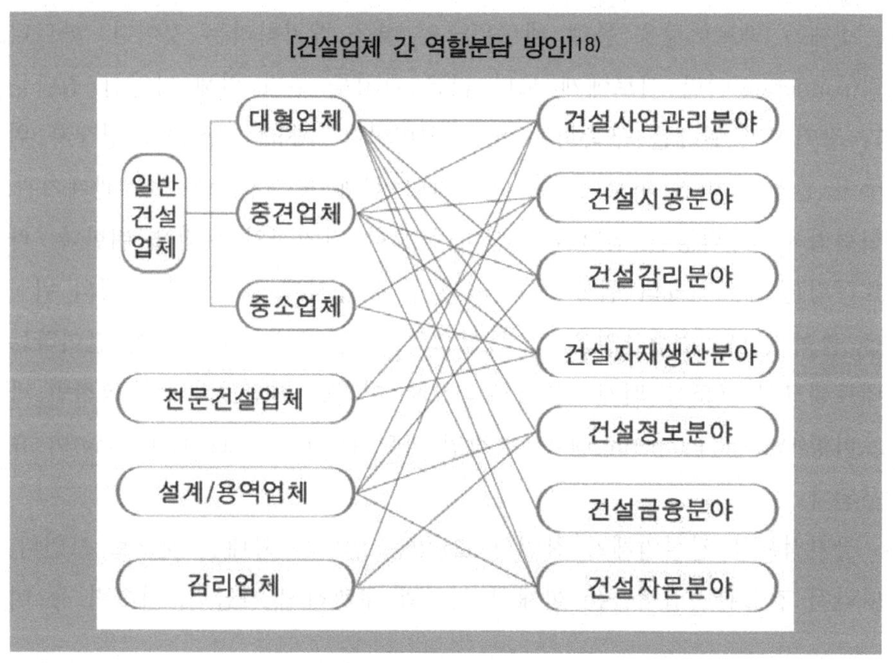


18) 김재영, 건설산업 구조변화 전망과 업체간 협력방안, 건설산업의 경쟁력 제고를 위한 협력관계 구축

③ **수주마케팅을 위하여**

수주영업은 관계마케팅이 기본이 되어야 한다. 관계마케팅이란 장기적이고 상호작용적이며, 개별고객들과의 네트워크를 파악, 유지, 구축하여 양측의 호혜적 혜택을 위한 네트워크를 지속적으로 강화하는 통합된 노력이다. 이러한 노력의 결과 공급자, 고객 또는 여타 기업의 파트너와 밀접한 상호작용적 관계를 가져오고 이것이 장기적으로 고객과의 결속을 강화시켜 기업에 장기적이고 안정적인 이익을 가져온다는 것이다.

**[관계마케팅의 성장단계]**[19)]

| 단계 | 주요자산 | 서비스 고객화정도 | 경쟁우위 잠재력 |
|---|---|---|---|
| 1단계 | 재무적 자산 | 낮은 수준 | 낮은 수준 |
| 2단계 | 사회적 자산 | 중간 수준 | 중간 수준 |
| 3단계 | 구조적(관계적) 자산 | 중간에서 높은 수준 | 높은 수준 |

관계마케팅은 충성고객을 개발하고 유지함으로써 기업에 수많은 혜택을 준다. 장기적으로 수주산업에 있어서는 관계마케팅이 기업의 생존에 직결되는 주요한 경쟁요소로 부각될 것이다.

## (2) 로비

로비라는 말의 어원은 고대 독일어의 Lauba에서 유래하여 '낙엽을 모아 두는 곳(shelter of foliage)'이라는 의미를 가지고 있다. 그러나 영어권에서 사용되면서 포장된 길, 건물의 낭하, 넓은 복도 등의 의미로 사용되었다.[20)]

---

대토론회, 1997.10

19) Leonard L. Berry, Relationship Marketing of Service : Growing Interest, Emerging Perspectives, Journal of the Academy of Marketing Science, Vol.23, No.4, 1995

20) 정재영, 세계 각 국의 대비로비 백태: 미국과의 통상교섭시대 돌입, 주간매경, 1986, William Safire,

오늘날에는 로비라는 단어가 동사의 의미로 사적인 시민 또는 집단이 정부의 결정이나 특정한 입법에 영향력을 행사하는 것을 의미하고 명사의 의미로는 그와 같은 목적을 위해 조직된 압력단체를 뜻한다.

이익집단을 연구하는 많은 학자들이 더 넓은 개념을 적용하여 법제화에 관해 이익집단이 행정부의 관료나 대통령의 내각과 접촉하거나 대중매체의 사용, 연구 자료의 발표 등을 포함하는 포괄적인 영역으로 확대하였다.

밀브라스(Lester Milbrath)는 학계에서 정의하는 로비의 정의는 그 범위가 너무 넓어 혼돈을 초래하기도 한다고 우려하고[21] 다음과 같이 로비의 정의를 좁히고 있다. 첫째, 로비활동은 사적인 결정이 아닌 정부의 결정과 관련된다. 둘째, 정부결정에 영향력을 행사하려는 의도(intent)가 내재되어야 한다. 셋째, 로비는 반드시 매개(intermediary)를 통한 활동이다. 그리고 의사소통에 의한 행동이어야 한다.

밀브라스의 로비에 대한 정의를 적용하면 로비와 마케팅은 상당한 관련성을 가지며 최근에 확장된 마케팅의 개념으로는 로비와 마케팅을 구별하기가 힘들기도 하다. 어떻게 보면 로비의 대상이 정부로 한정된다는 점이 마케팅보다는 좁은 의미를 가진다고 보는 것이 맞을 수도 있다.

마케팅도 의사결정과 관련이 있다. 물론 정부만이 아니라 고객의 의사결정을 촉진하거나 변경시키는 역할을 마케팅이 수행한다. 그리고 마케팅의 다양한 활동들은 고객의 의사결정에 어떠한 영향력을 행사하려는 의도가 내재되어 있으며 마케팅도 반드시 사려는 사람과 팔려는 사람사이의 구체적인 매개 활동이기 때문에 마케팅과 로비는 개념상으로는 상당히 유사하다고도 볼 수 있다.

---

Political Dictionary, New York Ballentine Book, 1978

21) Lester Milbrath, The Washiington Lobbyists, 1963

**[로비와 마케팅 비교]**

| 구분 | 로비 | 마케팅 |
|---|---|---|
| 주요 대상 | 정부 | 민간 |
| 주요 목적 | 영향력 행사 | 구매의사결정 유도 |
| 주 체 | 로비스트 | 마케터 |

로비는 마케팅과도 개념상으로 유사하지만 사실은 수주와 상대적으로 더욱 유사한 개념이다. 의회나 행정부를 대상으로 하는 로비를 그 대상 영역을 민간으로 변경하면 로비는 수주영업과 거의 유사한 개념이라고 볼 수 있다. 아래 이익집단의 로비전략 효과를 살펴보면 개인적인 접촉이 가장 효과가 큰 것으로 나타나는데 이는 수주전략의 효과와 흡사하다고 볼 수 있다. 수주산업의 경우 수주영업을 위한 다양한 활동을 전개하지만 실지로는 개인접촉이 가장 큰 영향력을 행사한다는 것이 업계의 공통적인 의견이기 때문이다.

**[이익집단의 로비전략 효과]**[22)]

| 로비전략 | 로비스트 | 의회관련자 |
|---|---|---|
| 내부전략 | | |
| 개인적 접촉 | 8.4 | 8.7 |
| 리서치 결과 발표 | 7.4 | 7.2 |
| 공청회 증언 | 6.5 | 6.2 |
| 외부전략 | | |
| 유권자를 통한 접촉 | 5.9 | 5.6 |
| 편지, 전신, 캠페인 | 4.5 | 3.8 |
| 투표결과 공개 | 2.0 | 2.7 |

국내의 경우 로비 또는 로비스트에 대한 좋은 인상을 갖고 있지 않다. 미국은 등록을 한 로비단체나 기업 그리고 개인의 경우 합법적으로 활동

22) Lester Milbrath(1963) 전게서

을 할 수 있다. 전문지식과 정보 그리고 인맥을 갖고 어떠한 정치적 의사결정에 영향력을 행사하는 것이 법의 테두리에서 이루어지면 갈수록 개념이 확장되고 있는 마케팅을 공부하는 사람들은 한번쯤 로비를 연구의 대상으로 삼을 만하다.

## 6. 공동마케팅(collaboration marketing)

공동마케팅은 제휴마케팅과 혼돈되는 경우가 많다. 제휴마케팅이란 원래 인터넷 비즈니스에서 생성된 개념으로 실적에 따라 광고비를 지급하는 방식을 이르는 마케팅 신조어이다. 이 장에서 살펴보려는 공동마케팅은 이와는 다른 개념으로서, 두 개 이상의 회사가 공동으로 전개하는 판매촉진 활동을 이른다. 동종업종 및 이업종 간에 상호제휴를 통하여 서로의 강점을 활용할 수 있도록 역할을 분담하여 판매실적을 높이는 마케팅 기법을 이른다. 부동산 부문에서는 분양이나 입주율 향상을 위한 목적에서 시행되는 경우가 많다. 신한카드와 함께 하는 자이음악회, 롯데백화점 내에 분양홍보데스크를 설치한 사례 등을 들 수 있다.

공동마케팅은 기업 내 한정된 자원과 기능적 한계를 극복할 수 있는 현실성 높은 전략으로 평가되고 있으며 미국, 유럽 등지의 기업에서는 일찍부터 이를 잘 활용해 왔으며 우리나라의 경우에는 IMF이후 비용절감 차원에서 급속히 확산되는 추세이다. 불황기에 기업들은 제한된 예산 하에서 제휴기업과 고객을 공유하여 이미지 제고나 판매 증대에 기여할 수 있다. 공동마케팅은 주로 하이테크 산업 분야에서 주로 활용되나 기업규모와는 상관없이 도입되고 있다. 중소기업은 상호 보완과 협력을 통해 대기업과 경쟁하기 위해 공동마케팅을 실행하며 대기업은 아무리 많은 자원을 보유하고 있다 하더라도 최종 소비자의 모든 욕구 충족에는 한계를 가지기 때문에 적극적으로 공동마케팅을 활용하려는 자세를 가진다.

공동마케팅전략은 아래와 같이 공동상표전략, 공동광고전략, 공동유통전략 그리고 공동판매제휴 등으로 나눌 수 있는데 이러한 전략들이 분리되어 적용되는 것은 아니며 중복되어 복합적으로 사용된다.

| 유 형 | 내 용 |
|---|---|
| 공동상표전략 | 다수의 기업이 공동마케팅 목적으로 상표를 공동으로 사용하거나 소유하는 전략 |
| 공동광고전략 | 자사 제품을 광고하면서 제휴 회사 제품을 이용하거나 동시에 광고하는 전략 |
| 공동유통전략 | 제휴 기업간에 유통 경로 및 물류 시설을 공유함으로써 손쉽게 시장에 접근 하려는 전략 |
| 공동판매제휴 | 시장 확보 및 판매 관리를 보강하기 위해 타 기업과 협력하여 공동 판매조직을 결성하고 공동 판매 촉진을 수행하는 전략 |

이러한 공동마케팅전략이 부동산에 적용된 사례는 공동상표전략과 공동광고 전략에서 찾아볼 수 있다. 먼저 공동상표전략을 살펴보자. 공동상표전략은 자사 상표가 지니고 있는 약점을 상호 보완할 수 있는 상표를 선택하여야 하며 두 상표가 상이한 속성을 지니고 있으면서 서로의 속성을 잘 보완할 경우 소비자에게 높은 평가를 받는 것으로 판명된다. 이의 전제조건으로는 제품의 특징과 양사의 이미지를 동시에 부각시킬 수 있는 방안을 고려해야 한다는 점이다.

부동산에 적용된 공동상표전략의 사례로는 지역브랜드를 암묵적으로 공동사용하거나 컨소시움형 사업에서 신규브랜드를 론칭하는 경우를 들 수 있는데 부산의 센텀시티에 백송건설이 '센텀'이라는 브랜드를 미리 등록해 놓아 센텀이라는 지역명을 통해 분양률 향상을 꾀하였던 주택공급업체들이 브랜드 다툼의 어려움을 겪었던 사례를 들 수 있다. 또한 서울 도곡동의 도곡렉슬의 경우에도 기존의 도곡주공1단지를 재건축하면서 현대건설과 GS건설 그리고 쌍용건설이 공동으로 시공하면서 어느 일방의 브랜드를 사용할 수 없어 도곡렉슬이라는 신규 브랜드를 론칭한 사례이다. 두 회사의 브랜드를 공동으로 사용한 사례도 다수 있는데 수원시 매탄동 재건축아파트인 '위브하늘채', 인천 간석지구의 '간석 래미안자이' 인천 구월동의 '구월힐스테이트롯데캐슬' 등을 들 수 있다.

서로 다른 제품에 대해 공동광고전략을 사용할 경우 두 회사 제품간의 이미지가 서로 보완적이어야 한다. 이는 한 회사이미지가 너무 강하거나 특이할 경우 다른 회사 제품 광고 효과가 미흡할 수 있기 때문이다. 또한 특정 제품에 대해 전체적으로 소비가 침체된 경우는 경쟁보다는 상호 공존을 위해 공동 광고 전략을 활용하는 것이 가능하다.

부동산 부문에서의 공동광고 전략은 1998년 외환위기 이후 부도루머가 끊이지 않았던 쌍용건설이 용인수지지역 아파트 사업에서 롯데백화점과 공동광고 전략을 활용하면서 아파트를 경품으로 걸었던 사례를 들 수 있다.[23] 992세대 총 964억의 사업규모를 보유하고 있던 당 프로젝트의 성공적인 추진을 위해 쌍용건설은 전문가면접조사(FGI:Focus Group Interview)를 통해 분양대상이 강남, 송파, 분당지역 거주자이며 단순한 광고보다는 언론의 관심을 유발할 수 있는 특별한 이벤트가 필요함을 인지하였다. 목표고객층이 잠실롯데백화점 이용자와 상당부분 일치한다는 점에 착안하여 백화점 세일기간 내 간이 모델하우스를 설치하여 백화점과 공동으로 경품을 제공하는 공동마케팅 전략을 수행하였다. 당시 쌍용은 29평 아파트 한 채를 그리고 롯데백화점은 가전제품을 경품으로 내걸었다. 용인모델하우스나 백화점 내 모델하우스 방문자와 전국우편접수를 통해 1등 당첨자를 선정했는데 100만 명이상이 당 행사에 참여하여 초기 분양률 80%를 달성하는 쾌거를 이루었다. 이로 인해 용인, 수지 지역의 인지도를 향상시켜 이후 용인, 수지지역에서 아파트 분양이 줄을 잇게

23) 신세계 한국상업사박물관이 분석한 시대별 백화점 경품과 사은품 변천사에 의하면 백화점들은 시대별로 소비자들이 가장 갖고 싶어하거나 큰 반향을 일으킬만한 상품을 골라 사은품이나 경품으로 나눠줬다고 한다. 따라서 사은품과 경품의 흐름을 보면 시대변화를 읽을 수 있다고 한다.(중앙일보, 경제E6면, 2009.4.7)

하는 계기가 되었다. 쌍용건설은 분양광고의 예산을 절감했을 뿐만 아니라 인지도 상승에 좋은 전기를 마련하였다.

성공적인 공동마케팅을 위해서는 우선 제휴 당사자 간 협동하려는 의지, 상호 신뢰 그리고 관계를 결속시키기 위한 노력이 전제되어야 한다. 또한 자사의 제품 특성과 시장구조, 강·약점 등을 명확히 파악하는 것이 선행되어야 한다. 나아가 추진하는 공동마케팅 방향에 적합한 제휴 파트너를 선정하고 협약 후 마케팅 전략 수행에 필요한 제반 관리적 요소를 파악하여 조직의 전체적인 협조와 노력이 지속되어야 할 것이다. 마지막으로 협력관계에 대한 지속적인 평가를 실시하고 효과성을 검증하는 과정이 필수적으로 뒤따라야 할 것이다.

사례연구

**남천 삼익비치 리모델링 마케팅 사례**

## 1. 부산권 공동주택 리모델링 사업의 현황과 전망

1.11 부동산대책으로 재건축에 대한 규제가 대폭 강화되면서 다시금 리모델링이 부각되고 있다. 2007년 9월부터 적용 예정인 민간 공동주택에 대한 분양가 상한제와 원가 공개 등이 현재에도 어려운 재건축 시장의 사업성을 크게 악화시킬 것으로 보인다. 반면 리모델링의 가능 연한을 20년에서 15년으로 단축하는 주택법 시행령 개정안이 통과되어 새로운 전기를 맞이하고 있다. 리모델링 가능연한을 20년에서 15년으로 대폭 앞당긴 이유는 재건축 추진단지에 비해 상대적으로 떨어지는 경쟁력을 보완하고 공동주택의 난방 등 급수설비 및 위생설비 수선주기(15년)와 맞지 않아 효과적인 공동주택의 유지관리가 어렵다는 지적을 반영한 것이다.

한 부동산 정보제공업체의 리모델링 설문조사에 의하면 '리모델링 연한 축소(종전 20년→15년)에 따른 최대 장점이 무엇이냐'는 질문에 '투자가치 상승(40.3%)'을 가장 많이 꼽은 것으로 나타나 그동안 재건축에 비해 상대적으로 소외를 받았던 리모델링 대상 아파트가 투자가치 측면에서도 재건축과도 본격적으로 경쟁할 수 있는 기반이 마련되었다고 볼 수 있다.

이에 전용면적을 최대 30%까지 늘릴 수 있으며 사업추진을 위한 주민동의도 3분의 2로 완화된 기존 변경 사항을 고려하면 적극적인 리모델링 시대가 도래 할 것으로 기대된다.

### (1) 부산권 리모델링 수혜 대상 아파트 단지 현황

부산권의 경우 리모델링 가능연한이 20년에서 15년으로 늘어나게 됨에 따라 가장 큰 수혜를 받는 지역은 경남인 것으로 드러났다. 경남지역은 리모델링 가능연한이 늘어남으로서 리모델링 대상으로 편입된 아파트가 전체아파트에서 차지하는 비중이 2006년 말 기준으로 동수로는 23.6%, 세대수로는 18%에 이르는 1,265동 67,713세대로 나타났다.

부산과 울산지역은 리모델링 가능연한이 늘어남으로서 리모델링 대상으로 편입되는 아파트가 전체 아파트에서 차지하는 비중이 2006년 말 기준으로 동수로는 각각 13.3%, 10.9%에 이르는 862동, 393동으로 나타났으며, 세대수로는 각각 11.2%, 12.1%에 이르는 59,770세대, 28,167세대로 나타났다.

**[부산권 리모델링 대상 아파트 단지 현황]**

(단위 : 동, 호, %)

| 구 분 | | 동 수 | 세 대 수 | 비 중 | |
|---|---|---|---|---|---|
| | | | | 동 수 | 세 대 수 |
| 부산 | 합 계 | 9,504 | 606,515 | 100.0 | 100.0 |
| | 15년 이상(A) | 3,685 | 166,541 | 38.8 | 27.5 |
| | 20년 이상(B) | 2,823 | 106,771 | 29.7 | 17.6 |
| | A-B | 862 | 59,770 | 9.1 | 9.9 |
| 울산 | 합 계 | 3,620 | 233,181 | 100.0 | 100.0 |
| | 15년 이상(A) | 835 | 44,117 | 23.1 | 18.9 |
| | 20년 이상(B) | 442 | 15,950 | 12.2 | 6.8 |
| | A-B | 393 | 28,167 | 10.9 | 12.1 |
| 경남 | 합 계 | 5,368 | 376,582 | 100.0 | 100.0 |
| | 15년 이상(A) | 2,609 | 115,973 | 48.6 | 30.8 |
| | 20년 이상(B) | 1,344 | 48,260 | 25.0 | 12.8 |
| | A-B | 1,265 | 67,713 | 23.6 | 18.0 |

※ 자료 : 부산광역시청, 경남도청(2004.12), 울산광역시청(2005. 9)

### (2) 부산권 아파트 단지 리모델링 추진실적

부산시의 경우 현재 택지부족으로 인한 신규주택 공급에 한계가 있을 뿐 아니라 고지대를 비롯한 입지 여건이 열악한 지역이 많아 재건축 사업추진이 부진하며 이들의 경우 사업 추진 시 자가 부담이 불가피하나 대부분 저소득층으로 사업비 부담이 어려워 재건축 추진이 불가능한 실정이다.

법적 규제에 따라 재건축이 어려울 경우, '불편한대로 그냥 살겠다(34.2%)', '이사를 고려하고 있다(27.0%)'라는 응답인 반면, 어떤 형식으로라도 '리모델링을 추진하겠다'는 응답이 34%로 재건축 추진이 어려운 현실을 감안하면 리모델링에 대한 수요도 상당히 있는 것으로 나타났다. (부산발전연구원, 2003.11)

부산울산경남을 통틀어 실제적으로 리모델링이 추진되고 있는 공동주택은 2개의 단지로 파악된다. 주례동의 송림아파트와 남천동 삼익비치가 그 대상이다.

두 단지는 상당히 다른 특징을 보이고 있다. 입주년도와 1개동 100세대 미만이 리모델링의 대상이 된다는 것을 제외하면 거의 유사성이 없다고 볼 수 있다. 송림아파트의 경우 리모델링 대상 평형이 18평이며 내부시설 설치 및 교체를 제외하면 주차장 시설보완과 확충이 대상이 되는 것으로 보인다. 이에 반해 남천동 삼익비치의 경우 대상 평형이 34평형으로 비교적 크며 송림아파트와 같은 저층이 아닌 12층의 중층에 해당한다는 특징을 보인다.

하지만 두 아파트 단지 모두 한 동만 리모델링 조합이 결성되었다는 사실은 시사하는 점이 클 것이다. 아직까지 리모델링이 재건축에 비해 사업성 면에 있어 경쟁력이 부족하기 때문에 재건축과 같은 대단지가 아닌 소규모 형태의 리모델링 사업은 증가할 것으로 보인다. 따라서 한 동과 같이 소규모 형태의 리모델링 사업을 활성화하기 위한 법적 제도적 장치가 필요한 실정이다.

**[부산 시 리모델링 대상 아파트 현황]**

| 구 분 | 주례동 송림아파트 | 남천동 삼익비치 |
|---|---|---|
| 입주년도 | 1986년 | 1982년 |
| 세 대 수 | 85세대 | 3,060세대 |
| 동 수 | 2개동 | 33개동 |
| 층 수 | 5층 | 12층 |
| 리모델링 대상 세대수 | 1개동 50세대 | 1개동 72세대 |
| 리모델링 대상 평수 | 18평 | 34평 |
| 리모델링 단계 | 2005년 3월 리모델링 건축행위 허가. 현재 철거 중 | 2006년 12월 리모델링 건축행위 허가 예정 |

* 자료 : 부동산114, 부산일보(2006.12)

## (3) 부산 리모델링 사업 추진 현황

현재 본격적으로 리모델링을 추진 중인 송림아파트와 삼익비치를 포함하여 부산지역에서 리모델링 사업을 추진하려는 단지는 5개 정도로 파악되며 이들은 평균 167.4세대이며 입주년도는 1983.6년이다. 부산의 리모델링 대상 단지들은 수도권과 유사하게 적은 세대수를 보유하고 있거나 대단지의 경우 한 동만이 리모델링의 대상이 되고 있다. 그리고 송림아파트를 제외하면 평형은 중대형평형의 단지들이 많은 것으로 나타난다. 이는 리모델링을 통해 확장 가능한 면적이 기존 면적의 30%로 제한되므로 대형평형으로 갈수록 리모델링 사업추진에 따른 혜택을 많이 볼 수 있기 때문이다. 따라서 주민합의를 도출해 내기 쉽고 공사비 부담 여력도 있는 소규모 고급단지(중대형평형)를 중심으로 리모델링 바람이 불고 있는 것으로 보여 진다.

리모델링 대상 아파트들의 입주년도는 최근 리모델링 가능연한이 15년으로 단축되었음에도 불구하고 모두가 재건축과 경쟁관계에 있는 20년 이상 경과된 단지들이었다.

하지만 여전히 리모델링 사업 추진은 지지부진하며 건축행위허가를 획득한 곳이 송림아파트 단 한 곳에 그치고 있어 대부분은 현재 관심을 가지는 정도의 수준에 머무르고 있다.

**[부산의 리모델링 예정단지]**

(단위 : 세대, 평, 년)

| 단지명 | 지 역 | 세대수 | 평 형 | 입주년도 | 추진단계 |
|---|---|---|---|---|---|
| 송림아파트 | 부산진구 주례동 | 50세대 | 18평 | 1986년 | 건축허가 |
| 삼익비치 301동 | 수영구 남천동 | 72세대 | 34평 | 1982년 | 시공사 선정 |
| 협진태양 | 수영구 남천동 | 210세대 | 31/43/57평 | 1985년 | 설명회 실시 |
| 선 경 | 부산진구 초읍동 | 314세대 | 38/44/59/68평 | 1982년 | 설명회 예정 |
| 백 조 | 부산진구 양정동 | 191세대 | 31/33/35/46/50평 | 1983년 | 설명회 예정 |

* 삼익비치 리모델링조합, 2007. 2

### (4) 부산 리모델링 사업의 한계

부산지역 리모델링 사업 추진의 부진은 사업성 부족에 그 원인이 있는 것으로 지적되고 있다. 평당 300만원에 이르는 공사비가 추가되었을 때 추가된 원가를 포함하여 그 이상의 시세를 기대하기란 어려운 현실이다. 리모델링을 한다는 소문만 돌아도 아파트 가격이 오르는 수도권과는 다르게 부산 지역은 아직 이에 대한 인식이 낮기 때문에 사업성 부진에 시달리고 있다고 볼 수 있다.

따라서 바다 조망권의 수혜를 충분히 누릴 수 있으며 이에 따른 프리미엄이 보장되는 수영구와 해운대구의 아파트 단지들이 리모델링의 가능성이 높다고 보여 진다. 리모델링을 완료하여 입주한 방배동 궁전아파트와 같이 수도권도 버블세븐 지역에 위치한 아파트 단지의 경우가 리모델링 사업성이 좋은 것과 같은 이유라고 볼 수 있다.

리모델링 사업을 추진하는데 아무런 문제가 없음에도 불구하고 기초자치단체(구)에서 리모델링 행위 허가를 지연시키는 경우도 있다.[24] 이는 민원에 어려움을 느끼는 자치단체장들이 의사 결정을 지연하기 때문으로 보여 지는데 경우에 따라서는 대단지 아파트의 경우 재건축 사업 추진을 선거 공약으로 내건 경우도 있다고 한다. 이런 이유로 리모델링 행위 허가가 정치적인 결정으로 변질되고 있어 안타깝다.

또한 실지로 부산지역의 경우 대다수의 재건축 추진 아파트 단지들이 조합원들의 부담금이 높아 사업이 추진되기 어려움에도 불구하고 이를 은폐하고 있는 점도 리모델링 사업추진의 어려움으로 지적되고 있다.[25] 이는 사업을 위해 조합원들에게 그릇된 정보를 제공하고 있는 점에서 건전한 산업 발전에도 도움이 되지 않는다고 보여 진다.

## 2. 남천동 삼익비치 리모델링 사례

### (1) 개요

남천동 삼익비치는 부산광역시 수영구 남천동 148-4에 소재한 총 33개동 3,060세대에 이르는 대단지 아파트이다. 총 층수는 12층이며 1982년 6월 입주한 아파트이다. 주차대수는 3,240대이며 삼익건설에서 시공한 복도식 아파트로서 17평, 25평, 30평, 36평, 43평, 48평, 54평으로 구성되어 있다. 2006년 건설교통부에서 발표한 실거래가 신고 자료에 의하면 부산에서 가장 높은 평당 매매가격을 기록한 아파트 1~3위까지를 남천동 삼익비치가 차지할 정도로 부산에서는 대표적인 아파트 단지로 손꼽힌다.

---

24) 자치단체장들의 경우 민원에 따라 일단 사업반려를 하고 사업주체와는 행정소송 등을 통해 패소한 경우 인허가를 해주면 민원과 개발이라는 2가지 토끼를 다 잡을 수 있다고 판단하는 경우가 있음.

25) 삼익비치의 경우에도 정비사업체에서 주장하는 바대로 275% 용적률에 평당 1,500만 원으로 일반 분양이 성공하더라도 전문가들은 4천억의 부족분이 발생한다고 한다. 3천6백 세대이므로 세대 당 1억 2천2백만 원이 추가 소요된다고 볼 수 있다.

[평형별 시세]

(단위 : 만원/평)

| 평 형 | 매매가격 | 평 형 | 매매가격 |
|---|---|---|---|
| 17평 | 10,500~11,000 | 25평 | 16,000~16,500 |
| 30평 | 21,000~22,500 | 34평 | 24,000~26,000 |
| 36평 | 32,000~34,000 | 43평 | 40,000~42,000 |
| 48평 | 40,000~42,000 | 54평 | 56,000~64,000 |

* 부동산114, 2007.5

### (2) 리모델링 추진연혁

2004년 7월 72명의 조합원으로 301동에 대한 리모델링 창립총회를 실시하였다. 원래는 302동까지를 포함하여 총회를 추진하였으나 동의율이 높지 않아 한 동만이 참여하게 되었다. 2005년 4월 수영구청은 조합원 72명의 자필로 연명한 조합규약을 제출함을 전제로 301동 리모델링 조합을 조건부로 인가하였다. 이후 1개동 리모델링 시 타 동의 동의 여부를 가지고 지속적으로 분쟁이 발생하였다.

수영구청은 고문변호사에게 1개동 리모델링 시 타 동의 동의가 필요한지를 질의했으며 고문변호사는 타동의 동의를 요하는 것으로 답변하였으나 법무법인 광장은 타동의 동의는 불필요하다는 의견을 보내는 등 논란이 있어 왔다. 2005년 12월 삼익비치 아파트 재건축추진위원회가 인가됨으로써 분쟁이 수영구청과 301동 리모델링 조합간의 분쟁에서 재건축추진위원회와 301동 리모델링조합간의 분쟁으로 심화된다. 동일한 아파트에 대해 안전진단의 결과가 다르게 나오고 수영구청은 궁극적으로 2006년 12월 접수된 행위허가를 2007년 1월 반려하게 된다. 조합은 2007년 3월 행정심판, 4월에 행정소송을 제기하여 행위허가 반려의 부당함을 법원에 호소하는 상황으로까지 발전하게 된다.

### (3) 시공사 선정현황

최초의 리모델링 사업에 불을 지핀 회사는 G건설이었다. 2004년 2월 G건설은 삼익비치를 방문하여 사업설명회를 개최하는 등 삼익비치 리모델링 사업에 관심을 보였다. 2005년 7월 시공사를 선정하기 위한 공개경쟁입찰 시 조합은 부산의 랜드마크 단지로 만들어야 한다는 사명감으로 국내 유수의 대형건설업체의 참여를 유도하였으나 G건설은 내부사정으로 참여하지 않았으며 S건설은 시공단가가 맞지 않는다면서 참가 권유를 받아들이지 않았고 궁극적으로 S, D, H, K, D건설 등 5개사가 참여하게 된다. H, D, K건설이 우선협상대상자로 선정되었으며 2005년 8월 K건설이 최종 결정되었다. RFP(제안요청서)에는 개요, 조합운영비, 분담금, 공사비 변수요인, 마감재/시스템 적용여부 등을 비교적 상세히 명시하여 제안을 요청하였으나 최종 결정의 기준은 최저가낙찰방식이었다.

**[사업제안서 검토 내용]**

<table>
<tr><th colspan="2">구분</th><th>K</th><th>D</th><th>D</th><th>S</th><th>H</th></tr>
<tr><td rowspan="3">분담금</td><td>평당공사비</td><td>2,610,000원/평</td><td>2,485,690원</td><td rowspan="3">280만/평(VAT, E/S설계, 감리, 허가, 조사비)미적용(우선협상대상자 결정후 제시)<br>(2차:132,000,000)</td><td rowspan="3">미정</td><td rowspan="3">131,500,000원/세대당턴키방식(단 중요구조물 보강이 있을경우 상호협의)<br>(2차 : 1차유지)</td></tr>
<tr><td>평당사업비</td><td>192,000원/평</td><td>미정</td></tr>
<tr><td>세대당 분담금</td><td>132,782,000원/평<br>부가세포함<br>(2차:110,000,000)</td><td>미정</td></tr>
<tr><td rowspan="6">공사비변수요인</td><td>구조보강공사비</td><td>평당공사비에 포함</td><td>미정</td><td>별도</td><td>미정</td><td>평당공사비에 포함</td></tr>
<tr><td>물가연동제적용</td><td>미적용</td><td>미정</td><td>적용</td><td>미정</td><td>미적용</td></tr>
<tr><td>매립폐기물처리비</td><td>포함</td><td>미정</td><td>별도</td><td>미정</td><td>포함</td></tr>
<tr><td>지장물 철거/이설</td><td>포함</td><td>미정</td><td>포함</td><td>미정</td><td>포함</td></tr>
<tr><td>부가가치세</td><td>포함</td><td>별도</td><td>별도</td><td>미정</td><td>포함</td></tr>
<tr><td>기타</td><td>계획도면변경에 따른 평당공사비 변동없음</td><td>미정</td><td>계획도면 변경에 따른 평당공사비 변경가능</td><td>미정</td><td>계획도면 변경에 따른 평당공사비 변경없음</td></tr>
<tr><td colspan="2">시설분담금여부</td><td>공사비에 포함</td><td>미정</td><td>공사비에 포함</td><td>미정</td><td>공사비에 포함</td></tr>
<tr><td colspan="2">공사비지불조건</td><td>계약금10%, 2개월마다 기성지급</td><td>미정</td><td>계약금20%,중도금4회60%,잔금20%</td><td>미정</td><td>착공시10%,이후 2개월 간격으로 지급</td></tr>
</table>

* 삼익비치 리모델링 조합, 2007. 3

1차 제안서 접수결과 H중공업이 가장 낮은 단가를 제시하였으나 2차 제안서 접수 시 K기업이 훨씬 더 낮은 가격을 제시함에 따라 최종사업자로 선정되었다. 하지만 단순히 최저가를 제시한 사업자를 선정하는 것이 최적의 의사결정이었는지는 논란이 제기될 수 있다. 지방도시의 리모델링 사업은 훨씬 더 큰 어려움과 돌발변수가 발생할 수 있기 때문에 성공시키려는 의지가 더 크며 전략적으로 접근할 수 있는 건설 회사를 선정하는 것이 더욱 바람직할 수 있다.

[남천동 삼익비치 아파트 301동 리모델링 공사]

- 사 업 명 : 남천동 삼익비치 아파트 301동 리모델링 공사
- 사업위치 : 부산광역시 수영구 남천동 148-4번지 외 3필지
- 지역 · 지구 : 제2종 일반주거지역, 주택 재건축 정비구역
- 대지면적 : 173,385.00(52,448.96평)

| 구 분 | 변경 전 | 변경 후 |
|---|---|---|
| 건축면적 | 657.87㎡(199.00평) | 834.5390㎡(252.4480평) |
| 지하층 연면적 | 609.10㎡(184.25평) | 879.1076㎡(265.9301평) |
| 지상층 연면적 | 7,495.10㎡(2,267.27평) | 9535.8566㎡(2,884.5966평) |
| 연면적 | 8,104.20㎡(2,451.52평) | 10,414.9642㎡(3,150.5266평) |
| 구 조 | 철근콘크리트벽식 및 라멘혼합구조 | 철근콘크리트벽식 및 라멘혼합구조 |
| 규 모 | 지하1층 지상12층 | 지하1층 지상13층 |
| 세대 수 | 72 | 72 |

## 3. 마케팅적 시사점

2007년 2월 기준으로 부산에는 53만 채의 아파트가 존재한다. 이 많은 아파트를 대상으로 리모델링 마케팅을 추진하기 위해서는 리모델링을 추진할 가능성이 높은 아파트 단지를 우선적으로 추진하는 표적시장(Targeting) 선정 전략이 바람직할 것이다. 마케팅 대상을 선정하기 위해서는 3단계의 절차를 밟는 것이 필요하다. 1단계로는 입주년도가 증축 리모델링에 적합한 15년이 경과한 단지 인지를 파악하여 먼저 필요조건을 충족시켜야 한다. 2단계로는 중층 이상의 단지는 재건축 사업성이 현저히 떨어지므로 10층 이상의 단지를 선택하여야 한다. 마지막으로 최종적인 사업성을 살펴야 하는데 현재 리모델링 공사비는 대략 300만원 내외라고 볼 수 있는데 이러한 시공비에 현재 아파트 시세를 추가했을 때 지역 내 상위 아파트 단지의 시세보다 낮은 단지를 찾는 것이 중요하다. 즉 시공비를 더하여도 분양성이 있는 단지를 골라야 한다는 말이다. 따라서 어떤 측면에서는 원가절감의 사고보다는 수익성 향상의 사고를 전제로 하여 대상 아파트 단지를 살펴보는 전략이 필요할 것이다. 즉 시공비를 추가하였을 때 그 이상의 효과를 볼 수 있는 단지를 찾아야 한다는 말이다. 부산의 경우 조망권이 보장되는 아파트 단지가 이러한 조건을 충족시킬 수 있을 것이다.

지방에서 추진하는 리모델링 사업의 경우 소개를 통한 영업이 더욱 중요하다. 따라서 입주자 대표회의가 아니더라도 먼저 접촉할 수 있는 대상을 파악하는 노력이 필요하며 부녀회나 동 대표의 경우에도 동별 리모델링이 가능하므로 적극적인 자세로 접촉하는 전략이 필요할 것이다. 남천동 삼익비치의 경우에도 리모델링 조합장의 경우 과거 동 대표일 때 G건설에서 접촉한 사례가 있었다.

리모델링 사업은 재건축 사업에 비해 짧은 시간 내에 사업이 종료될 수 있기 때문에 장점을 보유하고 있다고 여겨지나 사실은 재건축 사업보다 리모델링 사업이 훨씬 장기간이 소요될 수도 있다. 사업성 측면에서 접근하여 이해시킬 수 있는 재건축 사업에 비해 다양한 이해관계를 가지는 리모델링 조합원의 경우 오히려 더 많은 시간이 필요할 수 있다. 따라서 생애주기비용(Life Cycle Cost) 입장에서 사업을 추진하는 전략이 요구된다. 즉 지속적인 투자와 관리가 필요하기 때문에 사업성이 충분하거나 전략적으로 추진할 가치가 있는 경우에만 참여하고 참여한 프로젝트에 대해서는 순조롭게 사업이 진행될 수 있도록 조합을 선도해 나갈 수 있는 적극적인 참여가 필수적이다.

# 제8장

# 공간마케팅
(Space Marketing)

REAL ESTATE

MARKETING

# 제8장 공간마케팅(Space Marketing)

## 1. 공간마케팅의 개념과 이해

공간마케팅이란 엔터테인먼트와 휴식, 비주얼 등 고객들이 좋아할 만한 요소들을 한 공간에 녹여 자사 브랜드를 자연스럽게 알리는 마케팅 활동을 말한다. 공간마케팅은 체험마케팅의 일종이라고 볼 수 있다. 체험마케팅은 소비자들에게 직접 체험하게 만들어서 제품을 홍보하는 마케팅 기법을 이야기한다. 굳이 4Ps의 틀에 포함시킨다면 촉진전략에 가깝다고 보여 진다.

이러한 체험마케팅은 기존 마케팅과는 달리 소비되는 분위기와 이미지 그리고 브랜드를 통해 고객의 감각을 자극하는 체험을 창출하는데 초점을 맞춘 마케팅이다. 단순히 제품의 특징보다는 잊지 못할 체험이나 감각을 제공하여 고객의 구매 욕구를 자극하게 된다. 따라서 공장에서 제조과정을 설명하며 제품을 이해시키고 구매를 유도하던 시연회나 불특정 다수를 대상으로 샘플을 나누어주는 샘플마케팅과는 성격이 다르며 제품이나 서비스보다는 고객의 경험에 초점을 맞추고 있다.[1] 이러한 체험마케팅이 부동산 상품에서는 공간마케팅이라는 의미로 재탄생되고 있다.

---

1) 체험마케팅 범위 안에 샘플마케팅이 포함된다. 그러나 체험마케팅의 경우는 크기를 작게 만들 수 없는 경우도 많다. 예를 들어서, 디지털 제품, 가전제품 등은 완제품을 사용하도록 해야지 샘플을 별도로 만들 수는 없다. 이런 경우는 별도로 체험마케팅을 위한 "체험단"을 모집하기도 한다. 그러나, 샘플마케팅의 경우는 미니어처 형태로 된 제품을 고객이 직접 집으로 가져가서 시간을 두고 써보면서 효과 효능을 직접 느낄 수 있도록 하고 있다. 특히 샘플마케팅은 대상이 열려있지만 체험마케팅은 특정 고객을 대상으로 수행하는 것이 일반적이다.

공간이 하나의 마케팅의 도구로서 활용되고 있으며 공간의 역할이 트렌드의 변화에 맞추어 복합화 되고 있다.

공간마케팅은 부동산 상품에 있어서는 기존의 모델하우스보다는 주택문화관의 개념과 목적에 가깝다. 모델하우스는 단순히 상품을 파는 장소, 즉 유통경로로서의 특성이 강조되는 장소인데 반해 주택문화관은 간접적으로는 제품을 파는 목적을 가지고 있지만 기본적으로 다양한 구매단계상에 위치한 고객들에게 자사 부동산 상품을 체험할 수 있는 기회를 제공해주는 장소에 가깝다.

최근 대형 건설사를 중심으로 새로운 형태의 주택문화관이 속속 등장하고 있다. 기존의 주택문화관 개념은 단순히 아파트 분양만을 위한 임시 공간이었다. 건설사들은 홍보를 통한 분양에만 관심을 기울였고 소비자 역시 대량 생산된 상품을 고르듯 아파트를 선택하는 공간이었다. 즉, 분양이 마무리되면 흔적도 없이 사라져 버리는 일회용 건축물에 지나지 않았던 것이다. 그러나 최근 완공된 주택문화관은 건설사의 아파트 브랜드 홍보뿐만 아니라 몇 년 내로 실현될 아파트의 시험장이 되고, 주거문화의 변천사를 소개하는 등 각 건설사마다 추구하는 주거상품의 문화적 요소를 엿볼 수 있는 공간이 되고 있다. 또한 휴게공간과 이벤트 홀까지 갖추는 등 복합시설로 탈바꿈하며 새로운 브랜드 가치를 창출해내고 있다. 특히 주택 문화관은 일정 기간이기는 하지만 당대의 인테리어와 자재, 소품을 한눈에 살펴보며 체험해 볼 수 있는 가늠자이기도 하다.

## 2. 공간마케팅의 다양성

지금까지 공간마케팅은 체험마케팅의 관점에서 해석되고 이해되어 왔다. 따라서 공간마케팅은 일반적으로 매장이라는 협소한 장소에서의 마케팅으로 인식되었다. 디지털카메라 전문기업인 올림푸스한국은 '올림푸스 갤러리'를 오픈 했다. 장소도 주요 고객층의 발길이 많은 서울 용산

전자상가로 정했다. 올림푸스 갤러리는 전문사진 작가가 아니더라도 일반인이 찍은 사진을 무료로 전시할 수 있는 디지털 문화공간이다. 태평양도 서울 서초구 서초동에 차 전문점 오'설록 티하우스를 선보였다. 화장품 외에 녹차도 판매하고 있는 태평양은 오'설록 티하우스를 열어 녹차를 즐길 수 있게 한 것이다. 담배회사인 BAT 코리아는 청담동에 이어 서울 강남구 신사동에 고급스러운 흡연 공간을 내세우며 '시카렛'이란 카페를 오픈했다. 현대모비스도 차를 마시며 자동차 용품 등을 들여다 볼 수 있게 한 자동차용품매장 '카페(Carfe:car+ cafe)'를 운영 중이다. 이렇듯 공간마케팅의 앞서가는 장소는 기업전시공간(Brand Land)라고 볼 수 있다. 기업이 마케팅의 중요한 요소로 공간을 인식하고, 상품을 파는 곳도 단지 물건을 파는 장소가 아니라, 소비자의 구매 욕구를 일으킬 수 있는 중요한 장소가 될 수 있다는 생각에 기업전시공간에 관심이 집중되고 있다.

[오' 설록 티하우스]

이곳에서 소비자는 자신이 소비하고 있는 브랜드가 만들어지는 장면을 직접 목격하기도 하고, 일방적으로 전해지는 광고들을 눈에 보이는 것으로 실제 경험하고 이를 통해 구매욕구를 자극받는다. 이처럼 물건을 파는 장소를 소비자가 체험을 할 수 있도록 제공하는 마케팅 공간으로 전환시킨 기업전시공간의 외국유명사례로 독일의 폭스바겐의 '아우토슈타트', 오스트리아의 '크리스탈 월드', 미국의 '나이키타운' 등이 있다.

물론 이러한 곳들이 기업들의 공간 마케팅의 전형적인 장소이지만 사실 공간마케팅의 범위는 다양하게 적용할 수 있다. 국가, 도시, 거리, 건물, 매장 등 모두가 공간이라는 영역 안에서 이루어지기 때문에 공간마케팅의 범위로서 확장되어질 수 있다.[2]

2) 박미애, 기업전시공간, 알투마켓리포트, 2007. 4

장소는 개발주체에 따라 민간과 공공의 영역으로 구분된다. 민간 영역은 어차피 수익을 목적으로 한 경쟁을 기본으로 한다. 이에 반해 관 주도로 진행되는 공공시설물은 일단 '건축행위'에 중점을 두기 때문에 비용충당에 대한 여타의 고민에서 자유롭다. 하지만 최근 지자체가 경쟁적으로 유치하거나 건축한 공적시설물이 관리비를 충당하기도 어렵게 되면서 소프트웨어의 중요성이 부각되고 나아가 공간마케팅의 개념이 적극적으로 도입된다. 따라서 공간마케팅은 공공의 영역으로까지 확대되고 있다.

이러한 공간마케팅은 건축과 디자인적인 요소에 의해 경쟁력이 결정되는 경우가 많다. 과거 생산자적인 사고에서 고객지향적인 사고로 변화해 가면서 디자인은 평면적인 성격과 함께 포괄적인 의미를 가지며 이러한 복합성은 공간마케팅의 중요한 전환점이 되고 있다.

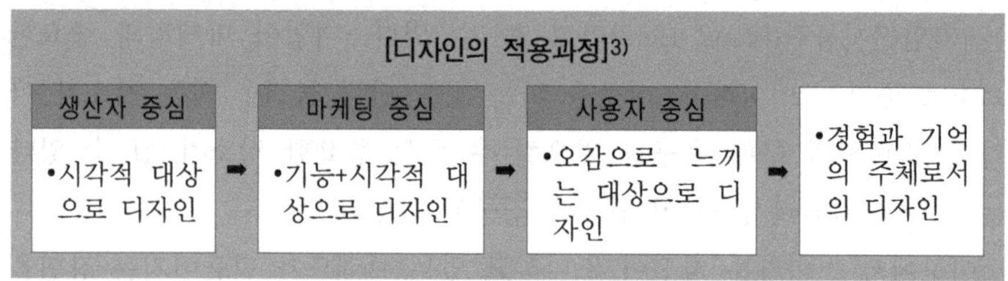


## 3. 주택문화관 - 부동산 공간마케팅의 첨병

### (1) 주택문화관의 개념

주택문화관이란 건설회사가 자사의 주택을 홍보하고 분양을 촉진하기 위하여 자사 주택과 기업에 관한 자료를 고객에게 직접 제시하면서 기술적인 우위성과 품질 및 시공의 우수성을 인식시키는 전시공간이며, 타 건설사의 주택전시관과 차별적인 선택을 위해 경제적 효용과 함께 기업

3) 홍성용, 스페이스마케팅, 삼성경제연구소, 2007. 5

이미지를 호소하는 공간으로서 기업과 소비자가 서로 호흡하고 교류하는 장이다.[4)]

또한, 주택문화관은 단순히 견본주택을 설치하여 보여주는 곳만은 아니며 주택과 관련된 현재와 미래의 다양한 정보를 제공하고 나아가 건설회사의 기업이념과 경영방침을 표현하는 장이며 새로운 주거문화를 창출하는 장이기도 하다.

과거의 아파트 모델하우스는 견본주택을 보여주어 고객의 선택을 돕는 역할을 수행하였으나 최근 다양한 소비자의 요구가 표출되면서 건설회사의 다각적인 시도로 주택문화관이 생겼다고 보여 진다. 주택문화관은 아파트 모델하우스가 가지는 한계점을 극복하고 새로운 주거문화에 대한 앞선 제안, 나아가 문화와 연계한 상설전시의 시도로 고객의 문화적 욕구를 충족시키기 위한 전문 전시공간의 의미로 변화하고 있다.

[모델하우스와 주택문화관의 비교][5)]

| 구분 | 모델하우스 | 주택문화관 |
|---|---|---|
| 어원적 의미 | 아파트를 건축하기 이전에 건립되는 실제와 똑같이 지어 놓은 것 | 아파트 전시와 더불어 문화적 공간의 도입으로 소비자의 직접적, 간접적 체험을 높이는 것 |
| 사실적 의미 | 일반인과 아파트 구입대상자에게 준공 아파트의 실제 마감수준과 대상부지 주변환경 및 도로 기반시설 등을 미리 보여줌으로써 아파트를 구입 전에 평가할 수 있도록 한 것 | 아파트의 구입대상자를 포함한 예정자를 대상으로 아파트 평가와 더불어 자사의 이미지 홍보로 브랜드의 인식을 높이도록 한 것 |

### (2) 주택문화관의 발전과정

국내 아파트 전시시설은 아파트의 건립과 함께 지속적이고 다양하게

4) 오인욱, 실내계획론, 기문당, 1993

5) 박선희, 주택문화관의 실내공간계획, 홍익대학교 건축도시대학원, 2006. 6

발전되어 왔다. 주택문화관은 견본주택부터 모델하우스, 주택전시관을 거쳐 현재의 주택문화관으로 발전되어왔는데 기본적으로 가진 고유의 기능인 전시기능에 홍보와 판매라는 추가된 고유의 기능에 교육과 문화라는 부가 기능이 포함되어 복합화되고 있다.

[주택전시시설의 범위][6)]

| 구 분 | 고유기능 | 부가기능 |
|---|---|---|
| 견본주택 | 전 시 | |
| 모델하우스 | 전시 + 홍보 + 판매 | |
| 주택전시관 | 전시 + 홍보 + 판매 | 교 육 |
| 주택문화관 | 전시 + 홍보 + 판매 | 교육 + 문화 |

주택문화관
주택전시관
모델하우스
견본주택

최근의 주택시장은 주택전시관의 공간을 개성화, 차별화하고 고객관리를 위한 새로운 마케팅전략을 실행하고, 기업 고유의 차별적 컨셉이 동시에 추구되고 있다.

### (3) 주택문화관의 특성

모델하우스는 분양, 접수, 추첨 등의 업무를 하는 장소로써 사용한 후 기능이 종료되었음에도 불구하고 철거하지 않고 전시장이나 상담 장소 등의 다양한 공간으로 활용하여 일시적인 목적의 공간이 아니라 고객들과의 교류를 위한 문화센터로서 그 의미가 확대되고 있다.

이러한 배경으로 모델하우스는 고객지향의 공간으로 보고, 만지며, 느끼는 친근한 전시 공간, 주거문화의 발전을 위한 새롭고 즐거운 정보를 획득하는 공간으로서의 의미로 새롭게 변화하고 있으며 주택문화관이라

6) 박일우 · 조금령, 주택문화관의 디자인 및 운영방식에 대한 쟁점, 한국실내디자인학회 4월 논문, 2003

는 체험공간을 탄생시키게 된다.

주택문화관은 고객과 건설회사가 직접적으로 교류하는 역할을 수행함으로써 고객의 구매 욕구를 자극할 수 있도록 가능한 수단을 모두 단일 장소에 배치하게 된다.

### (4) 국내 주택문화관 사례[7]

국내 대형 건설회사 중에서 공간마케팅의 대상으로서의 주택문화관을 상설전시관으로 운영하고 있는 곳은 10여 개 정도이다. 주택문화관의 대부분이 강남지역에 위치하고 있으며, 일반적인 경우 부지를 지주로부터 임차하여 사용하고 있다. 주택문화관의 입지가 강남지역에 집중하는 이유는 신규분양아파트에 대한 잠재고객이 몰려있으며 부동산투자대상으로서 강남지역이 주목받고 있기 때문일 것이다.

**[대형건설회사의 주택문화관 사례]**

| 브랜드 | 장소 | 규모 | 내용 |
|---|---|---|---|
| 삼성물산 -래미안 | 서울 강남구 일원동 | 1층/연면적 2,300평 | 전시공간은 각 전시실의 성격과 기능에 맞게 구성, 견본주택과 테마전시공간의 분리로 공간의 가변성과 효율이 높음. |
| 현대건설 -홈타운 | 서울 강남구 대치동 | 2층/연면적 1,800평 | 개방적인 내부공간, 이벤트, 휴식공간, 전시공간으로 이어지는 공간의 흐름이 자연스러움. 그러나 낭비공간이 많음. |
| 대우건설 -푸르지오 | 서울 서초구 서초동 | 3층/연면적 1,680평 | 주택상품의 전시기능을 강조. 견본주택 공간의 비중이 높으며 문화공간 및 고객 참여 공간이 부족 |
| SK건설 -SK뷰 | 서울 강남구 역삼동 | 4층/연면적 | 각층마다 독립적인 전시공간이 설치 |

7) 박선희, 주택문화관의 실내공간계획, 홍익대학교 건축도시대학원, 2006. 6

### (5) 주택문화관의 체험 공간 구성[8)]

주택문화관이 체험공간마케팅의 장소로서 부각되면서 다양한 성격의 공간으로 구성되고 있으며, 특히 공간 계획에 있어 중요한 것은 다양한 성격의 공간을 합리적으로 연계시키고, 기능적으로는 모든 성능을 충분히 발휘하게 하는 것이다. 이런 이유로 주택문화관을 구성하고 있는 핵심 체험공간을 규명 짓는 일은 중요한 작업이다. 주택문화관의 체험공간을 정확히 규명해야만 공간마케팅의 첨병으로서의 역할에 대한 이해의 폭이 넓어질 수 있기 때문이다.

주택문화관은 전시공간, 교육·문화공간, 휴식공간, 사무공간으로 구분된다. 주택문화관은 일반적으로 이들 4개의 공간으로 구성되는데 각사의 특성에 맞추어 특정 기능이 강조되거나 부각될 수는 있다.

### (6) 주택문화관의 발전방향

주택문화관이 공간마케팅의 한 장소로서 올바른 기능을 수행하기 위해서는 '발상의 전환'이 필요하다. 판매자가 판매 공간을 단순히 물건을 공급하는 기능으로만 여기지 않고 고객들이 체험을 통해 즐거움을 느낄 수 있는 공간으로 만들어야 하는데 최근 국내 주택문화관의 운영은 상당히 폐쇄적으로 이루어지기 때문에 수분양자나 사전 신청자 등 특정인에게만 열려있는 공간으로 변질되고 있다.

이렇게 특정인에게만 열려있는 공간으로의 변질은 주택문화관의 기능을 다시 모델하우스의 기능으로 후퇴시키는 퇴행적 문제점을 야기시킬 수 있다. 주택문화관의 개방성을 향상시키고 단지 주택상품을 전시하는 공간이 아니라 고객들의 체험의 장소 나아가 고객과의 교류의 장소로 발전시켜야 할 것이다.

---

8) 박일우 · 조금령, 주택문화관의 디자인 및 운영방식에 대한 쟁점, 한국실내디자인학회 4월 논문, 2003

사례연구

**공간마케팅의 선두주자 토즈(TOZ)**

## 1. 공간 비즈니스란

커뮤니티 카페(community cafe)라고 일컫어지는 토즈(TOZ)에 대해 언급하기 위해서는 먼저 공간 비즈니스라는 개념을 이해할 필요가 있다. 물론 공간 비즈니스를 이해하기 위해서는 공간[9]이라는 개념부터 정의해야 하지만 너무 세부적으로 들어가면 철학적인 경지에까지 이르게 되어 실효가 없어 이 책의 주제인 마케팅적 측면에 집중하자.

공간 비즈니스란 공간을 상품화하여 또는 매개로 하여 이루어지는 영리행위를 말한다. 공간이 자체적으로 상품이 되거나 또는 매개체로서 상품화가 이루어지는 사업을 말한다. 이러한 정의만으로는 감이 잡히지 않으니 몇 가지 사례를 가지고 살펴보자. 부동산은 전형적인 공간 비즈니스의 대상이라고 할 수 있다. 부동산을 판다는 말은 공간을 판다는 의미라고도 볼 수 있다. 하지만 부동산이란 상품은 공간에 일정한 물리적인 조처를 취한다. 또는 할 수 있는 행위를 제한한다.

주거용부동산은 주거 위주로 활용되어야 하며 내부는 주거에 적합하도록 치장(인테리어) 한다. 상업용부동산도 마찬가지로 용도에 맞게 활용하도록 되어있으며 그에 맞게 치장이 되어 있다. 물론 주거용부동산에 비해 상업용부동산과 업무용부동산과 같이 공간에 추가적인 조처(인테리어 등)가 덜 포함되어 있는 부동산도 있으나 어쨌던 용도는 정해져 있다. 이렇게 용도를 정해놓고 내부를 특정 용도에 적합하게 꾸며놓은 곳은 엄

9) 공간이란 직접적인 경험에 의한 상식적인 개념으로 상하, 전후, 좌우 3방향으로 퍼져있는 빈 곳을 말한다. 공간의 개념은 각 학문의 특성에 따라 다르게 인식될 수 있다.

밀하게 말해서 공간 비즈니스라고 하기에는 순수하지 않다.

이런 의미에서 비즈니스센터와 같이 벤처기업들의 육성을 위한 사무공간을 제공하는 비즈니스도 공간 비즈니스라고 하기에는 부담스럽다. 공간에 너무 많은 제약을 가했다는 의미이다. 하지만 이러한 비즈니스도 넓게는 모두 공간이라는 것을 상품화하여 사업을 수행하는 공간 비즈니스라고 할 수 있다.

토즈는 모임 전문공간이다. 물론 모임이라는 용도를 정해놓기는 하였지만 기존의 부동산이나 비즈니스센터에 비해서는 용도가 유연하다고 볼 수 있다. 모임이라는 것은 주거나 상업, 업무에 비해 훨씬 그 용도가 유연하다. 모임을 단순하게 정의하면 사람과 사람의 만남이기 때문이다. 물론 목적은 있지만 그 목적의 종류가 너무 다양하기 때문에 특정 용도를 정해 공간을 활용하는 부동산 상품과는 차별화된다. 어떤 비즈니스를 발전된 형태라고 보는 것은 큰 의미가 없으나 연대기 순으로 본다면 토즈와 같은 비즈니스가 가장 최근에 생겼기 때문에 조금 더 발전된 형태라고 판단할 수 있을 것이다.

## 2. 공간비즈니스의 진화

공간을 주요한 상품으로 만들어 분양, 임대, 사용을 목적으로 한 사업인 공간비즈니스는 계속적으로 진화해오고 있다. 먼저 앞에서 간략히 살펴본 공간의 활용목적인 용도를 얼마나 획일적으로 적용해왔느냐에 따라 유형화할 수 있다. 부동산 비즈니스는 공간을 특정한 용도로 지정하여 그 용도에 맞는 사람 또는 회사에 활용될 수 있도록 제공한다. 공간이 어떻게 활용되어야 하는지에 대한 구속력이 강하다고 볼 수 있다. 공간을 지정된 용도가 아닌 다른 용도로 사용할 때는 심한 경우 정부의 제제를 받기도 한다.

벤처기업을 인큐베이팅하던 비즈니스센터의 경우에도 부동산 비즈니스와 마찬가지로 공간을 특정한 용도(기업을 인큐베이팅)에 맞게 임대한다. 주요고객을 만난다든지 회의실 용도로 활용한다던지 하는 다른 용도의 쓰임새가 있기는 하지만 대부분의 경우 주요 목적인 기업을 인큐베이팅하는 용도로 활용된다. 한 단계 더 진화한 공간비즈니스의 사례로는 컨벤션센터를 들 수 있다. 컨벤션센터는 전시나 회의라는 특정 용도로 공간을 비즈니스화하지만 사실 전시나 회의라는 용도만 정해져있지 전시나 모임의 개별용도는 정해져 있지 않다. IT관련 전시회든 굴뚝산업과 관련된 전시된 기업 설명회든 상품 품평회든 자유스럽게 전시나 모임의 성격이 정해진다. 나아가 토즈의 경우에도 컨벤션센터와 같이 모임이라는 용도는 지정하여 공간을 비즈니스 화하지만 사실 그 모임 공간이 어떻게 활용되는지 정확히 알 수 없는 경우도 많다. 즉 공간비즈니스가 진화해온 방향은 모임이라는 공간이 초기에는 획일적인 용도인 회사의 정기적인 모임인 사무에 활용된데 반해 시간이 지나면 지날수록 다양한 형태의 모임에 공간이 개방되고 있다.

공간을 빌려주는 방식에 있어서도 공간비즈니스는 진화해오고 있다. 부동산비즈니스는 년 단위의 임대방식을 취한다. 물론 주거용과 같이 정부가 2년이라는 임대차기간을 보장해주는 경우와 초기투자비용이 많이 드는 점포의 경우는 상당히 긴 기간을 임대하는 경우도 있지만 대체적으로 년 간 단위로 임대계약이 이루어진다. 비즈니스센터는 월 단위의 임대가 이루어진다. 안정적인 회사의 형태를 갖추기 전의 상태에서 공간을 임차한 경우가 대부분이기 때문에 월 단위로 계약을 하고 사용하는 것이 훨씬 유리하다. 중간에 창업을 할 만한 가치가 없다고 판단하면 사업을 접거나 창업을 본격적으로 해야 하면 부동산을 년 단위로 임대하여 회사의 틀을 갖추어야 한다. 컨벤션센터는 일 단위의 임대방식을 취한다. 물론 전시를 할 때 하루를 빌리는 경우는 거의 없으며 몇 일 또는 일주일을 임대하여 전시나 행사를 치르는 경우가 많지만 어쨌던 계약의 단위는 하루 단위가 된다. 이에 반해 토즈는 시간단위의 임대를 한다. 따라서 요금도 임대료라고 부르지 않고 사용료라고 부르는 것이 적당하다고 볼 수 있다. 그리고 토즈를 제외하고는 특정 공간을 사용하는데 따른 사용료를 지불한다. 따라서 특정 공간의 규모가 클수록 사용료를 많이 지불하게 된다. 하지만 토즈의 사용료는 기본적으로는 시간단위로 과금되지만 실제로는 이용하는 사람에 사용료 책정이 맞추어져 있다. 공간의 최소이용인원이 정해져 있지만 그 최소이용인원을 넘어서면 사람 당 사용료를 책정하게 된다.

공간비즈니스는 부동산비즈니스에서 비즈니스센터, 컨벤션센터로 이어져 현재는 토즈에까지 이르고 있다. 토즈는 부동산 비즈니스가 가지고 있던 과거의 사업방식과 형태와는 상당부분 다른 방식의 사업을 취하고 있다. 이러한 공간비즈니스가 출발점이라고 할 수 있는 부동산비즈니스의 성향을 얼마만큼 계속 보유할 것인지 그리고 얼마만큼 차별화될 것인지는 모임의 성격에 따라 달라질 것으로 보인다. 하지만 기본적으로 공간비즈니스는 부동산 비즈니스의 틀을 완전히 벗어나기는 어려울 것으로 생각된다. 그 일례로 토즈가 일반 식음료 프랜차이즈와는 다르게 최고의 상권에서 그 규모를 확대하는 심화전략의 방향으로 비즈니스가 이루어지고 있다는 점을 들 수 있다.

## 3. 토즈 창립의 배경

2006년 7월 현재 인터넷 카페는 다음이 6,319,870개이며 네이버는 1,416,009개, 싸이월드는 1,005,037개이다. 네이버의 경우 2007년 8월에는 2,605,172개로 증가할 정도로 아직까지도 폭발적으로 카페의 수는 증가하고 있다. 온라인 커뮤니티가 활성화됨에 따라 온라인 커뮤니티 회원들을 대상으로 하는 '정모'(정기모임)를 주선하는 사업도 같이 성장하게 된다. 다음의 경

우는 2002년에 인터넷 정모예약시스템을 만들어 할인무료쿠폰을 제공하는 정모마당을 오픈했다. 이 정모마당에는 레스토랑, 카페 등이 등록하여 입점업체들을 대상으로 연간 99만원의 수수료를 받아 수익창출의 효과까지 거두었다.

이러한 온라인 커뮤니티 모임을 지원하는 오프라인업체도 등장한다. 피투피시스템즈가 대표적인 경우인데 이 회사는 오프라인 모임을 지원하는 공간인 '토즈'를 2002년 초 신촌에 1호점을 개설하게 된다. 온라인 커뮤니티 중 전문모임이 속속 개설되자 이들이 모일 수 있는 장소가 없다는 점에 착안해 만들어진 공간이다. 과거에는 호프집 등 단순한 유흥을 위한 모임이 많았으나 최근에는 자기계발모임들이 늘어나면서 전문모임을 할 수 있는 공간들이 필요하게 되었다. 부스를 설치하고 초고속통신망을 깔고 노트북, LCD프로젝션 등을 사용할 수 있으며 스크린까지 구비하고 있다.

서울에 최초로 설립된 신촌과 부산에서는 두 번째로 설립된 부산대점의 경우 학생들을 대상으로 학교라는 비상업적인 공간과의 경쟁을 가정하여 마케팅 전략을 수립하고 실행하였다. 하지만 양 지역 모두 초기에 상당한 고전을 하면서 차츰 스터디 모임과 함께 자기계발 모임으로 마케팅 전략을 확장하기 시작하였다. 토즈는 모임 전문공간이기도 하지만 전문모임 공간이기도 하다.

## 4. 토즈 서비스

토즈는 다양한 모임과 커뮤니티를 위한 서비스를 제공하는 모임전문공간이며 모임의 인원과 목적별로 다양한 독립공간(부스)과 멀티미디어, 음료서비스를 제공하고 있다. 각 거점 지역에 위치한 토즈는 커뮤니티의 정모, 회사의 미팅 및 교육, 학생과 직장인의 스터디와 자기계발을 위한 서비스를 제공한다.

토즈의 예약은 전화, 방문, 온라인을 통해 이루어지며 모임별 인원과 이용시간, 필요설비 등을 결정한 후 신청하면 된다. 특히 온라인 예약을 하는 경우 모임에 대한 기록을 마이페이지를 통해 관리할 수 있으며 온라인 회원을 대상으로 각 지점에서 회원카드를 발급받아 할인 등 다양한 혜택을 누릴 수 있다. 토즈는 아미[10]를 통해 서비스를 제공하고 있으며 각 지점별로는 직원을 대표하는 점장이 모임의 목적에 따라 차별화된 서비스를 제공한다.

토즈는 TOP center(TOZ Program Center)를 통해 재미와 가치를 가지는 프로그램과 행사의 적극적인 교류를 추진하고 있다. 그동안은 기존의 모임을 유치하는 형태의 수동적인 마케팅 전략을 수행하였으나 최근에는 새로운 모임을 창출하여 이를 토즈에서 유치하는 마케팅 전 단계

10) 아미는 프랑스어로 친구라는 뜻임.

(pre-marketing)에 많은 노력을 기울이고 있다. TOP center를 통해 매월 2~3회 정도 정기적으로 다양한 프로그램들이 진행되고 있으며 좋은 컨텐츠를 보유한 사람은 적극적으로 참여할 수 있다.

토즈는 장기적으로는 오프라인의 한계를 넘어 각 지점이 동시에 만날 수 있는 화상회의 서비스를 도입할 예정이다. 오프라인 커뮤니티 정기모임의 지역적 한계를 극복하고 실시간 커뮤니케이션을 지원하기 위한 이 시스템은 우선 강남권의 강남점과 강북권의 신촌 본점을 연결하고 있으며 조만간 전 지점으로 확대 실시할 예정이다. 지역적인 한계를 넘어 모임과 커뮤니티의 네트웍화를 지원하기 위해 지속적인 서비스를 개발하고 있다.

## 5. 토즈 소개

토즈는 수습 → 프레쉬 → 주니어 → 시니어 → 치프 → 매니저 → 점장의 조직구조를 가진다. 주니어 이하는 아르바이트이며 시니어 이상을 직원이라고 볼 수 있다. 점장은 그 지역 점포의 서비스를 대표하며 회사 내 다른 직책을 겸직하기도 한다. 강남점의 점장은 서비스팀장을 겸직하고 있는 것이 이러한 예이다.

토즈의 직원은 아르바이트생으로 출발하는 경우가 많으며 회사에 대한 충성도가 강한 편이며 아르바이트 출신 점장이 2명이나 되는 것을 보면 상당한 결속력을 가진 것으로 추정된다. 아직 성장하는 회사이기 때문에 수습에서 치프까지 1~2년 내 승진하는 경우도 많다.

직원들에 대한 교육의 목표는 서비스 전문가를 육성하도록 하는데 중점을 두고 있다. 교육의 내용은 기본매뉴얼교육, 점별교육으로 분류된다. 기본매뉴얼교육은 고객이 토즈를 방문하여 떠날 때까지의 서비스를 말하며 점별교육은 지점별 고객응대 강화를 위한 특성화된 교육이다. 2007년

6월 직원교육을 리모델링 하여 자체교육을 강화하고 있다.

2006년동안 토즈를 방문한 고객은 모두 40만명으로 서울이 주를 이룬다. 고객은 A, B, C 등으로 분류되는데 A는 Academy, B는 Business, C는 Community를 의미한다. 즉 토즈의 주 고객은 학생, 직장인, 커뮤니티로 분류할 수 있다.

토즈와 유사한 커뮤니티 카페로는 민들레영토를 들 수 있는데 민들레영토는 다각화 특히 식음료 쪽으로 다각화 전략을 추구하고 있어 모임공간으로서의 특징이 옅어지고 있다. 하지만 토즈는 서비스 심화전략을 추구하고 있다.

현재의 기본 사업모델에 대한 고민을 더하여 기본모델자체를 어떻게 진화시킬 것인가에 대한 노력을 기울이고 있다. 고객이 방문하면 고객에 대한 정보를 사전에 파악하여 미리 준비하는 자세로 서비스에 임하고 있다. 이를테면 영어교육 모임이라면 사전에 영어교육을 할 수 있는 기자재를 준비해둔다.

## 6. 토즈의 발전전략

토즈는 목적화된 모임이 진행되는 공간이므로 목적화된 모임이 어떻게 진화하는가가 가장 중요한 고려사항이다. 모임은 스터디, 비즈니스, 기업모임 등으로 분류되는데 스터디는 학생, 일반인들로 구성되는데 학생들은 최근 영어에서 면접으로 모임의 내용이 달라지고 있다. 이는 취업이 어려워지면서 학생들의 관심사항이 단순한 학습에서 취업대비 등 실습위주로 변화되어 가기 때문이라고 보여 진다. 일반인들은 재테크, 건강, 취미, 컴퓨터가 많은데 최근에는 재테크 모임들이 늘어나고 있다. 이는 평생직장개념이 옅어지고 고령화 사회로 본격적으로 진입하고 있기 때문인 것으로 보여 진다.

토즈가 서울에서 지방으로 진출하면서 6호점으로 부산의 서면점을 2005년에 오픈하고 7호점으로 부산대점을 2006년에 오픈하였다. 8호와 9호점을 어느 곳에 오픈하느냐가 과제였지만 부산지역 내에서 지속적으로 오픈을 계획하고 있다. 이는 지방에서의 사업모델을 부산에서 정립하기 위해서일 것이다. 서울에서도 신촌, 강남, 대학로 등 거점지역에서 사업을 심화하는 전략을 구사하고 있는데 이러한 심화전략이 지방 사업에도 적용되고 있는 것으로 파악된다. 따라서 부산에서 몇 개의 점포가 성공한 이후 타 지방으로의 사업전개를 고민하는 것으로 보여 진다. 또한 부산에 가면 어디서나 토즈를 발견할 수 있다는 마케팅 차원의 접근도 염두에 둔 전략이라고 볼 수 있다.

상권이 좋은 곳에 토즈는 진출하나 상권이 좋다고 항상 고객이 많은 것은 아니라는 경험을 가지고 있다. 이는 대부분 마케팅이 잘못된 경우이며 궁극적으로는 상권이 좋은 곳은 토즈 고객이 늘어나게 된다. 다만 상권과 토즈 고객과의 접점을 어떻게 찾아야 하는지가 관건일 것이다.

2007년 현재 부산대점은 일 1천명, 서면점은 일 2천명, 서울은 일 3~4천명의 고객들이 방문하고 있다. 고객들이 지속적으로 증가하기 위해서는 모임이 어떻게 발전해나가느냐가 가장 중요할 것이다. 모임의 발전방향을 주시하면서 때로는 모임을 이끌어가면서 토즈의 고객 확보전략을 꾸준히 추진하여야 할 것이다.

[토즈 신촌본점 입구]

궁극적으로 토즈는 공간비즈니스의 첨병으로서 이것이 가지는 이념과 철학적 문제

에도 고민의 영역을 확장할 필요가 있다. 부동산비즈니스가 가지는 고민과 마찬가지로 공간을 이용하는 대상들의 변화에 따라 향후 어떠한 방향으로 비즈니스를 전개해 나갈지를 고민해야 한다. 단순히 모임이 어떻게 발전해 나갈 지와 함께 모임을 이용하는 대상 계층의 변화에도 주목해야 한다. 부동산비즈니스가 고령화를 적극적으로 받아들이면서 사업을 변화시키고 있는 점을 공간비즈니스의 첨병인 토즈가 어떻게 적용할 것인지를 지금부터 고민해야 할 것이다.

# 제9장

# 도시마케팅

REAL ESTATE

MARKETING

# 제9장 도시마케팅

도시1마케팅이란 도시 내에서 생산된 재화나 서비스를 다른 지역에 수출하여 부가가치를 벌어들이는 것뿐만 아니라 도시 또는 도시 내 특정지역을 산업화하여 기업과 자본 등을 유치하고, 특정장소나 건축물 등을 상품화하여 투자와 관광객을 끌어들이거나 이주자 및 기타 방문객을 도시 내로 유인하여 부가가치를 창출하는 것이다.

도시마케팅은 장소마케팅(place marketing)의 한 종류로서 주민, 잠재주민, 투자자, 방문객에게 기존 도시의 부정적 이미지를 탈피하고 새로운 이미지를 구축하여 도시경제를 활성화시키는 중요한 수단이다. 도시 또는 도시 내 특정 장소를 개발하여 다른 곳에서는 제공할 수 없는 기반시설, 자연자원, 문화와 역사, 이미지 등의 고유한 가치나 제도적 이점 등을 제공함으로써 이용자 및 소비자의 욕구를 충족시키고 그 대가로 이윤을 창출하게 된다.

따라서 도시 및 장소의 입지적 특성에 따라 제품을 생산, 판매, 소비하는 경제주체들이 이동한다는 점에서 제품 자체의 이동에 의한 일반적인 마케팅과 구별된다. 도시마케팅으로 도시의 이미지와 복지 개선, 고용과 소득 창출, 도시민의 지역 정체성과 자긍심 고취, 각종 관련 개발의 상승작용 등의 효과를 얻을 수 있다.[1)]

1) 진영효, 국토, 국토개발연구원, 1998. 9

## 1. 도시마케팅 등장의 배경

도시마케팅 전략이 도시발전을 촉진하는 전략적 수단의 하나로 대두되기 시작한 것은 1970년대 이후 미국과 유럽의 공업도시를 중심으로 전개된 자본주의의 구조개편 때문이다. 자본축적의 세계화와 정보화 등으로 도시들 간의 역학관계가 변화하면서 구 산업지역들이 침체를 겪게 되었고 도시재활성화(Urban Regeneration)를 위한 첨예한 도시 간 경쟁이 가속화되기 시작하였다. 특히 자본의 공간 이동성 가속화, 자본의 국제화와 단일 유럽시장의 형성 등으로 내부투자를 유인하려는 지역 간 경쟁은 더욱 강화되었다. 이에 따라 도시정부는 자신의 경쟁적 지위(즉 도시경쟁력)를 향상시키기 위한 전략의 일환으로, 도시마케팅을 통한 도시이미지 향상과 도시 차별화 전략을 구사하게 된 것이다.(Wilkinson, 1992: Harvey 1993:7-8)

## 2. 일반마케팅, 부동산마케팅 및 도시마케팅의 개념비교2)

### (1) 일반마케팅, 부동산마케팅, 도시마케팅의 상품 비교

원래 마케팅이란 개념은 경쟁시장의 산물인데 마케팅의 취급 대상에 따라 기법이나 진행절차가 달라진다. 일반적인 재화를 다루는 일반 마케팅과 부동산이나 도시를 대상으로 하는 부동산마케팅 및 도시마케팅은 대상 상품의 차별적인 성향 때문에 동일한 개념으로 접근할 수 없는 점이 있는 것이다. 일반마케팅과 부동산 및 도시마케팅은 상품의 성격이 단일한가 복합적인가 또는 상품이 이동할 수 있느냐로 구분된다. 또한 부동산마케팅과 도시마케팅은 상품의 가격이 측정 가능하냐에 따라 구분된다.

2) 오동훈, 국토계획 제41권 1호, 2006.2를 참조하였음.

[일반마케팅, 부동산마케팅 및 도시마케팅의 상품비]

| 구 분 | 일반마케팅 | 부동산마케팅 | 도시마케팅 |
|---|---|---|---|
| 상품의 성격 | 단일재, 단일성 | 집합재, 복합성 | 집합재, 복합성 |
| 상품의 유동성 | 이동성 | 비이동성 | 비이동성 |
| 상품의 가격 | 부동산에 비해 저가 | 고가 | 공공재로 비교 불가 |
| 상품의 수요자 | 1차 수요자 | 1, 2차 수요자 | 1, 2차 수요자 |

### (2) 도시마케팅의 개념

도시마케팅이란 도시와 관련된 고객에게 제품이나 서비스의 가치 또는 도시의 가치를 개발하고, 의사소통하고, 지방자치단체와 이해관계자에게 이익을 주는 방향으로 고객과의 관계(Customer Relationship)를 구축하는 일련의 정치적 활동 내지는 과정을 의미한다.

도시의 차별화된 분야를 발굴하여 체계적이고 종합적으로 홍보하고 이를 브랜드화 하여 국내외에서 도시의 경쟁력과 자산 가치를 높이기 위한 모든 활동으로 도시 자체를 마케팅 주체로 설정해 종합적으로 판매함으로써 도시의 브랜드 가치를 높여 수익을 높이고 해당 도시민들의 삶의 질을 향상시키기 위하여 필요한 경영활동을 도시마케팅이라 일컫는다.

부동산 개발은 필요 시설의 건축과 인테리어 및 외장 구성 위주의 공간 조성에 주력하는 활동으로 부동산마케팅의 예를 들면 사업건물 건축에 따른 분양, MD구성, 홍보, 사후관리 등의 미시적 차원의 접근이라고 본다면 도시마케팅은 도시(장소)의 매력도를 높여 사람들을 들이는 작업 위주의 장소 선정에 주력하는 다양한 활동인 것이다.

일반재화마케팅 또는 부동산마케팅에서는 특히 주요 수요자에 타깃을 맞추다 보니 C.S.T.(Consumer Spotting Technique) 등 일반시장조사기법들을 이용해 예상 수요자들의 형태와 수요를 조사하는 데 주안점을 두지만 도시마케팅에서는 예상 수요자뿐만 아니라 각 분야의 도시개발 전문가들의 의견조사가 필수적인데 이를 통해 도시마케팅에서는 수요자와 공급자 그리고 도시개발전문가 등의 다양한 측면으로의 고려가 필요한 보다 복합적이고 거시적인 작업이라고 볼 수 있다.

### (3) 도시마케팅의 특성[3)]

도시마케팅은 다른 일반 제품의 마케팅과는 다른 특징이 있다. 먼저 도시마케팅은 영리나 이윤추구가 유일하고 궁극적인 목적이 아니다. 우선 마케팅의 주체가 비영리조직이다. 공공조직에는 이윤추구라는 명확한 목표가 존재하지 않는다. 도시는 공익을 추구하는 곳으로 민간부문을 중심으로 발전되어온 일반 마케팅을 곧바로 적용시키는 데는 문제가 따른다.

두 번째는 도시마케팅은 상품에 있어서 독특한 성격을 가진다. 도시란 도시정부가 공급할 수 있는 재화로, 특히 시 정부가 공급주체인 상품이라고 할 수 있다. 그런데 도시라는 상품은 공공재의 성격을 지니고 있다. 또 단일 목적의 상품보다는 복합재의 성격을 지니고 있으며 가격과 공급량이 정해져 있지 않다.

세 번째, 도시마케팅은 그 제품이 '공간'이라는 독특함과 반영구적인 수명을 갖는다. 도시가 사라지는 경우도 있지만 대부분의 도시는 거의 반영구적으로 존재한다.

네 번째, 도시브랜드는 너무도 다양한 요소로 구성되어 있어 핵심이 모호할 수 있다. 도시브랜드는 확실한 정체성이 모호하고 개발하기도 어려운 무정형성의 특징을 갖고 있다.

다섯 번째, 주제와 대상이 서로 동일하다는 것인데 도시마케팅의 고객은 크게 주민, 방문객, 기업 등 세 부류로 구분되는데 이들은 또한 마케팅의 주체가 되기도 한다.

---

3) 황태규, 김형남, 국토이노베이션시대가 열린다, 문화유람, 2005. 2를 참조하였음.

여섯 번째, 도시마케팅은 수많은 이해관계자들이 존재하며 통제력이 약하다는 점도 특징으로 지적할 수 있다. 도시마케팅으로 인해 혜택을 입는 쪽과 손해를 보는 쪽이 발생할 수 있는데 이러한 이해관계를 조정하는 것이 도시마케팅의 주요한 과제가 될 수 있다. 즉 도시마케팅은 정치적인 부분이 존재한다는 것이다.

일곱 번째, 도시마케팅의 핵심의사결정자인 도시의 CEO(지방자치단체장)는 대부분은 정당을 배경으로 출마하고 선출된다. 도시마케팅은 중앙정부와 지방정부와의 관계, 자치단체, 의회, 기업, 시민단체와 같은 정치적 관계가 상당히 중요하다. 도시마케팅에 소요되는 예산은 경제적, 정치적 이해관계에 따라 결정될 수 있다.

마지막으로 도시마케팅은 마케팅 결과를 측정하기 어렵다. 도시마케팅은 시민의 삶의 만족도와 이미지 제고, 경제 활성화 등 측정하기에는 그 규모가 방대하거나 질적인 지표들이 대부분이다.

## 3. 도시마케팅의 대상

도시마케팅의 대상은 크게 주민, 방문객, 기업 등 세 부문으로 나눌 수 있다. 주민은 내부고객으로서 도시의 주인이랄 수 있다. 도시의 운명을 결정짓는 주요한 요소는 인구인데 외부에서 유입되는 인구도 중요하지만 지역 내 인구증가가 기본적으로 뒷받침되어야 한다.

둘째는 기업인데 과거 산업사회에서는 기업은 혐오시설의 하나였다. 기업이 특정 지역에 들어오면 집값이 떨어지는 일도 일어났다. 당시의 기업은 공장과 같은 의미이므로 주변 환경을 악화시키는 경우가 많았다. 하지만 최근 기업은 부동산 시장에 있어 가장 시너지 효과가 큰 주요 임차인(Key Tenant)[4]으로 대접받고 있다. 기업이 들어와야 다른 업종이나

---

4) Key Tenant란 △넓은 면적을 사용하고 △오랜 기간 임차하며 △시너지 효과가 큰 주요 임차인을 말함.

[임차인의 유형별 특성]

| 구분 | 면적비율 | 기업체수 | 계약기간 |
|---|---|---|---|
| Key Tenant | 20~30% | 1~2개 | 3~5년 |
| Sub Tenant | 50~60% | 4~5개 | 2~3년 |
| Small Tenant | 20~30% | 7~10개 | 2년 이하 |

임차인들이 지역 또는 단일 규모의 부동산에 입주하게 된다.

셋째는 방문객이다. 방문객은 관광 방문객과 사업 방문객으로 구분할 수 있다. 이러한 방문객을 유인하기 위해서는 기반시설 구축과 관광 자원개발이 필수적이다.

## 4. 도시마케팅의 주요 구성요소 및 유형

### (1) 도시마케팅의 주요 구성요소

#### ① 경쟁시장

도시 공공서비스를 생산, 공급하는 도시정부들과 그것을 소비하는 단위들이 커뮤니케이션하는 도시공간이 바로 도시마케팅의 시장이며 이와 같은 경쟁시장은 대상 고객이 누구이냐에 따라 달라진다.

#### ② 고 객

도시마케팅의 핵심 대상고객은 투자기업, 관광객 및 방문객, 시민으로 도시정부는 경쟁시장에서 고객을 만나고, 경쟁시장 가운데 그들의 강점과 기회요인을 파악하여(약점과 위협요인은 회피하여) 표적시장을 결정하게 된다.

---

대략 면적의 30%내외를 점유하며 3~5년 단위의 계약을 하는 것이 바람직함. 한 지역 또는 단일 부동산에는 1~2개의 주요임차인을 유치하는 것이 적절함.

③ 상 품

도시마케팅은 도시나 도시 내 특정장소를 상품화하는 것으로, 일반 재화 및 용역과 다른 특징을 가진다. 첫째, 도시마케팅 상품은 단일재가 아니라 집합적 성격을 가지는 복합재이다. 둘째, 도시마케팅 상품은 소비를 통해 변형되거나 소멸되지 않고 내구재로서의 성격을 가지며, 이로 인해 제품의 수명주기가 뚜렷하지 않아 상품의 퇴출시기를 결정하는 것이 어렵다.

## 5. 도시마케팅의 필수 고려사항

도시마케팅은 도시의 경쟁력과 자족성을 높이기 위해 보다 적극적이고 차별화된 아이디어와 전략을 필요로 한다.

### (1) 도시자족성과 도시경쟁력

#### ① 도시자족성의 개념, 필요성 및 구성요소

도시자족성의 개념은 Howard의 전원 도시론이 그 효시라고 볼 수 있는데 '한 도시가 그 노동력의 고용에 있어 모도시에 전적으로 의존하지 않고 상대적으로 자기 유지적(self-sustaining)인 지역사회를 자족도시라 한다'(J.A. Clap)고 정의할 수 있다. 또한 '가능한 한 모도시 혹은 대도시에 대해서 독립적인 기능을 할 수 있도록 주택, 산업, 기타 레저시설들을 포함하여 자체적으로 공급하여 충족할 수 있는 도시'를 자족도시라고 보았다.(W.A. Robson)(한국교통연구원, 2005.12)

결국 도시의 자족성이란 '도시 내에서 이루어지는 주민들의 다양한 활동들을 외부에 의존함이 없이 도시 자체에서 수용함'을 뜻하며 이는 도시 내의 고용에 있어서 충분한 취업기회의 제공뿐만 아니라 도시생활에 필요한 많은 서비스들이 그 도시 내에서 제공되어져야 함을 의미한다.

이와 같은 조건이 갖추어져서 도시민들이 도시 밖으로 나가지 않고도 만족한 생활을 영위할 수 있을 경우만이 자족적 도시라 볼 수 있을 것이다.

도시의 자족성을 평가할 때 △고용자족성 △생활자족성 △환경자족성으로 구분하며 고용자족성은 취업, 직주비 등 경제적 자족성을 말하고 생활 자족성은 주민들을 위한 도시기반시설 및 생활편익시설 공급 측면을 의미하며 환경자족성은 공원과 녹지, 맑은 물 등 자연환경적 차원의 거주 여건을 뜻한다. 이처럼 도시자족성은 단순히 산업(경제)적 측면만을 고려하는 것은 아니며 여러 구성요소를 고려해야 하므로 다중적 의미를 내포하고 있다.

**② 도시경쟁력**

경쟁력이란 경쟁할 만한 힘 또는 그런 능력을 일컫는 말이며 마이클 포터 교수의 경쟁전략의 경쟁우위(competitive advantage)란 용어에서 연유되었다.

경쟁우위란 경쟁자와 비교하여 우월한 성과를 갖도록 기업이 개발한 독특한 위치를 말한다. 이러한 기업차원의 경쟁우위가 공공으로 확산되면서 최근에는 이를 비교하는 지수(index)까지 만들어 국가차원의 경쟁력 향상에 노력을 기울이고 있다. 글로벌경쟁력지수, 국가경쟁력지수, 기업경쟁력지수, 세계지식경쟁력지수 등이 이렇게 개발된 비교지수의 대표적인 예이다.

'도시경쟁력'이란 이러한 기업차원의 경쟁우위 개념을 도시에 적용한 것으로 중국사회과학원 니펑페이 박사와 미국 버크넬대학 피터교수를 중심으로 8개 국가의 학자들이 공동으로 참여하여 '세계도시경쟁력보고서(2005~2006)'를 발간하는 등 최근 도시들의 경쟁력에 대한 학자들의 활발한 연구가 진행되고 있다.

[국제 경쟁력지수 종류]

| 지수별 | 내 용 | 발표기관 |
|---|---|---|
| 글로벌경쟁력 지수 | 해당국가 안에서 기업들이 얼마나 효율적으로 경제활동을 할 수 있는지를 보여주는 지수 | 세계경제포럼(WEF) |
| 국가경쟁력 지수 | 한나라 경제가 지속적으로 성장해 나갈 수 있는 경쟁력을 나타내는 상대적 지표 | 국제경영개발대학원(IMD), 세계경제포럼(WEF) |
| 세계지식경쟁력 지수 | 각 지역의 지식역량, 능력, 경쟁력 지속가능성에 대한 전반적인 평가. | 로버트허긴스어소시에이츠 (Hugins Associates) |

국내에서는 지방자치단체들의 경쟁력 지표개발과 지방의 경쟁력에 대한 정확한 측정 및 활용이라는 두 가지 목표 하에 한국공공자치연구원에서 KLCI(Korea Local-autonomy Competitiveness Indices : 한국지방자치경쟁력지수)를 개발하여 1996년 이래 매년 전국 지방자치단체를 대상으로 조사해 오고 있다. 외국의 경쟁력지수는 경쟁력이란 개념에 충실하게 개발, 조사되고 있는데 반해 국내 도시경쟁력지수는 지방자치와 국가균형발전이라는 목적이 조금 더 강조된 성향을 보이고 있다.

한국공공자치연구원에서 발표하는 한국지방자치경쟁력지수의 최근 보고서(2006년 9월 29일 발표)에 의하면 지역의 전체적인 경쟁력을 나타내는 종합적인 경쟁력에서 경기도 성남시가 1위로 도약하였으며 경남 창원시가 2위, 3위로는 충남 천안시인 것으로 조사되었다. 종합부문 1위에 오른 성남시는 2004년 5위, 2005년 3위에 이어 1위로 도약하면서 최근 4년동안 지속적인 경쟁력 향상을 보여주었다. 한편, 창원시는 2005년 1위에서 2006년에는 성남시와 근소한 차이로 2위에 올랐다. 천안시는 2004년 8위에서 2005년 6위에 이어 금년 3위에 올라 천안시의 도시경쟁력이 지속적으로 향상되고 있는 것으로 분석되었다.

**[한국지방자치경쟁력지수]**

| 종합순위 | 기 초 시 | |
|---|---|---|
| 1 | 성남시 | 554 |
| 2 | 창원시 | 543 |
| 3 | 천안시 | 533 |
| 4 | 수원시 | 519 |
| 5 | 구미시/청주시 | 517 |
| 6 | - | - |
| 7 | 부천시 | 513 |
| 8 | 용인시/포항시 | 507 |
| 9 | - | - |
| 10 | 김해시 | 490 |

* 자료 : 한국공공자치연구원(2006. 9)

종합순위에서 창원시가 매년 1, 2위를 다툴 정도로 경쟁력이 높게 나타나고 있다. 창원시는 부동산 부문에서도 지역 내에서 가장 경쟁력이 높은 것으로 조사되고 있다. 영산대학교 부동산연구소가 매년 발표하는 동별 아파트 가격(상승률) 순위에 의하면 2005년 말을 기준으로 부산울산경남 지역 내 가장 높은 평당 매매가를 기록하고 있는 30개의 기초자치단체(동, 읍, 면)를 추출하면 창원시는 무려 11개(36.7%) 동이 포함되어 있음을 알 수 있다. 이러한 점만 보더라도 도시경쟁력이 부동산시장에 상당한 영향을 미치고 있는 것으로 추정해 볼 수 있다.

세계화시대로 접어들면서 국가의 의미는 약화되고 점차 국가보다는 도시가 부각되고 있으므로 도시경쟁력은 도시에서 가장 중요한 요소이자 힘으로 자리매김할 것이다.

### (2) 아이디어 및 차별성

'마케팅은 기업 간 상품의 싸움이 아니라 인식의 싸움이다'라는 말이 있다. 이처럼 인식이란 이미지와 차별성 등에 의해 각인되거나 변화될 수 있는 것이므로 도시마케팅에서 도시이미지를 부각시킬 수 있는 아이디어와 차별성은 아무리 강조해도 지나치지 않다.

## 6. 도시마케팅의 유형분류

### (1) 도시의 생성연한 및 규모에 의한 도시마케팅의 유형분류

- 기존 중소도시형
- 기존 대도시형
- 신도시(중소도시)형
- 신도시(대도시)형

### (2) 도시 생성 연한, 규모 및 위치에 의한 도시마케팅의 유형 분류

- 기존 대도시 내 신도시(중소도시)형 - 서울시 은평 뉴타운
- 기존 대도시 주변 신도시(중소도시)형 - 분당, 일산

### (3) 도시의 규모 및 수행 목적에 의한 도시마케팅의 유형 분류

- 대도시 도심재생형 - 서울시 균형발전촉진지구
- 특별계획신도시(중소도시)형 - 과천시, 남악신도시
- 특별계획신도시(대도시)형 - 행정중심복합도시

## 7. 전략적 도시마케팅[5)]

전략적 도시마케팅은 도시경영기획과정에 마케팅의 개념을 차용한 것

5) 도시경영부, 서울마케팅 전략 개발에 관한 연구 정책토론회, 서울시정개발연구원, 2006.12를 참조하였음.

이다. 1970년대 중반 이후 경기침체와 물가상승에 대응하기 위해 전략계획에 마케팅의 개념이 도입되기 시작하였고, 1980년대에 도시간의 경쟁과 미래수요의 예측과정에서부터 본격적으로 도입되었다.

전략적 마케팅은 주어진 환경 속에서 고객의 요구를 충족시키기 위해 경쟁우위요소를 발견하고 경쟁도시와의 차별화를 통해 그 도시만의 포지셔닝(positioning)을 강화하는 노력이다. 전략적 마케팅은 도시의 목표와 경영자원, 변화하는 마케팅의 기회 간에 전략적 조합을 창출하고 경영하는 관리의 과정이라고도 볼 수 있다.

도시경쟁에 대응하기 위해 전략적 도시마케팅이 필요한데, 도시는 자신의 정체성이 무엇이고, 무엇을 할 수 있는가에 대한 이해를 하기 위해 전략적인 방법을 사용해야 할 것이다. 이를 위해 먼저 도시의 사명을 발견하고 장소평가를 실시하고 비전과 목표를 설정해야 한다. 다음으로 전략을 수립하고, 실행계획을 구축한 후, 이에 대한 수행과 통제를 하는 일련의 전략계획의 과정이 필요하다.

도시 마케팅은 공공부문과 민간부문의 협력, 이해관계집단과 지역주민의 적극적 지원이 필요하므로 전략적 도시마케팅의 출발점은 이러한 지역주민과 기업가, 도시정부가 협력적으로 참여하는 마케팅 조직이나 마케팅 업무의 위상이 우선 확보되어야 할 것이다.

마케팅이 도시로 들어오는 때, 도시가 마케팅을 포용할 때 도시의 미래는 더욱 밝아질 것이다.

사례연구

부산을 포지셔닝하라 !!

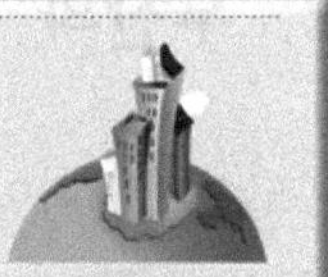

## 1. 부산광역시 현황

부산은 한반도 남동단에 자리 잡고 있으며 바다를 면한 남쪽을 제외하고는 경상남도와 접하고, 남으로는 대한해협에, 북으로는 울산광역시와 양산시 동면과 물금읍, 서로는 김해시의 대동면과 경계를 이루고 있다. 부산은 우리나라 제1의 국제무역항이자 국제공항을 가지고 있어 가까운 일본은 물론 멀리 서부유럽의 여러 나라와 연결하는 관문역할을 수행하고 있으며 역사적으로는 반도국으로서의 지정학적 관계 때문에 대륙과 해양 세력의 교두보 역할을 담당해온 곳이기도 하다.

부산은 15개구 1개군을 가진 광역시로서 그 면적은 총 765.64㎢(2008년 6월말 현재)에 달한다. 기장군이 가장 큰 면적을 차지하여 전체의 28.47%이고, 다음으로 강서구 23.59%, 금정구 8.51% 순이다. 과거 부산의 도심지에 해당하는 중구와 동구는 각각 0.37%와 1.28%에 그치고 있어 가장 적은 면적을 차지하고 있다.

부산의 인구는 1963년 직할시 승격과 행정구역 확장으로 136만명으로 증가하였으며 이후 경제개발 5개년 계획의 추진으로 도시화가 촉진되면서 1970년 184만명으로 불어났고, 1978년 행정구역 확장으로 김해일부 지역이 편입되면서 288만명으로 급격히 늘어났다. 1995년 광역시 개칭과 행정구역 확장으로 양산시 5개읍면이 편입되면서 인구는 389만명으로 증가하고 이후 경제 침체에 따른 기업의 역외이전과 출산율 감소로 2008년 12월말 현재 359만명으로 감소하게 된다.

## 2. 부산의 현재 포지셔닝전략과 문제점

도시경쟁력이 국가경쟁력을 넘어서는 시대를 맞이하고 있다. 도시 개념이 세계통합주의에 근거한 글로벌시티에서 메가시티로 수정되고 있다. 즉 초거대도시의 경쟁력을 논의하는 시대를 맞이하고 있다. 따라서 부산이 성장하기 위해서는 혼자가 아닌 부산, 울산, 경남이 함께 유기적으로 결합하여 서로 소통하고 통합된 정책을 수행해 나감으로써 가능할 것이다.

부산이 발전하기 위해서는 어떤 분야에 중점을 두어 도시를 발전시킬 것인지 결정하는 것이 가장 중요하다. 부산의 지역내총생산(GRDP)이 전국에서 차지하는 비중은 1990년 7.8%에서 2005년에는 5.7% 수준으로 추락하였는데 이러한 배경에도 과거 신발, 섬유와 같은 주력산업이 침체하면서 새로운 성장 동력을 발견하지 못했기 때문이다. 그러나 현재 부산은 항만, 물류, 관광, 금융, 영화·영상, 기계·부품 등 너무 다양한 분야에서 너무 광범위하게 도시를 발전시키려 하고 있는데 선택과 집중이 필요한 시점이다.

다른 도시를 따라 잡을 수 있는 방법은 다른 도시가 갔던 길을 쫒아서 가는 것이 아니라, 새로운 길을 찾아 부산만의 방법으로 나아가는 것이 가장 적절할 것이다. 따라서 부산이 갖고 있는 비교우위에 역량을 80% 이상 집중하는 노력이 필요하다. 즉, 그동안 부산은 포지셔닝의 핵심인 단순화의 논리를 어기고 있었다고 보여 진다. 단순화할수록 더욱 큰 힘을 발휘하는 포지셔닝의 기본 개념을 역행하고 있었던 것이다. 부산하면 선명하게 떠오를 수 있는 그리고 역량을 집중할 수 있는 USP(Unique Selling Proposition)을 만들어야 할 것이다.

그동안 부산은 제2의 도시니 하는 전국적 위상을 지키고 또 키워 가는데 연연해 왔다. 하지만 현재는 서울과의 격차만 더 벌어질 뿐이며 이제는 따라가는 노력을 하기에도 벅찬 상황이 되어버렸다. 이러한 부산의 포지셔닝전략은 마케팅의 de-positioning(대항포지셔닝)[6]과도 맞지 않는다. 대항포지셔닝전략은 2등하는 기업이 1등하는 기업을 공격하면서 상대적인 위치를 공고히 하고 궁극적으로 1등을 따라잡을 수 있도록 하는데 그 목적이 있다. 하지만 부산의 제2의 도시라고 하는 포지셔닝전략은 오로지 인구수에 기인하는 포지셔닝전략이었다. 이러한 포지셔닝전략은 의미도 없으며 1등을 따라잡아 극복하는 것도 불가능하다. 단순히 인구수에 기인한 제2의 도시전략은 실패하였고 곧 제3의 도시로 포지셔닝을 바꾸어야 할지도 모른다. 인구와 경제력에 있어 이미 인천이 부산을 뒤따라오고 있으며 곧 추월될 가능성이 높기 때문이다. 따라서 이러한 방식의 포지셔닝전략은 부산의 발전을 위해 적합하지 않다고 보여 진다.

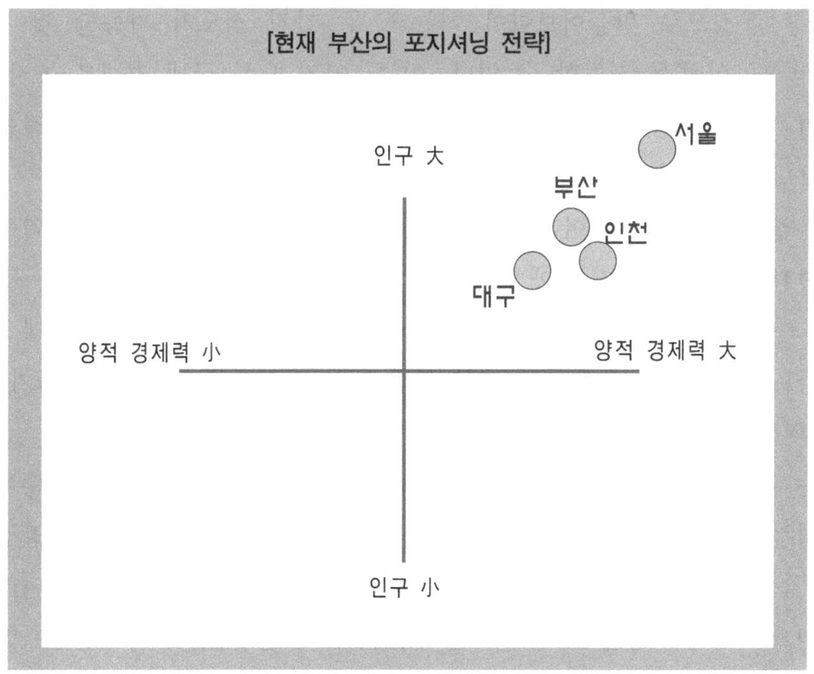


6) 대항포지셔닝의 전형적인 예로는 렌트카 회사인 AVIS의 2등 광고 전략이 있으며 최근 국내에도 대한생명의 2등 광고 전략이 있었음.

## 3. 재포지셔닝전략

부산은 대한민국 제2의 도시라는 포지셔닝전략에서 벗어나야 한다. 단순히 인구수나 양적인 경제력을 바탕에 둔 이러한 포지셔닝전략은 수도권 집중현상이 가속화되고 글로벌 메가시티들이 증가하는 현실 속에서는 바람직한 전략이 될 수 없다. 즉 대항포지셔닝으로 이를 적절하게 활용한다고 하더라도 인구와 양적 경제력에 기반하여 측정된 1위 도시를 따라가기는 불가능하며 오히려 순위에 집착한 다른 도시들의 공격을 받아 3위로 전락할 가능성이 높다. 따라서 부산은 새롭게 또 다른 1위 도시전략을 구상하여야 한다.

부산이 보유하고 있는 비교우위에 역량을 집중하기 위해서는 먼저 USP를 문장으로 만들어보아야 하는데 두 가지 정도가 가능할 것이다. "해양"과 "실버"를 제안할 수 있다. 이 두 가지 모두 국내 경쟁은 높지 않으며 발전가능성을 높은 USP로서 포지셔닝전략으로 사용하기에 적합하다고 볼 수 있다.

만일 부산이 "해양"이라는 USP로 특화해서 상당한 기간 동안 역량을 집중한다면 대한민국 내에선 '또 하나의 1등 도시'가 탄생하게 될 것이다. 즉 서울과는 다른 독특한 지위를 확보할 수 있다. 나아가 '세계 1등 해양도시' 또한 가능하지 않을까? 이렇게 350만이 넘는 인구에 바다가 바로 옆을 감싸고 있는 거대도시를 세계에서 쉽게 찾아볼 수 있을까 싶다. 이는 우리 정부 입장에서도 반길만한 일이다. 기존의 기준으로 순위를 매기는 포지셔닝전략은 우리나라 도시들 사이에 경쟁을 부추켜 중앙정부의 입장을 곤란하게 만들 수 있기 때문이다. 하지만 새로운 "해양"이라는 개념으로 포지셔닝한 도시가 나온다면 부담 없는 지원이 가능할 수 있으며 전국의 도시들이 개별적으로 특화하는데도 롤모델(role model)로 작용할 수 있어 많은 도움이 될 것이다. 하지만 자료에 의하면 부산시의 조직은 해양항만에다 수산업 정도를 커버하는 '해양농수산국'정도를 보유하고 있어 이로는 부족하다는 의견이 지배적이다. 아직도 많은 해양관련 산업의 권한을 중앙정부가 가지고 있는 상황에서 정부를 설득하고 또 대응논리를 펴기 위해서는 부산의 내부역량을 "해양"에 집중하고 나머지는 없애는 단순화에 따른 집중화전략을 전개하여야 할 것이다.

또 하나의 USP로는 "실버[7]"를 들 수 있는데 일견 실버라고 하면 아직은 그리 긍정적인 이미지로 인식하지는 않는 것 같다. 하지만 실버는 무한한 가능성과 함께 연관 산업분야가 다양하다는 장점이 있다. 실버의 연관산업 분야로는 실버기기, 실버주택, 금융, 휴양(관광) 등을 들 수 있다. 고령화시대로 접어들면서 실버산업에 대한 정부의 지원과 투자가 늘어날 것이며 연관분야를 고려하면 현재 부산이 전략산업으로 육성하고 있는 상당수 산업이 포함되는 장점도 있다. 포지셔닝을 설정할 때는 현재 도시(기업)가 처한 상황을 정확히 인식하는 것이 선행되어야 하는데 부산의 경우 전략적으로 육성하고자 하는 산업군을 보면 일단 다양하다는 특성과 함께 실현 가능성이 떨어지는 첨단산업을 유치하기 위해 필요없는 노력을 기울인다는 느낌을 지울 수 없다. 따라서 특정산업에 집중할 필요와 함께 가능성이 높은 산업에 대한 투자가 필요하다. 부산은 실버를 하기에 적합한 천혜의 휴양적 자연환경과 함께 노인인구가 가진 자산을 활용할 수 있는 금융여건이 조성되고 나머지 부분도 연관 산업으로서 함께 육성할 수 있는 기반을 가지고 있다. 따라서 "실버"의 긍정적인 이미지를 부각시킬 수 있는 USP를 설정해 나가는 노력이 필요할 것이다. 참고로 2009년 4월 매일경제신문에서 주최한 부산 세미나에서는 부산의 전략산업으로 금융, 의료, 물류 등 3가지를 제안한 바 있다.

7) 실버는 일본의 신조어로서 시니어로 바꾸는 것이 바람직함.

# 제10장

# 사회 지향적 부동산마케팅

REAL ESTATE

MARKETING

# 제10장 사회 지향적 부동산마케팅

부동산마케팅은 상업적인 학문이다. 부동산 상품을 판매하여 돈을 벌어주는 방법을 연구한다. 심하게 이야기하면 고객을 어떻게 합법적으로 속여서 부동산을 더 비싸게 많이 팔아 개발사업에 종사하는 주체들의 몫을 늘릴 것인가를 연구한다. 특히나 부동산 상품은 자산(asset)으로서 투자 상품적 요소가 강하기 때문에 이런 업종에 종사하거나 연구를 하는 사람들에게 사회전체의 이익이 어떻게 될 것인지는 안중에도 없다고 인식된다. 즉, 모두의 몫을 늘리기보다는 정해져있는 몫 가운데 나의 몫을 늘리는 데만 치중한다는 생각이다. 부동산마케팅에 대해 많은 사람들이 갖고 있는 생각일 것이다.

하지만 마케팅은 기업에게 돈을 벌어주는 방법만은 아니다. 마케팅은 때로 사회에 도움이 되는 데에 사용되기도 한다. 사회가 나아가야할 바람직한 방향으로 가는데 최신 경영기법, 특히 마케팅과 관련된 기법을 동원하는 흐름은 최근 확산되고 있다. 이런 흐름을 '사회마케팅(social marketing)'이라 부른다.

사회마케팅은 마케팅의 원리와 방법을 적용하여 사람들이 자발적으로 자신들에게 유익한 행동을 하거나 반대로 자신들에게 해로운 행동을 하지 않도록 하는 것이며, 이러한 사회마케팅을 활용하면 결과적으로 개인과 사회에게 모두 이득이 되는 윈윈(win-win) 게임을 할 수 있다고 한다.

기업의 상업적 마케팅이 많은 이윤을 추구하는 것에 그 목적이 있다면 사회마케팅은 개인과 사회에 최대한 이득이 가도록 한다는 점이 다르다. 상업적 마케팅이 최대 이윤이 창출되는 시장을 겨냥하는 것과 달리 사회마케팅에서는 사회문제가 얼마나 심각한지, 대상이 되는 집단을 얼마나 변화시킬 수 있는가를 기준으로 표적시장을 선정한다.

부동산 상품에 대한 허위 과장 광고에 대한 논란은 끊임없이 이어지고 있다. 특히 부동산 경기가 침체될 때는 이러한 광고가 더욱 기승을 부린다. 하지만 지속되는 과장 광고는 부동산 상품이나 개발사업 주체들에 대한 소비자의 신뢰를 떨어뜨려 궁극적으로 부동산 시장을 더욱 어렵게 만들 수 있다. 따라서 부동산마케팅을 수행하는 주체들도 사회마케팅에 대한 인식을 제고하여 고객과의 지속적인 관계를 구축하기 위한 신뢰마케팅을 수행해야 할 것이다. 사회마케팅에 대한 이해와 상품별 문제점을 살펴보자.

## 1. 사회마케팅(Social Marketing)

### (1) 사회마케팅의 개념

사회마케팅은 서구 선진국에서는 사회변화 캠페인을 통하여 환경, 가족계획, 안전운전 등 다양한 비영리부문과 사회분야에서 성공적으로 적용되어 왔다. 일반적으로 마케팅은 '조직이나 개인이 자신의 목적을 달성시키는 교환을 창출하고 유지할 수 있도록 시장을 정의하고 관리하는 과정'으로 정의하며 대개 재화나 서비스를 제공하는 기업에서 영리추구를 목적으로 발전시켜 왔다. 따라서 초기 마케팅은 주로 기업을 중심으로 한 상업적 활동으로 이해되어 공적이해 관계는 고려대상이 아니었다. 그러나 1960년대 후반부터 일부 마케팅 학자들이 마케팅의 개념을 사회적 활동이나 개인의 행동변화에 까지 확대시키려는 노력이 있었으며, 교환과 거래를 이루는 하나의 시스템으로 사회마케팅을 검토하기 시작하였다.

이러한 사회마케팅의 개념은 사회적 주장이나 행동의 전파를 위해 마케팅 원리와 기법의 응용 가능성을 주장하면서 1971년 처음으로 소개되었으며, Kolter와 Zaltman(1971)은 사회마케팅을 '사회이념의 수용성에 영향을 미치고자 계획된 프로그램을 계획, 실행, 통제하는 것이며 여기에는 제품계획, 의사소통 및 마케팅 조사에 관한 요소들이 포함된다'고 정의하였다. 이후 사회마케팅은 하나 이상의 목표대상에 대한 사회적 관념 또는 실행의 수용성을 높일 목적으로 프로그램들을 설계, 수행, 통제하는 일종의 사회변화관리의 의미로 확대, 보편화되었다.

사회마케팅에서는 일반 마케팅과 같이 목표대상의 반응을 극대화시키기 위해 소비자 조사, 시장세분화, 제품 컨셉트 개발, 통합적 커뮤니케이션, 촉진, 인센티브 및 교환이론의 개념을 활용한다. 단, 기업목표를 달성하기 위해 재화나 서비스를 팔고자 하는 행위를 상업마케팅(commercial marketing)이라고 한다면, 사회마케팅은 관련 주체들이 모두 협력하여 목표행위의 수요를 유발시켜 산업전체의 혜택을 극대화시키는 과정이라고 할 수 있다. 또한 상업마케팅이 추구하는 궁극적인 목표가 마케팅 주체인 마케터와 기업의 이익을 위한 것이라며, 사회마케팅의 목표는 목표대상 혹은 더 나아가 사회전체의 혜택을 위해서라는 근본적인 차이점이 있다.

이러한 사회마케팅의 초기 목표 중 하나는 상업적 시장 밖의 대상에게도 마케팅의 개념을 도입하는 방법과 사회마케팅이 민간부문 밖에서도 그 가치를 발휘할 수 있다는 점을 인식시키는 것이었다. 이후 점차 비영리기관도 비우호적인 환경변화에 대처하고 이해관계자 집단들의 관심을 유도하기 위해 적극적으로 마케팅 개념을 도입, 적용하고 있다.

### (2) 사회마케팅과 상업마케팅의 비교

사회마케팅이 부동산 상품에도 왜 도입되어야 하는가에 대한 대답과 어떠한 정체성을 가지고 있는가를 확인하기 위해서는 관련 개념들과의 비교 분석이 필요하다. 상업마케팅과 사회마케팅의 차별화되는 특성을 아래의 표를 통해 확인하면 추후 사회 지향적 부동산마케팅이 더욱 발전할 수 있는 기틀을 마련하는데 도움을 줄 수 있을 것이다.

사회마케팅과 상업마케팅이 각각 추구하는 편익(benefits)과 이에 소요되는 비용(costs) 차원에서 살펴보면 상업마케팅의 경우 재화나 서비스를 통해 고객이 얻게 되는 편익은 마케팅 주체에 의해 제공되는 한편 사회마케팅의 편익은 고객 자신이 제공한다. 편익의 수혜차원에서는 상업마케팅의 경우 재화 및 서비스를 구입하는 소비자는 경제적, 개인적 편익을 얻게 되나 사회마케팅은 고객과의 거래로 인해 관계적인 편익을 얻게 된다. 비용 차원에서는 상업마케팅의 경우 마케터는 재화나 서비스를 공급하고 고객은 그에 따른 비용을 지불하나 사회마케팅의 경우 직접적인 금전 거래관계는 존재하지 않으며 마케팅 주체 간 또는 시민 상호간의 비용부담관계가 정립된다.

[사회마케팅과 상업마케팅의 비교]

| 구 분 | | | 상업마케팅 | 사회마케팅 |
|---|---|---|---|---|
| 편익차원 | 제공자 | 마케터 | ○ | |
| | | 개인적 의미로서의 고객 | | ○ |
| | | 집합적 의미에서의 고객 | | ○ |
| | 수혜성격 | 경제적 편익 | ○ | ○ |
| | | 관계적 편익(상호신뢰) | ○ | ○ |
| | 수혜범위 | 개인적 편익 | ○ | ○ |
| | | 사회적(환경적) 편익 | | ○ |
| 비용차원<br>(비용부담관계) | | 마케팅주체와 고객 상호간 | ○ | |
| | | 마케팅 주체 간 또는 고객 상호간 | | ○ |

아래의 표는 상업마케팅과 사회마케팅의 가치체계를 정리한 것으로, 사회마케팅이 개별 고객의 욕구가 아닌 전체적인 편익을 추구한다는 점이 그리고 이익 보다는 관계에 초점을 맞추는 방식이 다르다고 볼 수 있다.

**[사회마케팅과 상업마케팅의 가치체계]**

| 구 분 | 상업마케팅 | 사회마케팅 |
|---|---|---|
| 인식의 출발 | 고객, 시장 | 촉진 |
| 초점 | 고객욕구 | 고객편익 |
| 수단 | 통합적 마케팅 | 사회마케팅 |
| 목적 | 고객만족을 통한 자사의 이익 | 사회적, 관계적 편익 |

### (3) 사회마케팅과 부동산마케팅

부동산 분양광고는 일반 제품 광고와 비교하여 사회적 피해를 입힐 가능성이 높다. 부동산은 피분양자가 그 실체를 확인할 수 없는 상태에서 분양될 뿐만 아니라, 반복적인 구매로 인한 선험적인 정보가 풍부한 경우가 아니므로, 피분양자는 대부분이 광고에 명시되어 있는 제한된 정보에만 의존하여 구매여부를 결정하는 경향이 많다.

또한 광고 시에 광고 내용의 사실 확인이 어려운 경우도 많다. 즉 입주시점에서 예상되는 사실을 광고하는 경우 분양광고의 부당성 판단은 시공과정 등에 따라 사후적, 단계적으로 판단할 수밖에 없고, 결국 피분양자가 분양초기에 부당광고를 이유로 계약에서 벗어나는 것이 쉽지 않다.

부동산 광고는 그 법적 성격을 '청약의 유인'으로 보는 것이 일반적이므로, 비록 광고에 다소 허위, 과장이 수반된다고 하더라도 일반 상거래 관행과 신의성실의 원칙에 비추어 시인될 수 있는 한 나쁜 의도가 결여되어, 피분양자는 허위, 과장 광고를 이유로 계약을 취소하거나 손해배상을 청구하는 것이 곤란할 때도 있다.

부동산마케팅에 있어 사회마케팅의 중요성이 부각되는 이유는 부동산 상품의 분양제도에 기인한다고 볼 수 있다. 국내 부동산 상품은 선 분양을 할 수 있는 조건[1]에 부합되는 방향으로 분양을 시도하는 경우가 관행이므로 실체도 없는 물건을 팔려는 다양한 마케팅 활동은 본의 아니게 사회적 피해를 입힐 가능성이 상존하게 된다.

부동산 상품별로 이러한 사회마케팅에 대한 인식 차이가 존재하는데 투자 상품인 상업용부동산의 경우는 사회마케팅에 대한 인식이 약하며 실수요 상품인 주거용부동산의 경우는 사회마케팅에 대한 인식이 높아 광고의 과장성 여부를 판별하는 잣대도 상업용 부동산이 주거용부동산에 비해서는 엄격하다고 할 수 있다.

## 2. 부동산 상품별 사회 마케팅 고려사항

### (1) 아파트

아파트를 분양하는 업체에서는 소비자의 관심을 집중시키고 조기 분양 완료를 목적으로 아파트 분양시의 융자조건, 아파트의 특징, 위치, 교통 등 주변 환경에 대한 과장성 광고로 소비자를 오인케 하여 이를 믿고 계약한 소비자의 불만 및 피해사례가 발생하고 있다.

특히 일간신문에 분양광고를 게재하는 경우에는 소비자가 알아야 할 중요한 정보를 누락시킨 채, 단순히 투자이익, 최고의 입지조건, 교통여건 등만 과장되게 열거하고 있다. 고객의 신뢰를 회복하기 위해서는 허위 또는 과장광고로 인한 고객의 경제적, 정신적 손실을 사전에 예방하

---

1) 국내는 선분양제도가 아니다. 선분양을 할 수 있는 조건(입주자모집 등)이 갖춰지면 선분양을 할 수 있다는 말이지 엄격하게 말하면 후분양제를 적용하고 있다.

는 자율적인 규제가 시급한 상황이다.

아파트 입주 후 분양광고 내용과 달라 불만경험이 있는 155가구에 대한 설문조사 결과[2]를 예로 들면 아파트 내부 주요시설물과 관련한 경우가 68가구(43.9%)로 가장 많았다. 아파트 내부 주요시설물 및 기타시설에 있어서는 모델하우스나 광고내용과 달리 저급제품으로 설치되거나 아예 설치되지 않았다고 응답하고 있다. 주변 환경이 광고내용과 달라 불만경험이 있는 57가구(36.8%) 중 '광고 시 풍부한 녹지를 갖춘 아파트라고 광고했으나 실제로는 녹지가 제대로 갖추어져 있지 않아 불만이 있는 경우'가 37가구(64.9%)로 가장 많았다. 교통여건이 광고내용과 달라 불만경험이 있는 40가구(25.8%)중 '전철역, 학교 등 근린시설까지의 소요시간이 광고보다 더 많이 걸려 불만이 나타낸 경우'가 33가구(82.5%)로 가장 많았다. 대출금이 광고내용과 달라 불만경험이 있는 34가구 중 '계약 시 약정한 고정금리를 일방적으로 인상한 경우'가 31가구(91.2%)로 가장 많았다. 기타 불만사항으로는 아파트 내 동간 사이가 좁아 일조권이 침해되어 불만을 표시한 경우가 3가구(37.5%)로 가장 많았으며 그 다음으로 전 세대를 남향 배치한다고 광고했으나 실제로는 동남향으로 배치한 경우가 2가구(25.0%)에 달했다.

어떻게 보면 이러한 과장 광고는 최근 소비자들의 인식이 높아지고 있는 상황에서는 분양에도 크게 도움이 되지 않을 수 있다. 따라서 조금 더 세심하게 광고 문안을 검토하는 자세가 필요할 것이다.

설문조사 결과 아파트 분양광고 내용과 실제 입주 후에 차이가 있다고 응답한 155가구 중 58가구(37.4%)가 피해보상을 요구하였으나 이들 중 실제로 보상을 받은 경우는 19가구(32.8%)에 불과한 것으로 나타나, 피해를 입은 소비자들이 업체로부터 적절한 보상을 제대로 받지 못하는 것으로 나타났다.

---

2) 공정거래위원회, 아파트 분양광고 실태 결과조사, 1999.11

[소비자 불만 유형]

| 경 험 | 가구(호) | 비중(%) |
|---|---|---|
| 아파트 내부 주요시설물 | 68 | 43.9 |
| 주변환경 | 57 | 36.8 |
| 교 통 | 40 | 25.8 |
| 대 출 금 | 34 | 21.9 |
| 기 타 | 8 | 5.2 |
| 계 | 155 | 100.0 |

아파트의 경우 일반 소비자가 구매할 수 있는 가장 고가의 상품이라고 할 수 있는데도 광고내용과 모델하우스만 보고 구입 여부를 결정할 수밖에 없기 때문에 광고내용이 실제 구매에 상당한 영향을 미친다. 따라서 장기적인 관점에서 아파트 분양광고에 대한 자율 사전심의를 실시하는 방안도 적극 도입될 필요가 있을 것이다.

### (2) 상 가

'굿모닝시티'와 같은 사기분양을 막고 투자자를 보호한다는 취지로 마련된 상가후분양제가 시행된 후 아직까지 제도가 정착되지 못하고 있다. 이는 상당수 상가 개발업체들이 편법 선 분양을 통해 사실상 후 분양 제도를 회피하고 있기 때문으로 보인다.[3] 일부 개발업체들은 3천 제곱미터 미만을 먼저 분양하고 나중에 나머지를 임대로 돌리는 편법으로 후분양제를 피하기도 한다.[4]

특히 저금리 실정을 감안하여 '수익률 ○○% 보장'과 같은 투자수익률

3) 후분양제에서는 연면적 3천 제곱미터 이상의 상가, 20실 이상 오피스텔 등의 대형건축물은 골조공사 2/3을 마친 후 분양하거나 부동산신탁회사와의 신탁계약, 보증보험회사의 분양보증을 받아야만 분양이 가능하다.

4) 2006년 1분기 상가분양건수는 108건이며, 이 가운데 40여건 정도가 '건축물 분양에 관한 법률' 의 적용대상이나 이 가운데 10건 내외만 동법에 따라 분양한 것으로 추정된다, 한국금융신문, 2006. 4

을 객관적 근거 없이 구체적인 수치로 표현하거나 '인근 ○○상가 권리금 또는 프리미엄 ○천만 원' 등 분양상가가 아닌 이미 상당기간 운영되고 있는 인근 상가의 권리금이나 프리미엄을 제시하거나 '임대보장'과 같이 모호한 표현으로 분양신청자를 유인하는 경우가 많다.

상가분양광고 관련 법률 및 규정을 살펴보면 △건축물의 분양에 관한 법률 △표시·광고의 공정화에 관한 법률 △중요한 표시·광고사항의 고시 △상가 등의 분양 및 임대 표시·광고에 관한 심사지침 △한국광고자율심의기구 광고자율심의 규정을 들 수 있다.

2004년~2005년 2년간 한국소비자보호원에 접수된 상가분양 관련 소비자상담 건수는 총 667건이며 연도별로는 2004년 424건, 2005년 243건이다. 소비자상담에서 나타난 소비자 불만의 원인을 유형별로 살펴보면 해약금(211건), 계약내용·조건상이(97건), 경제적 이득보장(95건), 시공·입주지연(87건), 분양대금·면적상이(40건), 중도금 융자보장(34건), 상권보장(28건)의 순으로 나타났다.

상가의 분양의 문제점을 개선하기 위해서는 '상가 등의 분양 및 임대 표시·광고에 관한 심사지침'을 정비하여 상가 광고상의 주요 내용인 분양현황, 공사현황, 상권보장, 재산가치·수익성 보장, 가격·분양면적, 융자, 교통·환경, 거래조건 등에 관하여 피분양자들이 보다 정확하고 객관적인 정보를 가지고 상가분양계약에 임할 수 있도록 하는 것이 필요하다.

**[상가분양관련 소비자 불만 유형별 상담현황]5)**

| 연도별 | 해약금 | 계약내용·조건 상이 | 경제적 이득 보장 | 시공·입주지연 | 분양대금·면적상이 | 중도금융자보장 | 상권보장 | 기타 | 계 |
|---|---|---|---|---|---|---|---|---|---|
| 2004년 | 134건 | 65건 | 56건 | 70건 | 21건 | 25건 | 19건 | 34건 | 424건 |
| 2005년 | 77건 | 32건 | 39건 | 17건 | 19건 | 9건 | 9건 | 41건 | 243건 |
| 계 | 211건 (21.6%) | 97건 (14.5%) | 95건 (14.3%) | 87건 (13.0%) | 40건 (6.0%) | 34건 (5.1%) | 28건 (4.2%) | 75건 (11.3%) | 667건 (100.0%) |

또한 상가 분양업체는 광고 내용에 대한 실증자료를 전혀 갖추고 있지 않는 경우가 많은데 분양업체에서는 광고 시에 실증자료를 갖춘 후 광고 문안을 작성하는 자세가 요구된다.[6)]

상가분양에는 시행사, 시공사, 분양대행사, 자금관리자 등 여러 사업자가 관련되어 있다. 상가 광고의 경우에도 여러 사업자가 관련되어 있는데, 상가 분양의 주체인 시행사, 시행사로부터 분양에 대한 업무를 위임받은 분양대행사, 분양대행사로부터 광고업무의 대행을 위탁받은 광고대행사 등이 있다.

분양의 주체인 시행사는 상가 광고를 분양대행사나 광고대행사에 일임하여 어떠한 내용이 광고되고 있는지에 대해 세심하게 파악을 하고 있지 못하는 경우도 발생하고 있다.

상가광고에 관하여 비록 분양대행사나 광고대행사가 실무를 담당하고 있다고 하더라도 상가 광고의 내용에 대해서 시행사가 책임을 지게 되므로[7)] 시행사가 광고에 대한 책임의 주체로서 부당한 광고가 발생하지 않도록 광고 관련 규정이나 표현에 대하여 정확한 인식을 할 수 있도록 지속적인 교육이 필요할 것이다.

### (3) 토 지

'전화로 팔 수 있는 유일한 부동산 상품이 토지다'라는 말이 부동산 시장에는 오래전부터 있어왔다. 기획부동산에서 주로 취급하는 상품이 토

---

5) 한국소비자보호원, 부동산 분양 · 임대관련 표시 · 광고 실태조사, 2006. 6

6) 미국 연방통상위원회(FTC)의 경우에도 광고시에 실증자료를 갖추도록 의무화하고 있다.( "The Commission emphasized that as a matter of law, firms lacking a reasonable basis before an ad is disseminated violate Section 5 of the FTC Act and are subject to prosecution" - FTC Policy Statement Regarding Advertising Substantiation)

7) 분양대행사들이 광고문안을 직접 작성하였더라도, 분양광고에 시행사의 상가분양에 관한 것임을 알 수 있는 'oooo' 라는 용어가 사용되었을 뿐 분양대행사의 광고임을 알 수 있는 상호 등 다른 표시는 없으며, 분양광고가 시행사와 분양대행사가 체결한 분양알선계약에 기하여 행하여진 시행사의 상가분양에 관한 광고로서 그 효과는 시행사에 귀속되므로 시행사가 분양대행사로 하여금 광고를 하게 한 것으로 보는 것이 상당함. (대법원 2005. 2. 18, 선고 2003두8203판결)

지인데 회사의 영업방식은 텔레마케팅(TM)으로 기존에 헐값으로 매입한 토지를 적게 분할하여 비싸게 판다. 이렇게 기획부동산들이 토지분양과 관련하여 허위, 과장된 선전으로 투자자를 유혹하여 충동계약을 유도하는 현황에 대한 소비자보호원에 접수된 상담사례는 2002년에서 2003년간 39건이 접수되었다.

2003년 11월말 현재 토지분양 관련 소비자 상담은 28건으로 2002년(11건) 대비 2.5배 이상 증가하였다. 분양업체들이 토지투자를 권유하는 지역은 대규모 관광지구 개발을 추진 중인 제주도가 11건으로 가장 많았으며, 강원도 3건, 행정수도 이전과 관련한 충청권이 3건으로 나타났다. 개발계획의 혜택과 주변개발에 따른 시세차익 등 투자목적으로 토지를 매입하였으며, 구체적 사용계획이 있는 경우는 39건 중 팬션 개발 용도 2건에 불과하여 대부분이 충동구매인 것으로 드러났다. 전체 39건 중 20건이 사업자의 권유에 의하여 충동적으로 계약 후 계약해제를 요구하였는데 11건은 분양사업자의 개발계획 등이 허위, 과장으로 수익성이 불확실하다는 건이며, 가격이 주변의 시세보다 지나치게 비싸다는 이유도 6건이나 되었다.

**[투자지역별 현황]**[8)]

| 연도별 | 2002년 | | | 2003년(11월말) | | | | | 계 |
|---|---|---|---|---|---|---|---|---|---|
| | 제주 | 기타 | 소계 | 제주 | 강원 | 충남 | 기타 | 소계 | |
| 건수 | 3 | 8 | 11 | 8 | 3 | 3 | 14 | 28 | 39 |

토지분양 관련 바람직한 상거래를 정착시키기 위해서는 △부당한 전화권유 판매 단속 실시 △계약 체결 전에 현장답사를 철저히 하고 △현장확인 및 중요사항에 대해서는 계약서에 명기하는 자세가 필요할 것이다.

8) 한국소비자보호원, 부동산거래관련 피해실태조사, 2003.12

### (4) 기사성 광고

기사성 광고(advertorial)를 간략하게 정의하면, '뉴스기사와 같이 보이도록 만들어진 광고로 advertising과 editorial의 합성어[9]라고 할 수 있는데 최초의 시도는 1915년 맥마너스의 미국 GM사 캐딜락 광고라고 알려져 있다.[10]

일반적으로는 다단편집, 배열, 활자체, 헤드라인 카피 등 광고의 구성과 내용면에서 기사형식을 빌림으로써 일반 소비자가 기사로 인식할 가능성이 있는 모든 광고를 기사싱 광고로 정의할 수 있다.[11]

기사성 광고의 특징을 유형화하면 신문과 잡지에 공통적으로 나타나는 특징이 있는 반면, 신문과 잡지라는 매체 특성에 따라 다르게 나타나는 특징도 있다. 신문과 잡지에서 공통적으로 나타나는 특징으로는 △한 기사 내에 박스·소제목 등으로 구분되는 작은 기사 꼭지를 사용하고 △특정상품에 대한 장단점·평판·소비자 인터뷰 등을 마치 기자가 취재한 형식으로 기술하고 △헤드라인을 신문기사처럼 '취득 붐', '긴급진단' 등의 제목으로 제작하거나 광고문 내용 중 '취재', '편집자註' 등의 단어를 사용하는 것을 들 수 있다.

신문 기사성 광고에서 나타나는 독특한 특징으로는 △상단에 이 면에 실린 기사들의 전체적인 성격을 알려주는 섹션명 사용 △기사말미에 표시하는 작성기자 이름과 이메일주소 사용 등을 들 수 있다.

잡지광고의 경우에는 △광고 끝부분에 기호식의 잡지사 로고를 표시하거나 △서두에 '글(또는 정리) ○○○, 사진 ○○, 진행 △△' 등으로 기재하거나 △광고 몇 개를 묶은 몇 페이지에 이르는 기획기사 형식을 사용하는 것을 들 수 있다.

상가분양 기사성 광고는 중앙일간지에 게재된 숫자가 많았으나 전체

---

9) 한국광고학회, 광고용어 표기 및 정의, 한국광고학회, 1996

10) 한상필, 기사식 광고 · 광고식 기사, 애드버토리얼, Design 7월, 1995

11) 기사성 광고와 매우 유사한 형태로 광고성 기사를 들 수 있는데, 광고성 기사는 기획특집 등의 형식으로 특정기업이나 상품의 홍보, 광고주의 연락처까지 표시해 광고의 성격이 짙은 기사를 말한다.

[품목별 게재현황][12)]

(단위 : 건, %)

| 게재지 \ 품목 | 의료기관 | 자격증교재 | 건강식품 | 창업부업 | 영어교재 | 건강보조기구 | 상가분양 | 가정용품 |
|---|---|---|---|---|---|---|---|---|
| 중앙일간지 | 98 (8.2) | 354 (29.5) | 166 (13.8) | 242 (20.1) | 125 (10.4) | 97 (8.1) | 44 (3.7) | 17 (1.4) |
| 스포츠지 | 201 (38.7) | 164 (31.6) | 51 (9.8) | 14 (2.7) | 36 (6.9) | 1 (0.2) | 5 (1.0) | 9 (1.7) |
| 여성잡지 | 316 (71.7) | 1 (0.2) | 64 (14.5) | 1 (0.2) | - | 20 (4.5) | - | 4 (0.9) |
| 계 | 615 (28.5) | 519 (24.0) | 281 (13.0) | 257 (11.7) | 161 (7.5) | 118 (5.5) | 49 (2.3) | 30 (1.4) |

| 게재지 \ 품목 | 무속인 | 화장품 | 식품주류 | 결혼정보 | 책 | 정보통신 | 기타* | 계 |
|---|---|---|---|---|---|---|---|---|
| 중앙일간지 | - | 4 (0.3) | 4 (0.3) | 13 (1.1) | 11 (0.9) | 5 (0.4) | 21 (1.7) | 1,201 (100.0) |
| 스포츠지 | 14 (2.7) | - | 10 (1.9) | - | - | - | 14 (2.7) | 519 (100.0) |
| 여성잡지 | 17 (3.9) | 15 (3.4) | 1 (0.2) | - | - | - | 2 (0.5) | 441 (100.0) |
| 계 | 31 (1.4) | 19 (0.9) | 15 (0.7) | 13 (0.6) | 11 (0.5) | 5 (0.2) | 37 (1.7) | 2,161 (100.0) |

품목에서 차지하는 비중은 총 49건, 2.3%에 그치는 것으로 조사되었다. 이는 부동산 시장에서는 전단삽지 광고가 기사성 광고와 유사한 형태로 제작되기 때문에 언론에 기사성 광고가 상대적으로 적은 것으로 보인다.

### (5) 허위매물

#### ① 허위매물의 정의

매물이란 중개업자가 고객으로부터 수집한 거래 성사를 원하는 부동산 정보를 말하는 것으로 중개업자로부터 수집하는 매물과 일반 고객으로부

12) 소비자보호원, 기사성광고의 실태 및 소비자인식에 관한 조사, 2001.11

터 수집하는 매물로 분류할 수 있다. 중개업자로부터 수집하는 매물은 회원으로 가입하여 계약조건에 따라 일정 개수의 매물을 인터넷 상으로 등록하고 일반 이용자에게 서비스하는 것을 말한다. 이에 비해 일반 고객으로부터 수집하는 매물은 고객이 자신이 보유한 부동산 매물을 매각 또는 세를 놓을 경우 부동산정보회사의 특정 메뉴를 이용하여 일정금액을 지불하고 일정기간 동안 사이트에 게재하는 것을 말한다.

부동산 허위매물이란 상기의 매물 중 게재된 정보 내용이 실제와 차이가 나는 것을 말하며 '가격왜곡 여부,' '매물의 실제 존재 여부' 및 '중복게재 여부' 등 3가지 기준에 의해 판단이 가능할 것이다.

먼저 부동산 매물이 있으나 가격을 왜곡하여 올리는 경우가 첫 번째로 지적할 수 있는 허위매물의 유형이다. 이때는 허위매물의 판단기준이 가격뿐이므로 가격 왜곡 여부에 대한 판단기준이 필요할 것이다. 즉, 시세에서 상·하위 몇 %를 벗어나는 것을 허위매물로 규정하느냐의 문제가 발생하게 된다.

두 번째는 매물이 없음에도 불구하고 있는 것처럼 부동산정보 사이트에 게재하는 경우로서 가격이 왜곡되었는지, 정상적인지로 분류될 수 있다. 매물이 없으나 가격을 정상적으로 명기하여 게재한 경우와 매물이 없음에도 불구하고 가격을 왜곡하여 게재한 경우로 나눌 수 있다. 후자가 부동산 거래시장과 소비자(부동산수요자)에게 미치는 영향이 더 클 것으로 추정된다.

세 번째는 개별 부동산정보 사이트에 중복하여 올리는 매물을 각기 다른 가격으로 게재하는 경우이다. 부동산정보의 획득 방법이 인터넷으로 급속히 이전되면서 중개업자는 광고효과의 극대화를 위해 두 세 개의 사이트에 본인이 보유한 부동산매물을 게재하는 경우가 증가하고 있기 때문에 발생한다.

상기의 3가지가 모두 의도적으로 발생한 허위매물이나 마지막에 언급한 허위매물은 게재된 거래정보가 변경되었으나 사후관리를 하지 않아 발생한 경우도 있어 그 의도가 모호함을 지적할 수 있다. 사후관리가 되지 않아 발생한 허위매물 중 게재된 기간이 오래되어 가격이 왜곡된 경우가 있을 수 있으며 또한 정상적인 가격으로 게재되었다고 하더라도 이미 거래가 되어 매물이 없거나 삭제하지 않아 발생할 수도 있다. 하지만 매물은 있으나 가격이 왜곡된 경우와 마찬가지로 게재된 거래정보가 변경되었으나 사후관리를 하지 않은 경우에 대해서도 실제 정보가 변경되었다고 하더라도(거래가 이루어져 매물이 없어짐) 그 허위성여부를 게시자의 의도성에 의해서만 판단이 가능할 것이기 때문에 판단의 정확성을 기하기는 현실적으로 어렵다고 보여 진다.

[부동산 허위매물 유형]

| 구분 | | 매물(의도적) | | 중복(의도적) | | 사후관리(비의도적) | |
|---|---|---|---|---|---|---|---|
| | | 있음 | 없음 | 있음 | 없음 | 있음 | 없음 |
| 가격 | 왜곡 | ○ | ○ | ○ | | | ○ |
| | 정상적 | | ○ | | | | ○ |

* ○로 표시된 난을 허위매물로 판단할 수 있음.

이러한 허위매물과 함께 광고 측면에서 정의할 수 있는 호객행위용 허위매물이 있으나 명확하게 정의하기가 어렵기 때문에 제외하였다.

#### ② 허위매물의 발생원인

가. 정책 요인

허위매물이 발생하는 가장 근본적인 요인은 개인 간의 부동산 거래에 있어서 '공인중개사의 업무 및 부동산 거래신고에 관한 법률' 제23조의 전속중개계약이 일반화되어 있지 않기 때문이다. 중개계약의 형태는 일반중개계약(open listing)과 전속중개계약(exclusive agency listing)으로 분류되는데 일반중개계약은 중개의뢰인이 불특정다수의 중개업자에게 중개를 의뢰하는 계약의 형태로서 국내에서는 가장 일반적이나 외국에서는 거의 이용되지 않는다. 이에 반해 전속중개계약은 의뢰인이 특정 중개업자를 지정하여 그 중개업자에게 한해서만 전적으로 중개대상물을 중개하도록 의뢰하는 형태의 계약으로 중개업자의 책임중개를 유도할 수 있는 장점이 있다.[13] 이러한 전속중개계약이 일반화되어있지 않은 점이 가장 근본적인 원인이라고 지적할 수 있다.

외국에서 일반화된 전속중개계약이 활용되지 않는 상황에서 중개업자는 부동산정보 사이트에 본인이 보유한 매물의 정확한 정보를 제공할 경우 오히려 영업상의 피해를 당할 수 있다. 왜냐하면 일반중개계약은 다수의 중개업자 중 가장 먼저 거래를 성사시킨 중개업자만 보수를 지급받고 다른 중개업자는 중개활동에 소요된 비용이 보전되지 않기 때문이다.

또한 본인의 중개사무소를 방문하게 만드는 것이 고객에 대한 유일한 마케팅의 방법이므로 허위매물을 게재하게 되는 유인 요인으로 작용할 수 있다. 일반중개계약의 경우 대상매물의 진위 여부가 더욱 중요하게 되므로 어떤 중개사무소를 활용하느냐는 부차적인 문제이다. 따라서 고객을 일단 본인의 중개사무소로 방문하게 만들고 대상매물을 실제 보유하고 있는 중개업자와 공동으로 중개하는 전략을 취할 수 있다.

따라서 일반중개계약이 일반화되어 있는 국내의 경우 허위매물을 게재하려는 수요를 근절하기는 상당히 어려울 것으로 판단된다.

### 나. 시장 요인

국내 중개업자는 공인중개사인 중개업자, 중개인인 중개업자, 법인인 중개업자 등 3가지 유형으로 분류된다. 2007년 3/4분기 현재 국내 중개업자는 총 80,738명에 이른다. 이중 공인중개사가 69,175명으로 전체에서 85.7%를 차지하고 있으며 중개인은 11,137명으로 13.8%, 중개법인은 426사로 0.5%의 비중을 차지한다.

---

13) 의뢰인이 직접 계약을 성립시킨 경우 보수 지급여부에 따라 독점중개계약(exclusive right to sell listing)을 추가할 수 있음.

[중개업자 현황]

(단위: 명, 사)

| 구 분 | 계 | 공인중개사 | 중개인 |
|---|---|---|---|
| 중개업자 수 | 80,738 | 69,175 | 11,137 |
| 중개업자 비중 | 100.0% | 85.7% | 13.8% |

자료: 건설교통부, 2007.10월말 현재

국내 중개업자의 증감현황을 살펴보면 2000년 4만 명 내외이던 숫자가 2002년과 2003년 부동산 시장의 활황을 거치면서 급격히 증가하여 2007년에는 8만 명을 넘어섰다. 2000년 이전 중개업자의 단순 평균 증감률은 0.1% 감소한 것으로 나타났으나 2000년 이후에는 년 8.6%로 대폭 증가하였다.

이렇게 중개업자 수가 증가한 원인은 IMF이후 공인중개사 자격시험을 기존의 격년에서 년 1회로 변경하였으며 상대평가에서 절대평가로 변경하여 합격자가 급격히 증가한 것이 주요 원인으로 지적된다. IMF이전에 실시된 공인중개사 9회 시험에서는 합격자가 3,469명이었으나 절대평가로 변경된 이후 처음 실시된 10회 시험에서는 합격자가 무려 14,781명으로 4배 이상 증가하였음을 알 수 있다. 중개업자 수의 급격한 증가는 IMF로 인한 대량실업사태에 대한 사회 안전판으로서의 역할을 수행하기 위한 목적이 컸다고 한다.

[공인중개사 합격자현황]

(단위: 명)

| 회차 | 시행년도 | 접수자수 | 응시자수 | 합격자수 | 합격자 결정방식 |
|---|---|---|---|---|---|
| 제 10 회 | 1999년 04월 25일 | 130,116명 | 81,585명 | 14,781명 | 절대평가 |
| 제 9 회 | 1997년 11월 02일 | 120,485명 | 69,953명 | 3,469명 | 상대평가 |

자료: 건설교통부

이로 인해 중개업자당 가구 수는 2000년 314가구에서 2005년에는 210

**[가구 수 대비 중개업자 현황]**

(단위: 수, %)

| 구분 | 2000년 | 2005년 | 상승률 |
|---|---|---|---|
| 가구 수(A) | 14,391,000 | 15,988,000 | 11.1% |
| 중개업자수(B) | 45,845 | 76,164 | 66.1% |
| 중개업자당 가구 수(A/B) | 313.9 | 209.9 | -33.1% |

* 자료: 건설교통부, 2005년말 현재

가구로 5년간 104가구나 줄어들었으며 하락률은 무려 33.1%에 달한다. 이는 가구 수 증가를 월등히 상회하는 중개업자수 증가로 인해 중개업자당 가구 수는 5년간 대폭 감소하였음을 보여주고 있다. 국내 가구 수는 2000년 1천4백만 가구에서 2005년에는 1천6백만 가구로 늘어나 5년간 11.1% 상승하였다. 이에 반해 중개인과 법인중개업자를 포함한 중개업자[14] 수는 2000년 4만6천명에서 7만6천명으로 늘어나 같은 기간 무려 66.1%나 증가하였다. 최근 인구증가율은 감소하고 있으나 1인 가구의 급속한 증가[15]로 인해 가구 수는 늘어나고 있는 추세이나 중개업자수의 증가가 상대적으로 높기 때문에 중개업자당 가구 수는 지속적으로 감소하고 있어 공인중개사간의 경쟁이 치열해 지고 있음을 추정할 수 있다.

따라서 이러한 시장에서의 과당경쟁으로 인해 고객을 유인하기 위한 중개업소간 마케팅전략은 더욱 강화되고 있어 허위매물의 문제점이 근절되지 않게 된다. 2002년과 2003년에는 중개업소의 허위매물에 대한 문제점이 크지 않았으며 이러한 문제점이 본격적으로 대두된 시점은 2006년 이후로 보여 진다.

중개업자 증가에 따른 과당경쟁은 국내 중개업자의 업무영역이 외국에

14) 중개업자라 함은 '공인중개사의 업무 및 부동산거래신고에 관한 법률' 에 의하여 중개업을 영위하는 사무소(중개사무소)의 개설 등록을 한 자 "를 말한다. 법에 근거한 중개업자의 종별에는 ①법인인 중개업자 ②공인중개사인 중개업자 ③중개인인 중개업자가 있다.

15) 2005년 인구센서스 기준으로 1인가구의 비율은 20%를 기록하였다. 즉 5가구 중 1가구는 1인 가구이다.

비해 제한적이기 때문에 발생하는 문제라는 점도 지적할 수 있다. 아래의 표에서도 볼 수 있듯이 외국의 부동산중개업자의 업무범위는 상당히 광범위하나 국내의 경우 거의 알선중개에 치중하고 있음을 알 수 있다.

[부동산 중개업자의 업무범위]

| 국가 | 알선중개 | 매매 | 교환 | 위탁계약대리 | 임대료수납 | 금융대부서비스 | 약속어음매매교환 | 국공유지매입 및 임차서비스 | 임대 | 경매 | 관리 | 개발 | 컨설팅 |
|---|---|---|---|---|---|---|---|---|---|---|---|---|---|
| 한국 | ○ | | | | | | | | ○ | ○ | ○ | | ○ |
| 일본 | ○ | ○ | ○ | ○ | | | | | ○ | | ○ | ○ | ○ |
| 미국 | ○ | ○ | ○ | ○ | ○ | ○ | ○ | ○ | ○ | | ○ | ○ | ○ |
| 영국 | ○ | ○ | | ○ | | | | | ○ | ○ | ○ | ○ | ○ |

* 자료: 건설교통부, 1999년

### 다. 기업요인

부동산정보회사 간의 과당경쟁으로 인해 매물의 등록방식과 서비스 기간이 중개회원 편의로 이루어져 있기 때문에 허위매물이 집단적으로 발생하는 점도 간과할 수 없다. 기업요인에서 발생하는 원인은 현황에서 자세히 살펴보겠다.

#### ③ 허위매물 현황

허위매물이 어느 정도 존재하는지에 대한 현황을 조사한 자료는 없다. 하지만 거래건수를 살펴보면 허위매물의 존재 정도를 유추해 볼 수 있다.

현재 부동산정보회사의 회원과 매물등록 현황을 살펴보면 회원 수는 조사대상 회사 중 가장 적은 곳이 4천개, 많은 곳은 1만8천개를 넘어서고 있다. 매물수의 경우는 조사대상 회사 중 가장 적은 곳이 1백2십만개, 많은 곳은 3백8십만개를 넘어섰다. 이렇게 회원 수가 차이가 나는 것은

**[부동산정보회사 회원 수 및 매물 수]**

(단위: 개, 건)

| 부동산114 | | 스피드뱅크 | | 닥터아파트 | | 부동산서브 | |
|---|---|---|---|---|---|---|---|
| 회원수 | 매물수 | 회원수 | 매물수 | 회원수 | 매물수 | 회원수 | 매물수 |
| 13,562 | 3,880,139 | 15,449 | 3,579,124 | 4,106 | 1,290,509 | 18,327 | 2,507,813 |

* 자료 : 각사 내부자료, 2007.11.20

회원의 종류와 각 사별 영업전략과 관련이 있으며 회원의 종류는 각 사별로 차이가 있으나 공히 일반회원, 프리미엄(골드)회원, 프랜차이즈 회원으로 구분할 수 있다.

한 회원 당 부동산정보 사이트에 게재하는 평균 매물의 수는 조사대상 회사 중 가장 적은 곳이 137개이며 가장 많은 곳은 314개였다. 한 회사당 이렇게 많은 매물이 게재되어 있는 이유는 부동산 수요자를 유인하기 위한 목적과 함께 평균적으로 부동산정보회사들이 종별로 올릴 수 있는 매물의 양을 확대해 놓았기 때문이다.

**[부동산정보회사 회원당 매물 수]**

(단위: 건)

| 회사별 | 부동산114 | 스피드뱅크 | 닥터아파트 | 부동산서브 |
|---|---|---|---|---|
| 회원당 매물수 | 286 | 232 | 314 | 137 |

* 자료 : 각사 내부자료, 2007.11.20

2006년 이후 국내 분기별 아파트 거래량[16]은 평균 127,195건이었다. 2006년까지는 수도권의 거래가 지방에 비해 많았으나 2007년 이후에는 지방의 거래량이 많아지고 있다. 분기별 아파트 거래량을 살펴보는 이

16) 아파트 거래량은 실거래신고기준, 등기기준 등 두 가지 통계가 집계되며 이 통계는 실거래신고기준임.

유는 부동산정보회사가 보유한 허위매물의 양이 어느 정도 되는지를 판단하는 기준을 설정하기 위함이다. 현재 "공인중개사의 업무 및 부동산거래에 관한 법률"에서 지정한 전속중개계약의 유효기간인 3개월을 기준으로 삼을 수 있다. 따라서 매물 등록 후 3개월 내에는 아파트가 거래된다는 것을 가정하고 아파트 거래량과 매물등록 수를 비교해 볼 수 있다.

**[부동산정보회사의 매물종류별 매물게재 가능개수]**

| 구분 | 부동산114 | 스피드뱅크 | 닥터아파트 | 부동산뱅크 | 부동산써브 |
|---|---|---|---|---|---|
| 매물등록수 | 일반(50개)<br>프리미엄(3개*80개확대)<br>FC(5개*80개확대) | 일반(50개)<br>프리미엄(3개*90개)<br>FC(5개*100개) | 일반(50개)<br>프리미엄(100개) | 일반(50개)<br>프리미엄(100개)<br>FC(150개) | 일반(150개,매매/임대)<br>프리미엄(200개)<br>FC(500개) |
| 매물종류 | 매물종류-27개<br>거래구분-57개 | 매물종류-24개<br>거래구분-56개 | 매물종류-29개<br>거래구분-71개 | 매물종류-24개<br>거래구분-53개 | 매물종류-22개<br>거래구분-56개 |

* 자료: 각 사별 자료, 2007.11

**[분기별 아파트 거래량 현황]**

(단위: 건)

| 구분 | 2006년 | | | | | 2007 | | |
|---|---|---|---|---|---|---|---|---|
| | 1/4 | 2/4 | 3/4 | 4/4 | 합계 | 1/4 | 2/4 | 합계 |
| 전국 | 92,476 | 129,769 | 117,837 | 219,144 | 559,226 | 102,613 | 101,330 | 203,943 |
| 수도권 | 52,974 | 76,660 | 70,887 | 147,383 | 347,904 | 48,034 | 45,416 | 93,450 |
| 지방 | 39,502 | 53,109 | 46,950 | 71,761 | 211,322 | 54,579 | 55,914 | 110,493 |

자료 : 건설교통부, 2007. 8

한 부동산정보회사가 보유한 아파트 매물 수는 2007년 11월말 현재 1,234,835건이다. 따라서 앞에서 살펴본 평균 분기별 거래량 127,195건

[부동산정보회사 보유 아파트 매물 수]

(단위: 건)

| 종별 | 아파트 | | | | 주상복합아파트 | | | | 합계 |
|---|---|---|---|---|---|---|---|---|---|
| 유형별 | 매매 | 전세 | 월세 | 계 | 매매 | 전세 | 월세 | 계 | |
| 건수 | 453,459 | 375,620 | 263,112 | 1,092,191 | 52,091 | 51,683 | 38,870 | 142,644 | 1,234,835 |

* 자료 : R사 내부자료, 2007.11.30

과 비교하면 9.7배나 많은 수치이다. 따라서 중복을 고려하더라도 실제 거래되는 아파트에 비해 과다한 매물이 게재되어 있다고 추정할 수 있다.

④ 허위매물의 문제점

앞에서 살펴본 바와 같이 허위매물은 인터넷 공간에서 광범위하게 존재하고 있는 것으로 판단된다. 하지만 이러한 허위매물로 인해 소비자(부동산수요자)가 어떤 피해를 당하는지는 또 다른 문제이다. 허위매물로 인해 많은 피해를 당하는 것으로 응답하였으나 구체적인 피해로는 직접적인 금전피해 이외의 피해를 제시하지 못하고 있다.

가격이 왜곡된(일반적으로 낮은) 허위매물의 경우 부동산거래질서를 해치는 위험이 있다. 정상적인 가격에 거래하려는 부동산 수요자가 허위매물의 왜곡된 가격을 인지하게 되면 거래를 보류할 가능성이 높기 때문이다.

허위매물을 부동산정보 사이트에 게재하는 목적이 부동산수요자를 유인하기 위함이기 때문에 부동산수요자가 원하는 매물이 존재하지 않아 불필요하게 중개업소를 방문하거나 새로운 매물을 발견하기 위해 추가적인 시간과 노력이 소요될 수 있다.

허위매물 자체만으로는 거래로 연결되기 어렵기 때문에 소비자 피해는 크지 않은 것으로 판단된다. 하지만 허위매물을 게재하여 중개업소로 유인한 후 추가적으로 다른 매물을 제시하면서 거래로 연결시키는 경우에는 문제가 발생할 수 있다. 따라서 허위매물에 따른 소비자 피해만이 아니라 추가적인 파생 피해를 발생시키지 않도록 하기 위해서는 사전에 허위매물을 관리할 수 있는 방안이 수립되어야 할 것이다.

## 3. 사회 지향적 부동산마케팅을 위하여

정해진 비용으로 최대의 만족을 얻고자 하는 것이 고객의 기대심리이다. 이러한 고객의 기대심리는 시장의 신뢰가 흔들릴 때 더욱 두드러진다. 시장 혼란기 때 소비자들은 현명한 선택을 위해 구매에 앞서 다양한 정보를 획득하려 한다. 또한 소비자들은 자신이 선택한 상품들이 가치가 있다는 것을 확인하고 싶어 한다. 이러한 상황에서는 개발회사는 소비자에게 정확한 정보를 적극적으로 제공하는 신뢰마케팅을 펼치는 것이 중요하다.

시장 혼란기 때 소비자들은 혼돈스럽고 정보 획득에 제한이 있기 때문에 화려하거나 감성에 어필하는 이미지 광고를 하는 것보다는 제품의 우수성이나 특성을 자세히 알려줄 필요가 있다. 한편, 구매 후에도 입주자들이 자신들의 선택에 대해 안심할 수 있도록 입주자들을 대상으로 만든 온라인 커뮤니티를 통해서 경험담을 교환하도록 하는 것도 좋은 방법이다. 부동산정보 제공 사이트의 경우 브랜드 커뮤니티가 발달되어 있는데 이러한 곳에 건설 회사들이 광고를 하는 이유도 이러한 온라인 커뮤니티의 경험을 확산시키고자 하는 목적이 있을 것이다.

사회 지향적 부동산마케팅은 궁극적으로 입주자에게만 이익이 되는 것은 아니며 건설회사에게도 이익을 가져다준다. 단기적인 이익에만 집착한다면 사회 지향적 부동산마케팅은 비용이지만 장기적으로 본다면 이러한 마케팅은 기업에게도 수익을 가져다주는 주요한 요인이 될 수 있다. 이런 수익은 고객과의 관계에서 발생하기 때문에 지속될 수 있는 여지 또한 크다. 부동산 개발사업자들도 사회마케팅에 관심을 가져야 하는 이유가 여기에 있다.

## 사례연구 브랜드 창출과 통합시행 컨설팅 부띠크 모나코(Boutique Monaco)[17]

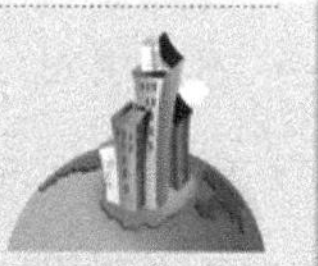

2005년 6월 평당 2,700만원의 분양가에도 불구하고 분양개시 5일 만에 100% 분양완료라는 성공을 이끌어내었던 부띠크 모나코(Boutique Monaco)는 브랜드 창출과 마케팅, 건축디자인이 조화를 이룬 통합마케팅커뮤니케이션(Integrated Marketing Communication)이 완성된 사례로 화제를 모았다.

[부띠크 모나코의 조감도 및 모델하우스 전경]

- 대지위치 : 서울특별시 서초구 서초동 1316-5 외 11필지
- 지역지구 : 도시지역, 일반상업지역, 중심미관지구, 지구단위계획지구

17) 건축문화, 2006.1, 월간 디자인, 2006. 1을 참조하였음.

- 대지면적 : 4,284.80㎡
- 건축면적 : 1,713.13㎡
- 연면적 : 54,859.92㎡(16,595.13평)
- 조경면적 : 687.78㎡
- 건폐율 : 39.98%
- 용적률 : 866.54%
- 규모 : 지상 27층, 지하 5층
- 구조 : 철근콘크리트조, 철골철근콘크리트조
- 내부마감 : 슬레이트석, 천역대리석, 우드 플로어링, 히노끼, 은경세틴. 애쉬무늬목
- 외부마감 : 저층부 - 고광택 화이트 콘크리트, 이끼패널시스템, T15 강화유리, T24 로이복층유리 / 고층부 - T24 로이복층유리, T24 파스텔복층유리, T19삼목사이딩
- 설계 : 매스스터디스(조민석+박기수)
- 설계기간 : 2004. 7 ~ 2005. 9
- 공사기간 : 2005. 5 ~ 2008. 7
- 구조 : 터구조(박병순)
- 설비 : 하나기연(장상락)
- 전기 : 하나기연(이수원)
- 인테리어 : 매스스터디스
- 조경설계 : 환경디자인스튜디오(김용택)
- 통합시행컨설팅 : (주)플래닝코리아
- 시공 : (주)GS건설
- 건축주 : (주)범우공영(김병준), (주)리드웨이건설(신형철)

기존의 오피스텔 개념을 뛰어넘어 '비즈니스 펜트하우스' 컨셉을 제안한 부띠크 모나코는 새로운 고급 수요를 창출하면서 주거시장의 블루오션을 펼쳐 보였다. 특히 귀족 마케팅 부문에서 타워펠리스 외에 이렇다

할 히트작이 없는 국내에서 부띠크 모나코는 오피스텔이라는 부족한 상품력을 일거에 반전시켰다는 점에서 그 의의가 크다고 볼 수 있다.

주거용 오피스텔은 2004년 6월 온돌난방 금지와 업무용 공간비율을 70%로 확대하는 등 건축규제를 강화하면서[18] 주거용 오피스텔 시장은 사실상 공황상태에 빠졌다. 투자 상품으로서의 매력이 떨어지면서 주거용 오피스텔의 연간 가격상승률도 아파트와 주상복합에 비해 현저히 떨어져있다. 전국적으로 아파트의 2006년 가격상승률은 24.53%, 주상복합은 18.05%이나 주거용 오피스텔은 3.22%에 그치고 있다. 수도권의 경우 아파트는 연간 30%대의 가격상승률을 보였으나 주상복합은 20%대, 오피스텔은 2~5%대의 상승률을 보이는 등 주거용 오피스텔은 부동산 상품으로서 매력도가 떨어지고 있다.

**[2006년 주거용 부동산의 연간 가격상승률]**

(단위 : %)

| 지역별 | 아파트 연간 가격상승률 | 주상복합 연간 가격상승률 | 오피스텔 연간 가격상승률 |
|---|---|---|---|
| 서울특별시 | 31.13 | 18.18 | 2.51 |
| 경기도 | 34.42 | 23.78 | 5.24 |
| 인천광역시 | 18.57 | 10.73 | -0.47 |
| 부산광역시 | -0.07 | 1.1 | -1.39 |
| 울산광역시 | 17.99 | 14.04 | - |
| 경상남도 | 2.86 | 11.83 | - |
| 전 국 | 24.53 | 18.05 | 3.22 |

* 부동산114, 2007. 1

부띠크 모나코의 성공 이면에는 기존의 주거문화에 대한 분석을 토대로 새로운 수요와 향후 개성 중심적 주거로의 변화를 예측하는 감성과

18) 건설교통부는 업무용인 오피스텔이 주거용으로 둔갑하는 것을 막기 위해 △업무시설 비율을 50%이상에서 70%이상으로 확대 △온돌, 온수온돌 등에 의한 바닥 난방 금지 △실별 욕실, 화장실 3㎡(약 0.9평) 1개로 제한 △1.2m이상 외부 창에 추락방지시설 설치 등의 오피스텔 건축기준 개정안을 2004년 6월 고시와 동시에 시행하였다.

문화마케팅 방법론이 깔려있다고 볼 수 있다. 현재 전 분야에 걸쳐 진행되는 감성중심의 시대 흐름은 지금껏 부의 증식 수단으로만 인식되어 왔던 주거 개념이 사람과 사람 사이의 문화를 읽을 수 있는 주거로 이전될 것이라는 확신을 갖게 해주는 단서가 된 것이었다.

## 1. 브랜드 전략

부띠크 모나코는 브랜드를 짓는 것부터 다른 주거용 부동산과는 달랐다. 의류 판매에서 흔히 쓰이는 대량생산 시스템이 아닌 단 한 사람만을 위한 판매, 개개인의 개성과 취향에 따라 맞춰지는 고급 의상실 시스템을 따온 이름인 부띠크[19]를 사용하였다. 개개인의 취향을 중시하는 트렌드가 다양한 산업에서 도입되고 있으며 이 부띠크를 주택분야에 적용하겠다는 의도라고 볼 수 있다. 이는 대량생산 위주의 단순제품으로 고만고만한 국내 고급아파트 시장에 새로운 바람을 불러 일으켰다.

각 세대를 마그리트, 샤갈, 미로, 피카소, 마티스 등 예술가 5명의 개성을 표현하는 공간으로 구성하자는 아이디어를 바탕으로 이 5명의 예술가들이 모두 모나코 왕국 인근 '코타주르 (Cote d'Azur)'라는 휴양지에 머물며 예술혼을 불태웠던 점을 콘셉트를 활용하였다. 이러한 콘셉트만으로도 부띠크 모나코의 지향점이 어떤 것인지를 짐작케 한다. 비교적 안전한 선택이 될 수도 있었던 LG

19) 패션업계에 따르면 원래 부띠크는 '조그만 가게' 라는 뜻의 불어. 장인 정신이 담긴 이 가게는 명품만을 취급했던 곳이다. 특히 명품 중에서도 '기성품(프레타 포르테)' 이 아닌 '맞춤복(오트 쿠튀르)' 을 다뤘던 상점이 바로 부띠크다.

로얄스위트를 버리고 부띠크 모나코라고 명명한 것은 이러한 지향점을 반영한 것으로 보인다.

## 2. 상품전략

부띠크 모나코라는 오피스텔의 가장 큰 매력이자 특징은 총 172가구가 서로 다른 49개 타입으로 지어진 공간구성이라 할 수 있다. 사람들은 일반적으로 남향을 저층보다는 고층을 선호하는 경향이 있다. 이런 식으로 계산을 해보면 동일 건물 내에서는 사람들이 선호하는 공간이 25%가 채 안된다는 결론에 이르게 된다. 나머지 75%는 어떻게 할 것인가?

마케팅까지 고려된 설계를 필요로 했기에 모든 공간이 펜트하우스가 되는 콘셉트가 제안되었다. 평수나 남향, 북향, 저층, 고층 식의 전통적인 공간 구분이 아니라 각 세대를 예술가 5명의 개성을 표현하는 공간으로 구성하자는 아이디어를 낸 것이다. 즉 사람들의 물리적인 공간 선호도를 자신의 라이프스타일에 맞는 감성적인 선호로 바꿔버린 것이다. 이를 실현하기 위해 마그리트의 작품 속 구름 위를 걷는 듯 한 느낌을 선사하는 스카이 브리지, 자유롭고 부유하던 샤갈의 상상력을 구현한 복층, 미로의 단순 명쾌함과 율동간이 살아있는 미래형 구조, 발코니에

서 그림 그리기를 즐겼던 마티스의 넓은 공중 정원, 피카소가 작업하던 아틀리에가 넓은 스튜디오형의 주거공간에 옮겨졌다. 부띠크 모나코는 전례가 없는 이러한 독특한 상품 구성에 따른 설계로 만장일치로 심사위원들의 건축심의를 통과한 것으로 알려졌다.

### (1) 마그리트하우스(Bridge Unit)

현실과 환상사이의 적절한 긴장감을 유지하며 일상의 필요에 융통성 있게 반응하는 그룹을 타깃으로 한 평면. 일상적인 주거공간에서 발견할 수 없는 공중 브리지를 내부공간에 도입하였다.

### (2) 마티스하우스(Garden Unit)

코너에 정원을 도입한 공간으로 가장 높은 선호도를 보였다고 하는 이 유닛은 자연의 생명력을 통해 예술적 영감을 얻고 역동적이고 창조적인 삶을 주도하는 그룹을 타깃으로 삼았다.

### (3) 샤갈하우스(Duplex Unit)

2개 층을 연결한 오픈 주거를 제시한 것으로 보헤미안 감성을 가미한 스타일과 공간의 자유로운 이동을 추구하는 그룹을 타깃으로 한 평명

### (4) 피카소하우스(3.5 bay Unit)

침심을 제외한 공간을 오픈하여 이체형의 아틀리에로 제안한 이 유닛은 독립적 성향으로 시간과 장소, 활동에 구애받지 않는 타임리스 스타일을 지향하는 그룹을 타깃으로 하였다.

### (5) Miro Haus(3 bay Unit)

풍부한 상상력과 유기적 사고로 유행을 초월하는 심플한 삶을 추구하

는 그룹을 타깃으로 한 이 유닛은 짜임새 있는 각각의 기능공간으로 연결된 주거를 제시하였다.

## 3. 표적시장(Target Market)

분양 시 외국계 기업 간부, CEO, 변호사, 의사, 문화계 인사 등 이른바 VVIP(Very Very Important Person)들이 대거 몰렸던 사실에서도 알 수 있듯이, 부띠크 모나코의 타깃은 일반 대중이 아니다. 마케팅을 위해서도 기업 최고경영자와 문화예술 분야 최고의 전문가들로 구성된 로비스트 30여명이 동원됐다고 한다. 이처럼 부띠크 모나코가 찾아낸 블루오션 컨셉은 선진국형 CEO를 주 타깃으로 하는 이른바 '크리에이티브 클래스(도심형 비지니스 창조 그룹)'로 문화적 욕구가 강한 부유층을 대상으로 주거지를 차별화하는 전략을 채택했다. 즉 뉴욕 맨하튼의 주거 공간 컨셉과, 예술적 문화와 이국적 휴식이 공존하는 고품격 휴양지 모나코의 컨셉을 하이브리드한 공간으로, 도심 속의 새로운 노블 휴양지, 고급스런 유러피안의 감성적 문화 공간, 로얄 컬쳐 파크 개념의 Boutique Housing 이다. 이로써 부띠크 모나코는 한마디로 새로운 소비자의 욕구를 포착하고, 그에 걸맞은 매력적인 주거 공간의 제시를 통해 블루오션을 창출했다.

- 제3세대 CEO, 중소기업경영인
- VIP마케팅이 잦은 럭셔리 리더 그룹
- 해외출장이 잦은 글로컬 비즈니스 그룹
- 싱글 전문가 그룹
- 창조적 감성을 소유한 실버그룹

## 4. 참여주체

시행사인 범우공영과 리드웨이 건설은 기존의 주거개념을 뛰어 넘는 감성과 문화의 마케팅 방법론을 적극적으로 도입하여 새로운 주거상품을 개발하겠다는 목표로 그에 관한 전문가를 물색하게 된다. 이 과정에서 20년간 패션브랜드 개발경험을 토대로 SK VIEW, PARKVIEW, NATURE POEM 등 건설 분야의 브랜드를 창의적으로 내놓은 바 있는 디자인네트워크를 브랜드 네임 개발의 주체로 내세우게 된다. 그리고 브랜드의 성공을 위해 건축디자인과 마케팅, 분양, 광고에까지 통합적으로 구현되어야 한다는 의지를 갖고[20] 그것을 통합 컨설팅하는 Creative Director의 역할을 플래닝코리아에게 위임하기에 이른다.

플래닝코리아에게 가장 중요한 일은 이와 같은 창의적인 개념의 주거브랜드를 시각화하고 타깃 고객의 요구에 부응한 건축 디자인을 해낼 수 있는 역량있는 건축가를 파트너로 삼는 일이었다. 국제적으로도 그 건축적 기량을 인정받고 있는 매스스터디스와는 앞서 진행된 Nature Poem에서도 성공적으로 일했으며 모더니즘적 건축을 펴오던 한국의 기성 건축가와 달리 독특한 작품을 선보여 온 경험에 비추어 보건데 그들이 상상하고 있는 새로운 주거 브랜드를 창조해 낼 수 있을 것으로 믿었다. Creative Director는 시행 프로젝트가 가지고 있는 불명확한 프로그램에 대한 건축주의 요구를 분명히 할 수 있었으며 소비자의 정서에 부합된 디자인의 홍보 개념을 이끌어 내어 마케팅과 직접적으로 연결해 주었다고 설명하고 있다.

---

20) 이를 통합마케팅커뮤니케이션이라고 하며 약자로 IMC로 널리 쓰인다. IMC는 기업의 메시지를 전달하기 위하여 단지 한 가지 이상의 수단을 사용하는 것이 아니라 그 이상의 것을 의미한다. 근본적으로 통합 마케팅 커뮤니케이션은 사고하고 기획하는 방법의 하나이며 마케팅커뮤니케이션 전략에 대한 하나의 접근 방식이다.

**[부띠크 모나코의 전문분야별 조직 구성]**

| 구분 | 참여사 | 대표 | 역할 |
|---|---|---|---|
| 시행 | (주)범우공영+<br>(주)리드웨이건설 | 김범준+신형철 | 토지매입 및 프로젝트 기획에 대한 시행 |
| 시공 | (주)GS건설 | 김갑렬 | 건축물 시공 |
| 통합시행 컨설팅21) | (주)플래닝코리아 | 이병주 | 리서치/분석/컨셉개발/상품개발/마케팅 전략수립/분양전략/광고 및 홍보 등의 시행과정을 통합컨설팅 |
| 건축설계 | Mass Studies | 조민석+박기수 | 건축디자인 |
| 통합브랜딩 전략 | (주)디자인네트워크 | 이병주 | BI/네이밍디자인 |
| 신탁 | 생보부동산신탁 | 김학송 | 사업관리 |
| 분양 | CL&D대표 | 유옥주 | 분양대행업무 |

부동산개발이라는 사업영역을 '사회설치예술'이라는 관점으로 접근하여 그에 대한 통합 솔루션을 제공하는 것으로 표현하여 그들이 펼치고 있는 건축, 미술, 디자인, 패션, 마케팅에 대한 크로스오버 적 접근을 통해 내놓은 브랜드 컨설팅은 트렌드 기반의 연구를 토대로 새로운 문화를 창조해 내는 주요한 영역이 되었다.

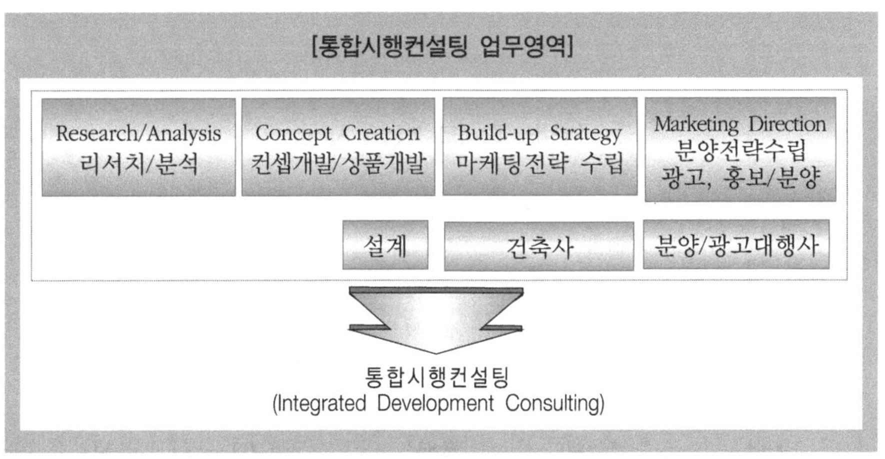


21) 통합시행컨설팅은 시행대행과 역할을 유사한 것으로 보이나 부띠크 모나코는 단순히 시행을 대행하는 역할에 머물지 않고 프로젝트를 새롭게 구성하여 주체적으로 끌고 갔다는데 그 의의가 있다.

## 5. 후기

부띠크 모나코는 계약할 당시에 이미 2~3억 원의 프리미엄이 형성될 정도로 투자가치를 인정받았던 상품이었다. 부동산정보제공회사인 부동산114의 자료에 의하면 2007년 1월 현재 45평의 가격이 10억~12억, 55평은 14억~15억, 65평은 17억~19억, 75평은 20억~23억, 90평은 25억에서 28억 원에 이른다. 이는 서초동 오피스텔의 평당 매매가에 비해 적게는 평당 1,588만 원, 많게는 평당 2,415만 원이 비싼 가격이다. 주거용 오피스텔의 투자가치가 떨어지고 있는 상황에서 이렇게 나 홀로 높은 프리미엄을 유지하고 있는 것은 기획단계에서 의도된 통합시행컨설팅이 반영된 결과라고 보여 진다.

[서초동 오피스텔 매매가 현황]

(단위 : 만원/평)

| 평형별 | 19이하 | 20~24 | 25~29 | 30~34 | 35~39 | 40~44 | 45~49 | 50~54 | 55이상 |
|---|---|---|---|---|---|---|---|---|---|
| 매매가 | 823.3 | 903.34 | 833.75 | 937.18 | 839.52 | 833.56 | 834.27 | 823.57 | 695.65 |

* 부동산114, 2006.10

[부띠크 모나코 분양권 시세]

(단위 : 만원)

| 평형별 | 매매하한가격 | | 매매상한가격 | |
|---|---|---|---|---|
| | 매매가 | 평당가 | 매매가 | 평당가 |
| 45평 | 109,000 | 2,422 | 120,000 | 2,667 |
| 55평 | 138,000 | 2,509 | 150,000 | 2,727 |
| 65평 | 170,000 | 2,615 | 190,000 | 2,923 |
| 75평 | 200,000 | 2,667 | 230,000 | 3,067 |
| 90평 | 255,000 | 2,833 | 280,000 | 3,111 |

* 부동산114, 2007. 1

# 참 고 문 헌

감덕신, 수주영업 활성화의 6가지 성공 포인트, LG주간경제, 2003. 4.

강동헌 외, 초보자도 알기 쉬운 부동산업 창업이야기, 형설출판사, 2006. 9.

강승규, 주식회사 서울을 팔아라, 랜덤하우스중앙, 2006. 6.

건설교통부, 각 년도 오피스·매장용빌딩 임대료조사 및 투자수익률 추계 결과 보고서.

건축문화, 2006.1

월간 디자인, 2006. 1.

공정거래위원회, 아파트 분양광고 실태 결과조사, 1999.11.

국토개발연구원, 부동산중개제도의 합리화방안 연구, 1991.

국토연구원, 공공택지 및 분양주택 공급제도에 관한 공청회, 2004. 6.

김성식, 아파트 리모델링 시장 전망과 과제, LG주간경제, 2002. 8.

김재영, 건설산업 구조변화 전망과 업체간 협력방안, 건설산업의 경쟁력 제고를 위한 협력관계 구축 대토론회, 1997.10.

김철호·남종수, 부동산분양업의 특성화에 관한 연구, 한국부동산분석학회, 2003.

네이버, 네이버 용어사전, 2007. 1.

대한상공회의소, 2007년 1/4분기 소매유통업 경기전망조사, 2006.12.

대한주택공사 연구개발실, 아파트 브랜드의 시대적 변천과정, 2000.

도시경영부, 서울마케팅 전략 개발에 관한 연구 정책토론회, 서울시정개발연구원, 2006.12.

리서치에드, "007년 상반기 인터넷 노출형 광고 결산보고," 2007. 7.

마케팅 정의 제정위원회, 한국마케팅학회의 마케팅 정의, 한국마케팅학회, 2001.

문화관광부, 2005년 광고산업통계, 2006. 3.

박명호·박종무·윤만희, 마케팅, 2003. 8.

박미애, 기업전시공간, 알투마켓리포트, 2007. 4.

박병식, 부동산마케팅활동의 발달과정과 향후과제, 한국부동산분석학회, 2001.

박선희, 주택문화관의 실내공간계획, 홍익대학교 건축도시대학원, 2006. 6.

박용석, 부동산 경기변동과 가격결정요인에 관한 연구:주택시장을 중심으로, 단국대대학원, 2004.

박일우·조금령, 주택문화관의 디자인 및 운영방식에 대한 쟁점, 한국실내디자인학회 4월 논문, 2003.

박정현, 1%를 위한 전쟁-귀족마케팅, 주간경제703호, 2002.11.

박정현, 마이크로미디어 시대의 부상과 기업의 대응, LGERI리포트, 2008.8

박진선, 미국 부동산 중개시장 동향 및 변화, 알투마켓리포트, 2006. 3.

박현수, 복합용도개발:사례중심으로, 알투마켓리포트, 2006.12.

배재성, 유망산업으로 부상하는 건축물 리모델링, LG주간경제, 2000. 6.

부동산114, 2006년 상품별 시장 결산, 2006.12.

부동산114, 부동산시장 조사 분석 수행방안에 관한 연구, 한국토지공사, 2001.

소비자보호원, 기사성광고의 실태 및 소비자인식에 관한 조사, 2001.11.

소비자보호원, 부동산거래 관련 피해실태조사, 2003.12.

송지영, 지능형주택 시스템 구축에 관한 연구, 연세대학교 생활환경대학원, 2001. 8.

심형석, 부동산비즈니스론, 두남, 2008. 2

오동훈, 국토계획 제41권 1호, 2006. 2.

오인욱, 실내계획론, 기문당, 1993.

왕현근, 인구이동으로 본 우리나라 지역경제의 동태적 특징, 한국은행, 2006.10.

윤여완 외, 사용자 요구분석을 통한 리모델링방법 선정에 관한 연구, 한국건축사공학회, 2004. 6.

윤영선, 중소 건설업체의 건축물 리모델링시장 진출방안과 제도개선 과제, 한국건설산업연구원, 2006.12.

이규완, 광고매체의 장단점에 대한 평가와 한국과 미국의 광고매체 환경비교, 1994년 봄호, 1994.

이승용, 부동산중개업 창업준비, dbmbiz, 2003. 4.

이승훈, 영국의 부동산중개업 시장, 알투마켓리포트, 2005.11.

이정복, 공동주택 리모델링에 관한 포지셔닝 및 건설사업관리 적용방안, 2005.12.

이태교·안정근, 부동산마케팅, 법문사, 1997.

임채우, 일본 부동산의 임대관리 현황, 알투마켓리포트, 2003. 6.

전영옥, U-City의 성공적인 개발모델과 시사점, 삼성경제연구소, 2006. 6.
전 철, 「실전부동산경매」, 한국경제신문사, 1999
정재영, 세계 각 국의 대비로비 백태: 미국과의 통상교섭시대 돌입, 주간매경, 1986.
정태량, 부동산인터넷마케팅의 활성화 방안 연구-미국 웹사이트를 중심으로, 고려대학교 경영대학원, 2001.
제해성 외, 웰빙아파트 마케팅 요소에 대한 주거만족도 비교연구, 대한건축학회 논문집 제 22권 9호(통권215호), 2006. 9.
제해성 외, 현대적 웰빙과 시설경영에 대한 연구, 한국FM학회 국제심포지움, 2004.
주진형, 황지연, 컨버전스와 문화산업 트렌드, 정보통신정책 제18권 6호(2006.4), P3.
중국통계년감, 2000
지만수, 중국 주택사유화와 새로운 소비 트렌드, LG주간경제, 2001. 9.
진영효, 국토, 국토개발연구원, 1998. 9.
차학봉, 일본에서 배우는 고령화 시대의 국토-주택정책, 삼성경제연구소, 2006. 9.
채서일, 마케팅, 학현사, 2001. 7.
최민섭, "인터넷부동산서비스품질이 마케팅성과에 미치는 영향에 관한 연구," 건국대학교 대학원, 2005.12.
최우열, 소비양극화시대의 기업마케팅, LG주간경제, 1999. 1.
통계청, 서비스업통계조사, 2004.12.
통계청, 한국표준산업분류, 2006.
한국광고학회, 광고용어 표기 및 정의, 한국광고학회, 1996.
한국방송광고공사, 2006년 소비자 실태조사, 2006.12.
한국소비자보호원, 부동산 분양·임대관련 표시·광고 실태조사, 2006. 6.
한국소비자보호원, 부동산거래관련 피해실태조사, 2003.12.
한상필, 기사식 광고·광고식 기사, 애드버토리얼, Design 7월, 1995.
한송이, 상업시설의 테마화, 알투마켓리포트, 2007. 1.
해럴드경제, [비즈&마켓리더] 분양업계 선두주자, 2003. 7.
홍성용, 스페이스마케팅, 삼성경제연구소, 2007. 5.
황창서, 상가투자로 3년 안에 5억 만들기, 원앤원, 2004.12.
황태규·김형남, 국토이노베이션시대가 열린다, 문화유람, 2005. 2.

Leonard L. Berry, Relationship Marketing of Service : Growing Interest, Emerging

Perspectives, Journal of the Academy of Marketing Science, Vol.23, No.4, 1995.

Lester Milbrath, The Washiington Lobbyists, 1963.

RREF, Global Estate Insights, 2006. 8.

Stanford Encyclopedia of Philosophy, Well Being, Stanford University, 2005.

William Safire, Political Dictionary, New York Ballentine Book, 1978.

부동산114(r114.co.kr)

국토해양부(mltm.go.kr)

닥터아파트(drapt.com)

스피드뱅크(speedbank.co.kr)

통계청(ntso.go.kr)

상가114(sangga114.co.kr)

한국은행(bok.or.kr)

## 저/자/약/력

### 심 형 석

**• 학 력**

연세대학교 상경대학 경영학과 졸업(부전공 : 경제학)
헬싱키 경제 · 경영대학원 경영학 석사(MBA, 전공 : 경영전략)
부산대학교 경영학 박사 수료(전공 : 부동산마케팅)

**• 경 력**

전국경제인연합회 참사(4급)
한국건설산업연구원 책임연구원
부동산114㈜ 이사(지식경영센터 소장)
영산대학교 부동산금융학과 초빙교수
영산대학교 부동산금융학과 조교수(現)
영산대학교 부동산연구소 소장(現)
부산교통공사 자문위원(現)
연제구 분양가심의위원(부위원장)(現)
서울중앙우체국 임대심의위원(現)
한국공인중개사협회 전임교수(現)
부동산114 자문위원(現)

**• 저 서**

주택사업의 성공을 위한 효율적인 마케팅전략, 한국건설산업연구원
IMF전후, 아파트 분양광고의 전략변화 및 시사점, 한국건설산업연구원
건설부동산 비즈니스 마케팅전략, 박영률출판사
매달 현금이 들어오는 수익형 부동산투자, 박영률출판사
부산울산경남 부동산시장 대해부, 두남
부동산비즈니스론, 두남
리모델링사업관리총설, 기문당

**부동산마케팅론-개정판**

초 판 1쇄 발행 —— 2007년 7월 20일
개정판 1쇄 발행 —— 2009년 7월 5일
지은이 —— 심 형 석
펴낸이 —— 전 두 표
펴낸데 —— 도서출판 **두남**
서울시 강동구 성내 1동 455-12 두남빌딩
신고 : 제25100-1988-9호
(구 제2-624호, 1988. 7. 21)
TEL : (02) 478-2065~7, 478-2311
FAX : (02) 478-2068
E-mail : dnbooks@dunam.co.kr
http://www.dunam.co.kr

**정가 25,000원**
ISBN 978-89-8404-393-0 93320